新法科·法律实务和案例教学系列教材

本书受上海市高水平地方高校（学科）建设项目资助

Course of Company Law Cases

公司法案例教程

钱玉林 主编

法律出版社
LAW PRESS·CHINA
北京

图书在版编目(CIP)数据

公司法案例教程 / 钱玉林主编. -- 北京 : 法律出版社, 2023

ISBN 978-7-5197-7713-5

Ⅰ. ①公… Ⅱ. ①钱… Ⅲ. ①公司法-案例-中国-教材 Ⅳ. ①D922.291.915

中国国家版本馆 CIP 数据核字(2023)第 054259 号

公司法案例教程
GONGSIFA ANLI JIAOCHENG

钱玉林 主编

责任编辑 陆帅文
装帧设计 汪奇峰

出版发行 法律出版社
编辑统筹 法律教育出版分社
责任校对 王 丰
责任印制 刘晓伟
经 销 新华书店

开本 710 毫米×1000 毫米 1/16
印张 20.25 **字数** 382 千
版本 2023 年 6 月第 1 版
印次 2023 年 6 月第 1 次印刷
印刷 永清县金鑫印刷有限公司

地址:北京市丰台区莲花池西里 7 号(100073)
网址:www.lawpress.com.cn
投稿邮箱:info@lawpress.com.cn
举报盗版邮箱:jbwq@lawpress.com.cn

销售电话:010-83938349
客服电话:010-83938350
咨询电话:010-63939796

书号:ISBN 978-7-5197-7713-5 **定价**:59.00 元

凡购买本社图书,如有印装错误,我社负责退换。电话:010-83938349

明德崇法　华章正铸

——华东政法大学"十四五"规划教材系列总序

教材不同于一般的书籍，它是传播知识的主要载体，体现着一个国家、一个民族的价值体系，是教师教学、学生专业学习的重要工具，更是教师立德树人的重要途径。一本优秀的教材，不仅是教师教学实践经验和学科研究成果的完美结合，更是教师展开思想教育和价值引领的重要平台。一本优秀的教材，也不只是给学生打下专业知识的厚实基础，更是通过自身的思想和语言的表达，引导学生全方位地成长。

习近平总书记深刻指出："当代中国的伟大社会变革，不是简单延续我国历史文化的母版，不是简单套用马克思主义经典作家设想的模板，不是其他国家社会主义实践的再版，也不是国外现代化发展的翻版，不可能找到现成的教科书。"新时代教材建设应当把体现党和国家的意志放在首位，要立足中华民族的价值观念，时刻把培养能够承担民族发展使命的时代新人作为高校教师编写教材的根本使命。为此，编写出一批能够体现中国立场、中国理论、中国实践、中国话语的有中国特色的高质量原创性教材，为培养德智体美劳全面发展的社会主义接班人和建设者提供保障，是高校教师的责任。

华东政法大学建校 70 年以来，一直十分注重教材的建设。特别是 1979 年第二次复校以来，与北京大学出版社、法律出版社、上海人民出版社等合作，先后推出了"高等学校法学系列教材（北大版）""法学通用系列教材（上海人民版）""法学案例与图表系列教材（法律版）""英语报刊选读系列教材（北大版）""研究生教学系列用书（北大版）""海商法系列教材（北大版）""新世纪法学教材（北大版、上海人民版）"等，其中曹建明教授主编的《国际经济法学概论》、苏惠渔教授主编的《刑法学》等教材荣获了司法部普通高校法学优秀教材一等奖；史焕章研究员主编的《犯罪学概论》、丁伟教授主编的《冲突法论》、何勤华教授与魏琼教授编著的《西方商法史》及我本人主编的《诉讼证据法学》等教材荣获了司法部全国法学教材与科研成果二等奖；苏惠渔教授主编的《刑法学》、何勤华教授主编的《外国法制史》获得了上海市高校优秀教材一等奖；孙潮教授主编的《立法学》获得"九五"普通高等教育国家级重点教材立项；杜志淳教授主编的《司法鉴定实验教程》、何勤华教授主编的《西方法律思想史（第二版）》和《外国法制史（第五版）》、高富平教授与黄武双教授主编的《房地产法学（第二版）》、高富平教授主编的《物权法讲义》、余素青教授主编的《大学英语教程：读写译1、2、3、4（政法类院校版）学生用书》、苗伟明副教授主编的《警察技能实训教程》等分别入选第一批、第二批"十二五"普通高等教育本科国家级规划教材；王立民教授副主编的《中国法制史（第二版）》荣获首届全国优秀教材二等奖。1996年以来，我校教师主编的教材先后获得上海市级优秀教材一等奖、二等奖、三等奖共计72项。2021年，由何勤华教授主编的《外国法制史（第六版）》、王迁教授主编的《知识产权法教程（第六版）》、顾功耘教授主编的《经济法教程（第三版）》、王莲峰教授主编的《商标法学（第三版）》以及我本人主编的《刑事诉讼法学（第四版）》等5部教材获评首批上海高等教育精品教材，受到了广大师生的好评，取得了较好的社会效果和育人效果。

进入新时代，我校以习近平新时代中国特色社会主义思想铸魂育人为主线，在党中央"新工科、新医科、新农科、新文科"建设精神指引下，配合新时代背景下新法科、新文科建设的需求，根据学校"十四五"人才培养规划，制定了学校"十四五"教材建设规划。这次的教材规划一方面力求巩固学校优势学科专业，做好经典课程和核心课程教材建设的传承工作，另一方面适应新时代的人才培养需求和教育教学新形态的发展，推动教材建设的特色探索和创新发展，促进教学理念和内容的推陈出新，探索教学方式和方法的改革。

基于以上理念，围绕新文科建设，配合新法科人才培养体系改革和一流学科专业建设，在原有教材建设的基础上，我校展开系统化设计和规划，针对法学专业打造"新法科"教材共3个套系，针对非法学专业打造"新文科"教材共2个套系。

"新法科"教材的3个套系分别是："新法科·核心课程系列教材""新法科·法律实务和案例教学系列教材""新法科·涉外法治人才培养系列教材"。"新文科"教材的2个套系分别是："新文科·经典传承系列教材"和"新文科·特色创新课程系列教材"。

"新法科"建设的目标，就是要解决传统法学教育存在的"顽疾"，培养与时代相适应的"人工智能＋法律"的复合型人才。这些也正是"新法科"3套系列教材的设计初心和规划依据。

"新法科·核心课程教材系列"，以推进传统的基础课程和核心课程的更新换代为目标，促进法学传统的基础和核心课程体系的改革。"新法科"理念下的核心课程教材系列，体现了新时代对法学传统的基础和核心课程建设的新要求，通过对我国司法实践中发生的大量新类型的法律案件的梳理、总结，开阔学生的法律思维，提升学生适用法律的能力。

"新法科·法律实务和案例教学系列教材"，响应国家对于应用型、实践型人才的培养需要,以法律实务和案例教学的课程建设为基础,推进法学实践教学体系创新。此系列教材注重理论与实践的融合,培养真正能够解决社会需求的应用型人才;以"新现象""新类型""新问题"为挑选案例的标准和基本原则,以培养学生学习兴趣、提升学生实践能力为导向。通过概念与案例的结合、法条与案例的结合,从具体案情到抽象理论,让更多的学生明白如何在实践中解决疑难复杂问题,体会情、理与法的统一。

"新法科·涉外法治人才培养系列教材",针对培养具有国际视野和家国情怀、通晓国际规则、能够参与国际法律事务、善于维护国家利益、勇于推动全球治理体系变革的高素质涉外法治人才的培养目标,以涉外法治人才培养相关课程为基础,打造具有华政特色的涉外法治人才培养系列教材。

"新文科·经典传承系列教材",以政治学与行政学、公共事业管理、经济学、金融学、新闻学、汉语言文学、文化产业管理等专业的基础和主干课程为基础,在教材建设上,一方面体现学科专业特色,另一方面力求传统学科专业知识体系的现代创新和转型,注重把学科理论与新的社会文化问题、新的时代变局相联结,引导学生学习经典知识体系,以用于分析和思考新问题、解决新问题。

"新文科·特色创新课程系列教材",以各类创新、实践、融合等课程为基础,体现了"新文科"建设提出的融合创新、打破学科壁垒,实现跨学科、多学科交叉融合发展的理念,在教材建设上突破"小文科"思维,构建"大文科"格局,打造具有华政特色的各类特色课程系列教材。

华东政法大学2022年推出的这5个教材系列,在我看来,都有如下鲜明的特点:

第一,理论创新。系列教材改变了陈旧的理论范式,建构具有创新价值的知识体系,反映了学科专业理论研究最新成果,体现了经济社会和科技发展对人才培养提出的新要求。

第二,实践应用。系列教材的编写紧密围绕社会和文化建设中亟需解决的新问题,紧扣法治国家、法治政府、法治社会建设新需求,探索理论与实践的结合点,让教学实践服务于国家和社会的建设。

第三,中国特色。系列教材编写的案例和素材均来自于中国的法治建设和改革开放实践,传承并诠释了中国优秀传统文化,较好地体现了中国立场、中国理论、中国实践、中国话语。

第四,精品意识。为保证本系列教材的高质量出版,我校遴选了各学科专业领域教学经验丰富、理论造诣深厚的学科带头人担任教材主编,选派优秀的中青年科研骨干参与教材的编写,组成教材编写团队,形成合力,为打造出高质量的精品教材提供保障。

当然,由于我校"新文科""新法科"的建设实践积累还不够丰厚,加之编写时间和编写水平有限,系列教材难免存在诸多不足之处。希望各位方家不吝赐教,我们将虚心听取,日后逐步完善。我希望,本系列教材的出版,可以为我国“新文科”“新法科”建设贡献华政人的智慧。

是为序。

华东政法大学校长、教授 叶青

2022年8月22日于华政园

序　言

在我国各类市场主体中，公司是最重要的企业组织形态，公司法被誉为规范市场主体的一部大法，尤其在全球竞争体制一体化背景下，公司法能够为提升国家竞争力和优化营商环境提供制度供给，因此，公司法是市场经济最重要的基础性法律。公司法学也就成了法学院和商学院为本科生开设的一门重要课程。

公司法具有很强的实践性。司法实务中，"与公司有关的纠纷"在商事案件中占了绝大多数，这类纠纷一般都适用公司法加以解决。公司法案例材料成为公司法学课程重要的参考资料，一方面帮助学生理解公司法的重要法律制度、基本原理、基本概念和规则，另一方面帮助学生了解商事审判思维，培养法律职业素养要求的法律思维和法律技能。

在内容安排上，本案例教程主要参考了赵旭东教授主编的《公司法学》教材，将其中重要的知识点和法律适用问题以案件材料呈现出来；在案例的选取上，原则上以最高人民法院终审的案件作为基本素材，选取的案例均为公开的裁判文书且尽可能是最新作出的；在编写体例和要求上，以基本问题为导向，围绕基本案情、法院裁判、裁判解析和法条链接等部分依次展开。为了让学生对案件材料有真实的体验感，案例中保留了当事人真实的姓名和名称。其中，基本案情以法院查明的事实作为基础材料；法院裁判部分主要是对基本问题的裁判说理，在内容上并不一定包含全部争议焦点的裁判观点。裁判解析部分，重点阐释有关问题的基本法理，不同的学说观点和裁判见解。为便于学生掌握相关法律规定，在每一个案例最后列出了本案所涉法条规定，但需要说明的是，公司法经历了多次修订，本教材对应的公司法条文均系裁判时有效的规定，如有修改会注明，同时《民法典》已经生效，案例中所涉原《合同法》和原《物权法》等均已废止，有关新旧法条的规定也会在相应部分注明。

《公司法》的第六次修订正在进行中，内容涉及广泛，诸如公司类型、公司设立、股东出资和股权转让规范、公司治理，以及董事、高级管理人员的义务与责任等，都会有较大幅度的修改，不可避免地会影响到本案例教程所涉案例援引的部分法条的内容。根据全国人大法工委对公司法修订草案所作的说明，本次《公司法》

修订将吸收司法机关根据公司法和公司纠纷裁判活动所制定和出台的一系列司法解释和裁判规则，因此，对本案例教程的研读，不仅不会影响到对修订后《公司法》的理解，相反，会加深对《公司法》修订内容的认识。在某种意义上，既往公司法的案例和裁判观点，也是当下公司立法的材料，就此而言，本案例教程有助于学生对相关制度和规则把握的深度，并增强其历史厚重感。

本案例教程的撰写分工：

第一章　钱玉林、季洁、钱坤
第二章　季奎明
第三章　王东光
第四章　胡改蓉
第五章　沈骏峥
第六章　周珺
第七章　曾大鹏

本案例教程编写的过程中，得到了华东政法大学教务处领导的大力支持，感谢华东政法大学经济法学院博士生季洁、宋华健、邱泽宇、叶嘉敏对相关案例的收集和整理。特别感谢法律出版社陆帅文编辑的鼎力支持。由于对公司法相关问题的见解一直存有分歧，本案例教程所涉案件的裁判观点、学理分析仅作为学习公司法的参考，其中的谬误也在所难免，恳请同人批评指正。

钱玉林
于玉泊湖畔
2023年5月10日

本书常用法律法规等缩略语

全称	简称
《最高人民法院关于适用〈中华人民共和国公司法〉若干问题的规定(二)》	《公司法解释二》
《最高人民法院关于适用〈中华人民共和国公司法〉若干问题的规定(三)》	《公司法解释三》
《最高人民法院关于适用〈中华人民共和国公司法〉若干问题的规定(四)》	《公司法解释四》
《最高人民法院关于适用〈中华人民共和国公司法〉若干问题的规定(五)》	《公司法解释五》
《全国法院民商事审判工作会议纪要》	《九民纪要》
《最高人民法院关于适用〈中华人民共和国合同法〉若干问题的解释(一)》(已废止)	原《合同法解释一》
《最高人民法院关于适用〈中华人民共和国合同法〉若干问题的解释(二)》(已废止)	原《合同法解释二》
《最高人民法院关于适用〈中华人民共和国担保法〉若干问题的解释》(已废止)	原《担保法解释》

目　录

第一章　公司法总则

1.1　滥用公司人格的认定标准

■ 基本案情

凯利公司于2012年12月18日成立,企业性质为有限责任公司,其股东为:圣方公司(持股50%),张伟男(持股25%),梁璐(持股25%)。2017年7月15日,凯利公司形成股东会决议,全体股东一致同意公司与碧桂园公司签订《资产转让合同》,同意转让《资产转让合同》项下的三亚蓝月湾海景酒店公寓项目(原海景泰鑫花园项目)所有资产(含目标土地及地上/地下建筑物)给碧桂园公司,一致同意提供凯利公司全额资产抵押给碧桂园公司,作为凯利公司全面、适当履行《资产转让合同》项下全部义务和责任的担保,担保主债权为3.2亿元。

2017年8月1日,凯利公司作为甲方(借款人),碧桂园公司作为乙方(委托贷款人),建行三亚分行作为丙方(代理人)签订的《委托贷款合同》约定:第1条,借款金额,乙方委托丙方向甲方发放贷款3.2亿元;第2条,借款用途,甲方应将借款用于归还股东借款及日常经营周转。凯利公司作为甲方(抵押人)与建行三亚分行作为乙方(抵押权人)签订的《抵押合同》约定,甲方愿意为债务人在主合同项下的债务提供抵押担保,委托贷款人委托乙方作为委托贷款人的代理人以乙方的名义与甲方签署本合同。

2017年8月7日,碧桂园公司通过其在建行三亚分行的账户向凯利公司在建行三亚分行的账户转账3.2亿元,次日凯利公司向股东张伟男转账2900万余元。2018年,因凯利公司未依约办理酒店产权手续,碧桂园公司依约诉请解约并返还诚意金,同时主张张伟男利用其控股股东和实际控制人身份,虚构债务、转移凯利公司的权益、与凯利公司人格混同,应当对凯利公司所负债务承担连带清偿责任。张伟男辩称该借款用于归还股东借款及公司的日常经营周转,其提供了借款与还款协议等证据,但未提供其出借款给凯利公司的转账凭证。[1]

---

〔1〕 案例来源:民事裁判文书,(2019)最高法民终960号。

■ 法院裁判

本案的争议焦点在于张伟男、圣方公司对凯利公司的债务是否应承担连带责任。

一审法院裁判认定张伟男对凯利公司所负的债务(3.2亿元并支付违约金)承担连带清偿责任。主要基于以下两个理由:首先,本案中张伟男未能提交其向凯利公司支付2000万元借款的银行转账凭证,不能证明张伟男已实际向凯利公司支付了协议约定的借款,不能证明张伟男与凯利公司实际发生了借款关系。故张伟男提交的证据不能证明凯利公司于2017年8月8日向其转账支付的2951.8384万元是凯利公司向其归还的借款。其次,《公司法》第20条第3款规定:"公司股东滥用公司法人独立地位和股东有限责任,逃避债务,严重损害公司债权人利益的,应当对公司债务承担连带责任。"凯利公司向其股东张伟男转账2900余万元的行为系关联交易行为,构成财产混同,张伟男应就该笔债务与凯利公司承担连带责任。

二审法院裁判认定张伟男对凯利公司所负的3.2亿元及其违约金债务不能清偿的部分在2951.8384万元及其利息范围内承担补充赔偿责任。主要基于以下三个理由:首先,否认公司独立人格,由滥用公司法人独立地位和股东有限责任的股东对公司债务承担连带责任,是股东有限责任的例外情形,须具备股东实施滥用公司法人独立地位及股东有限责任的行为以及该行为严重损害公司债权人利益的法定要件。其次,认定公司与股东人格混同,需要综合多方面因素判断公司是否具有独立意思、公司与股东的财产是否混同且无法区分、是否存在其他混同情形等。本案中,凯利公司该单笔转账行为尚不足以证明凯利公司和张伟男构成人格混同。并且碧桂园公司亦未能举证证明凯利公司的该笔转账行为严重损害了其作为债权人的利益。故尚未达到否认凯利公司的独立人格的程度。最后,该行为客观上转移并减少了公司资产,降低了公司的偿债能力,根据"举重以明轻"的原则参照《公司法解释三》第14条关于股东抽逃出资情况下的责任形态之规定,可判决公司股东对公司债务不能清偿的部分在其转移资金的金额及相应利息范围内承担补充赔偿责任。

■ 裁判评析

本案裁判要旨揭示了法院对于法人人格否认制度适用时的三项考量因素:一是股东与公司之间存在人格混同;二是股东行为严重损害公司债权人利益;三是人格混同与债权人利益受损存在因果关系。总体而言,本案中一审法院与二审法院对于案件中"法人人格是否混同"的认定存在差异,导致裁判结果中股东对于公司债务承担连带责任的程度不同。一审法院仅根据单笔转账行为即认定股东与公司之间存在财产混同,并适用《公司法》第20条第3款否认公司独立人格。但这一做法并未获得二审法院的认可,二审法院认为,人格混同的认定必须综合考虑多种因素,单笔转账行为这一孤立因素不能作为认定股东与公司之间人格混同的充分依据,亦不能因此认定该笔转账行为导致债权人利益严重受损。两种不同的裁判结果体现出司法实践中对于《公司法》第 20 条第 3 款规定内容的模糊性和法官自由裁量权的把握差异。

法人人格否认在英美法系国家称为“刺破公司面纱”,在大陆法系国家中称为“直索责任”,即在承认公司具有法人人格的基础上,在特定法律关系中“刺穿/揭开”公司的独立法人人格和股东有限责任的面纱,进一步追索公司背后成员的责任,其旨在对有限责任制度下特定案件中债权人保护失衡现象的矫正,规制滥用公司独立人格以及股东有限责任的行为。对于法人人格否认制度的把握需要明确其是股东有限责任的例外情形,只有在股东实施滥用公司法人独立地位及股东有限责任,且该行为严重损害公司债权人利益的情况下才可以适用;所谓“承担连带责任”的主体,仅指该实施滥用法人独立地位的股东;公司人格否认不是全面、彻底、永久地否定公司法人资格,只是在具体案件中根据特定的事实,例外地突破股东有限责任。〔2〕

我国立法中对公司法人人格否认制度的规定在 2005 年《公司法》第三次修订时予以入法,主要见于《公司法》第 20 条第 3 款,“公司股东滥用公司法人独立地位和股东有限责任,逃避债务,严重损害公司债权人利益的,应当对公司债务承担连带责任”,以及《公司法》第 63 条规定,“一人有限责任公司的股东不能证明公司财产独立于股东自己的财产的,应当对公司债务承担连带责任”。其中,前者为我国法人人格否认的一般性规定,后者是针对一人有限责任公司法人人格否认的特殊性规定。2019 年 11 月,最高人民法院颁布的《九民纪要》对法人人格否认的具体适用进行了更为详细的阐释,规定了适用法人人格否认时应遵循“审慎原则”和“责权利相等原则”,《九民纪要》第 10 ~ 12 条从类型化视角阐述了公司法人人格否认的实践情形和认定标准,第 13 条规定了各方当事人在不同情形下的诉讼地位。滥用公司法人人格的认定标准见图 1 – 1。

本案主要着眼于法人人格否认中“人格混同”情形,“人格混同”仅是法人人格否认的一种实践情形(如图 1 – 1 所示)。从人格混同角度认定公司人格与股东人格是否存在混同,最根本的判断标准是公司是否具有独立意思和独立财产,最主要的表现是公司的财产与股东的财产是否混同且无法区分。〔3〕 本案中一审与二审法院将视角集中于“凯利公司单笔转账行为是否足以证明投资公司和张伟男构成人格混同,且是否因该行为严重损害了碧桂园公司作为债权人的利益”,即将“张伟男、圣方公司对凯利公司的债务是否应承担连带责任”作为案件争议焦点之一。

〔2〕 参见最高人民法院民事审判第二庭:《〈全国法院民商事审判工作会议纪要〉理解与适用》,人民法院出版社 2019 年版,第 10 页。

〔3〕 参见《最高人民法院关于印发〈全国法院民商事审判工作会议纪要〉的通知》(法〔2019〕254 号,2019 年 11 月 8 日发布)第 10 条。

从图1－1“滥用公司法人人格的认定标准”中的要件进行逐次分析，一审法院认定圣方公司提交《借款协议》等证明文件实现对于实际借贷关系的证明，而张伟男无法提供证明“其与凯利公司实际发生借款关系”的完整证据链，故依据《公司法》第20条第3款的规定请求张伟男对凯利公司在本案中的债务承担连带责任，具有事实和法律依据。二审法院指出公司与股东人格混同，需要综合多方面因素判断公司是否具有独立意思、公司与股东的财产是否混同且无法区分、是否存在其他混同情形等（要件①）。凯利公司以《资产转让合同》目标地块为案涉债务设立了抵押，碧桂园公司未能举证证明凯利公司的该笔转账行为严重损害了其作为债权人的利益（要件②与要件③）。故二审法院并未认定凯利公司向张伟男转账之行为属于滥用法人人格的行为，但却从该行为在客观上转移并减少了凯利公司资产，降低了凯利公司的偿债能力的现实后果出发，判定该笔转款（2951.8384万元）超出了张伟男向凯利公司认缴的出资数额，根据举重以明轻的原则并参照《公司法解释三》第14条关于股东抽逃出资情况下的责任形态的规定，张伟男应对凯利公司的3.2亿元及其违约金债务不能清偿的部分在转账金额（2951.8384万元）及其利息范围内承担补充赔偿责任。

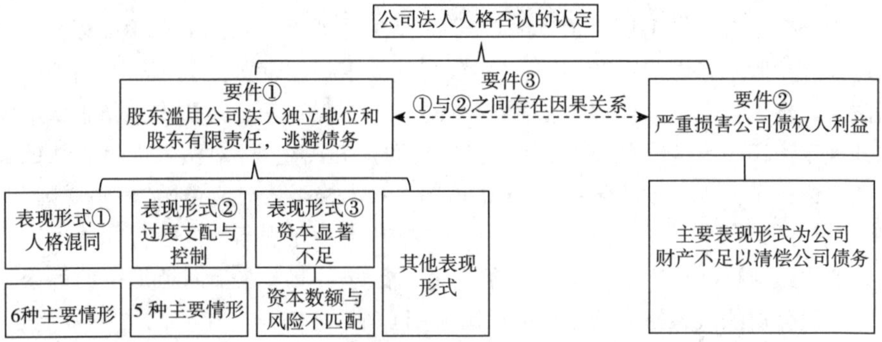

图1－1　滥用公司法人人格的认定标准

注：根据《公司法》第20条第4款、《九民纪要》第四部分的条款内容编制。

本案中二审法院充分把握对“法人人格否认”作为一种例外情形的适用，其并非因“无法证明凯利公司与张伟男之间存在实际借款关系”而将两方之间的“单次转账”认定为一种“人格混同”。二审法院指出，对于人格混同的判断仍应基于公司是否具有独立意思、公司与股东的财产是否混同且无法区分等因素进行判断。正如表1－1所示，《九民纪要》结合《公司法》第20条第3款规定的滥用行为，总结了实践中常见的情形，有人格混同、过度支配与控制、资本显著不足等，对于人格混同，最根本的判断标准是公司是否具有独立意思和独立财产。本案中单次转账并不足以证明凯利公司和张伟男构成人格混同，故最终二审法院对于一审法院的裁判予以纠正。

表1-1　滥用公司法人人格的常见情形(要件①拓展)

表现形式	判断标准	常见情形	相关案例
人格混同	公司是否具有独立意思和独立财产	(1)股东无偿使用公司资金或者财产,不作财务记载的; (2)股东用公司的资金偿还股东的债务,或者将公司的资金供关联公司无偿使用,不作财务记载的; (3)公司账簿与股东账簿不分,致使公司财产与股东财产无法区分的; (4)股东自身收益与公司盈利不加区分,致使双方利益不清的; (5)公司的财产记载于股东名下,由股东占有、使用的; (6)人格混同的其他情形	(2018)最高法民申2245号; (2021)最高法民终1075号
过度支配与控制	控制股东对公司过度支配与控制	(1)母子公司之间或者子公司之间进行利益输送的; (2)母子公司或者子公司之间进行交易,收益归一方,损失却由另一方承担的; (3)先从原公司抽走资金,然后再成立经营目的相同或者类似的公司,逃避原公司债务的; (4)先解散公司,再以原公司场所、设备、人员及相同或者相似的经营目的另设公司,逃避原公司债务的; (5)过度支配与控制的其他情形	最高法民终20号; (2020)最高法民再332号
资本显著不足	标准有很大的模糊性	股东利用较少资本从事力所不及的经营,表明其没有从事公司经营的诚意,实质是恶意利用公司独立人格和股东有限责任把投资风险转嫁给债权人	(2016)最高法民申1041号; (2019)皖01民申56号
其他情形	审慎适用原则	股东账户和公司账户之间存在频繁、大额资金往来,且股东无法对此做出合理解释等	最高法民申1105号; (2020)最高法民申5389号

注:根据《九民纪要》第四部分的条款内容及相关案例整理。

司法实践中,对于人格混同的认定是多元的,在“江苏华建能源集团有限公司与无锡焦化有限公司、靖江众达炭材有限公司买卖合同纠纷案”中,法院指出,关联公司的人员、业务、财务等方面交叉或混同,导致各自财产无法区分,丧失独立人格的，构成人格混同。诉讼中，原告主张被告公司存在人格混同的，应提供初步证据对上述情况加以证明，未能提供或提供的证据不足的，应承担举证不能的不利后果。在“苏华建设集团有限公司与黑龙江鸿基米兰热力有限责任公司、黑龙江鸿基米兰房地产开发有限公司、黑龙江鸿基米兰暖通设备制造有限公司、刘滨鹏、宋波建设工程施工合同纠纷等建设工程施工合同纠纷案”中，法院判定两公司在人员、经济往来等方面的关联表象并不能构成认定公司人员混同、公司间财产混同和经营业务混同等公司人格混同的法定标准，在适用《公司法》第 20 条第 3 款规定，要求股东对公司债务承担连带责任时，应严格把握公司人格混同的适用标准，即公司是否具有独立意思和独立财产，公司与股东是否已相互融合、无法区分，而在实质上成为单一主体。

对于过度支配与控制的判断，司法实践中法院将视角关注于控股股东行为是否构成过度支配与控制。在“江西安发达酒业有限公司、中国农业银行股份有限公司福州鼓楼支行股东损害公司债权人利益责任纠纷案”中，法院认为，公司股东或实际控制人为了躲避债务或恶意转移资产，利用不同公司股东交叉持股、交叉任职等方式造成公司人员、财产混同的，又通过关联交易、虚假诉讼等方式转移公司的债权债务，给债权人利益造成严重损害的，应依法对公司债务承担连带清偿责任。在“西宁经济技术开发区发展集团有限公司、青海方园建筑工贸有限责任公司执行异议之诉”中，法院判定公司在经营期间与控股股东形成借款，控股股东依法通过诉讼程序主张债权，并通过执行程序实现债权，不是利用关联关系减损公司资产，不属于过度控制与支配的有关情形。

实践中对于资本显著不足的判断标准有很大的模糊性，特别是要与公司采取“以小博大”的正常经营方式相区分，因此在适用时要十分谨慎，应当与其他因素结合起来综合判断。在“季少龙、王晔委托理财合同纠纷案”中，涉案公司注册成立后，直至季少龙和蒋顺生两位原始股东对外转让全部股权之日，两位原始股东的实缴出资为零元，涉案公司资本显著不足，法院认定两股东在滥用股东权利、致公司欠王晔较大外债未清偿的情况下，为逃避债务、转嫁风险，将公司的全部股权低价对外转让给牛娟、王维莹，符合我国《公司法》规定的法人人格否认情形。在“绍兴县泰霖纺织品有限公司与 DLS 有限公司、陈祥达国际货物买卖合同纠纷案”中，法院同样注意到资本显著不足是公司法人人格否认的一种情形，而单纯以公司资本显著不足来判定股东滥用公司法人独立地位和股东有限责任尚不充分，故仅凭资本显著不足不可直接否认公司的法人独立资格，还需结合其他因素进行综合判断。

对于“其他情形”的判断，在司法实践中，股东账户和公司账户之间存在频繁、大额资金往来，且股东无法对此做出合理解释的，也可以构成“滥用公司法人独立地位及股东有限责任”的情形。在“河南省伟祺园林有限公司、王红军、张强、张坤、河南伟民置业有限公司、河南伟祺置业有限公司与唐新亮、苏州科环环保科技有限公司合作开发合同纠纷案”中，法院结合案中伟民置业公司、伟祺置业公司、伟祺园林公司之间存在大量、频繁资金往来且存在股东相同、住所地相同、利益相互输送等情况，判定伟祺置业公司应对伟祺园林公司的债务清偿承担连带责任。

综合以上各类案件中法院对于滥用法人人格的认定，可以发现在审判实践中，适用法人人格否认注重“何为滥用”与“何为严重”的判断，并把握着以下四点原则：一是坚持有限责任这一法人制度的基石，法人人格否认制度在司法审判中应针对某一具体案件进行适用，不得随意扩大适用范围；二是我国法人人格否认制度主要适用于出资人滥用法人独立地位和出资人有限责任，逃避债务的行为，并且产生了严重损害营利法人债权人利益的后果；三是要清晰认知实践中滥用有限责任和法人独立地位的表现形式多样，立法中难以一一进行列举，最高人民法院也将通过发布司法解释等方式指导审判实践；[4] 四是对于公司法人否认制度实行“既审慎适用，又当用则用”的态度。

■ 法条链接

《民法典》第83条

营利法人的出资人不得滥用出资人权利损害法人或者其他出资人的利益；滥用出资人权利造成法人或者其他出资人损失的，应当依法承担民事责任。

营利法人的出资人不得滥用法人独立地位和出资人有限责任损害法人债权人的利益；滥用法人独立地位和出资人有限责任，逃避债务，严重损害法人债权人的利益的，应当对法人债务承担连带责任。

《公司法》第3条

公司是企业法人，有独立的法人财产，享有法人财产权。公司以其全部财产对公司的债务承担责任。

有限责任公司的股东以其认缴的出资额为限对公司承担责任；股份有限公司的股东以其认购的股份为限对公司承担责任。

《公司法》第20条

公司股东应当遵守法律、行政法规和公司章程，依法行使股东权利，不得滥用股东权利损害公司或者其他股东的利益；不得滥用公司法人独立地位和股东有限责任损害公司债权人的利益。

公司股东滥用股东权利给公司或者其他股东造成损失的，应当依法承担赔偿责任。

---

〔4〕 参见最高人民法院民法典贯彻实施工作领导小组主编：《中华人民共和国民法典总则编理解与适用》（上），人民法院出版社2020年版，第424～425页。

公司股东滥用公司法人独立地位和股东有限责任，逃避债务，严重损害公司债权人利益的，应当对公司债务承担连带责任。

《最高人民法院关于适用〈中华人民共和国公司法〉若干问题的规定（三）》第14条

股东抽逃出资，公司或者其他股东请求其向公司返还出资本息、协助抽逃出资的其他股东、董事、高级管理人员或者实际控制人对此承担连带责任的，人民法院应予支持。

公司债权人请求抽逃出资的股东在抽逃出资本息范围内对公司债务不能清偿的部分承担补充赔偿责任、协助抽逃出资的其他股东、董事、高级管理人员或者实际控制人对此承担连带责任的，人民法院应予支持；抽逃出资的股东已经承担上述责任，其他债权人提出相同请求的，人民法院不予支持。

1.2　关联公司的法人人格否认

■ 基本案情

川交机械公司成立于1999年，股东为四川省公路桥梁工程总公司二公司、王永礼、倪刚、杨洪刚等。2001年，股东变更为王永礼、李智、倪刚。2008年，股东再次变更为王永礼、倪刚。瑞路公司成立于2004年，股东为王永礼、李智、倪刚。2007年，股东变更为王永礼、倪刚。川交工贸公司成立于2005年，股东为吴帆、张家蓉、凌欣、过胜利、汤维明、武竞、郭印，何万庆2007年入股。2008年，股东变更为张家蓉（持有90%股权）、吴帆（持有10%股权），其中张家蓉系王永礼之妻。具体股东关系见图1－2。

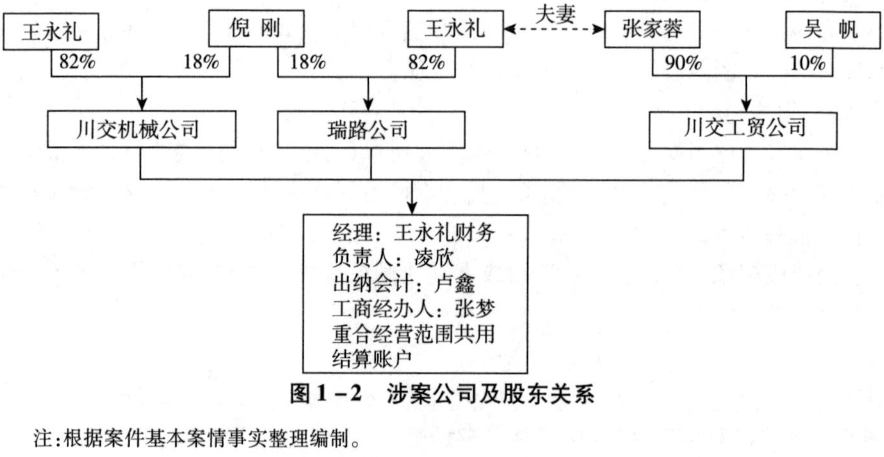

图1－2　涉案公司及股东关系

注：根据案件基本案情事实整理编制。

在公司人员方面，三家公司经理均为王永礼，财务负责人均为凌欣，出纳会计均为卢鑫，工商手续经办人均为张梦；三家公司的管理人员存在交叉任职的情形，如过胜利兼任川交工贸公司副总经理和川交机械公司销售部经理的职务，且免去过胜利川交工贸公司副总经理职务的决定系由川交机械公司做出；吴帆既是川交工贸公司的法定代表人，又是川交机械公司的综合部行政经理。

在公司业务方面，三家公司在工商行政管理部门登记的经营范围均涉及工程机械且部分重合，其中川交工贸公司的经营范围被川交机械公司的经营范围完全覆盖；川交机械公司系徐工机械公司在四川地区（攀枝花除外）的唯一经销商，三家公司均从事相关业务，且相互之间存在共用统一格式的《销售部业务手册》《二级经销协议》，共用结算账户的情形；三家公司在对外宣传中区分不明，2008 年 12 月 4 日重庆市公证处出具的《公证书》记载：通过因特网查询，川交工贸公司、瑞路公司在相关网站上共同招聘员工，所留电话号码、传真号码等联系方式相同；川交工贸公司、瑞路公司的招聘信息，包括大量关于川交机械公司的发展历程、主营业务、企业精神的宣传内容；部分川交工贸公司的招聘信息中，公司简介全部为对瑞路公司的介绍。

在公司财务方面，三家公司共用结算账户，凌欣、卢鑫、汤维明、过胜利的银行卡中曾发生高达亿元的往来，资金的来源包括三家公司的款项，对外支付的依据仅为王永礼的签字；在川交工贸公司向其客户开具的收据中，有的加盖其财务专用章，有的则加盖瑞路公司的财务专用章；在与徐工机械公司均签订合同、均有业务往来的情况下，三家公司于 2005 年 8 月共同向徐工机械公司出具《说明》，称因川交机械公司业务扩张而注册了另两家公司，要求所有债权债务、销售量均计算在川交工贸公司名下，并表示今后尽量以川交工贸公司名义进行业务往来；2006 年 12 月，川交工贸公司、瑞路公司共同向徐工机械公司出具《申请》，以统一核算为由要求将 2006 年度的业绩、账务均计算至川交工贸公司名下。另查明，2009 年 5 月 26 日，卢鑫在徐州市公安局经侦支队对其进行询问时陈述：川交工贸公司目前已经垮了，但未注销。又查明徐工机械公司未得到清偿的货款实为 10,511,710.71 元。[5]

■ 法院裁判

本案的争议焦点在于川交机械公司、瑞路公司与川交工贸公司是否人格混同，应否对川交工贸公司的债务承担连带清偿责任。

一审法院认定上述三家公司构成人格混同，同时川交机械公司、瑞路公司对川

[5] 案例来源：民事裁判文书，(2011)苏商终字第 0107 号。

交工贸公司的上述债务承担连带清偿责任。原因在于,在公司人员方面,三家公司的经理均为王永礼,财务负责人均为凌欣,出纳会计均为卢鑫,工商手续经办人均为张梦,三家公司的管理人员存在交叉任职的情形;在公司业务方面,三家公司在工商行政管理部门登记的经营范围均涉及工程机械且部分重合,其中川交工贸公司的经营范围被川交机械公司的经营范围完全覆盖;在公司财务方面,三家公司共用结算账户,凌欣、卢鑫、汤维明、过胜利的银行卡中曾发生高达亿元的往来,资金的来源包括三家公司的款项,对外支付的依据仅为王永礼的签字;在川交工贸公司向其客户开具的收据中,有的加盖其财务专用章,有的则加盖瑞路公司的财务专用章。因此三家公司人格混同,川交机械公司、瑞路公司应对川交工贸公司的债务承担连带责任。

二审法院驳回上诉,维持原判,并且对裁定依据和理由作了相应调整。首先,二审法院认定川交工贸公司与川交机械公司、瑞路公司构成人格混同。主要基于以下三个原因:一是三个公司人员混同。三家公司的经理、财务负责人、出纳会计、工商手续经办人均相同,其他管理人员亦存在交叉任职的情形,川交工贸公司的人事任免存在由川交机械公司决定的情形。二是三家公司业务混同。三家公司实际经营中均涉及工程机械的相关业务,经销过程中存在共用销售手册、经销协议的情形;对外进行宣传时信息混同。三是三家公司财务混同。三家公司使用共同账户,以王永礼的签字作为具体用款依据,对其中的资金及支配无法证明已作区分;三家公司与徐工机械公司之间的债权债务、业绩、账务及返利均计算在川交工贸公司名下。因此,三家公司之间表征人格的因素(人员、业务、财务等)高度混同,导致各自财产无法区分,已丧失独立人格,构成人格混同。

其次,对于“应否对川交工贸公司的债务承担连带清偿责任”这一争议焦点,二审法院判定川交机械公司、瑞路公司应当对川交工贸公司的债务承担连带清偿责任。公司人格独立是其作为法人独立承担责任的前提。《公司法》第3条第1款规定:“公司是企业法人,有独立的法人财产,享有法人财产权。公司以其全部财产对公司的债务承担责任。”公司的独立财产是公司独立承担责任的物质保证,公司的独立人格也突出地表现在财产的独立上。当关联公司的财产无法区分,丧失独立人格时,就丧失了独立承担责任的基础。《公司法》第20条第3款规定:“公司股东滥用公司法人独立地位和股东有限责任,逃避债务,严重损害公司债权人利益的,应当对公司债务承担连带责任。”本案中,三家公司虽在工商登记部门登记为彼此独立的企业法人,但实际上相互之间界限模糊、人格混同,其中川交工贸公司承担所有关联公司的债务却无力清偿,又使其他关联公司逃避巨额债务,严重损害了债权人的利益。上述行为违背了法人制度设立的宗旨,违背了诚实信用原则,其行为本质和危害结果与《公司法》第20条第3款规定的情形相当,故参照《公司法》第20条第3款的规定,川交机械公司、瑞路公司对川交工贸公司的债务应当承担连带清偿责任。

■ 裁判评析

本案涉及“关联公司之间人格混同且严重损害债权人利益”的情形，我国《公司法》中并未就该种法人人格否认情况进行明确规定，即我国《公司法》对“关联公司滥用法人独立地位构成人格混同逃避债务，是否应当承担连带责任”问题尚未涉及。就此问题，二审法院在裁判理由中阐释，关联公司人格混同亦违背法人制度设立的宗旨，违背诚实信用原则，其行为本质和结果与《公司法》第 20 条第 3 款规定的情形相当，故“参照”《公司法》第 20 条第 3 款的规定。一审裁判与二审裁判之间的差异，主要体现在“裁判依据”，一审法院重点就原《民法通则》第 4 条进行法理分析，虽认定本案形成人格混同却未明确引据具体规则条文。二审法院的裁判有两点变化：一是增加引用《公司法》第 3 条第 1 款，二是明确指出本案参照《公司法》第 20 条第 3 款进行裁判。

除此之外，本案裁判为关联公司人格混同的认定及法律责任的承担问题作出了详细的说明，有助于防止关联公司滥用公司法人独立地位和股东有限责任，恶意逃避债务，损害公司债权人利益，更有利于规范关联公司的经营行为。具体而言，本案的裁判要点为两点：(1)关联公司的人员、业务、财务等方面交叉或混同，导致各自的财产无法区分，丧失独立人格的，构成人格混同。(2)关联公司人格混同，严重损害债权人利益的，关联公司相互之间对外部债务承担连带责任。本案的裁判要点对于未来类案裁判具有两层意义，首先，本案明确了关联公司人格混同的构成要件；其次，本案裁判指明了关联公司“人格混同”且“严重损害债权人利益”的法律后果，即“关联公司相互之间对外部债务承担连带责任”。本案裁判有诸多要点值得推敲，围绕裁判对于《公司法》第 20 条第 3 款的法律适用进行分析，有利于把握对关联公司人格否认的法律适用的理解。

（一）《公司法》第 20 条第 3 款的法律适用

《公司法》第20 条第3 款对于法人人格否认的规定以单一公司为原型，该条文规制的对象为“公司的股东”（自然人股东及法人股东），约束了传统的“公司—股东”人格混同，并围绕公司股东之行为——“滥用公司法人独立地位和股东有限责任，逃避债务，严重损害公司债权人利益的”设定法律后果（对公司债务承担连带责任）。全国人大常委员会法制工作委员会曾对《公司法》第 20 条的适用做出回应：实践中股东滥用公司法人人格独立地位和有限责任的表现形式多样，在法律中难以一一列举，我国刚开始实行法人人格否认制度，法律只作原则规定，由最高人民法院根据审判实践的情况作出具体规定较为稳妥。〔6〕 实践中由于公司法人格否认制度本身内涵丰富，情形多变，成文法确实难以将适用法人人格否认的场合一

〔6〕 参见全国人民代表大会常务委员会法制工作委员会编：《中华人民共和国公司法释义》（最新修正版），法律出版社 2013 年版，第 48 ~49 页。

一列举。

本案中,滥用公司法人独立地位的主体并非“川交工贸公司”的股东,而是与川交工贸公司具有关联关系的川交机械公司和瑞路公司。按照《公司法》第20条第3款的文义解释,本案中的三家关联公司的人格混同并不得适用该条款的法人人格否认制度。从条款立法的意向来看,本条的立法目的在于维护股东有限责任和公司法人独立地位,“维护公司股东有限责任的基本原则的同时,本着权利和义务相一致的原则,为切实保护债权人的利益、维护正常的交易秩序”。〔7〕关联公司的人格混同是指关联公司之间界限模糊,本案中川交机械公司、瑞路公司、川交工贸公司三家公司的经理、财务负责人、出纳会计、工商手续经办人均相同,其他管理人员亦存在交叉任职的情形,实际经营中均涉及工程机械的相关业务,经销过程中存在共用销售手册、经销协议的情形,三家公司使用共同账户,与徐工机械公司之间的债权债务、业绩、账务及返利均计算在川交工贸公司名下。三家公司之间表征人格的因素(人员、业务、财务等)高度混同,导致各自财产无法区分,已丧失独立人格,故法院判定关联公司间法人人格否认。

公司法人人格否认是一种例外情况,只是在具体案件中根据特定的事实,例外地突破股东有限责任。本案的裁判将《公司法》第20条第3款中的“纵向人格否认”拓展到“横向人格否认”。“纵向人格否认”与“纵向人格混同”相联系,纵向的人格混同指的是股东(含自然人股东和法人股东)和公司之间的人格混同;“横向人格否认”与“横向人格混同”相关,横向的人格混同指的是关联公司之间的混同以及同一实际控制人控制的数家公司之间的混同。横向人格否认,指的是控制股东控制多个子公司或关联公司,其滥用控制权使多个子公司或关联公司财产边界不清、财务混同,利益相互输送,丧失人格独立性,沦为控制股东逃避债务、非法经营,甚至违法犯罪工具的;纵向人格否认,即否定公司人格、否定股东以出资为限对公司债务承担有限责任,而判令股东对公司债务承担连带责任。〔8〕从法人人格否认的方向而言(如图1-3所示),当B公司的股东滥用其B公司法人独立地位和股东有限责任,逃避债务,严重损害公司债权人利益时,此时对于B公司法人人格否认即为“纵向人格否认”;当B公司之关联公司A与C相互之间界限模糊、人格混同,又使B公司逃避巨额债务,严重损害债权人的利益时,对B公司法人人格否认即为“横向人格否认”。

〔7〕参见全国人民代表大会常务委员会法制工作委员会编:《中华人民共和国公司法释义》(最新修正版),法律出版社2013年版,第46页。

〔8〕参见最高人民法院民事审判第二庭:《〈全国法院民商事审判工作会议纪要〉理解与适用》,人民法院出版社2019年版,第154页。

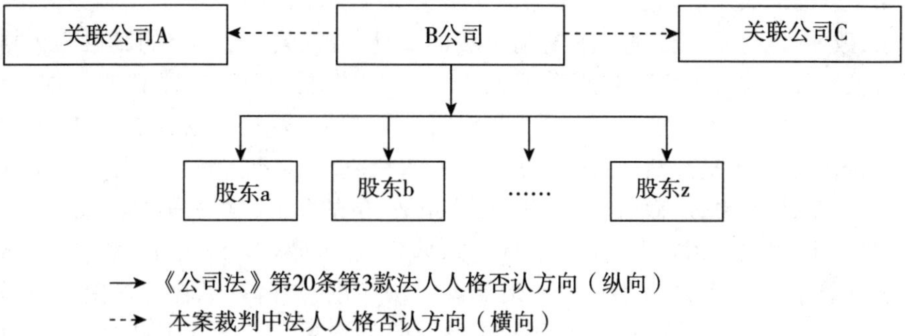

图1－3　法人人格否认示意图

注：根据《公司法》第20条第3款以及本案裁判评析编制。

《公司法》第20条第3款规定："公司股东滥用公司法人独立地位和股东有限责任，逃避债务，严重损害公司债权人利益的，应当对公司债务承担连带责任。"实则是对于纵向人格否认的规定，揭开公司法人人格的面纱，追索公司背后股东的责任，由该滥用公司法人独立地位和股东有限责任的股东对公司的债务承担连带责任；本案参照该条款实现了对于横向人格否认的规制，刺破了在法律地位上平行、表面独立的关联公司，将其与川交工贸公司视为一个行为主体和责任主体，对川交工贸公司的债务承担连带责任。因此，本案的裁判实现的第一个突破是对于纵向人格否认向横向人格否认的突破。

对于该条款的具体适用，二审法院在裁判中仍有两点值得关注：一是目前成文法中并没有对关联公司人格混同的规定，本案根据"案件行为本质与危害结果"比照了相似的条款（《公司法》第20条第3款）中的情形；二是裁判使用的措辞为"参照"《公司法》第20条第3款适用。虽裁判中的表述为"参照"，却实为"类推适用"，参照适用为类推适用的一类。[9] 就此问题，学术界存在不同观点，部分学者主张严格按照条文文义进行解释和适用，本案与《公司法》第20条第3款涉及案型不同，使用类推适用欠妥；[10]并且，类推适用不同于法律的扩张解释，后者是在法律规范的文义范围内进行解释，解释不超出文义的最大范围，而类推则是在符合法律目的的前提下、超出法律文义地创制规范的活动。[11] 除此之外，也有学者关注到关联公司与股东之间的深刻关联，指出关联公司（姐妹公司）同一股东或者有着

〔9〕 参见李建伟：《关联公司法人人格否认的实证研究》，载《法商研究》2021年第6期，相同观点可参见王军：《中国公司法》（第2版），高等教育出版社2017年版，第65页。

〔10〕 参见王军：《人格混同与法人独立地位之否认——评最高人民法院指导案例15号》，载《北方法学》2015年第4期。

〔11〕 参见王军：《中国公司法》（第2版），高等教育出版社2017年版，第66页。

密切关联度的股东滥用了关联公司的人格,在债权人面前呈现出公司独立人格的假象,致使关联公司成为股东们逃避义务的工具,否认关联公司各自的独立人格,是将滥用关联公司人格股东的责任延伸到由他们控制的关联公司上。[12] 如若仅按照文义解释,非股东的关联公司人格混同并不在本条涵摄的范围之内,不能适用人格否认制度,但这显然严重损害了债权人的利益,因此本案对《公司法》第20条作出了扩张性解释,从而填补了《公司法》第20条的漏洞,这一漏洞也是商法(含公司法)上的隐藏漏洞。[13] 对于不同的意见与观点,最高人民法院案例指导工作办公室曾作出说明,法官不可避免地需要对法律进行解释,尽管将条款中的"股东"扩张解释为"关联公司"超出了扩张解释的范畴,但是关联公司人格混同多由于股东滥用公司法人独立地位和股东有限责任,将滥用关联公司人格的股东责任延伸至完全由其控制的关联公司上,由此来救济利益受损的债权人。[14]

(二)《公司法》第3条第1款和基本原则的法律适用

本案裁判除适用《公司法》第20条第3款外,二审法院在裁判意见中提及《公司法》第3条第1款:"公司是企业法人,有独立的法人财产,享有法人财产权。公司以其全部财产对公司的债务承担责任。"该条款是公司法人财产独立的具体条文,并强调公司以其独立的法人财产对公司的债务承担责任。该条款具有两层含义,一为公司的财产是独立于股东财产的,在该财产具有独立性并与股东财产分离的前提下,公司才能以自身的财产独立地对债务承担责任;二为财产独立是公司独立人格的重要特征,也是公司承担责任的物质基础与保障。本案中,川交机械公司、瑞路公司与川交工贸公司在公司财务方面"使用共同账户,以王永礼的签字作为具体用款依据,对其中的资金及支配无法证明已作区分;三家公司与徐工机械公司之间的债权债务、业绩、账务及返利均计算在川交工贸公司名下",形成财务上的混同,因此二审法院基于《公司法》第3条第1款指出"关联公司的财产无法区分,丧失独立人格时,就丧失了独立承担责任的基础"。这也成为判决关联公司对债务承担连带责任的法律基础。

除此之外,二审法院还强调"上述行为违背了法人制度设立的宗旨,违背了诚实信用原则"。此处"违背诚实信用原则"实则是指原《民法通则》第4条[15]"民事活动应当遵循自愿、公平、等价有偿、诚实信用的原则"的规定。在本案中,"诚实信用原则"是指川交机械公司、瑞路公司与川交工贸公司在工商登记部门登记为彼此独立的企业法人,应遵守我国法律法规经营公司,开展正常的市场经济活

---

〔12〕 参见朱慈蕴:《公司法人格否认:从法条跃入实践》,载《清华法学》2007年第2期。

〔13〕 参见钱玉林:《商法漏洞的特别法属性及其填补规则》,载《中国社会科学》2018年第12期。

〔14〕 参见刘净:《〈徐工集团工程机械股份有限公司诉成都川交工贸有限责任公司等买卖合同纠纷案〉的理解与参照》,载《人民司法》2014年第6期。

〔15〕 《民法典》正式颁布实施后,原《民法通则》第4条内容被规定于第5条、第6条和第7条之中。

动，维护公平有序的市场秩序。与此同时，在交易活动中应遵循诚实信用，按照约定及时偿还债务，不采取不法手段逃避债务，以严重损害债权人利益。但因上述三家公司构成关联公司人格混同，并借此逃避债务，违反了诚实信用原则，因此该法律条款成为本案裁判的法律依据之一。

（三）关联公司的法人人格混同

关联公司法人人格混同可以从表征与结果两个层面进行分析。其中，表征因素是指关联公司人格混同的典型表现形式。从财务角度，关联公司的人格混同往往表现为关联公司之间的账簿、账户等混同造成的关联公司财务难以明确区分。本案中，三家公司共用结算账户，凌欣、卢鑫、汤维明、过胜利的银行卡中曾发生高达亿元的往来，资金的来源包括三家公司的款项，对外支付的依据仅为王永礼的签字；在川交工贸公司向其客户开具的收据中，有的加盖其财务专用章，有的则加盖瑞路公司的财务专用章，构成了财务混同的特点。在人员层面，关联公司的人格混同时常表现为关联公司间人员任职上的交叉与重合，即"一套班子，多块牌子（公司）"。本案中，在公司人员方面，三家公司的经理均为王永礼，财务负责人均为凌欣，出纳会计均为卢鑫，工商手续经办人均为张梦，三家公司的管理人员存在交叉任职的情形。从业务方面分析，关联公司的人格混同指在公司经营过程中，关联公司之间的业务难以区分，导致第三方无法清楚明确交易相对方。在本案中，在公司业务方面，三家公司在工商行政管理部门登记的经营范围均涉及工程机械且部分重合，其中川交工贸公司的经营范围被川交机械公司的经营范围完全覆盖。在"财务混同""人员混同""业务混同"三个表征因素中，财务混同是关联公司人格混同的实质要件。根据《公司法》第3条第1款，公司的财产独立是法人人格独立的物质基础，财务混同违背了公司财产的独立性，极易使公司财产被转移或隐匿，最终严重影响公司对外偿还债务的能力。

就关联公司法人人格混同的结果而言，二审法院指出，"三个公司虽在工商登记部门登记为彼此独立的企业法人，但实际上相互之间界限模糊、人格混同，其中川交工贸公司承担所有关联公司的债务却无力清偿，又使其他关联公司逃避巨额债务，严重损害了债权人的利益"。其中"严重损害债权人的利益"是对关联公司人格否认、公司承担连带责任的重要前提要件。其要求债权人利益的损害与关联公司人格混同之间形成一种因果关系，并且该种损害要求程度达到"严重损害"。因此关联公司人格混同，严重损害债权人利益的，将作为一种法人人格独立的例外情况——关联公司人格否认，并且关联公司将对债务承担连带责任。

■ 法条链接

《民法通则》第 4 条(已失效)

民事活动应当遵循自愿、公平、等价有偿、诚实信用的原则。

《民法典》第 5 条

民事主体从事民事活动,应当遵循自愿原则,按照自己的意思设立、变更、终止民事法律关系。

《民法典》第 6 条

民事主体从事民事活动,应当遵循公平原则,合理确定各方的权利和义务。

《民法典》第 7 条

民事主体从事民事活动,应当遵循诚信原则,秉持诚实,恪守承诺。

《公司法》第 3 条第 1 款

公司是企业法人,有独立的法人财产,享有法人财产权。公司以其全部财产对公司的债务承担责任。

《公司法》第 20 条第 3 款

公司股东滥用公司法人独立地位和股东有限责任,逃避债务,严重损害公司债权人利益的,应当对公司债务承担连带责任。

1.3 公司超越经营范围订立合同的效力

■ 基本案情

2018 年 8 月 9 日,原告(甲方)与被告梦想汇公司(乙方)签订《2019 国际大马戏中国大连站演出包场合同》,约定:甲方同意交付给乙方包场票数为本月 17 日 19:30 场次票 1134 张;甲方在收到包场定金后,方可提前三天将包场票交付给乙方;甲乙双方在签署合同当日,乙方需交付包场订金 50% 即 5 万元,待演出当天上午,乙方需将包场尾款 5 万元交付于甲方,甲方方可允许包场演出正常进行;本协议签订后,甲乙双方如有任何一方违约,违约方需向对方支付违约金,违约金为协议总款的 50%;本协议一式两份,甲乙双方各执一份,自签字盖章之日起生效等。原告与被告梦想汇公司分别在落款甲方、乙方处盖章。被告梦想汇公司于 2014 年 1 月 17 日成立,2019 年 10 月 11 日进行了变更,具体变更内容包括:市场主体类型变更为有限责任公司(自然人独资);投资人原为司学军、刘鑫,变更为司学军;法定代表人、执行董事兼经理均由刘鑫变更为司学军;经营范围为经营广告业务、礼仪庆典服务、计算机软件开发、摄影摄像服务、经济信息咨询、会议服务、展览展示服务。合同签订后,被告梦想汇公司于 2019 年 8 月 12 日向原告支付 5 万元演出服务费，原告于9月11日向被告梦想汇公司开具发票。8月16日，原告向被告梦想汇公司的法定代表人刘鑫交付了1147张演出票，刘鑫签字确认收到。[16]

■ 法院裁判

关于合同的效力问题，一审法院认为，结合双方提交的证据及庭审所述，归纳主要争议有以下三点：第一，案涉合同是否违反法律、行政法规的强制性规定。被告主张梦想汇公司的经营范围不包括经营票务的项目，与原告签订的合同超出了经营范围，违反了规定，应属无效。根据原《合同法解释二》第14条规定，原《合同法》第52条第5项规定的"强制性规定"，是指效力性强制性规定。《公司法》第12条规定了公司的经营范围，属于管理性强制性规范，限制的是主体的行为资格，但并不妨碍其违反资格限制签订的合同的效力。且案涉合同并未损害国家利益及社会公共利益。故被告该节抗辩不予采信。第二，被告主张在梦想汇公司未按约定支付款项的前提下，原告仍依约履行交付票务的义务，应属无效。被告该项抗辩属于双方关于合同的履行问题，而非效力问题，故其主张没有法律依据。第三，关于合同签字盖章的效力问题。原《合同法》第32条规定，当事人采用合同书形式订立合同的，自双方当事人签字或者盖章时合同成立。案涉合同第5条第4项约定，自签字盖章之日起生效。双方并未明确约定签字盖章必须同时存在，且法律规定合同成立的条件为签字或盖章，被告主张仅有盖章没有签名应属无效缺少依据。另外，被告认可案涉合同上的公司盖章是真实的，亦认可刘鑫持有梦想汇公司公章签订合同的行为，仅仅因为没有经办人的签名即认定合同无效，不利于维护市场秩序，亦非尊重当事人意思自治的体现。综上，案涉合同是原告与被告梦想汇公司自愿签订的，且不存在合同无效的法定情形，合同成立并生效，双方均应按照合同约定履行各自的义务。

二审法院认为，关于案涉合同效力问题，上诉人主张合同无效的理由为：(1)上诉人公司的经营范围不包括票务经营，与被上诉人签订合同超出经营范围，应认定为无效。原《合同法解释一》第10条规定："当事人超越经营范围订立合同，人民法院不因此认定合同无效。但违反国家限制经营、特许经营以及法律、行政法规禁止经营的除外。"本案中，上诉人超越经营范围订立合同，但不存在违反法律、行政法规禁止性规定的情形，应认定合同有效。(2)上诉人公司仅盖章没有签字，应认定为无效。上诉人认可案涉合同上公司印章的真实性，法律规定自签字或者盖章之日起合同成立，上诉人认为仅盖章没有签字是合同无效的情形，没有法律依据，法院不予支持。案涉合同是双方当事人真实意思的表示，未违反法律、行

---

〔16〕 案例来源：民事裁判文书，(2020)辽02民终4819号。

政法规的强制性规定，一审法院认定合同有效，于法有据，予以认可。

■ 裁判评析

本案涉及公司权利能力是否受经营范围限制的问题。理论上，公司的经营范围又被称为公司的目的范围，一般认为公司在目的范围内具有权利能力，对于超越经营范围的行为即越权行为，是否承认其效力，无论是立法、理论还是司法实践，都经历了一个认识上的变化过程。

越权理论来源于英美法。19 世纪中叶以前，公司越权问题原本是不存在的。因为那时候公司人格独立尚未形成，企业经营者对企业的经营行为承担责任，企业主与企业在人格上并不独立，因此也就不存在越权的问题。越权理论是在 19 世纪中叶提出的，主要有两个原因：一是公司独立人格和有限责任制度的确立，公司所有与经营相分离成为现代公司制度的基本特征。在此情形下，投资者保护问题就被提了出来。因为股东投资时一般都要考虑其投资的方向，由于股东并不必然参与公司的经营管理，如何确保公司的资产不被经营者滥用，就成为制度设计上需要考虑的问题。这样，通过公司章程规定公司的目的事项，以此来限制经营者的经营活动符合公司设立的目的，并成为保护股东利益的方式。二是公司章程对第三人的“推定通知学说”，即公司章程记载了公司的目的事项，既然公司章程是公开的，那么交易相对人被推定应当理解公司章程所规定的公司目的事项及其限制。1875 年 Ashbury Railway Carriage and Iron Co. Ltd. v. Riche〔17〕一案在判例法上承认了越权行为规则。英国上议院认为，股东和债权人应接受经营范围之内的风险，但不应承担经营范围之外的营业风险。公司超越目的范围的合同是无效的，合同对公司和交易相对人均无约束力。法院裁判不仅出于防止非法注册目的，也出于股东和债权人保护的目的。此后一百多年的时间，越权行为无效的原则虽然一直为英美法所固守，但对该原则的检讨也从未停止。

越权行为无效的原则产生了诸多弊端。一方面，将公司的经营活动限制在既定的目的范围，使公司无法对市场变化做出及时反应和调整，制约了公司的发展；另一方面，越权原则与推定通知相结合，要求交易相对人事前必须清楚地了解公司章程中的目的条款，否则就要承受不利的后果，这样不仅增加了交易成本，也影响了交易安全。由于这一原则过分严苛，因此受到了来自许多方面的批评。认为越权原则对股东来说是虚幻的保护，对过失的第三人也是一个陷阱，而且是不必要的争论和烦扰的根源。〔18〕 近代以来，越权原则成为改革的对象，不过，对该原则存废的争论持续了漫长的岁月。1969 年美国律师协会公布的《示范商事公司法》率先

〔17〕 (1875)14L. R. 7H. L. 653.

〔18〕 参见［英］B. M. 汉尼根：《公司法中越权原则的改革》，傅廷眉译，载《法学译丛》1988 年第 2 期。

对越权原则进行了改革,规定不得把公司缺乏权利能力作为认定公司行为无效的原因。此后多数国家在其后的十余年间废除了公司法上的越权原则。

我国立法和司法实务对越权原则的态度大致经历了两个阶段,即1993年以前采取越权行为无效的态度;1993年以后改采越权行为原则上不影响行为效力的原则。原《民法通则》第36条规定:“法人是具有民事权利能力和民事行为能力,依法独立享有民事权利和承担民事义务的组织。”同时,原《民法通则》第42条规定:“企业法人应在核准登记的范围内从事经营活动。”第49条规定:“企业法人有下列情形之一的,除法人承担责任外,对法定代表人可以给予行政处分、罚款,构成犯罪的,依法追究刑事责任:(一)超出登记机关核准登记的经营范围从事非法经营的……”1993年《公司法》第11条第2款、第3款规定:“公司的经营范围由公司章程规定,并依法登记。公司的经营范围中属于法律、行政法规限制的项目,应当依法经过批准。公司应当在登记的经营范围内从事经营活动。公司依照法定程序修改公司章程并经公司登记机关变更登记,可以变更其经营范围。”对于超越经营范围从事经营活动的效力问题,因立法并未明确规定,理论上有不同认识。通说认为,原《民法通则》规定的“核准登记的经营范围”,“就是法人的权利能力”,[19]即对法人权利能力的限制。故超越经营范围的行为因超越了权利能力而无效。最高人民法院经济审判庭曾于1990年9月下发《关于如何认定企业是否超越经营范围问题的复函》(法经〔1990〕第101号),认为:“企业的经营范围,必须是以工商行政管理机关核准登记的经营范围为准。企业超越经营范围所从事的经营活动,其行为应当认定无效。”

随着市场经济体制的确立,鼓励交易、促进交易成为市场经济立法的原则,对于越权原则,司法实务界首先开始转变了态度。1993年最高人民法院下发《全国经济审判工作座谈会议纪要》,其中第2条第3点指出:“合同约定仅一般违反行政管理性规定的,例如一般地超范围经营、违反经营方式等,而不是违反专营、专卖及法律禁止性规定,合同标的物也不属于限制流通物品的,可按照违反有关行政管理规定进行处理,而不因此确认合同无效。”1999年《合同法》第50条规定:“法人或者其他组织的法定代表人、负责人超越权限订立的合同,除相对人知道或者应当知道其超越权限的以外,该代表行为有效。”原《合同法解释一》第10条规定:“当事人超越经营范围订立合同,人民法院不因此认定合同无效。但违反国家限制经营、特许经营以及法律、行政法规禁止经营规定的除外。”2005年《公司法》第12条规定:“公司的经营范围由公司章程规定,并依法登记。公司可以修改公司章程,改变经营范围,但是应当办理变更登记。公司的经营范围中属于法律、行政法规规定须经批准的项目,应当依法经过批准。”从该规定中可以看出,删除了1993年《公

---

〔19〕 顾昂然等:《中华人民共和国民法通则讲座》,中国法制出版社2000年版,第110页。

司法》规定的“公司应当在登记的经营范围内从事经营活动”的内容，这表明立法上改变了将公司经营范围视为公司权利能力的态度。这无疑是司法见解成文法化的一种表现。

就本案而言，显然是立法和司法裁判观点废除了越权原则后所作出的典型判决。也就是说，公司法人超越经营范围订立合同，只要不违反法律、行政法规的效力性强制规定或其他有关法律行为的效力性规定，应认定合同有效。该案裁判观点代表了我国对越权原则的基本态度。《民法典》第505条规定：“当事人超越经营范围订立的合同的效力，应当依照本法第一编第六章第三节和本编的有关规定确定，不得仅以超越经营范围确认合同无效。”该项规定已经将司法裁判观点上升为立法的规定。

■ 法条链接

《合同法》第32条（已废止）

当事人采用合同书形式订立合同的，自双方当事人签字或者盖章时合同成立。

《最高人民法院关于适用〈中华人民共和国合同法〉若干问题的解释（一）》第10条（已废止）

当事人超越经营范围订立合同，人民法院不因此认定合同无效。但违反国家限制经营、特许经营以及法律、行政法规禁止经营规定的除外。

《民法典》第505条

当事人超越经营范围订立的合同的效力，应当依照本法第一编第六章第三节和本编的有关规定确定，不得仅以超越经营范围确认合同无效。

1.4　公司法定代表人越权担保的效力

■ 基本案情

2017年3月10日，卓舶公司作为出借人、银河天成作为借款人签订了《借款合同》，约定由卓舶公司向银河天成提供周转借款3.22亿元。借款提供日：指2017年3月10日至2018年3月9日。借款期限暂定为一个月，可提前还款及延期归还。借款利率为每月2%，自借款发生日至实际归还日期间利率不变。《借款合同》第10.1.1条约定：“发生如下情形时为借款人违约：(1)未按期、足额偿还借款本息。……(3)发生重大交叉违约事件，即借款人在其他借款合同项下发生重大违约行为。(4)借款人未履行本合同项下任何其他义务、违反本合同的其他约定。”《借款合同》第11.3.1条约定：“发生如下情形之一的，本合同解除：……

(4)借款人违反本合同的约定对出借人在本合同项下的权益造成严重损害时,出借人有权要求解除本合同。"

同日,卓舶公司分别与保证人永星公司、银河生物、潘勇、潘琦、姚国平签订了三份《保证合同》,约定保证人为银河天成的借款提供不可撤销的连带责任保证。被担保的主债权为卓舶公司与银河天成在2017年3月10日起至2018年3月9日止所签订的一系列借款合同所形成的债权,担保额度不超过3.22亿元。保证担保范围为主债权本金、利息、违约计收的逾期利息、违约金、赔偿金以及实现债权的费用。上述范围除主债权本金外都不包括在第2条所述最高主债权内。保证期间为主债权确定期间届满之日起2年。

永星公司签署的《保证合同》由卓舶公司、永星公司盖章确认,并有永星公司法定代表人叶德斌的私章及叶德斌的签字。银河生物签订《保证合同》,由卓舶公司、银河生物盖章确认,并盖有卓舶公司法定代表人沈岗和银河生物法定代表人徐宏军的私章。

2017年3月15日,卓舶公司向银河天成转账2亿元和5000万元。2017年4月28日,银河天成向卓舶公司还款3000万元和3800万元。2017年5月10日,卓舶公司向银河天成转账4000万元。2017年10月16日,卓舶公司向银河天成转账1亿元。本案审理过程中,各方当事人确认银河天成尚欠卓舶公司借款本金3.22亿元,2017年7月1日之前的利息已结清,2017年7月1日起计算至本案一审起诉时(2019年5月7日)银河天成尚欠卓舶公司利息63,901,935.44元。

2018年3月27日,永星公司向卓舶公司出具《承诺函》载明:"鉴于我公司与贵公司于2017年3月10日签订《保证合同》,为银河天成借款提供保证担保,现为保证我公司有能力承担担保责任偿还债务,郑重承诺如下:1.未经贵公司书面同意,我公司不得将本公司名下(或实际所有的)土地或其他资产进行变卖、设定抵押或其他任何处置行为,也不得实施任何使我公司财产权益可能受损的行为……如经贵公司书面同意,我公司将本公司名下(或实际所有的)土地或其他资产进行变卖或设定抵押,则变卖或抵押所获资金应优先偿还贵公司;2.我公司应优先偿还贵公司的前述债权债务(银河天成借款),承担和履行我公司对贵公司的保证责任和义务,不得优先偿还除贵公司以外的任何债权人的债务;3.我公司违反上述两项承诺,除应赔偿贵公司因此遭受的损失外,还自愿向贵公司支付相当于银河天成借款总额的20%款项作为违约金。"该份《承诺函》盖有永星公司公章、其法定代表人叶德斌的私章及叶德斌的签字。

永星公司向卓舶公司出具的《股东会决议》(签署日期为空白)载明:"致卓舶公司:经公司股东会讨论后一致通过下列不可撤销议案:一、申请担保事项:一致同意为卓舶公司与银河天成的贷款3.22亿元提供无限连带责任担保。……"该份《股东会决议》由永星公司加盖公章。

永星公司于1998年9月25日成立,注册资本金1亿元,法定代表人叶德斌。2017年年度报告显示,2017年银河生物持有永星公司99.34%的股权,系永星公司控股股东。

银河生物于1998年3月5日设立,为上市公司,法定代表人徐宏军。银河天成系其第一大股东,持有该公司约47%的股份,为该公司的控股股东。银河生物2016年1月的公司章程第41条第5款规定,公司对股东、实际控制人及其关联方提供的担保,须经股东大会审议通过。[20]

■ 法院裁判

一审法院认为,本案的争议焦点为:(1)涉案《借款合同》的效力;(2)银河天成欠付借款的本金及利息金额;(3)银河生物签订的《保证合同》的效力及责任承担;(4)永星公司签订的《保证合同》和《承诺函》的效力及责任承担。

其中,关于银河生物签订的《保证合同》的效力及责任承担问题。一审法院认为,《公司法》第16条第2款规定"公司为公司股东或者实际控制人提供担保,必须经股东会或者股东大会决议",根据该规定,公司对外提供关联担保,应当由股东会或股东大会作出决议。公司担保行为,特别是对外提供关联担保,并不是法定代表人所能单独决定的事项,必须以公司股东会或股东大会等公司机关的决议作为授权的基础和来源。因此,对于违反《公司法》第16条规定的公司对外担保的效力问题,应当根据原《合同法》第50条关于越权代表的规定加以判断。具体而言,相对人在接受公司担保时,对有关公司的决议负有必要的形式审查义务,否则不构成善意,该担保行为对公司不发生效力。本案中,银河天成系银河生物的控股股东,涉案担保系关联担保。卓舶公司未能提供证据证明徐宏军代表银河生物签署涉案《保证合同》已经过其公司决议机关决议,故该担保行为属于越权代表。银河生物系上市公司,涉及众多股民利益保护以及证券市场秩序维护等公共利益问题,若未经股东大会决议同意即为股东或实际控制人提供担保,将会给上市公司及其股东甚至证券市场带来潜在风险。另外,上市公司的章程及关联担保等重大经营事项均应依法公开,相对人可以通过较低的交易成本了解到银河生物的法定代表人是否有权自行决定对外担保以及公司股东大会重要决议事项。卓舶公司作为商事主体,其在接受银河生物担保时,并未要求该公司提供股东大会决议,未尽到必要的注意义务,不属于善意相对人,银河生物签订的涉案《保证合同》无效。

鉴于上述《保证合同》无效,卓舶公司要求银河生物对银河天成的债务承担连带保证责任,一审法院不予支持。关于银河生物的责任承担,依据为原《担保法》

---

〔20〕 案例来源:民事裁判文书,(2020)最高法民终935号。

第5条第2款“担保合同被确认无效后，债务人、担保人、债权人有过错的，应当根据其过错各自承担相应的民事责任”的规定。原《担保法解释》第7条规定，“主合同有效而担保合同无效，债权人无过错的，担保人与债务人对主合同债权人的经济损失，承担连带赔偿责任；债权人、担保人有过错的，担保人承担民事责任的部分不超过债务人不能清偿部分的二分之一”。本案中，银河生物作出的担保行为虽系无效，但涉案《保证合同》上加盖了银河生物公章及法定代表人徐宏军的私章，银河生物未能及时发现，存在管理不当的过错责任。此外，银河生物提供的相关证据材料显示，该公司因未履行内部审批及相关程序为股东及关联方提供违规担保，已经受到了中国证券监督管理委员会的立案审查，违规担保金额约14.17亿元。上述事实证明银河生物内部管理不规范，对于案涉《保证合同》无效，其本身存在重大过错。依照原《担保法解释》第7条的规定，综合考虑双方当事人的过错，银河生物应对银河天成不能清偿涉案《借款合同》项下债务的1/2向卓舶公司承担赔偿责任。

关于永星公司签订的《保证合同》和《承诺函》的效力及责任承担问题。一审法院认为，根据《公司法》第16条第2款规定的公司机关决议程序，公司为其股东或实际控制人提供担保的，必须经股东会或股东大会决议。本案中银河天成系银河生物的控股股东，银河生物又持有永星公司99%以上的股权，故银河天成系永星公司的实际控制人，永星公司为银河天成的对外债务提供担保，应当经过公司股东会决议。虽然卓舶公司对永星公司提供的章程真实性不予认可，但本案中永星公司为实际控制人提供担保须经股东会决议，系基于公司法的强制性规定，故永星公司提交的章程是否真实，不影响涉案《保证合同》效力的认定。

卓舶公司提交的永星公司股东会决议，没有日期且仅有永星公司盖章，并非由永星公司股东盖章或签名，不符合股东会决议的形式要求。一审法院认为，卓舶公司作为商事主体，应当知道股东会决议的形式要件，其所接受的永星公司出具的股东会决议，明显不符合股东会决议的形式要求，不能证明永星公司已经对涉案担保履行了公司内部决议程序。卓舶公司主张永星公司的大股东银河生物在同日签署了《保证合同》，可以视为永星公司2/3以上有表决权股东知道并认可了永星公司为银河天成借款提供担保的保证行为。对此法院认为，鉴于银河生物签署的《保证合同》未经公司股东大会决议程序、卓舶公司未尽审查义务，导致《保证合同》无效，故不宜以该份无效《保证合同》来推断银河生物作为永星公司股东作出确认担保的意思表示；且根据深圳证券交易所《股票上市规则》的相关规定，上市公司控股子公司对外担保行为，也应当经过上市公司股东大会决议。综上，依照原《合同法》第50条关于越权代表的规定，卓舶公司在接受系争《保证合同》时，未尽到必要的审查义务，存有过失，不属于善意相对人，永星公司签订的涉案《保证合同》无效，卓舶公司要求永星公司对银河天成的债务承担连带保证责任，一审法院不予支持。但涉案《保证合同》上加盖了永星公司公章，该公司法定代表人叶德斌加盖了私章并签字确认，永星公司对于其法定代表人越权签订《保证合同》的行为未能及时发现，对公司公章管理不规范存在过失，永星公司对案涉《保证合同》无效亦存在过错。依照原《担保法》第5条第2款及原《担保法解释》第7条的规定，综合考虑双方当事人的过错，永星公司应对银河天成不能清偿涉案《借款合同》项下债务的1/2向卓舶公司承担赔偿责任。

关于2018年3月27日永星公司向卓舶公司出具的《承诺函》，是否构成债务加入的问题。一审法院认为，债的加入应当由当事人作出明确的意思表示。上述《承诺函》实质是永星公司对涉案《保证合同》的再次确认，并不构成债的加入。鉴于永星公司出具的《保证合同》因未经公司内部决议程序而无效，永星公司基于该份《保证合同》所作的承诺亦无效，现卓舶公司依据该份《承诺函》要求永星公司承担共同还款责任或赔偿责任，一审法院不予支持。

二审法院认为，根据本案查明的事实，案涉加盖银河生物公章及徐宏军私章的《保证合同》与案涉加盖永星公司公章和法定代表人叶德斌私章以及叶德斌签字的《保证合同》，并未依据公司章程规定经过两公司股东大会表决通过。故加盖永星公司公章及法定代表人叶德斌签字的案涉《保证合同》，属于越权代表行为。加盖银河生物公章及徐宏军私章的案涉《保证合同》，虽然徐宏军并非时任法定代表人，但相对人基于对公章的信赖，有理由相信公章为法定代表人或其授权他人使用，故不影响认定加盖银河公司公章这一行为构成越权代表。另外，银河生物作为上市公司，和其控股子公司永星公司对外提供担保，应履行法律规定的信息披露义务。卓舶公司在接受银河生物、永星公司提供的担保时，可公开查询银河生物对该担保事项有无进行公告，据此可认定卓舶公司应当知道案涉《保证合同》未经过上市公司股东大会表决通过。可见，卓舶公司并未履行基本的形式审查义务，不属善意相对人，故案涉加盖银河生物、永星公司公章的《保证合同》无效。

因本案事实发生在《民法典》实施前，关于案涉《保证合同》无效后的民事责任，应根据原《担保法》及原《担保法解释》的规定进行认定。银河生物、永星公司对其公章对外使用管理不规范系客观存在的，可认定其存在过失。同时，在案证据表明，因银河生物未履行内部控制程序为股东及关联方提供违规担保，已经被中国证监会立案，除本案之外，还存在多起巨额违规担保行为，且对此未及时发现并纠正，该事实亦能印证银河公司公章管理不规范，存在过错。一审法院根据原《担保法》第5条及原《担保法解释》第7条第2款规定，综合考虑双方当事人的过错，分别认定银河生物及其控股子公司永星公司各自向卓舶公司承担银河天成不能清偿案涉《借款合同》项下债务的1/2的赔偿责任，属合理裁量范围，并无不当。

■ 裁判评析

本案涉及公司对外担保的意思决定程序、债权人善意的认定,以及公司对外担保合同效力认定的法律适用问题。关于这一问题,长期以来无论在理论还是司法实务中都存在较大的争议。

(一)关于《公司法》第16条的意义

早期学说与判例的基本思路和观点是从分析《公司法》第16条规范的性质入手的。根据原《合同法》第52条第5项规定,违反法律、行政法规的强制性规定的合同无效,同时原《合同法解释二》第14条规定,“合同法第五十二条第(五)项规定的‘强制性规定’,是指效力性强制性规定”。因此,违反《公司法》第16条规定提供的公司对外担保合同的效力,取决于《公司法》第16条规定的性质。如果《公司法》第16条是效力性强制性规定,那么违反该规定的公司担保合同无效;如果《公司法》第16条为管理性强制性规定或任意规定等非效力性强制性规定,那么违反该规定并不导致公司担保合同无效。

理论和实务上对于《公司法》第16条规范的性质均有不同看法。关于《公司法》第16条规定的性质,有的认为《公司法》第16条为公司内部管理性规定,不应约束公司以外的第三人,其性质为非效力性强制性规定,违反该规定提供的公司担保合同有效。也有的认为应区分《公司法》第16条的两款规定,第1款是关于公司为股东或实际控制人以外的其他人提供担保的规定,即非关联担保的规定,其性质为管理性强制性规范,违反该规定不能据此认定公司对外担保合同无效;第2款是关于公司为股东或者实际控制人提供的关联担保,其性质应为效力性强制性规定,违反该规定的公司对外担保合同无效。

立法资料显示,2018年修订的《公司法》第16条是2005年《公司法》修订时增加的规定,是出于“公司为他人提供担保,可能给公司财产带来较大风险,需要慎重”的考量,“第16条第1款对公司为他人提供担保的决定程序作了规定。……公司向其他企业投资,同样涉及公司财产安全和股东利益,也应作出相应规定”。[21]显然,规定该条的立法目的是规范公司为他人提供担保或者向其他企业投资这两个重大事项的内部决定程序。也即涉及该两个重大事项的,应由哪个公司机关代表公司形成意思决定,是《公司法》第16条原始的立法目的,因此,《公司法》第16条并非旨在规范公司对外担保的行为,讨论该规定的性质对于认定公司对外担保合同的效力并无实际的意义。

《九民纪要》认为,违反《公司法》第16条构成法定代表人的越权代表。为防

---

〔21〕 2005年10月25日全国人大法律委员会主任委员杨景宇在第十届全国人民代表大会常务委员会第十八次会议上所作的《全国人大法律委员会关于〈中华人民共和国公司法(修订草案三次审议稿)〉修改意见的报告》。

止法定代表人随意代表公司为他人提供担保给公司造成损失，损害中小股东利益，《公司法》第16条对法定代表人的代表权进行了限制。根据该条规定，担保行为不是法定代表人所能单独决定的事项，而必须以公司股东（大）会、董事会等公司机关的决议作为授权的基础和来源。法定代表人未经授权擅自为他人提供担保的，构成越权代表，人民法院应当根据原《合同法》第50条关于法定代表人越权代表的规定，区分订立合同时债权人是否善意分别认定合同效力：债权人善意的，合同有效；反之，合同无效。

由《公司法》第16条规范的性质决定公司对外担保合同的效力，到《公司法》第16条系对法定代表人代表权的限制，这是对《公司法》第16条认识上的转变。由此，对于违反《公司法》第16条规定的公司对外担保合同效力的法律适用也发生了改变，从适用原《合同法》第52条第5项转而适用原《合同法》第50条有关越权行为的规定。

本案涉及公司对外提供关联担保，一审、二审法院均认为公司担保行为，特别是对外提供关联担保，并不是法定代表人所能单独决定的事项，必须以公司股东会或股东大会等公司机关的决议作为授权的基础和来源。因此，对于违反《公司法》第16条规定的公司对外担保的效力问题，应当根据原《合同法》第50条关于越权代表的规定加以判断。

（二）关于债权人善意的认定

原《合同法》第50条规定："法人或者其他组织的法定代表人、负责人超越权限订立的合同，除相对人知道或者应当知道其超越权限的以外，该代表行为有效。"据此，法定代表人越权担保时，该担保合同的效力取决于担保权人即债权人是否善意，如果债权人善意，则担保合同有效；如果债权人知道或应当知道公司法定代表越权担保，则担保合同无效。

关于债权人善意的认定，司法裁判倾向于从债权人对公司章程或者股东会、董事会决议是否尽到必要的审查义务的角度加以判断。一种观点认为，债权人对公司同意担保的决议负有形式审查的义务。在"中国光大银行深圳分行与创智信息科技股份有限公司借款保证合同纠纷上诉案"中，最高人民法院认为，"相对人对于公司同意担保的决议仅负有形式审查的义务，即只要审查决议的形式要件是否符合法律规定，相对人即尽到了合理的注意义务"。另一种观点则认为，第三人不负有审查公司章程的义务。在"中建材集团进出口公司诉北京大地恒通经贸有限公司、北京天元盛唐投资有限公司、天宝盛世科技发展（北京）有限公司、江苏银大科技有限公司、四川宜宾俄欧工程发展有限公司进出口代理合同纠纷案"中，北京市高级人民法院认为，"有限责任公司的公司章程不具有对世效力，有限责任公司的公司章程作为公司内部决议的书面载体，它的公开行为不构成第三人应当知道的证据。强加给第三人对公司章程的审查义务不具有可操作性和合理性，第三人对公司章程不负有审查义务”。

《九民纪要》在债权人善意的认定上认为,《公司法》第16条对关联担保和非关联担保的决议机关作出了区别规定,相应地,在善意的判断标准上也应当有所区别。一种情形是为公司股东或者实际控制人提供关联担保,《公司法》第16条明确规定必须由股东会决议,未经股东会决议,构成越权代表。在此情况下,债权人主张担保合同有效,应当提供证据证明其在订立合同时对股东会决议进行了审查,决议的表决程序符合《公司法》第16条的规定,即在排除被担保股东表决权的情况下,该项表决由出席会议的其他股东所持表决权的过半数通过,签字人员也符合公司章程的规定。另一种情形是公司为公司股东或者实际控制人以外的人提供非关联担保,根据《公司法》第16条的规定,此时由公司章程规定是由董事会决议还是股东会决议。无论章程是否对决议机关作出规定,也无论章程规定决议机关为董事会还是股东会,根据《民法典》第61条第3款关于“法人章程或者法人权力机构对法定代表人代表权的限制,不得对抗善意相对人”的规定,只要债权人能够证明其在订立担保合同时对董事会决议或者股东会决议进行了审查,同意决议的人数及签字人员符合公司章程的规定,就应当认定其构成善意,但公司能够证明债权人明知公司章程对决议机关有明确规定的除外。

同时,《九民纪要》认为,债权人对公司机关决议内容的审查一般限于形式审查,只要求尽到必要的注意义务即可,标准不宜太过严苛。公司以机关决议系法定代表人伪造或者变造、决议程序违法、签章(名)不实、担保金额超过法定限额等事由抗辩债权人非善意的,人民法院一般不予支持。但是,公司有证据证明债权人明知决议系伪造或者变造的除外。另外,公司是以为他人提供担保为主营业务的担保公司,或者是开展保函业务的银行或者非银行金融机构;公司为其直接或者间接控制的公司开展经营活动向债权人提供担保;公司与主债务人之间存在相互担保等商业合作关系,以及担保合同系由单独或者共同持有公司2/3以上有表决权的股东签字同意,存在这些情形的,即使债权人知道或者应当知道没有公司机关决议,也应当认定担保合同符合公司的真实意思表示,担保合同有效。关于上市公司为他人提供担保,债权人根据上市公司公开披露的关于担保事项已经董事会或者股东大会决议通过的信息订立的担保合同,人民法院应当认定有效。

本案中,银河生物作为上市公司,和其控股子公司永星公司对外提供担保,应履行法律规定的信息披露义务。卓舶公司在接受银河生物、永星公司提供的担保时,可通过公开的资料查询银河生物对该担保事项有无进行公告,据此认定卓舶公司是否履行了形式审查义务,从而认定卓舶公司是否属于善意相对人。但卓舶公司未履行形式审查义务,应认定其不构成善意,故案涉担保合同无效。

■ 法条链接

《合同法》第 50 条(已废止)

法人或者其他组织的法定代表人、负责人超越权限订立的合同,除相对人知道或者应当知道其超越权限的以外,该代表行为有效。

《合同法》第 52 条(已废止)

有下列情形之一的,合同无效:

(一)一方以欺诈、胁迫的手段订立合同,损害国家利益;

(二)恶意串通,损害国家、集体或者第三人利益;

(三)以合法形式掩盖非法目的;

(四)损害社会公共利益;

(五)违反法律、行政法规的强制性规定。

《公司法》第 16 条

公司向其他企业投资或者为他人提供担保,依照公司章程的规定,由董事会或者股东会、股东大会决议;公司章程对投资或者担保的总额及单项投资或者担保的数额有限额规定的,不得超过规定的限额。

公司为公司股东或者实际控制人提供担保的,必须经股东会或者股东大会决议。

前款规定的股东或者受前款规定的实际控制人支配的股东,不得参加前款规定事项的表决。该项表决由出席会议的其他股东所持表决权的过半数通过。

《民法典》第 61 条

依照法律或者法人章程的规定,代表法人从事民事活动的负责人,为法人的法定代表人。

法定代表人以法人名义从事的民事活动,其法律后果由法人承受。

法人章程或者法人权力机构对法定代表人代表权的限制,不得对抗善意相对人。

1.5 关联交易行为的认定与处理

■ 基本案情

2009 年 5 月 26 日,陕鼓汽轮机公司注册成立。2011 年 7 月 8 日,陕鼓汽轮机公司召开第二届第一次股东会议,决议变更陈立斌为公司法定代表人、董事长,高少华为副董事长、总经理,公司监事会成员为姜国栋、李宏、任江涛,董事会成员为陈立斌、高少华、牛东儒、程勤、颉小康。2011 年 10 月 9 日,陕鼓汽轮机公司聘任程

■ 法院裁判

一审法院认为，本案属于公司关联交易损害责任纠纷。争议焦点是陕鼓汽轮机公司与钱塘公司之间的采购行为是否属于关联交易；若属于关联交易，则案涉关联交易是否损害了陕鼓汽轮机公司的利益。

对高少华、程勤同时担任陕鼓汽轮机公司董事、高级管理人员和钱塘公司的股东以及陕鼓汽轮机公司与钱塘公司之间存在采购合同关系的事实，陕鼓汽轮机公司与高少华、程勤均无异议。《公司法》第216条第4款规定："关联关系，是指公司控股股东、实际控制人、董事、监事、高级管理人员与其直接或间接控制的企业之间的关系，以及可能导致公司利益转移的其他关系。但是，国家控股的企业之间不仅应为同受国家控股而具有关联关系。"本案中2010年至2015年5月，高少华、程勤同时任职的陕鼓汽轮机公司与钱塘公司之间签订了大量的采购合同。鉴于高少华、程勤的双重身份和陕鼓汽轮机公司和钱塘公司之间的交易行为，陕鼓汽轮机公司和钱塘公司之间构成关联关系，其交易构成关联交易。

《民法典》第84条规定："营利法人的控股出资人、实际控制人、董事、监事、高级管理人员不得利用其关联关系损害法人的利益。利用关联关系给法人造成损失的，应当承担赔偿责任。"《公司法》第21条规定："公司的控股股东、实际控制人、董事、监事、高级管理人员不得利用其关联关系损害公司利益。违反前款规定，给公司造成损失的，应当承担赔偿责任。"我国法律并不禁止关联交易，禁止的是利用关联关系损害公司利益。关联交易是否合法有效应当从交易信息是否充分披露、交易程序是否合法、交易对价是否公允等多个方面综合判断。结合本案查明的案件事实分析，首先，陕鼓汽轮机公司与钱塘公司从2010年至2015年5月签订了约2100份采购合同，涉及金额高达2.5亿元，双方不仅交易时间长而且交易金额高。此种情况下，即使高少华、程勤未提供直接证据证明向陕鼓汽轮机公司披露担任钱塘公司股东的相关事实，陕鼓汽轮机公司作为交易的一方对于钱塘公司的相关股权情况应当是可以通过查询工商档案知晓的。本案中陕鼓汽轮机公司仅以高少华、程勤未披露相关任职情况而否认关联交易的合法性不具有合理性。其次，尽管庭审中高少华已自认陕鼓汽轮机公司与钱塘公司之间的交易未经股东会决议批准，但是应当注意到高少华、程勤仅为陕鼓汽轮机公司的董事，高少华还兼任副董事长，二人既不是公司控股股东也不是实际控制人或法定代表人。对高少华、程勤对陕鼓汽轮机公司对外采购合同的订立是否具有决定权缺乏证据支持。陕鼓汽轮机公司在本案中也未提供证据证明陕鼓汽轮机公司与钱塘公司之间的交易是高少华、程勤直接订立或者授意他人订立。高少华、程勤是否利用其特殊身份促成关联交易尚难以确认。最后，陕鼓汽轮机公司提供的《陕鼓汽轮机向钱塘公司采购业务核查报告》《西安陕鼓汽轮机有限公司部分高管进行关联交易损害公司利益的调查报告》是其单方制作,并且在内容上虽然认定采购配件价格过高,但是其依据的是初步询价而得出价格过高的结论。陕鼓汽轮机公司与钱塘公司之间的采购合同涉及的相关配件并无统一市场定价。各个生产厂基于生产成本、产品自身质量等多方面因素,会导致产品价格有高低差异,而这种价格差异是否必然导致陕鼓汽轮机公司利益受损尚缺乏依据。陕鼓汽轮机公司的财务报表显示,在整个关联交易的 2011 ~ 2015 年,陕鼓汽轮机公司始终处于盈利状态,该事实也可以在一定程度反映关联交易未对公司利益造成损害。综合上述分析,本案中陕鼓汽轮机公司提供的证据均无法证明高少华、程勤作为陕鼓汽轮机公司的董事、高级管理人员违反了忠诚的义务,在陕鼓汽轮机公司与钱塘公司之间的关联交易中损害了陕鼓汽轮机公司的利益。对陕鼓汽轮机公司的诉讼请求,法院不予支持。

二审法院认为,本案中,高少华、程勤在担任陕鼓汽轮机公司董事、高级管理人员的同时又为钱塘公司合计持股 60% 的股东,高少华、程勤与钱塘公司之间具有关联关系,钱塘公司与陕鼓汽轮机公司之间的交易系关联交易,对此双方当事人均无异议。本案的争议焦点在于,钱塘公司与陕鼓汽轮机公司之间的关联交易行为是否损害了陕鼓汽轮机公司的利益。公司法对不损害公司利益的关联交易并不禁止,判断关联交易是否有损公司利益的实质要件是看交易对价是否公平公允,应当从合同约定、合同履行是否符合正常的商业交易原则以及交易价格是否合理等方面进行审查。本案中,陕鼓汽轮机公司主张其利益受损的理由是认为,钱塘公司在与陕鼓汽轮机公司的关联交易中约定的采购价格均明显高于同期市场价格,使其产品成本增加造成利润减少,该减少的利润即是其遭受损害的表现。但其提供的《陕鼓汽轮机向钱塘公司采购业务核查报告》《西安陕鼓汽轮机有限公司部分高管进行关联交易损害公司利益的调查报告》均为其单方制作,且案涉采购配件均非标准件,无统一市场定价,不同厂家生产的产品之间价格差别较大,其通过初步询价进行比对得出价格过高的结论显然缺乏科学依据。因此,仅这两份调查报告不足以说明案涉关联交易价格不合理。同时,钱塘公司与陕鼓汽轮机公司之间关联交易的期间为 2009 年至 2015 年 6 月,涉及约 2100 份采购合同,采购金额总计高达 2.5 亿元,而从钱塘公司存续期间的资产负债表来看,其经营利润符合正常的商业规律,通过其历年的资产负债表亦不能判断案涉关联交易有失公允,因此陕鼓汽轮机公司主张钱塘公司所获利润是其多支出的采购成本,属于其损失的理由无事实及法律依据,其上诉理由不能成立。

再审法院认为,本案系公司关联交易损害责任纠纷。根据《最高人民法院关于适用〈中华人民共和国民法典〉时间效力的若干规定》第 5 条关于"民法典施行前已经终审的案件,当事人申请再审或者按照审判监督程序决定再审的,不适用民法典的规定"的规定,本案是《民法典》施行前已经终审但按照审判监督程序决定再审的案件,故依法应适用当时的法律、司法解释的规定。

（一）陕鼓汽轮机公司与钱塘公司之间的交易是否构成关联交易的问题

鉴于本案双方当事人对陕鼓汽轮机公司与钱塘公司之间的交易系关联交易均无异议，根据《公司法》第 216 条第 4 项关于“关联关系，是指公司控股股东、实际控制人、董事、监事、高级管理人员与其直接或间接控制的企业之间的关系，以及可能导致公司利益转移的其他关系”的规定，陕鼓汽轮机公司和钱塘公司之间的交易构成关联交易。原审判决关于案涉交易性质的认定并无不当，法院予以确认。

（二）案涉关联交易是否损害陕鼓汽轮机公司利益的问题

1. 高少华、程勤是否履行了披露义务。披露关联交易有赖于董事、高级管理人员积极履行忠诚及勤勉义务，将其所进行的关联交易情况向公司进行披露及报告。根据陕鼓汽轮机公司《公司章程》第 36 条关于“董事及公司经营层人员不得自营或者为他人经营与本公司同类的业务或者从事损害本公司利益的活动。从事上述业务或者活动的，所有收入应当归公司所有。董事及公司经营层人员除公司章程规定或者股东会同意外，不得同本公司订立合同或者进行交易。董事及公司经营层人员执行公司职务时违反法律、行政法规或者公司章程的规定，给公司造成损害的，应当依法承担赔偿责任”的规定，本案高少华、程勤作为董事及高级管理人员，未履行披露义务，违反了董事、高级管理人员的忠诚义务。根据《公司法》第 21 条关于“公司的控股股东、实际控制人、董事、监事、高级管理人员不得利用其关联关系损害公司利益”的规定，高少华、程勤的行为不仅违反了陕鼓汽轮机公司《公司章程》的约定，亦违反了上述法律规定。

2. 案涉关联交易价格是否符合市场公允价格。公司法保护合法有效的关联交易，并未禁止关联交易，合法有效关联交易的实质要件是交易对价公允。参照《公司法解释五》第 1 条关于“关联交易损害公司利益，原告公司依据公司法第二十一条规定请求控股股东、实际控制人、董事、监事、高级管理人员赔偿所造成的损失，被告仅以该交易已经履行了信息披露、经股东会或者股东大会同意等法律、行政法规或者公司章程规定的程序为由抗辩的，人民法院不予支持”的精神，应当从交易的实质内容即合同约定、合同履行是否符合正常的商业交易规则以及交易价格是否合理等方面进行审查。第一，高少华、程勤设立钱塘公司后，高少华、程勤利用关联交易关系和实际控制陕鼓汽轮机公司经营管理的便利条件，主导陕鼓汽轮机公司与钱塘公司签订若干采购合同。案涉诉讼双方均认可交易模式为钱塘公司在市场上采购加工定制产品后，转售给钱塘公司的唯一客户陕鼓汽轮机公司。陕鼓汽轮机公司提交的第三组证据虽不能直接证明关联交易给陕鼓汽轮机公司造成了损失，但证据送货单能够证明生产加工单位可直接向陕鼓汽轮机公司发货，进一步证明能够从市场上直接采购到生产所需的零部件，法院对该证据予以采信。在这种交易模式中，陕鼓汽轮机公司本可以在市场上采购相关产品，而通过钱塘公司采购产品则增设了不必要的环节和增加了采购成本，由钱塘公司享有增设环节的利益。

第二，关于高少华、程勤提交的黄平和仁友公司出具的《情况说明》。鉴于黄平系钱塘公司的前股东和前法定代表人，故黄平与本案具有利害关系，且黄平作为证人未出庭作证。此外，虽然仁友公司出具《情况说明》，但仁友公司的股东包新明亦为钱塘公司的股东，与本案仍有利害关系。依据《最高人民法院关于民事诉讼证据的若干规定》第90条第3项关于“下列证据不能单独作为认定案件事实的根据：……（三）与一方当事人或者其代理人有利害关系的证人陈述的证言……”的规定，仅凭两份《情况说明》无法认定本案存在大型汽轮机公司对外协加工单位限制的情形。故上述两份证据不足以证明高少华、程勤所称设立钱塘公司是为了避开同业公司对外协厂家限制的主张。此外，在取消与钱塘公司的关联交易后，陕鼓汽轮机公司亦通过市场直接采购的方式购买了相关产品，高少华、程勤未能对此作出合理解释。第三，高少华、程勤亦未能进一步提供证据证明其主张降低陕鼓汽轮机公司采购成本的抗辩事实成立。综上，陕鼓汽轮机公司关于高少华、程勤将本可以通过市场采购的方式购买相关产品转由向钱塘公司进行采购而增加购买成本，陕鼓汽轮机公司所多付出的成本，损害了陕鼓汽轮机公司权益的主张，有事实和法律依据。陕鼓汽轮机公司关于案涉交易对价高于市场价且不具备公允性的上诉主张，法院予以采信。

3. 高少华、程勤的行为与陕鼓汽轮机公司损害结果的发生有因果关系。关联交易发生在高少华、程勤任职董事期间，高少华于2011年7月8日任副董事长、总经理。《公司章程》中明确约定了总经理的职责为主持生产经营工作，陕鼓汽轮机公司亦提交了审批单等证据证明高少华实际履行了总经理的职权。而程勤作为董事，并兼任其他公司职务，参与并影响陕鼓汽轮机公司的运营。在高少华任总经理主持生产经营工作期间，关联交易额所占陕鼓汽轮机公司采购总额的比例大幅上升，并在高少华、程勤被解除相应职务后，关联交易急速减少并消失。关联交易的发生及变化与高少华、程勤任职期间及职务变化存在同步性。根据《公司法》第21条关于“公司的控股股东、实际控制人、董事、监事、高级管理人员不得利用其关联关系损害公司利益。违反前款规定，给公司造成损失的，应当承担赔偿责任”的规定，高少华、程勤共同实施的关联交易行为，损害了陕鼓汽轮机公司利益。

■ 裁判评析

本案涉及关联交易的认定和法律规制问题。

关联交易是一种特殊的自我交易，实质上也是一种利益冲突交易。同时，与自我交易一样，关联交易同样是无法完全避免的，因而，法律并非简单地加以禁止，重要的是采取一定的方法对之加以规范。[23] 关联交易是把“双刃剑”，一方面有助

---

〔23〕 参见施天涛：《公司法论》（第3版），法律出版社2014年版，第433页。

于提高公司的交易效率,减少交易成本;另一方面又可能带来利益输送,侵害公司以及利益相关者利益的风险,因此,公司法并不禁止关联交易,只是对利用关联关系损害公司利益的行为进行规制。根据《公司法》第216条第4项的规定,关联关系是指公司控股股东、实际控制人、董事、监事、高级管理人员与其直接或者间接控制的企业之间的关系,以及可能导致公司利益转移的其他关系。但是,国家控股的企业之间不仅因为同受国家控股而具有关联关系。公司的控股股东、实际控制人、董事、监事、高级管理人员不得利用其关联关系损害公司利益。

合法有效的关联交易应当同时满足三个条件:交易信息披露充分、交易程序合法和交易对价公允。这是由公司的控股股东、实际控制人、董事、监事、高级管理人员对公司承担忠实义务和勤勉义务所决定的。交易信息披露充分,要求将交易主体、交易内容和交易条件等交易信息充分向公司、股东等利益相关者披露;交易程序合法,要求关联交易符合公司章程规定,经公司决议批准,且关联人须在有关公司决议时回避表决;交易对价公允,是指交易价格公平合理,不存在损害公司利益的情形。关联交易的核心是公平,所以,利用关联关系损害公司利益的行为,又被称为不公平损害行为。如果关联交易不公平,即使公司控股股东、实际控制人、董事、监事、高级管理人员对关联交易已经履行了信息披露、经股东会或者股东大会同意等法律、行政法规或者公司章程规定的程序,也不能产生免责的效力。

受公司法规制的关联交易,本质上是公司的控股股东、实际控制人、董事、监事、高级管理人员违反信义义务,对公司利益造成损害,属于侵权行为,因此,不公平关联交易损害赔偿应符合侵权责任的构成要件。包括:第一,主体上要满足公司法规定,侵权行为人为公司的控股股东、实际控制人、董事、监事或高级管理人员等;第二,行为人的交易行为要符合关联交易的相关规定;第三,关联交易对公司利益造成了损害,可以是直接经济损失,也包括间接的经济利益损失;第四,关联交易行为与公司利益的损失之间具有因果关系。本案中,再审法院就是按照关联交易的构成要件作出的判决,认为高少华、程勤作为董事及高级管理人员,未履行披露义务,违反了董事、高级管理人员对公司的信义义务;案涉关联交易价格有失公允,而且高少华、程勤从事的关联交易行为与陕鼓汽轮机公司损害结果之间具有因果关系。

■ 法条链接

《公司法》第21条

公司的控股股东、实际控制人、董事、监事、高级管理人员不得利用其关联关系损害公司利益。

违反前款规定,给公司造成损失的,应当承担赔偿责任。

《公司法》第216条第4项

关联关系,是指公司控股股东、实际控制人、董事、监事、高级管理人员与其直接或者间接控制的企业之间的关系,以及可能导致公司利益转移的其他关系。但是,国家控股的企业之间不仅因为同受国家控股而具有关联关系。

《最高人民法院关于适用〈中华人民共和国公司法〉若干问题的规定(五)》第1条

关联交易损害公司利益,原告公司依据公司法第二十一条规定请求控股股东、实际控制人、董事、监事、高级管理人员赔偿所造成的损失,被告仅以该交易已经履行了信息披露、经股东会或者股东大会同意等法律、行政法规或者公司章程规定的程序为由抗辩的,人民法院不予支持。

《民法典》第84条

营利法人的控股出资人、实际控制人、董事、监事、高级管理人员不得利用其关联关系损害法人的利益。利用关联关系给法人造成损失的,应当承担赔偿责任。

1.6　分公司的法律问题

■ 基本案情

圣祥公司成立于1993年7月9日,公司类型为有限责任公司,经营范围为承揽国内外建筑工程。2006年3月17日圣祥公司向长春市工商行政管理局申请设立分支机构建和分公司。2006年3月24日长春市工商行政管理局颁发了营业执照,经营范围为在所隶属的公司经营范围内,从事工程承包经营,其民事责任由所属的公司承担。建和分公司的负责人为田万和,后于2013年5月29日负责人变更为李建国。2011年3月4日,圣祥公司与原沈阳军区办事处签订《沈阳军区空军建筑安装工程承包合同书》,承建蓝天佳苑二期工程,合同价款为83,561,772元。

再查明,建和分公司成立后,圣祥公司作为甲方,与乙方建和分公司签订《长春东亚公司工程有限公司内部承包合同》,承包范围:《资质证书》中规定的工业与民用建筑承包范围。分公司每年向总公司缴纳3万元业务费用,每年向总公司缴纳10万元工程费用。

2012年1月9日,孟凡生、甘雨因与圣祥公司、腾安公司、祥泽分公司买卖合同纠纷,起诉至一审法院。2012年9月28日一审法院作出判决:圣祥公司给付孟凡生钢材款及违约金。长春市中级人民法院裁定冻结圣祥公司的分公司建和分公司的银行存款585万元。

孟凡生向一审法院申请执行，李建国提出异议，认为法院查封的585万元是李建国承包建和分公司并承建蓝天佳苑二期工程所得收益，请求法院解除对该款项的冻结。一审法院裁定驳回李建国的异议。李建国向一审法院提起诉讼。一审法院认为，建和分公司与圣祥公司签订《内部承包合同》，约定建和分公司向圣祥公司缴纳管理费，圣祥公司不对建和分公司进行统一经营管理，建和分公司与圣祥公司实质为内部承包关系，李建国又是建和分公司的实际承包人，因此，李建国就本案执行标的享有足以排除强制执行的权利。孟凡生不服一审判决，上诉至二审法院，二审法院判决驳回上诉，维持原判。孟凡生向法院申请再审。

■ 法院裁判

本案争议焦点为李建国对建和分公司账户内的案涉争议款项提出的执行异议是否成立，是否足以阻却人民法院的强制执行，进一步而言，本案核心问题为公司与分公司的内部权利义务约定，能否对抗公司的债权人对分公司财产的执行。再审法院的裁判观点如下。

（一）建和分公司系圣祥公司的分支机构，其与圣祥公司之间的关系应当受到《公司法》规定的调整

《公司法》第14条第1款规定："公司可以设立分公司。设立分公司，应当向公司登记机关申请登记，领取营业执照。分公司不具有法人资格，其民事责任由公司承担。"根据以上规定，分公司的财产属于公司所有，分公司对外进行民事活动所产生的民事责任由公司承担。《执行规定》[24]第78条第1款亦规定，被执行人为企业法人的分支机构不能清偿债务时，可以裁定企业法人为被执行人。同理，当被执行人为企业法人时，如果不能执行该企业法人分支机构的财产，将有违权利义务对等原则。

（二）李建国提出的其与圣祥公司关于建和分公司经营模式的内部约定，不具有对抗第三人的法律效力

如前所述，建和分公司作为圣祥公司的分公司在工商行政管理机关依法注册登记，应当受到《公司法》既有规则的调整。无论当时圣祥公司与建和分公司内部如何约定双方之间的权利义务关系及责任划分标准，该约定内容均不足以对抗其在工商行政管理机关依法注册登记的公示效力，进而不足以对抗第三人。建和分

---

〔24〕 本案中《执行规定》是指《最高人民法院关于人民法院执行工作若干问题的规定（试行）》（2008年调整），现已被《最高人民法院关于修改〈最高人民法院关于人民法院扣押铁路运输货物若干问题的规定〉等十八件执行类司法解释的决定》（法释〔2020〕21号）修改。

公司、李建国如认为其为圣祥公司承担责任有违其与圣祥公司之间的内部约定，可与圣祥公司协商解决。既然建和分公司系圣祥公司的分支机构，而案涉争议款项又在建和分公司银行账户内，故该笔款项在法律上就是圣祥公司的财产。在对圣祥公司强制执行时，如未出现法定的可以不予执行之情形，人民法院可以执行该笔款项。

（三）建和分公司与圣祥公司之间的内部承包合同，不属于《执行规定》第78条规定的企业法人分支机构被承包的情形

首先，该内部承包合同载明的承包人是建和分公司，被承包人是圣祥公司，也就是说，从该合同的表现形式来看，被承包经营的是圣祥公司，建和分公司作为企业法人的分支机构并没有被承包。且从已查明的事实看，无论是圣祥公司还是建和分公司与李建国之间均没有签订相关承包合同。据此，原判决认定李建国是建和分公司的实际承包人缺乏合同依据。其次，该内部承包合同约定的承包范围为《资质证书》中规定的工业与民用建筑承包范围，也就是说，究其合同约定之实质，该合同名为内部承包，实为建设工程施工企业资质租赁或者有偿使用。李建国在庭审中亦自认其经营建和分公司，主要是利用圣祥公司的资质方便其对外承揽建筑工程。换言之，该内部承包合同约定之实质并非承包法律关系。最后，《执行规定》第78条中的规定以及予以保护的承包或者租赁经营，应当是法律所准许的承包、租赁形式。众所周知，建筑施工企业具有很强的专业技术性，且施工质量直接关系到人民群众的生命财产安全，因此不仅要求此类企业要具有符合国家规定的注册资本，而且要具有与所从事的建筑施工活动相适应的专业资质。实践中，一些建筑施工企业中所谓承包或者租赁经营的实质，是不具备资质的企业或者个人，以承包或者租赁形式，掩盖其借用建筑施工企业资质进行施工的目的，由于借用资质进行施工是法律及司法解释禁止的行为，故与之相关的承包或者租赁经营合同以及施工转分包合同亦为法律所不容。因此，即便能够认定李建国与建和分公司之间存在实际承包关系，因其承包经营形式为法律所不容，故亦不应包括在《执行规定》第78条规定的承包经营之列。[25]

■ 裁判评析

本案裁判要旨为分公司的财产即为总公司的财产，在公司为被执行人，其直接管理的财产不足以清偿债务时，可以直接执行分公司的财产。分公司与公司之间有关权利义务及责任划分的内部约定，因不足以对抗其依法注册登记的公示效力，进而不足以对抗第三人，法院有权执行分公司的财产。本案历经一审、二审和再审

〔25〕 案例来源：民事裁判文书，(2016)最高法民再149号。

程序，其中一审法院与二审法院的观点一致，认定建和分公司与圣祥公司实质为内部承包关系，且李建国仅为建和分公司的实际承包人，因此，李建国就本案执行标的享有足以排除强制执行的权利。再审法院撤销一审与二审的判决，指出原判决适用《执行规定》第78条的规定，认定案涉争议款项系李建国的个人财产，适用法律错误，应予纠正。故，再审法院作出裁判，认定建和分公司系圣祥公司的分支机构，建和分公司账户内的案涉争议款项在法律上即为圣祥公司的财产。建和分公司与圣祥公司之间的内部承包合同，不具有对抗第三人的法律效力，亦不应包括在《执行规定》第78条规定的承包经营之列。比较一审、二审法院与再审法院裁判观点之间的差异，可以提取出本案裁判关注的两点核心内容。

在讨论本案裁判核心内容之前，需要对分公司的法律地位进行阐述。概言之，分公司在实体法上具有行为能力、权利能力，但无责任能力；在程序法中，分公司具有诉讼法上的诉讼地位。《公司法》第14条的相关规定，揭示了分公司是相对于总公司而言的，是总公司的组成部分，分公司的"非独立性"表现在以下四个方面：(1)分公司没有独立的公司名称及章程，其对外从事经营活动以总公司名义；(2)分公司在人事、经营上无自主权；(3)分公司没有独立财产，其所有的资产属于总公司；(4)分公司没有独立的法人资格，不能独立享有权利、承担责任。〔26〕在我国的诉讼法中，诉讼主体即民事诉讼的当事人，指因民事权利义务发生争议以自己的名义进行诉讼，请求法院行使民事裁判权的人及其相对方。〔27〕诉讼权利能力是成为一般民事诉讼当事人所必要的诉讼法上的能力，即能以自己的名义参加诉讼，享有诉讼权利，承担诉讼义务的资格，也称为当事人能力，具有当事人能力，就具备了作为民事诉讼主体进行诉讼活动和接受诉讼行为的资格。〔28〕与之相关，诉讼行为能力，又称诉讼能力，指的是当事人能够以自己的行为行使诉讼权利，履行诉讼义务的能力，有当事人资格或诉讼权利能力的主体，不一定具有诉讼行为能力。〔29〕分析分公司的诉讼主体资格问题需要明确分公司是否具有民事权利能力，进而可以成为诉讼的当事人。

《民事诉讼法》(2021年修正)第51条规定，"公民、法人和其他组织可以作为民事诉讼的当事人。法人由其法定代表人进行诉讼。其他组织由其主要负责人进行诉讼"。其中第2款"其他组织"是指"合法成立、有一定的组织机构和财产，但又不具备法人资格的组织，包括……(五)依法设立并领取营业执照的法人的分支

〔26〕 参见全国人民代表大会常务委员会法制工作委员会编：《中华人民共和国公司法释义》(最新修正版)，法律出版社2013年版，第37页。

〔27〕 参见江伟主编：《民事诉讼法学》(第3版)，北京大学出版社2015年版，第131页。

〔28〕 参见潘剑锋：《民事诉讼原理》，北京大学出版社2001年版，第146页。

〔29〕 参见潘剑锋：《民事诉讼原理》，北京大学出版社2001年版，第149页。

机构”。[30] “法人非依法设立的分支机构,或者虽依法设立,但没有领取营业执照的分支机构,以设立该分支机构的法人为当事人。”[31] 基于此,不符合以上条件的组织没有诉讼权利能力即不得以“其他组织”的名义作为诉讼当事人。就企业分支机构而言,满足成为《民事诉讼法》中“其他组织”的条件为:(1)合法成立;(2)有一定的机构和财产;(3)不具备法人资格。企业法人的分支机构作为民事诉讼法上其他组织的一种,如果符合法律所规定的其他组织的构成要件,该分支机构完全可以作为案件当事人参加诉讼。

回归本案,第一个核心问题是“建和分公司与圣祥公司之间的法律关系”问题,进一步而言,该问题实际是指“总—分公司之间法律关系的判断”,抑或为“如何判断两公司为总—分公司”。在本案中,关于圣祥公司与建和分公司的关系问题,李建国主张二者系承包关系,圣祥公司、孟凡生主张二者系统一经营管理的总公司与分支机构关系。一审法院与二审法院根据查明的事实:“李建国提供了证据证明建和分公司每年向圣祥公司缴纳管理费,圣祥公司对此亦认可。建和分公司向总公司缴纳管理费的事实与其作为圣祥公司分公司的身份相矛盾。并且圣祥公司与建和分公司之间签订了内部承包合同。该内部承包合同甲方为圣祥公司,乙方为建和分公司,承包标的为《资质证书》中规定的工业与民用建筑承包范围。圣祥公司当庭无法陈述清楚建和分公司办公场所、办公环境、人员管理、具体业务开展等相关基本的公司情况,亦不能提供圣祥公司对建和分公司人员、财务直接管理的证据,无法提供建和分公司的相关账目,无法提供对建和分公司承建工程具体投人、建设、管理的相关证据。”最终认定“圣祥公司与建和分公司并非普通总公司与分公司之间的关系,而是圣祥公司将建和分公司发包出去,其不对建和分公司进行统一经营、管理,圣祥公司对建和分公司的盈利方式通过收取管理费实现”。

再审法院对该问题的裁判思路可拆分为三个层面:首先,再审法院从“建和分公司作为圣祥公司的分公司在工商行政管理机关依法注册登记,圣祥公司与建和分公司之间即形成法律上的公司与分公司之间的关系,应当受到《公司法》所确立的公司与分公司之间各项规则的调整”这一事实着眼,把握工商行政管理机关注册登记效力,作为认定圣祥公司与建和公司为总公司与分公司的关系。其次,再审法院综合“孟凡生申请执行案”(该案起因为孟凡生与祥泽分公司之间的买卖合同纠纷)的案情与判决结果,“因祥泽分公司系圣祥公司的分公司,据此判令圣祥公司承担债务责任并进而执行圣祥公司的财产”。对此,再审法院从利义务对等原

〔30〕《最高人民法院关于适用〈中华人民共和国民事诉讼法〉的解释》(2022年修正)(法释〔2022〕11号,2022年4月1日发布)第52条。

〔31〕《最高人民法院关于适用〈中华人民共和国民事诉讼法〉的解释》(2022年修正)(法释〔2022〕11号,2022年4月1日发布)第53条。

则以及法律适用的统一性视角出发，认为对于一个分公司的民事行为适用《公司法》关于公司与分公司之间的规则判令公司承担责任，而对于另一个分公司如不适用该规则而使其免除责任有违权利义务对等原则与法律适用统一原则。最后，两公司是否为内部承包关系。再审法院关注到本案内部承包合同载明的承包人是建和分公司，被承包人是圣祥公司；并且，从案件事实来看，无论是圣祥公司还是建和分公司与李建国之间均没有签订相关承包合同，据此，原判决认定李建国是建和分公司的实际承包人缺乏合同依据；究其合同约定之实质，该合同名为内部承包，实为建设工程施工企业资质租赁或者有偿使用。[32] 基于上述三点，再审法院判定建和分公司系圣祥公司的分支机构，建和分公司账户内的案涉争议款项在法律上即为圣祥公司的财产。建和分公司与圣祥公司之间的内部承包合同，不具有对抗第三人的法律效力，亦不应包括在《执行规定》第 78 条规定的承包经营之列。

本案的第二个核心问题是“关于建和分公司经营模式的内部约定，是否具有对抗第三人的法律效力”，即本案中公司与分公司的内部权利义务约定，能否对抗公司的债权人对分公司财产的执行。针对该问题，一审法院与二审法院基于“圣祥公司收取建和分公司的管理费及税金，圣祥公司庭审中承认建和分公司所创造的利润刨除各种费用后都分给建和分公司及圣祥公司当庭无法说清建和分公司如何成立、如何管理等方面”的事实，认定圣祥公司将建和分公司承包给了建和分公司的实际控制人李建国。李建国作为建和分公司的实际承包人，其对建和分公司名下的财产享有权利。本案诉争款项系属于李建国在承包建和分公司的过程中的投入及收益。根据《执行规定》第 78 条规定，“若必须执行已被承包或租赁的企业法人分支机构的财产时，对承包人或承租人投入及应得的收益应依法保护”。因此，李建国就本案执行标的享有足以排除强制执行的民事权益。从一审法院与二审法院的裁判思路中，可以总结出其实际遵从了“认定内部承包关系—《执行规定》第 78 条规定—保护承包人收益—对抗第三人”的思路。

再审法院对于该问题的裁判思路从对两公司之间的法律关系认定方面就存在不同，再审法院再次强调建和分公司作为圣祥公司的分公司在工商行政管理机关依法注册登记，应当受到《公司法》既有规则的调整，两者实际为总公司与分公司之间的关系。基于此，再审法院指出，无论当时圣祥公司与建和分公司内部如何约定双方之间的权利义务关系及责任划分标准，该约定内容均不足以对抗其在工商

---

〔32〕 对于该问题，再审法院同样根据《执行规定》第 78 条（予以保护的承包或者租赁经营，应当是法律所准许的承包、租赁形式）指出，实践中对于承保经营的企业，法律不仅要求此类企业要具有符合国家规定的注册资本，而且要具有与所从事的建筑施工活动相适应的专业资质。本案中，即便能够认定李建国与建和分公司之间存在实际承包关系，因其承包经营形式为法律所不容，故亦不应包括在《执行规定》第 78 条规定的承包经营之列。

行政管理机关依法注册登记的公示效力,进而不足以对抗第三人。[33] 既然建和分公司系圣祥公司的分支机构,而案涉争议款项又在建和分公司银行账户内,故该笔款项在法律上就是圣祥公司的财产。在对圣祥公司强制执行时,如未出现法定的可以不予执行之情形,人民法院可以执行该笔款项。由此看出,再审法院的裁判思路为"两公司为总—分公司关系—内部约定不对抗第三人—分公司财产不独立—可执行"。

总公司与分公司财产关系问题仍需要进行说明。《公司法》第 14 条规定:"公司可以设立分公司。设立分公司,应当向公司登记机关申请登记,领取营业执照。分公司不具有法人资格,其民事责任由公司承担。"该条是关于有限责任公司分公司的规定,从该规定可以看出分公司不具有法律上的独立性,在经济方面分公司没有独立的财产,其所有资产属于总公司,并作为总公司的资产列入总公司的资产负债表。[34] 正因为分公司不具有独立的财产,本案中在总公司(圣祥公司)直接管理的财产不足以清偿债务时,可以直接执行分公司(建和公司)的财产。在实践中,同样存在分公司债务不能清偿的情况,法院对于分公司对外承担债务的裁判并不完全统一,主要存在三种裁判思路(如表 1-2 所示)。

表 1-2　分公司对外承担债务时债务责任分配裁判情况

责任分配	法律依据	裁判要点
总公司承担补充责任	原《民法总则》第 74 条(现《民法典》第 74 条)	分支机构以自己的名义从事民事活动,产生的民事责任由法人承担;也可以先以该分支机构管理的财产承担,不足以承担的,由法人承担。泰禾北京分公司是泰禾公司的分公司,泰禾公司依法应当对泰禾北京分公司不能履行清偿责任部分承担补充责任。(2021)最高法知民终 829 号
总公司承担连带责任	《公司法》第 14 条	平川二建十七项目部系平川二建的分支机构,其营业执照载明的类型为集体分支机构(非法人)。根据《公司法》第 14 条关于"分公司不具有法人资格,其民事责任由公司承担"的规定,认定平川二建承担连带给付责任。(2020)最高法民申 4615 号

---

〔33〕 但是内部约定依然有效,建和分公司、李建国如认为其为圣祥公司承担责任有违其与圣祥公司之间的内部约定,可与圣祥公司协商解决。

〔34〕 参见全国人民代表大会常务委员会法制工作委员会编:《中华人民共和国公司法释义》(最新修正版),法律出版社 2013 年版,第 37 页。

续表

责任分配	法律依据	裁判要点
总公司与分公司共同承担责任	《公司法》第 14 条	盛丰公司主张其并未授权盛丰梧州分公司使用分公司公章对外签订经济合同,并规定由此造成的经济损失及法律责任由分公司自行负责,但是这一规定仅系盛丰公司的内部规定,在盛丰公司未举证证明董小权对盛丰公司上述内部规定知情的情况下,该内部规定对董小权并无约束力……原审法院根据《公司法》第 14 条第 1 款规定判决盛丰公司与盛丰梧州分公司、吴地生对董小权共同承担还款责任,并无不当。(2020)最高法民终 92 号

从表 1－2 中可以看出,目前司法实践中对于分公司对外承担债务时债务责任分配的裁判主要呈现三种结果。尽管裁判依据均为《公司法》第 14 条,综合案情的特殊性,不同法院作出了“总公司与共同承担责任”以及“总公司承担连带给付责任”的裁判结果。其中共同承担责任是指总公司与分公司均有过错,从而共同对损害的发生承担责任。其在责任承担的分配方面与连带责任有所不同。连带责任是任一责任人承担全部责任后,在连带责任的责任人内部进行追偿。对于“总公司承担补充责任”这一裁判结果,法院适用《民法典》第 74 条的规定,“分支机构以自己的名义从事民事活动,产生的民事责任由法人承担;也可以先以该分支机构管理的财产承担,不足以承担的,由法人承担”。在该条款下,对于由分公司名义造成的债务,先由该分公司以其管理的财产承担,对于不足以清偿的部分再由总公司补充承担。

■ 法条链接

《最高人民法院关于民事执行中变更、追加当事人若干问题的规定》(2020 年版)第 15 条

作为被执行人的法人分支机构,不能清偿生效法律文书确定的债务,申请执行人申请变更、追加该法人为被执行人的,人民法院应予支持。法人直接管理的责任财产仍不能清偿债务的,人民法院可以直接执行该法人其他分支机构的财产。

作为被执行人的法人,直接管理的责任财产不能清偿生效法律文书确定债务的,人民法院可以直接执行该法人分支机构的财产。

《公司法》第 14 条

公司可以设立分公司。设立分公司,应当向公司登记机关申请登记,领取营业执照。分公司不具有法人资格,其民事责任由公司承担。

公司可以设立子公司,子公司具有法人资格,依法独立承担民事责任。

《民法典》第74条

法人可以依法设立分支机构。法律、行政法规规定分支机构应当登记的，依照其规定。

分支机构以自己的名义从事民事活动，产生的民事责任由法人承担；也可以先以该分支机构管理的财产承担，不足以承担的，由法人承担。

1.7 公司印章的法律效力

■ 基本案情

北京住总第六开发建设有限公司宁夏分公司（以下简称北京住六宁夏分公司）于2010年3月4日、5月12日、6月7日、8月10日分4次向苏建军借款共计881万元，并分别向苏建军出具了借条，借条上有北京住六宁夏分公司经营经理、执行经理马永飞的签名并盖有合同专用章。2010年8月25日，北京住六宁夏分公司向苏建军出具一份《承诺书》，载明："鉴于北京住六宁夏分公司在银承建工程，资金紧张问题，就我公司向苏建军借款881万元用于公司在银工程建设购买建材、支付人工工资等各项所需，现因我公司所建工程尚未完工结算，暂时无力还款，北京住六宁夏分公司承诺于2011年5月1日前归还苏建军借款，利息按中国人民银行同期贷款利率四倍计算，逾期不能归还，按中国人民银行同期贷款利息四倍的130%计算违约金。"承诺书上有马永飞的签名并盖有合同专用章。

2013年6月20日，银川市中级人民法院出具(2013)银刑初字第14号刑事判决书，判决认定：2008年6月25日，北京住总第六开发建设有限公司（以下简称北京住六）下文聘任马永飞为北京住六宁夏分公司执行经理兼经营经理。2008年7月7日，北京住六宁夏分公司注册成立，负责人为谢夫海。2008年7月21日，马永飞利用临时保管北京住六宁夏分公司公章、合同专用章、财务专用章和北京住六宁夏分公司负责人谢夫海个人印章的便利，开具了申请刻制合同专用章的介绍信，并刻制了合同专用章。2008年7月30日，北京住六下文聘任马永飞为北京住六宁夏分公司经营经理。2008年11月至2010年9月，马永飞多次以北京住六宁夏分公司的名义，以"在建项目资金周转"为由并许以高息，使用合同专用章与苏建军签订借款协议，向苏建军借款2482.5万元。马永飞作为北京住六宁夏分公司的经营经理兼执行经理，又是在掌管公司印信期间，通过公安机关的批准刻制了合同专用章，该行为属于因北京住六宁夏分公司内部管理不善，马永飞超越该公司赋予权限的越权行为，不应认定其行为系伪造印章。同样，因马永飞系北京住六宁夏分公司经营经理、执行经理，其以北京住六宁夏分公司的名义筹措资金，不应认定为"冒用他人名义”。马永飞所筹措的资金大部分用于工程及偿还为工程筹措的借款，并未将资金据为己有或予以挥霍。故马永飞的行为不构成合同诈骗罪，公诉机关指控其犯合同诈骗罪的罪名不能成立，不予支持，判决马永飞无罪。涉案的合同专用章除了在涉案的借贷关系中被使用外，还在其他合同中被使用过。住六宁夏分公司未按约定时间偿还借款，应承担民事责任。[35]

■ 法院裁判

一审法院认为，北京住六辩称合同专用章为马永飞私刻、私藏、私用的印章，其并不知道有此枚印章，但（2013）银刑初字第 14 号刑事判决书认定合同专用章是经公安机关审核后刻制的，马永飞利用临时保管住六宁夏分公司公章、合同专用章、财务专用章和北京住六宁夏分公司负责人谢夫海个人印章的便利，开具了申请刻制合同专用的介绍信，指派利贞公司预算部部长杨××在银川西夏印艺有限公司刻制了合同专用章。马永飞作为北京住六宁夏分公司的经营经理、执行经理，又是在掌管公司印信期间，通过公安机关的批准刻制了合同专用章，该行为属于因北京住六宁夏分公司内部管理不善，马永飞超越该公司赋予权限的越权行为，不应认定其行为系伪造印章，也不能提供证据证明合同专用章是马永飞私刻的，北京住六的此项抗辩理由无事实依据，不能成立。马永飞系住六宁夏分公司的经营经理、执行经理，其以北京住六宁夏分公司的名义筹措资金，且筹措的资金大部分用于北京住六宁夏分公司的工程及偿还为工程筹措的借款，并未将资金据为己有或予以挥霍。苏建军基于马永飞在做四大工程，马永飞与北京住六有合作关系，以及马永飞是北京住六宁夏分公司的经营经理、执行经理这样的认识，才给马永飞出借钱款的，北京住六辩称未收到上述款项，但（2013）银刑初字第 14 号刑事判决书认定的事实能够证明北京住六宁夏分公司收到了上述款项，北京住六的此项抗辩理由不能成立。

二审法院认为，在本案中，马永飞以公司经理的身份与苏建军签订《借款协议书》，并向苏建军出具盖有北京住六宁夏分公司合同专用章的借条、收条的行为，应视为代表公司履行职务，由此而产生的法律后果，应由公司承担，北京住六及北京住六宁夏分公司认为借款系马永飞的个人行为、其不应承担还款责任的上诉理由，无事实及法律依据，法院不予采纳。

再审法院认为，原审关于涉案借贷法律关系以及出具涉案《承诺书》时，马永飞履行的是职务行为问题。北京住六宁夏分公司与北京住六公司应当对马永飞的职务行为所产生的法律后果承担相应法律责任的认定不存在缺乏证据证明的情

---

〔35〕 案例来源：民事裁定书，（2015）民申字第 1954 号。

形,亦不存在对审理案件需要的主要证据,当事人由于客观原因不能自行收集,书面申请人民法院调查收集,人民法院未调查收集的情形,适用法律并无不当。

■ 裁判评析

印章在中国的传统文化中有着特殊的意义。立法上也确认了印章的效力,如《民法典》第 490 条规定:“当事人采用合同书形式订立合同的,自当事人均签名、盖章或者按指印时合同成立……”由此可以看出,盖章与签名具有同等的法律效力。但对于公司而言,公司印章是否代表法人,法定代表人加盖伪造的公司印章是否对公司产生拘束力等问题,理论和实务有不同见解。

关于公司印章是否代表公司,产生与公司同一人格的效力问题。一种观点认为,合同书上盖章的意义在于,该书面形式的意思表示系公章或合同专用章显示的主体所为;[36]另一种观点认为,公章的效力本质上并非公章本身代表了某种意思表示,而是因为盖章之人有无代表权或代理权。有代表权或代理权的人盖章确认的合同,对公司具有约束力;而无代表权或代理权的人加盖的公章,即便是真公章,也不能产生合同有效的预期效果。[37] 最高人民法院民二庭倾向于第二种观点。

关于法定代表人加盖伪造的公司印章的效力问题,也有两种不同的意见:一种意见认为,法定代表人以法人名义从事的民事法律行为,其后果由法人承受,不问其是否加盖公司,抑或加盖的是假公章。退一步说,对于某一枚公章是否为假公章,法定代表人应该比任何人都清楚。法定代表人弃真公章而不用,故意选择加盖假公章,本身就是不诚信的。如果仅仅因为加盖的是假公章,就不认可合同效力,无异于让不诚信的当事人从中获益,对善意相对人不公,也有违诚信原则。所以法定代表人加盖假公章的合同有效。另一种意见则认为,合同书上盖章的意义在于,该书面形式的意思表示系公章或合同专用章显示的主体所为。假公章意味着该意思表示并非公司真实的意思表示,依法应当认定合同无效。最高人民法院民二庭倾向于第一种意见,认为在合同书上加盖公司公章的法律意义在于,盖章之人所为的是职务行为,即其是代表或代理公司作出意思表示。但章有真假之分,人也有有权无权之别,不可简单地根据加盖公章这一事实就认定公章显示的公司就是合同当事人,关键要看盖章之人有无代表权或代理权。盖章之人为法定代表人或有权代理人的,即便其未在合同上盖章甚至盖的是假章,只要其在合同书上的签字是真实的,或能够证明该假章是其自己加盖或同意他人加盖的,仍应作为公司行为,由公司承担法律后果。反之,盖章之人如无代表权或超越代理权的,则即使加盖的是

---

〔36〕 参见崔建远:《合同解释语境中的印章及其意义》,载《清华法学》2018 年第 4 期。

〔37〕 参见贺小荣主编:《最高人民法院民事审判第二庭法官会议纪要——追寻裁判背后的法理》,人民法院出版社 2018 年版,第 311 ~ 313 页。

真公章，该合同仍然可能会因为无权代表或无权代理而最终归于无效。[38]

法定代表人作为公司的代表机关，与公司具有同一人格，当然代表公司，法定代表人的行为就是公司的行为，所以，法定代表人对外行使的是公司的代表权。在交易相对人善意的情形下，即便法定代表人超越了权限，其签字仍足以代表公司的意思，法定代表人加盖公司印章的行为不过是对公司意思的一种确认而已，因此，“就公章的证明功能而言，其效用远不如法定代表人签字”。[39] 在司法实践中，有些公司有意刻制两套甚至多套公章，有的法定代表人或者代理人甚至私刻公章，订立合同时恶意加盖非备案的公章或者假公章，发生纠纷后法人以加盖的是假公章为由否定合同效力的情形并不鲜见。《九民纪要》认为，人民法院在审理案件时，应当主要审查签约人于盖章之时有无代表权或者代理权，从而根据代表或者代理的相关规则来确定合同的效力。法定代表人或者其授权之人在合同上加盖法人公章的行为，表明其是以法人名义签订合同，除《公司法》第 16 条等法律对其职权有特别规定的情形外，应当由法人承担相应的法律后果。法人以法定代表人事后已无代表权、加盖的是假章、所盖之章与备案公章不一致等为由否定合同效力的，人民法院不予支持。代理人以被代理人名义签订合同，要取得合法授权。代理人取得合法授权后，以被代理人名义签订的合同，应当由被代理人承担责任。被代理人以代理人事后已无代理权、加盖的是假章、所盖之章与备案公章不一致等为由否定合同效力的，人民法院不予支持。

本案中，马永飞以公司经理身份与苏建军签订《借款协议书》，并向苏建军出具盖有北京住六宁夏分公司合同专用章的借条、收条的行为，系代表公司履行职务的行为，在执行职务的范围内具有代理权。本案查明，尚无证据证明合同专用章是马永飞私刻的，马永飞不构成伪造公司印章。即使是马永飞加盖伪造的公司印章，因马永飞系有代理权之人，也不能以此为由否定合同的效力。

■ 法条链接

《民法典》第 61 条

依照法律或者法人章程的规定，代表法人从事民事活动的负责人，为法人的法定代表人。

法定代表人以法人名义从事的民事活动，其法律后果由法人承受。

法人章程或者法人权力机构对法定代表人代表权的限制，不得对抗善意相对人。

---

〔38〕 参见贺小荣主编：《最高人民法院民事审判第二庭法官会议纪要——追寻裁判背后的法理》，人民法院出版社 2018 年版，第 309 ~ 310 页。

〔39〕 陈甦：《公章抗辩的类型与处理》，载《法学研究》2020 年第 3 期。

《民法典》第170条

执行法人或者非法人组织工作任务的人员,就其职权范围内的事项,以法人或者非法人组织的名义实施的民事法律行为,对法人或者非法人组织发生效力。

法人或者非法人组织对执行其工作任务的人员职权范围的限制,不得对抗善意相对人。

第二章　公司的设立

2.1　设立中公司的相关纠纷

■ 基本案情

2010年5月20日,黄恒平与位拉公司签署一份《V－PULL(位拉)特许加盟合同》,甲方为位拉公司,乙方为黄恒平、钟武伸,授权乙方在湖北省特许经营销售V－PULL系列产品。2010年6月12日,钟武伸(甲方)与黄恒平(乙方)签订《股东合作章程》,约定:甲乙双方合作代理美国V－PULL国际时尚牛仔品牌系列,项目投资总额100万元,甲方出资51万元,乙方出资49万元;2010年6月18日前各股东到位资金各30万元,余下资金则在8月30日前全部到位;合作期限自2010年6月12日至2015年6月11日。《股东合作章程》还对股东权利义务、股东会职权等事项进行了约定,项目暂时使用的交易账户为法迪莱公司账户。位拉公司于2010年5月20日出具一份《委托书》,委托法迪莱公司或位拉公司法定代表人卢善珍代收黄恒平、钟武伸支付的各项货款和预付款100万元。《股东合作章程》签订后,钟武伸分别于2010年6月22日、2010年11月16日通过案外人转账30万元、21万元至卢善珍的个人银行账户。位拉公司于2010年8月7日至9月10日分5次向黄恒平提供V－PULL品牌服装合计价值653,954.56元,黄恒平在每次的送货单上均签字确认。

其后,由于黄恒平一直未能如约出资,钟武伸向一审法院提起诉讼,要求判令黄恒平、卢善珍退还款项51万元及利息,一审法院未支持该诉讼请求。钟武伸遂向二审法院提起上诉,二审法院撤销一审民事判决,判令黄恒平、卢善珍共同返还钟武伸人民币51万元并支付利息。因黄恒平于本案二审判决后病故,其法定继承人黄世锐等5人提起再审,称钟武伸作为设立公司的发起人应承担相应责任,且公司未设立,清算结束后有结余的才能返还出资款,黄恒平不应承担返还责任。再审法院不予支持,驳回其再审申请。[1]

---

〔1〕　案例来源:民事裁判文书,(2020)最高法民申2491号。

■ 法院裁判

本案的争议焦点是公司设立行为的性质及设立失败责任的承担问题。

一审法院认为,本案《股东合作章程》约定,由钟武伸、黄恒平共同出资成立公司合作经营代理美国 V－PULL 国际时尚牛仔品牌系列项目,因此本案属于因公司设立而引发的发起人责任纠纷。《股东合作章程》系钟武伸与黄恒平的真实意思表示,内容未悖法律强制性规定,属于合法有效的合同。钟武伸已经按约出资 51 万元,但目前没有充分证据证明黄恒平按约出资,双方亦未实际成立公司,且《股东合作章程》签订至今已超过约定的合作期限,钟武伸签订《股东合作章程》的目的已无法实现,故钟武伸有权要求解除《股东合作章程》,且卢善珍并非《股东合作章程》的相对方,应由黄恒平返还其出资 51 万元并支付利息,一审法院不支持钟武伸要求卢善珍退还款项的诉讼请求。

二审法院认为,一审法院将本案案由定为发起人责任纠纷存在错误,本案应为公司设立纠纷。虽《股东合作章程》列明的发起人为钟武伸与黄恒平,但卢善珍也深度参与了公司发起设立的全过程,承担了妥善保管和协助使用钟武伸的出资款的义务,其已经进入了钟武伸与黄恒平之间关于公司发起设立的法律关系之中,并成为其中的实际当事人,故在公司设立失败且《股东合作章程》被解除后,卢善珍应当与黄恒平一并向钟武伸退回已汇入卢善珍个人账户的 51 万元出资款。

再审法院认为,黄恒平未按约出资,双方亦未实际成立公司,《股东合作章程》约定的合作期限也已超过,钟武伸签订《股东合作章程》的目的已无法实现。且钟武伸的出资也已由黄恒平冲抵其从位拉公司所进货物的货款,故钟武伸有权要求解除《股东合作章程》,由黄恒平返还其出资 51 万元并支付利息。案涉当事人在原审中均未向法院主张设立公司过程中对外产生债权债务纠纷,黄世锐等 5 人亦未提供证据证明本案须进行公司清算的必要,应承担举证不能的法律后果,原审法院的裁判意见并无不当,应予以维持。

■ 裁判评析

(一)发起人责任纠纷与公司设立纠纷的区分

二审法院认为一审法院将本案案由定为发起人责任纠纷存在错误,应将案由纠正为公司设立纠纷,最高人民法院对此表示支持。二审法院认为,“发起人责任”具有特定的适用范围,在公司设立失败的情况下,其主要涉及发起人的“对外”责任:一是对设立行为所产生的债务和费用负连带责任,二是对股份公司在募集设立时的认股人负返还股款及支付利息的连带责任。本案中,钟武伸本身就是发起人,而并非股份公司中的认购人,其与发起人黄恒平或其他公司设立参与人之间的纠纷属于公司设立纠纷,故法院将案由纠正为公司设立纠纷。

根据法院的上述认定方式，发起人责任主要限于在公司设立失败的情况下对认股人所应承担的责任，或在公司成立时因发起人自身过失行为产生的资本充实责任、损害赔偿责任等。公司设立纠纷是指在公司设立过程中，因设立中公司的相关交易合同而出现股东、设立中公司和债权人等利害关系人之间的权利义务归属纠纷，包括发起人为设立公司以自己的名义对外签订合同或者以设立中公司的名义签订合同等情形下合同义务的承担问题。

因此，发起人责任纠纷主要是规范公司设立过程中发起人的责任承担问题，主要表现在发起人因公司不能成立时对认股人承担的责任及在公司设立时因发起人过失对公司造成损失而承担的责任，而公司设立纠纷主要规范在公司设立过程中出资人与公司、债权人之间的权利义务纠纷。故二审法院将钟武伸与发起人黄恒平之间的权利义务纠纷认定为公司设立纠纷。

（二）设立中公司的性质

公司设立行为始于公司发起人进行公司筹备活动，止于公司获得法律人格，公司成立之前发生的、目的在于取得独立主体资格的全部活动都属于公司设立行为。依托公司设立行为，在公司真正取得法人地位之前，会形成一种特殊的形态——设立中公司。虽然设立中公司尚不具有完全的法律人格，但从商事习惯看，设立中公司客观存在乃不争之事实。为明确设立中公司实施行为的法律效果的归属，尤其是设立中公司与设立后公司的法律人格的内在法律逻辑尤其是权利义务的继受问题，有必要明确设立中公司的法律地位。从我国现有公司设立行为的相关制度来看，仅在《公司法解释三》中使用“设立中公司”这一称谓，且并未得到独立的承认与解释。学界对设立中公司的性质大致有准合伙组织说、无权利能力社团说、非法人团体说三类看法。

一是准合伙组织说。在法人与自然人之外的第三主体——“其他组织”的范畴中，设立中公司更接近于合伙企业的特点，被认为是一种“准合伙组织”，设立登记手续完结后公司成立，“准合伙组织”取得法人格。在登记之前，公司的全体发起人均为“合伙人”。与其他合伙不同的是，设立中公司这一组织仅为设立公司的目的而存在，而非为其他民商事目的（如生产、销售商品或提供服务）而存在。[2]

二是无权利能力社团说。该说认为，设立中公司尚未取得法人资格，因而不具有任何权利能力，不能充任任何法律关系的主体，属于无权利能力社团，这也是传统大陆法理论对设立中公司性质的观点。《德国民法典》第54条规定：“对无权利能力的社会团体适用关于合伙的规定；以这种社团名义对第三人所为的法律行为，由行为人个人负责；如行为人有数人时，全体行为人视为连带债务人。”[3]

---

〔2〕　参见刘俊海：《现代公司法》（第3版）（上册），法律出版社2011年版，第119页。

〔3〕　赵旭东主编：《公司法学》（第4版），高等教育出版社2016年版，第117页。

三是非法人团体说。从法律形式上看,虽然设立中公司未进行设立登记,不具有独立的法律人格,但从实际上看,它已具有行为能力、意思能力、责任能力,能够实际实施一定行为、承担一定责任,因而它处于不完全的权利能力状态,具有有限的法律人格,即设立中公司在本质上应是一种非法人团体。基于设立中公司与一般的非法人团体在设立程序、财产的独立性、名称、机关和责任上的区别,所以将设立中公司认定为一种具有自身特性的非法人团体。[4]

如果摒弃设立中公司的性质必须纳入既有民事主体范畴的定势思维,其实可以从上述的学说中归纳出设立中公司被普遍认知的几个特征:第一,设立中公司毫无疑问已经成为一个组织体,是成员与财产的共同聚合;第二,这种组织体的出现并非经由自主的登记,而是基于分配法律责任的需要由司法裁判所拟制;第三,这种组织体事实上已经享有交易能力,却未能取得责任能力。如果公司设立成功,设立中公司作为过渡形态即告消灭,转而形成法律地位完整的公司,设立中公司的交易后果自然当由公司继受。如果公司未能设立成功,对于设立中公司这一组织体的拟制就显得十分必要,由于责任能力的缺乏,设立过程中的债务由发起人承担连带责任即成为最合理的责任分配方式。

(三)发起人协议的解除条件

一审法院认为,《股东合作章程》系钟武伸与黄恒平的真实意思表示,内容未悖法律强制性规定,属于合法有效的合同。根据《股东合作章程》的约定,钟武伸与黄恒平应按约出资成立公司经营目标项目。钟武伸已经按约出资51万元,但目前没有充分证据证明黄恒平按约出资,双方亦未实际成立公司,且《股东合作章程》签订至今已超过约定的合作期限,钟武伸签订《股东合作章程》的目的已无法实现,钟武伸出资也已由黄恒平冲抵其从位拉公司所进货物的货款,故钟武伸要求解除《股东合作章程》,由黄恒平返还其出资51万元并支付利息,于法有据。二审法院同样予以支持。

本案中的《股东合作章程》事实上是发起人协议,可以适用合同解除制度。合同解除制度作为债务履行不能的救济方式,能够使当事人摆脱原有合同权利义务关系的束缚,在公平合理的基础上重新获得交易自由,进而更好地促进交易效率与市场资源的配置效率。《民法典》第563条规定了法定解除权,即在合同目的不能实现时,解除权人有权解除合同。故此,司法实践中认定当事人是否享有法定解除权,其关键在于如何认定"合同目的不能实现"。对于缔约人而言,合同及合同法律规范存在的首要价值即在于确保其实现缔结合同的目的。在缔约人不能实现合同目的时,就存在合同法应当如何进行规范调整的问题。

在《民法典》实施前,原《合同法》第94条一直是法定解除权的重要基础规范,

---

〔4〕 参见范建、王建文:《公司法》(第5版),法律出版社2018年版,第116页。

涵括了违约解除权中几乎所有重要类型,“合同目的不能实现”乃各项的公因式已成共识,但“合同目的”的意涵却远未明确。“不能实现合同目的”的表述前后10次出现在《民法典》合同编的7个条文之中,《民法典》第563条也并未给出更清晰的回应。[5] 合同目的首先是典型交易目的,分为抽象视角审视与具象视角审视两种。在某些情况下,动机也被认定为合同目的,即主观目的。在“共同行为”的场合,双方当事人有共同的合同目的;但在“契约”的场合,每一方当事人都有自己单独的合同目的。不能实现合同目的应指某种事实(严重)影响了当事人订立合同所期望的经济利益,[6] 而“合同目的”约等于“守约方的给付利益”。[7] 本案中,钟武伸与黄恒平签订《股东合作章程》系为成立公司获得收益,不仅公司未实际成立,而且黄恒平未按约出资,钟武伸无法实现订立合同所期望的经济利益,签订合同的目的已无法实现,故钟武伸具有法定解除权。

(四)公司发起人的认定

我国《公司法》未对“发起人”作出统一的定义。《公司法》仅在第四章“股份有限公司的设立和组织机构”的第一节使用了“发起人”的概念,而在第二章“有限责任公司的设立和组织机构”中未使用这一概念。根据2014年《公司法解释三》第1条,为设立公司而签署公司章程、向公司认购出资或者股份并履行公司设立职责的人,应当认定为公司的发起人,包括有限责任公司设立时的股东,即“签署公司章程”“向公司认购出资或者股份”“履行公司设立职责”构成了认定公司发起人的三个必备特征。实务中发起人认定的争议焦点主要围绕是否必须满足签署公司章程的形式要件以及是否履行设立职责的实质标准两方面。

首先,发起人须在具有设立公司意思表示的基础上签订公司章程,实践中对于公司章程是否应做扩大化解释出现了不同的看法。我国较为常见的情况是在向公司登记主管机关申请登记前,多数的发起人对于设立公司只签订形式较为简易的发起人协议;在公司设立前若全部发起人均未签订章程或者部分签订章程,若严格按照《公司法解释三》的规定,并非所有发起人都可以合法地被认定为发起人,也不必承担相应的发起人责任,甚至可能成为发起人逃避债务的方式。因此,对于“签署公司章程”宜作出扩大性的解释,若未在章程上签字,而只是在发起人协议上签字,同样应视为符合“签署公司章程”这一要件。

其次,司法实践中很难认定发起人实际上参与了公司的筹备工作,这一要件不仅加大了司法认定的范围及难度,还容易造成标准不一。成为一家公司的发起人,

---

[5] 参见杨锐:《论〈民法典〉中的“不能实现合同目的”》,载《北方法学》2021年第2期。

[6] 参见崔建远:《论合同目的及其不能实现》,载《吉林大学社会科学学报》2015年第3期。

[7] 赵文杰:《论法定解除权的内外体系——以〈民法典〉第563条第1款中“合同目的不能实现”为切入点》,载《华东政法大学学报》2020年第3期。

在大多数情况下看重的是出资能力,而不是基于筹建公司的能力。有出资而未亲身筹建的可能是发起人,亲自参与筹建工作而未认缴出资的一定不是发起人。可见,履行设立公司的职责,实践中未必需要发起人亲自参与,发起人可以授权其他发起人代表自己从事公司设立的筹备活动。因此,宜将《公司法解释三》中的"履行公司设立职责"理解为一种叙事性的描述,而非等同于必须实质性地参加公司筹建。

本案中,二审法院认为,卢善珍已经实际参与了钟武伸与黄恒平的公司筹备工作,对公司设立进程及最终设立失败产生了关键性的实质影响,且其与黄恒平在主观和行动上表现出协同共谋的情况,属于公司发起人的观点,存在可以商榷之处。卢善珍并未被证明曾作出设立公司的意思表示,也未曾签订公司章程,仅因为卢善珍在事实上承担了妥善保管和协助使用钟武伸的出资款的义务,就认定其为发起人缺乏正当性。要求卢善珍返还出资款51万元,需要寻找其他的合理进路。

■ 法条链接

《公司法》第79条

股份有限公司发起人承担公司筹办事务。

发起人应当签订发起人协议,明确各自在公司设立过程中的权利和义务。

《最高人民法院关于适用〈中华人民共和国公司法〉若干问题的规定(三)》第1条

为设立公司而签署公司章程、向公司认购出资或者股份并履行公司设立职责的人,应当认定为公司的发起人,包括有限责任公司设立时的股东。

2.2　公司设立行为的法律责任承担

■ 基本案情

2007年10月至2008年1月,路通公司与香港恒生公司先后签订三份协议,约定共同成立恒生酒店公司,并共同开发海天大厦(资金主要由香港恒生公司提供,土地由路通公司提供)。海天大厦的设计由香港恒生公司完成,双方的前期费用各自承担,在香港恒生公司资金到账后按实际费用待双方认可后报销。2007年11月3日,在瀚海公司的居间介绍下,香港恒生公司向维业山东分公司出具《委托设计书》并盖章,内容为:应香港恒生公司委托,由维业山东分公司承担海天大厦的设计工作。2007年12月25日,香港恒生公司向维业山东分公司出具收条,载明收到海天大厦的设计效果图及设计方案施工图。2008年2月28日,泰安市工商局向恒生酒店公司颁发了营业执照。营业执照颁发后，路通公司与香港恒生公司均未按认缴出资额实际出资，恒生酒店公司无实收资本，也没有进行实际经营。2008年9月26日，香港恒生公司向维业山东分公司出具对账单，确认应付设计费600万元。

维业公司、维业山东分公司向法院起诉，请求判令瀚海公司、恒生酒店公司、路通公司、香港恒生公司共同支付600万元设计费。一审法院判决香港恒生公司支付600万元设计费，驳回对恒生酒店公司、路通公司的诉讼请求。维业公司、维业山东分公司不服，提起上诉，二审法院改判香港恒生公司支付600万元设计费，路通公司承担连带赔偿责任，驳回对恒生酒店公司的诉讼请求。路通公司不服，申请再审。最终，再审法院撤销二审法院判决，维持一审法院判决。涉案公司间的法律关系见图2－1。[8]

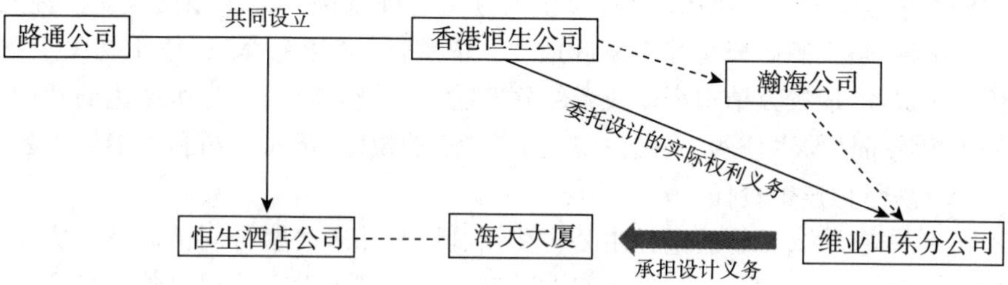

图2－1　涉案公司间的法律关系

■ 法院裁判

本案的争议焦点是发起人为设立公司以自己的名义对外签订合同，应由何方主体承担责任。

一审法院认为，综观路通公司与香港恒生公司签订的成立合资公司协议及公司章程、收购协议、股权转让协议等协议，双方的目的是设立恒生酒店公司。恒生酒店公司经登记，领取了企业法人营业执照，取得了企业法人资格。但在恒生酒店公司的设立过程中，路通公司和香港恒生公司都未履行出资义务，恒生酒店公司无实收资本，没有进行任何经营。根据法律规定，公司设立行为是指发起人依照公司法的规定在公司成立之前为组建公司进行的、目的在于取得公司法律主体资格的活动。香港恒生公司以自己名义履行的装修设计事宜，系香港恒生公司自身从事的个人行为，这些行为并非公司发起人为设立公司而必须进行的行为，与设立公司行为无关。即使需要进行装修设计，这也应是成立后的恒生酒店公司的经营行为，

[8] 案例来源：民事裁判文书，(2013)民提字第212号。

不应由香港恒生公司进行。因此香港恒生公司以自己的名义与维业山东分公司进行的装修设计,应由合同相对人香港恒生公司承担责任,而不应由另一发起人路通公司承担责任。即使恒生酒店公司没有成立,装修设计事宜也并非为设立公司所产生的费用和债务,不应由另一发起人路通公司承担清偿责任。

二审法院认为,路通公司与香港恒生公司于2007年10月16日签订的关于合资成立恒生酒店公司的补充协议约定,泰安海天大厦的室内外装修、绿化、电梯、中央空调、消防等由香港恒生公司完成设计。因此,香港恒生公司以自己的名义对外委托进行"泰安海天大厦"室内装饰、消防、水电、空调设计的行为,是履行合资成立恒生酒店公司的行为。虽然泰安市工商行政管理局已为恒生酒店公司颁发了企业法人营业执照,但由于两股东均未实际出资,恒生酒店公司对外不具备承担民事责任的能力,泰安市工商行政管理局在两股东均未实际出资的情况下为恒生酒店公司颁发企业法人营业执照不符合《公司登记管理条例》第21条的规定。因此,从实质上讲,恒生酒店公司并未实际成立。依照《公司法解释三》第4条关于"公司因故未成立,债权人请求全体或者部分发起人对设立公司行为所产生的费用和债务承担连带清偿责任的,人民法院应予支持"的规定,路通公司和香港恒生公司应对设计费承担连带责任。

再审法院认为,尽管香港恒生公司委托设计时并未表明合同债务将由成立后的恒生酒店公司承担责任,但对发起人以自己的名义为设立公司对外签订合同的行为,《公司法解释三》有相应的规定。《公司法解释三》第2条规定:"发起人为设立公司以自己名义对外签订合同,合同相对人请求该发起人承担合同责任的,人民法院应予支持。公司成立后对前款规定的合同予以确认,或者已经实际享有合同权利或者履行合同义务,合同相对人请求公司承担合同责任的,人民法院应予支持。"恒生酒店公司于2008年2月28日取得企业法人营业执照,已合法成立,故本案应当适用该规定确定香港恒生公司行为的法律后果。根据上述规定,发起人为设立公司以自己名义对外签订合同的,只有在设立后的公司通过明示方式或以实际享有合同权利或承担合同义务的默示方式同意成为合同当事人时,才会产生设立后的公司代替发起人成为合同当事人的法律后果。此时,合同相对人享有选择以订约的发起人或设立后的公司作为合同当事人的请求权。上述规定体现了严格的合同相对性原则,合同必须经设立后的公司同意方可约束该公司,其目的在于防止发起人在公司设立过程中滥用权利损害公司和其他发起人的利益。同理,如发起人以自己名义为设立公司对外签订合同,公司因故未成立的,只有全体发起人共同明示或默示认可合同,才由全体发起人承担连带责任。因此,本案的核心问题是恒生酒店公司是否明示或默示同意受案涉建设工程设计合同的约束。仅在确定恒生酒店公司同意受合同约束的前提下,才需要分析路通公司作为恒生酒店公司的股东因出资不足对债权人的赔偿责任问题。本案中,恒生酒店公司成立后没有开展经营活动,其既未明示确认由其支付设计费,也未实际使用设计成果或履行合同义务,香港恒生公司委派至恒生酒店公司的董事收取设计成果不足以构成恒生酒店公司对建设工程设计合同的默示同意。从路通公司和香港恒生公司签订的一系列协议看,尽管协议约定由香港恒生公司完成海天大厦的设计,但其同时约定前期费用各自承担,在香港恒生公司资金到账后由香港恒生公司选定落实施工单位报董事会审核,按实际费用待双方认可后报销。换言之,建设工程设计合同只有在香港恒生公司注册资金到位后才会履行双方发起人的认可审核合同手续,从而决定是否由恒生酒店公司承担合同债务,在合同经审核前,则应由香港恒生公司承担合同责任。由于香港恒生公司未向恒生酒店公司出资,因此其对外签署的建设工程设计合同始终未得到双方发起人的共同认可。香港恒生公司履行合同的行为也印证了这一点,其在对账单上确认由其支付设计费,后又以设计费债务已转让给路通公司为由主张由路通公司承担付款责任,其未曾主张由恒生酒店公司承担合同责任。综上,本案无充分证据证明恒生酒店公司同意受合同约束,香港恒生公司的行为后果不能由恒生酒店公司承担,依据《公司法解释三》第 2 条的规定,应当由香港恒生公司承担合同责任,维业山东分公司和维业公司无权请求合同以外的当事人恒生酒店公司和路通公司承担合同责任。在恒生酒店公司无须承担合同责任的前提下,亦不存在路通公司出资不到位的赔偿责任问题。此外,《公司法解释三》第 4 条第 1 款规定仅调整公司因故未成立,且费用和债务系以设立中公司名义产生并且数额合理的情形,该款并不调整公司已经成立但注册资本未到位的情形。二审判决驳回维业公司、维业山东分公司对恒生酒店公司的诉请是正确的,但二审判决认定路通公司应对恒生酒店公司债务承担出资不足的赔偿责任,适用法律错误,法院予以纠正。

■ 裁判评析

(一)案例评论与相关规范分析

1. 案情评论

本案中,香港恒生公司作为恒生酒店公司的发起人,在恒生酒店公司设立过程中,以自己名义与相对方维业公司签订的委托设计合同,属于《公司法解释三》第 2 条所规定的发起人为设立公司以自己名义对外签订合同的情形。本案的第一个争议焦点就在于恒生酒店公司是否成为委托设计合同中的实际权利义务人。由于本案中恒生酒店公司已经设立成功,合同相对人维业公司本应取得对名义发起人(香港恒生公司)或设立成功公司(恒生酒店公司)的选择追偿权。但从《公司法解释三》第 2 条修改的历程和学理通说来看,2014 年的司法解释中专门强调"公司成立后对合同予以确认,或者已经享有合同权利或者履行合同义务"的条件,作为对公司发起追偿的前置条件。在2021年修改时,为了配合《民法典》的适用,虽不再刻意强调上述前置条件,但其实质仍然是回归隐名代理披露的基础法理。基于合同相对性与防止发起人权利滥用的特别考量,合同相对方想要选择设立后的公司作为追偿对象,仍需要满足合同的最终利益要归属于设立后公司的基本条件。在本案中,海天大厦的建设工程设计属于发起人约定中香港恒生公司应独立承担的义务内容,而恒生酒店公司尚未开始正常经营,未在此合同中成为真正的权利主体,不符合合同相对人可以向设立后公司追偿的前置条件。本案的另一个争议焦点为另一发起人路通公司是否应当承担连带的赔偿责任。一般而言,在发起人协议中关于责任承担方式没有形成意定规则时,合同相对方在现行的法律体系内无法找到明确的请求权基础要求扩大责任范围,这点也与商法中一以贯之的商行为风险自负的商业理性保持一致。在本案中,维业公司试图以香港酒店公司为纽带,由此追究路通公司出资不足的赔偿责任,最终也因为香港酒店公司的纽带自身就不应成为承担合同责任的主体而未获得法院的认可。

2. 相关规范的学理分析

设立中的公司作为一种过渡性的、以完成取得法人资格为目的,并终止于设立目的完成或者不完成的组织体,其与发起人之间的责任分担在比较法中大体呈现个人主义和社团主义的两种立法模式。关于公司设立中的各方责任承担问题,在法教义学的视角里,最根本的思考基点在于对设立中公司与发起人之间关系的把握。在我国的立法实践中,《民法典》的颁布和《公司法解释三》的修改历程均展示出我国更倾向于认可设立中公司具备有限的权利能力,通过代表说和同一体理论共同解释发起人设立公司的行为。若公司最终设立失败,发起人协议的目的落空,无法产生新公司作为合格的法律主体继受公司设立过程中的权利义务关系,基础的代表关系破裂,债权债务的承担主体只能转变为签订合同的发起人,而各个发起人之间通过拟制的合伙关系解决内部追偿问题。若公司最终设立成功,在合同利益实际归属于成立后公司的前提下,以公司名义签订的合同将直接发生法定代表的法律效果,由公司承担合同的实际权利义务;而以发起人个人名义签订的债务合同,则适用被拟制为隐名代理披露后的处理规则,由合同相对方获得追偿的选择权,发起人与公司之间不分先后、不分份额地承担合同责任,形成事实上的连带责任。

事实上,无论是在现行《民法典》和《公司法》及其司法解释的框架下,还是在域外的各国立法中,对于设立中公司性质的认识始终是众说纷纭,由此衍生出的相应法律规则的设计亦是各行其道。因此,有意见认为,面对设立中公司的责任承担问题,思考的思路应当绕过未形成统一意见的法律地位认定,转而聚焦于设立中公司的资产和发起人财产在先公司对外合同责任中的赔偿顺位问题。〔9〕 其主张以

〔9〕 参见杨治朋、万建华:《论先公司对外合同责任归属处理原则》,载《私法研究》2021年第1期。

最终的利益归属规则为标准解决相对应的事后责任的承担问题。一方面,利益归属的认定本身代表着对当事人真实意图的探寻,在明确合同交易对象后,也能更有效率地解决相关的合同履行问题。另一方面,针对目前规则群中不清晰的规则,利益归属原则所代表的交易公平理念,将更好地调和当下名义主义原则和必要行为原则背后有关交易安全和交易效率的冲突。若尝试以此思路对本案再次进行思考,从名义规则的视角出发可以看到,法院正确地厘清了当事人之间基本的法律关系,确认合同的履行主体为香港恒生公司,并要求其承担相应的合同责任。但是,海天大厦确实是为恒生酒店公司而建造,恒生酒店公司享有根本的合同利益,合同相对方请求恒生酒店公司承担相应的责任也并非毫无道理。因此,不妨以利益归属规则的视角对此进行平衡,明确香港恒生公司作为对外承担合同责任的唯一主体,但恒生酒店公司享有真正的合同权利,却并不接受委托设计合同,因此享有的大厦使用权等利益构成不当得利,香港恒生公司在承担对外合同责任后,可以要求恒生酒店公司承担设计费用或要求其搬离海天大厦。

（二）公司设立中各方责任认定的要素分析

公司设立行为中各方责任的思考路径大致可以总结为图2－2的内容。而在具体的司法实践过程中,除具体法律规范的正确解读之外,也有赖对图2－2中几个关键节点问题的准确识别。首先,关于公司是否设立成功的判断。在本案中,二审法院对公司是否设立成功的标准聚焦于设立后的公司是否具备承担责任的民事能力,而本案中的两发起人均尚未履行出资义务,由此认定公司未设立成功。这样的理解有失偏颇,对此再审判决中予以纠正。恒生酒店公司于2008年已经取得企业法人营业执照,由此可以认定为公司已经设立成功,至于公司的资本实缴问题,只是公司承担相关债务后责任再次分担的次生问题,不影响公司是否设立成功的判断,对于公司设立状态的把握应回归商事登记的基本规范,以是否取得合法有效的营业执照为核心判断标准。

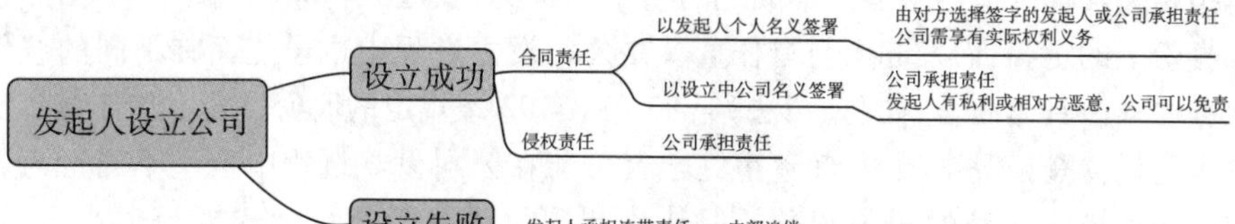

图2－2　发起人设立公司法律责任

其次,对公司设立时对外签订合同中名义人的辨别也成为法律规范正确适用的重要前提,而适当的合同解释在确定真正的合同对外署名的过程中就尤为重要。例如,关于对外合同中“张三,代表即将成立的A公司”应如何确定真正的名义代表?该表述仅从文义解释的角度出发无法识别准确的当事人内心真意,因此有学者主张借用美国《代理重述》中“如果双方都知道被代理人不存在或无能为力，该人就是合同当事人”的规则对此进行分析，主张此类模糊地带应更多地将发起人认定为合同名义人。[10] 这样的倾向性解释是有一定道理的，将“模糊地带”认定为以发起人名义订立的合同，给予合同相对方并不过度的权利主张优势，一方面可以促使发起人更好地履行设立阶段的诚信义务，避免权利滥用；另一方面也能更加警示交易相对人，如若不愿承担不必要的责任，应当在订立合同时加强自身的注意义务，尽可能使合同条款清晰明确，使合同文本可以呈现当事人的内心真意。

最后，对于在公司设立过程中以公司名义签署的对外合同，如何判断合同内容不存在发起人的私利。一般而言，我国现行的司法实践倾向于由公司自动接受发起人为其订立的合同，仅当利益相关人员主动提出质疑时，才对合同是否存在发起人的私利做出事后的审查认定。此种理论认为，设立中的公司虽然没有法律上的主体资格，但是实际上与成立后的公司属于同一体。由此展开，将发起人设立公司的行为区分为必要行为和非必要行为，这也成为判断所订立合同是否存在发起人私利的一般形式标准。必要行为包括为公司取得经营场所签订租赁合同或开立账户、委托验资等，属于当然的不存在发起人私利的行为，对必要行为性质的推翻需要利益相关人事后积极地反向举证。而非必要行为中涉发起人抓住有利商机替成立之后的公司签订的合同往往成为争议中的焦点。对于此问题的把握，由于设立中公司的制度建设尚不完善，不应当扩大化地类推适用公司董事的商业判断规则，公司设立中的发起人的首要法定义务仍然是确保公司设立成功而不是公司的营利目标。因此，发起人在此类合同中应当多进行主动提问和调查，引入第三方等评估机构为合同的正当性背书，尽可能避免事后相关利益主体不必要的质疑。

（三）关于公司设立中相关董事责任的讨论

在公司设立过程中，除了公司设立的发起人外，公司的首任董事也有可能成为承担相关责任的适格主体。本问题的讨论前提为，发起人与首任董事并不当然存在身份上的重叠，而发起人与首任董事在公司设立过程中也可能面临不同的诚信义务要求。具体而言，如《公司法》第83条、第92条规定的股份公司由首任董事负责申请设立登记等事项，首任董事完全有可能在公司设立过程中产生不当行为影响公司和第三人等的相关利益。但从我国现行法关于此行为的规制来看，只有《公司法解释三》第14条等少数规范规定了股东在设立阶段抽逃出资，协助抽逃出资的董事对此承担连带责任，再无其他的相关规则。因此，关于首任董事在公司设立过程中可能面临的责任承担问题，我国的现行法律规范并不能完善地解决相关问题，有待今后的修法或司法实践补上设立责任承担的“第三极”。

---

〔10〕 参见朱锦清：《公司法学》（修订本），清华大学出版社2019年版，第231页。

■ 法条链接

《公司登记管理条例》第 3 条(已废止)

公司经公司登记机关依法登记,领取《企业法人营业执照》,方取得企业法人资格。

自本条例施行之日起设立公司,未经公司登记机关登记的,不得以公司名义从事经营活动。

《公司登记管理条例》第 21 条(已废止)

设立股份有限公司,应当由董事会向公司登记机关申请设立登记。以募集方式设立股份有限公司的,应当于创立大会结束后 30 日内向公司登记机关申请设立登记。

申请设立股份有限公司,应当向公司登记机关提交下列文件:

(一)公司法定代表人签署的设立登记申请书;

(二)董事会指定代表或者共同委托代理人的证明;

(三)公司章程;

(四)发起人的主体资格证明或者自然人身份证明;

(五)载明公司董事、监事、经理姓名、住所的文件以及有关委派、选举或者聘用的证明;

(六)公司法定代表人任职文件和身份证明;

(七)企业名称预先核准通知书;

(八)公司住所证明;

(九)国家工商行政管理总局规定要求提交的其他文件。

以募集方式设立股份有限公司的,还应当提交创立大会的会议记录以及依法设立的验资机构出具的验资证明;以募集方式设立股份有限公司公开发行股票的,还应当提交国务院证券监督管理机构的核准文件。

法律、行政法规或者国务院决定规定设立股份有限公司必须报经批准的,还应当提交有关批准文件。

《最高人民法院关于适用〈中华人民共和国公司法〉若干问题的规定(三)》(本案适用 2014 年版,已于 2020 年修正)第 2 条

发起人为设立公司以自己名义对外签订合同,合同相对人请求该发起人承担合同责任的,人民法院应予支持。

公司成立后对前款规定的合同予以确认,或者已经实际享有合同权利或者履行合同义务,合同相对人请求公司承担合同责任的,人民法院应予支持。

《最高人民法院关于适用〈中华人民共和国公司法〉若干问题的规定(三)》(2020 年修正)第 2 条

发起人为设立公司以自己名义对外签订合同,合同相对人请求该发起人承担合同责任的，人民法院应予支持；公司成立后合同相对人请求公司承担合同责任的，人民法院应予支持。

《最高人民法院关于适用〈中华人民共和国公司法〉若干问题的规定（三）》第4条

公司因故未成立，债权人请求全体或者部分发起人对设立公司行为所产生的费用和债务承担连带清偿责任的，人民法院应予支持。

部分发起人依照前款规定承担责任后，请求其他发起人分担的，人民法院应当判令其他发起人按照约定的责任承担比例分担责任；没有约定责任承担比例的，按照约定的出资比例分担责任；没有约定出资比例的，按照均等份额分担责任。

因部分发起人的过错导致公司未成立，其他发起人主张其承担设立行为所产生的费用和债务的，人民法院应当根据过错情况，确定过错一方的责任范围。

2.3　公司设立无效的情形与法律后果

■ 基本案情

森和国顺建筑工程公司作为出租方于2009年7月31日与作为承租方的石油天然气公司北京销售分公司签订《加油站资产租赁合同》，约定租赁合同标的物为北京市房山区燕阳加油站（以下简称燕阳加油站）的全部资产及经营权。双方就租赁期限、租金数额、具体付款方式和付款时间、合同变更及解除、违约责任等内容进行了约定。燕阳加油站和北京市康利达生活服务部（以下简称康利达生活服务部）在上述合同上盖章，注明资产出租方确认以上租赁合同的效力并承担本合同约定的出租方的违约责任。另查明，实际履行中，2009年8月19日，綦勇航代表康利达生活服务部与石油天然气公司北京销售分公司、森和国顺建筑工程公司进行了加油站的交接，签订了交接纪要，石油天然气公司北京销售分公司已向康利达生活服务部、森和国顺建筑工程公司指定的账户支付了约定的全部租金。

2012年8月27日，燕阳加油站的名称变更为北京燕阳加油站有限公司，綦勇航、严惠娜、孟宪莉为公司注册登记股东。2014年11月26日，康利达生活服务部被工商行政管理局准予注销。后经调查得知，森和国顺建筑工程公司于2008年7月23日取得开业登记时，公司的法定代表人及自然人独资股东登记为闫桂林，而经郑州市公安局桐柏路派出所出具的死亡注销信息证明，闫桂林本人在2006年2月7日已死亡。上述行为属于《行政许可法》第69条第2款规定所指的被许可人以欺骗、贿赂等不正当手段取得行政许可的行为。北京市工商行政管理局丰台分局因此于2015年10月21日对森和国顺建筑工程公司作出京工商丰企监许撤字

(2015)第2号撤销(撤回)行政许可决定书,撤销了森和国顺建筑工程公司2008年7月23日取得的开业登记行政许可的决定。

綦勇航、严惠娜、孟宪莉向一审法院起诉请求:(1)确认森和国顺建筑工程公司与石油天然气公司北京销售分公司所签订的《加油站资产租赁合同》无效;(2)石油天然气公司北京销售分公司与綦勇航、严惠娜、孟宪莉之间分别返还对方依据无效合同所取得的对方资产。[11]

■ 法院裁判

本案的争议焦点为公司设立无效是否具有溯及力。

一审法院认为,有下列情形之一的,合同无效:(1)一方以欺诈、胁迫的手段订立合同,损害国家利益;(2)恶意串通,损害国家、集体或者第三人利益;(3)以合法形式掩盖非法目的;(4)损害社会公共利益;(5)违反法律、行政法规的强制性规定。森和国顺建筑工程公司因以欺骗、贿赂等不正当手段取得行政许可,被北京市工商行政管理局丰台分局作出撤销开业登记行政许可登记的决定,属于公司设立无效的情形。就公司设立无效是否具有溯及既往效力的问题,因公司行为所影响的既有内部关系,也有外部关系,无效设立的公司事实上可能已经以公司名义从事了一系列的交易行为,如果认定其法人资格自始无效,就可能对交易人的利益产生重大影响,极易造成社会交易秩序的混乱。故公司设立无效不具有溯及力。故现綦勇航、严惠娜、孟宪莉以森和国顺建筑工程公司被撤销为由,要求确认涉案合同无效并互相返还资产,理由欠缺,于法无据,法院不予支持。

二审法院认为,从已查明的事实可以看出,綦勇航代表康利达生活服务部与涉案相关合同的签订和履行密切相关,并实际参与、承担了燕阳加油站租赁过程中出租人的部分主要义务,享有了租赁合同履行所带来的主要利益,当事人之间因租赁燕阳加油站事宜而签订的上述各份合同的根本目的已经实现。现綦勇航、严惠娜、孟宪莉以森和国顺建筑工程公司不具有主体资格为由主张《加油站资产租赁合同》无效,根据原《合同法》第52条"有下列情形之一的,合同无效:(一)一方以欺诈、胁迫的手段订立合同,损害国家利益;(二)恶意串通,损害国家、集体或者第三人利益;(三)以合法形式掩盖非法目的;(四)损害社会公共利益;(五)违反法律、行政法规的强制性规定"的规定,綦勇航、严惠娜、孟宪莉该主张并不符合合同无效的法定情形。至于森和国顺建筑工程公司在本案中的民事行为效力,根据涉案合同中权利义务的设定安排和实际履行情况,除森和国顺建筑工程公司一方主体外,仍有立约双方即出租、承租方主要权利和违约责任的实际承担者,故森和国顺

---

〔11〕 案例来源:民事裁判文书,(2017)京02民终2209号。

建筑工程公司的行为效力并不能影响《加油站资产租赁合同》的效力。綦勇航、严惠娜、孟宪莉的此项上诉主张,缺乏事实和法律依据,法院不予采纳。

■ 裁判评析

(一)公司设立无效的情形

本案表面上是合同争议问题,但实际上是因为森和国顺建筑工程公司被撤销开业的行政登记,导致公司设立无效,进而引发的公司设立无效是否具有溯及力的问题。

公司设立无效,是指公司已经登记注册成立,但其设立行为不符合法律法规规定的条件,经有直接利害关系的公民、法人或其他组织向法院起诉后,公司被法院确认不具备独立法人资格。由此,构成公司设立无效的要件,一是公司已经取得了法人资格,二是公司设立不符合法律法规的规定。如果公司在设立过程中因为不符合公司设立的法定要求而无法登记注册,自始未获得法人资格,则属于公司设立不能而不是公司设立无效。

公司设立无效制度对于维护债权人利益,保障交易安全和交易稳定性,维护经济秩序具有重要作用。不过目前我国公司设立无效制度尚无明确的规定,最为相近的是现行《公司法》第198条规定:"违反本法规定,虚报注册资本、提交虚假材料或者采取其他欺诈手段隐瞒重要事实取得公司登记的,由公司登记机关责令改正,对虚报注册资本的公司,处以虚报注册资本金额百分之五以上百分之十五以下的罚款;对提交虚假材料或者采取其他欺诈手段隐瞒重要事实的公司,处以五万元以上五十万元以下的罚款;情节严重的,撤销公司登记或者吊销营业执照。"但该条规定的是行政机关可以在公司存在"虚报注册资本、提交虚假材料或者采取其他欺诈手段隐瞒重要事实取得公司登记"的行为且"情节严重"的情形下,撤销公司登记,取消公司的法人资格。而比较法上常见的公司设立无效制度则是由有直接利害关系的主体向法院提起公司设立无效之诉,由法院判决公司设立无效。二者有所不同。此前《最高人民法院关于适用〈中华人民共和国公司法〉若干问题的规定(三)(征求意见稿)》(以下简称《公司法解释三(征求意见稿)》)第6条、第7条、第8条对公司设立无效之诉的情形、提起诉讼的主体、溯及力、责任承担等方面进行了具体的规定,但在正式颁布的文本中删除了这几条关于公司设立无效之诉的规定。因此,我国的公司设立无效制度还需进一步完善。

从各国商法或者公司法关于公司设立无效之诉的法律规定来看,公司设立无效的情形主要有违反实体要件和违反程序性要件两方面。在违反实体要件方面,主要有设立公司的发起人不具有主体资格,包括公司发起人为无行为能力人或限制行为能力人;公司股东数量不符合条件;公司设立的目的违法或者损害社会公共利益;公司注册资本不足;公司章程中缺乏必要记载事项等。在违反程序性要件方面,主要有未召集创立大会;从事特定经营领域的公司未经相关部门批准等。如《欧盟公司法指令》(第一号)第 11 条规定,在公司设立没有遵循法定程序,或公司设立目的非法或违反公共政策,或公司章程缺乏必要记载事项,或公司未缴纳法定最低缴纳注册资本额,或所有发起人都不具有行为能力的情况下,公司设立无效。《德国有限责任公司法》第 75 条第 1 款规定,章程未记载股本总额或营业范围,或章程中关于营业范围的规定无效时,任何股东、管理董事、监事会成员(若设有监事会)均可以以诉讼方式向法院申请宣告公司设立无效。

我国若构建公司设立无效制度,除了借鉴域外的立法经验外,还应当参考我国《公司法》第 198 条的规定,关于公司登记的规定,以及关于有限责任公司和股份有限公司设立条件的规定。现行《公司法》第 6 条第 1 款和第 2 款规定:"设立公司,应当依法向公司登记机关申请设立登记。符合本法规定的设立条件的,由公司登记机关分别登记为有限责任公司或者股份有限公司;不符合本法规定的设立条件的,不得登记为有限责任公司或者股份有限公司。法律、行政法规规定设立公司必须报经批准的,应当在公司登记前依法办理批准手续。"第 23 条规定:"设立有限责任公司,应当具备下列条件:(一)股东符合法定人数;(二)有符合公司章程规定的全体股东认缴的出资额;(三)股东共同制定公司章程;(四)有公司名称,建立符合有限责任公司要求的组织机构;(五)有公司住所。"第 76 条规定:"设立股份有限公司,应当具备下列条件:(一)发起人符合法定人数;(二)有符合公司章程规定的全体发起人认购的股本总额或者募集的实收股本总额;(三)股份发行、筹办事项符合法律规定;(四)发起人制订公司章程,采用募集方式设立的经创立大会通过;(五)有公司名称,建立符合股份有限公司要求的组织机构;(六)有公司住所。"据此,应将公司的设立目的违反法律、法规强制性规定或者损害社会公共利益,公司设立时以欺诈手段隐瞒重要事实,设立须经批准而未办理批准手续,发起人或股东不符合法律规定,公司注册资本不实或者虚假,公司缺少公司章程或者公司章程有瑕疵,公司缺乏组织机构或公司住所等纳入提起公司设立无效之诉的事由中。由于公司设立无效涉及复杂的利益关系,应当审慎适用,因而可以将公司设立无效的情形根据严重程度以及是否可以补救进一步划分为绝对无效和相对无效事由。

值得一提的是,上述公司设立无效的情形一般针对的都是当事人有设立公司的真实意思,但是由于其设立行为不符合法律法规规定的条件而被认定为公司设立无效的情况。如本案中的森和国顺建筑工程公司的发起人具有设立公司的真实意思,但由于其以欺骗、贿赂等不正当手段取得公司登记,违反了法律的强制性规定,导致公司设立无效,公司发起人应当对公司设立无效的后果承担相应的责任。在实践中,还存在一种特例,即被注册登记的当事人并没有设立公司的真实意思,公司由于被冒名登记设立等原因导致公司设立实质无效。实务中对于该类情形采用了区别于一般情形的相应的处置方式。

例如,在"江苏建兴建工集团有限公司与唐为柱等建筑设备租赁合同纠纷案"中,唐为柱自称是江苏建兴建工集团有限公司北京分公司(以下简称建兴北京公司)的项目部经理,与奥宇模板公司于2011年10月10日签订《模板租赁合同》,合同对项目名称、工程地点、起租期限、付款方式、违约金等进行了约定。在签订合同时,建兴北京公司在合同上加盖公司合同专用章,唐为柱作为受委托人在合同上签字。在签订合同时,唐为柱持盖有建兴北京公司公章及合同专用章的授权书一份。合同签订后,奥宇模板公司按照合同约定履行了义务,其间共发生模板租赁费及产品丢失赔偿费1,095,093.33元;但唐为柱支付250,000元后,拒绝支付剩余的尾款;奥宇模板公司多次催讨后,唐为柱仍拒绝付款。后经调查得知,建兴北京公司系刘书岭以欺骗手段于2008年10月14日取得的行政许可,2011年4月,刘书岭因涉嫌合同诈骗被天津市公安局北辰分局逮捕,并书面告知江苏建兴公司。江苏建兴公司于2012年1月向北京市工商行政管理局门头沟分局举报,工商行政管理局于2012年4月出具了《撤销行政许可决定书》,撤销建兴北京公司的公司设立登记行政许可,决定书已经公告生效。在该案中,一审法院和二审法院均认为,奥宇模板公司与建兴北京公司签订的《模板租赁合同》不存在法定合同无效的情形,并实际履行,合同效力应为有效。因建兴北京公司系刘书岭以欺骗手段取得设立登记行政许可,江苏建兴公司并非真实的合同相对方,其仅为法律拟制的相对方,也并不存在违反合同约定的意思表示和行为,故江苏建兴公司不应当对奥宇模板公司承担违约责任,违约责任应当由刘书岭和唐为柱承担。但是江苏建兴公司作为一家大型集团公司应当承担较高的注意义务,其在得知被他人冒用名称的事实后,理应积极地采取行动以避免因被冒用而可能产生的相关损失。但在长达8个月的时间内,江苏建兴公司怠于履行注意义务,未向有关部门进行举报或采取其他行动来避免后续损害的发生,在此期间奥宇模板公司与建兴北京公司签订了合同,奥宇模版公司因此遭受了损害。故江苏建兴公司对于善意第三人的损失存在过错,应就奥宇模板公司基于《模板租赁合同》而产生的租赁费用及损失承担责任。[12]

由此可见,在当事人有设立公司的真实意思的情况下,因公司设立无效导致的违约责任、损害赔偿责任等由公司发起人或股东承担。在当事人被他人冒名登记为股东,或者因遭受欺诈、胁迫而成为公司股东等当事人不具有设立公司的真实意思的情况下,无设立公司的真实意思的股东通常不需要对公司设立无效承担责任。但是,若当事人自身存在过错,如未履行注意义务等,则可能需要就善意第三人的损失承担一定的责任。

---

〔12〕 参见北京市第二中级人民法院民事判决书,(2019)京02民终8726号。

(二)公司设立无效是否有溯及力

按照各国通行的做法,法院判决公司设立无效后,公司将比照解散进行清算,公司设立无效判决的效力及于第三人。这也引申出了公司设立无效是否具有溯及力的问题,该问题正是本案的争议点。

按照《民法典》的规定,无效的民事法律行为自始、当然无效。但是,公司的设立不是个人法上的概念,而是团体法上的概念,其设立行为的无效或者取消会广泛地影响第三人的利益或者社会利益。〔13〕 正如本案中一审法院所说,因公司行为所影响的既有内部关系,也有外部关系。根据商法外观主义原则,善意第三人根据登记事项做出的行为应当有效。如果公司设立无效具有溯及力,那么善意第三人基于相信公司设立有效而与其进行的交易都将无效,这样不仅不利于保护善意第三人的利益,也不利于维护交易的稳定性和安全性,这与商法的确认和保护营利原则、维护交易公平与安全原则相悖。同时,公司设立无效具有溯及力导致交易无效,产生返还财产等一系列法律后果,导致浪费大量人力物力财力,从经济学的角度来看也不合理。此外,《公司法解释三(征求意见稿)》第 6 条第 3 款也规定了"人民法院关于公司设立无效的判决对第三人发生效力,但无溯及力"。

在司法实践中,对公司设立无效是否具有溯及力的问题,各地法院基本也都采纳无溯及力的观点。如本案中一审法院和二审法院都认为公司设立无效不具有溯及力,在合同不存在无效事由的情况下,被告不能以公司设立无效为由要求确认合同无效。又如上文中提到的江苏建兴建工集团有限公司与唐为柱等建筑设备租赁合同纠纷案中,一审法院和二审法院也都认为"公司设立无效被撤销,并无溯及力","其被撤销前与善意第三人实施的行为具有法律约束力"。〔14〕 再如合肥市中级人民法院在"范楚琦、范烨芳等与深港贸易公司等股权转让纠纷案"中认为,"设立无效不具溯及力,公司之前的行为依然有效",以"不致社会经济秩序和第三人利益遭受过大的损害,尽可能体现商法之企业维持原则"。〔15〕

综上所述,公司设立无效不应具有溯及力,公司在被确认设立无效前与善意第三人实施的行为具有法律约束力。尚未履行完毕的合同应当继续履行,因不能履行而给相对人造成损失的,法院应当根据当事人是否具有设立公司的真实意思以及案件的实际情况对责任承担作出相应的判决。

---

〔13〕 陆介雄、周建伟:《我国公司瑕疵设立的救济程序探讨》,载《当代法学》2006 年第 2 期。

〔14〕 参见北京市第二中级人民法院民事判决书,(2019)京 02 民终 8726 号。

〔15〕 参见合肥市中级人民法院民事判决书,(2013)合民四初字第 00001 号。

■ 法条链接

《合同法》(已废止)第52条

有下列情形之一的,合同无效:

(一)一方以欺诈、胁迫的手段订立合同,损害国家利益;

(二)恶意串通,损害国家、集体或者第三人利益;

(三)以合法形式掩盖非法目的;

(四)损害社会公共利益;

(五)违反法律、行政法规的强制性规定。

《公司法》第6条

设立公司,应当依法向公司登记机关申请设立登记。符合本法规定的设立条件的,由公司登记机关分别登记为有限责任公司或者股份有限公司;不符合本法规定的设立条件的,不得登记为有限责任公司或者股份有限公司。

法律、行政法规规定设立公司必须报经批准的,应当在公司登记前依法办理批准手续。

公众可以向公司登记机关申请查询公司登记事项,公司登记机关应当提供查询服务。

《公司法》第23条

设立有限责任公司,应当具备下列条件:

(一)股东符合法定人数;

(二)有符合公司章程规定的全体股东认缴的出资额;

(三)股东共同制定公司章程;

(四)有公司名称,建立符合有限责任公司要求的组织机构;

(五)有公司住所。

《公司法》第76条

设立股份有限公司,应当具备下列条件:

(一)发起人符合法定人数;

(二)有符合公司章程规定的全体发起人认购的股本总额或者募集的实收股本总额;

(三)股份发行、筹办事项符合法律规定;

(四)发起人制订公司章程,采用募集方式设立的经创立大会通过;

(五)有公司名称,建立符合股份有限公司要求的组织机构;

(六)有公司住所。

《公司法》第198条

违反本法规定,虚报注册资本、提交虚假材料或者采取其他欺诈手段隐瞒重要事实取得公司登记的，由公司登记机关责令改正，对虚报注册资本的公司，处以虚报注册资本金额百分之五以上百分之十五以下的罚款；对提交虚假材料或者采取其他欺诈手段隐瞒重要事实的公司，处以五万元以上五十万元以下的罚款；情节严重的，撤销公司登记或者吊销营业执照。

《最高人民法院关于适用〈中华人民共和国公司法〉若干问题的规定（三）》第6条

股份有限公司的认股人未按期缴纳所认股份的股款，经公司发起人催缴后在合理期间内仍未缴纳，公司发起人对该股份另行募集的，人民法院应当认定该募集行为有效。认股人延期缴纳股款给公司造成损失，公司请求该认股人承担赔偿责任的，人民法院应予支持。

2.4　股权代持的相关争议

■ 基本案情

2010年6月28日，海航集团与中商财富签订《委托投资入股代理协议》，协议约定海航集团委托中商财富作为海航集团对营口沿海银行的出资入股代理人并代为行使相关股东权利，委托资金总额为人民币9360万元，其中7200万元用于出资入股营口沿海银行，2160万元用于弥补亏损和置换不良资产等相关银行设立费用。委托权限包括中商财富将海航集团支付的上述委托资金出资入股营口沿海银行，将其他委托资金用于弥补亏损和置换不良资产等相关银行设立费用，并在该公司股东登记名册上具名，以该公司股东身份参与相应活动、代为收取股息或红利、出席股东会并行使表决权，以及行使公司法与该公司章程规定的其他权利，委托期限为三年。2013年6月27日，海航集团与中商财富签订了《委托投资入股代理协议之补充协议》，由中商财富继续代持营口沿海银行7200万股份，委托期限为三年。中商财富承诺委托期间如发生代持资产被司法机关或其他有权机构采取查封、扣押等强制措施的，中商财富应积极配合海航集团向法院或其他有权机构提出解除查封、扣押等强制措施的申请或申诉，如不能解除，中商财富应另行向法院提供其他财产以确保解除代持资产的强制措施，否则给海航集团造成损失的，海航集团有权向中商财富追偿。

2012年5月17日，中信济南分行与中商财富签订最高额保证合同，中商财富为济南盛源化肥有限责任公司提供最高额保证担保，后因济南盛源化肥有限责任公司无力还款，中信济南分行向法院起诉中商财富，法院判令中商财富融资担保有限公司偿还中信济南分行4500万元及利息，判决生效后中信济南分行申请执行。

执行期间,法院查封中商财富融资担保有限公司持有的营口沿海银行7200万股股份及未分配的红利,海航集团作为案外人提出执行异议,被驳回后提起执行异议之诉。[16]

■ 法院裁判

一审法院驳回海航集团的诉讼请求。对股东的确认应当依据法律和公司章程进行。本案中商财富所持股份为股份有限公司的股份,登记于工商管理部门。根据营口沿海银行公司章程的规定,营口沿海银行股份采取股权证形式,股权证是证明股东所持本行股份的书面凭证;涉案股份登记于中商财富名下,中商财富持有涉案股份的股权证,依据法律和营口沿海银行公司章程,中商财富是营口沿海银行7200万股份的所有权人。海航集团提供了与中商财富之间的《委托投资入股代理协议》仅是海航集团与中商财富之间的内部约定,该协议约定不能对抗第三人,也不能对抗司法机关所采取的强制措施。

二审法院判决撤销一审判决,停止对登记在被上诉人中商财富名下的营口沿海银行7200万股股份及未分配红利的执行。公司向股东发行的记名股票或者出具的股权证系证明股东资格的证据,而并非取得股东资格的必要条件。同理,工商管理部门对公司提供的设立登记材料仅进行形式审查,工商登记所公示的也仅是权利的表征。营口沿海银行的记名股票及工商登记作为一种权利外观,仅具有权利推定效力,并不一定与实际权利相符。本案中,记名股票、工商登记所表征的权利与实际权利不符,中商财富仅系营口沿海银行的名义股东,投资7200万元取得的营口沿海银行7200万股股份的实际权利应归海航集团所有。在外观权利与实际权利不一致的情况下,善意第三人基于对权利外观的信赖而与名义权利人进行民事法律行为。《公司法解释三》第25条规定,名义股东将登记于其名下的股权进行民事法律行为之处分的,实际出资人以其对于股权享有实际权利为由,请求认定处分股权行为无效的,参照原《物权法》第106条关于善意取得的规定处理。但是,本案中信济南分行申请执行的是其与中商财富之间因借款关系而形成的债权,中信济南分行并没有与名义股东中商财富就登记在中商财富名下的7200万股股份从事民事法律行为,从权利外观原则来看,中信济南分行不是基于信赖权利外观而需要保护的民事法律行为之善意第三人,本案也没有需要维护的交易安全,中信济南分行的债权请求不能受到优先于实际权利人海航集团的保护。另查明,7200万股股份的实际权利归海航集团享有。如果中信济南分行的借款债权不能因执行登记在中商财富名下的7200万股股份而实现,其根本原因系中商财富的责任财产

---

〔16〕 案例来源:民事裁判文书,(2016)最高法民再360号。

不足造成,如果中信济南分行有损失,该损失也与海航集团和中商财富之间的委托持股没有因果关系。

再审判决撤销二审判决,维持一审判决。第一,从实际出资人与名义股东的内部代持法律关系的性质分析。代持法律关系的本质属于一种债权债务关系,受合同法相对性原则的约束,隐名股东就该债权仅得以向名义股东主张,对合同当事人以外的第三人不产生效力。从《公司法》第 32 条的规定看,公司应当将股东的姓名或者名称及出资额向公司登记机关登记,登记事项发生变更的,应当变更登记,未经登记或者变更登记的,不得对抗第三人。公司股东的登记事项主要体现在公司章程、股东名册和工商登记这三种材料中,本案营口沿海银行的公司章程、股东名册、工商登记资料中,涉案股份均登记于中商财富名下,中商财富可以据此主张行使股东权利,在公司对外关系上,名义股东具有股东的法律地位,隐名股东不能以其与名义股东之间的约定为由对抗外部债权人对名义股东的正当权利,《公司法解释三》第 24 条规定也对此问题进行了细化。虽然上述法律和司法解释规定针对有限责任公司,但本案中营口沿海银行为非上市的股份公司,参照上述法律规定处理相关法律关系从性质上而言亦无不妥。第二,从信赖利益保护的角度分析。根据商事法律的外观主义原则,交易行为的效果以交易当事人行为的外观为准。一方面,法定事项一经登记,即产生公信力,登记事项被推定为真实、准确、有效,善意第三人基于对登记的信赖而实施的行为,受到法律的保护,即使登记事项不真实、与第三人的信赖不符,善意第三人也可以依照登记簿的记载主张权利。另一方面,执行案件中的债权人与被执行人发生交易行为时,本身也有信赖利益保护的问题。发生交易时,申请执行人对被执行人的总体财产能力进行衡量后与之进行交易,被执行人未履行生效法律文书确定的义务进入强制执行程序后,被执行人名下的所有财产均是对外承担债务的一般责任财产,因此不能认为强制执行程序中的申请执行人就不存在信赖利益保护的问题。特别是,法律规定明确否定超标的查封,申请执行人为了实现对某项特定财产的查封,必须放弃对其他财产的查封,如果对该查封利益不予保护,对申请执行人则有失公允。因此,不能苛求被执行人的债权人与名义股东必须是就登记在名义股东名下的特定代持股权从事民事法律行为时才能适用善意第三人制度。在涉案股份的实际出资人与公示的名义股东不符的情况下,法律不仅应优先保护信赖公示的与名义股东进行交易的善意第三人,也应优先保护名义股东的债权人的权利。

■ 裁判评析

本案争议焦点在于应否停止执行登记在中商财富名下的营口沿海银行 7200 万股股份及未分配的红利,即隐名股东海航集团与名义股东中商财富之间的代持股协议对名义股东中商财富的债权人中信济南分行是否有对抗力,进而延伸出代持股权协议与股东资格认定的关系问题。

(一)代持股协议对当事人的效力

代持股协议对代持股协议当事人(隐名股东和名义股东)所产生的法律效力也被称为代持股协议的内部效力。在认定代持股协议的内部效力时,总体上应尊重契约自由与当事人意思自治,如果不违反禁止性规定,那么代持股协议就是有效的。

《公司法解释三》第24条第1款规定,有限责任公司的实际出资人与名义出资人订立合同,约定由实际出资人出资并享有投资权益,以名义出资人为名义股东,实际出资人与名义股东对该合同效力发生争议的,如无法律规定的无效情形,人民法院应当认定该合同有效;第2款规定,前款规定的实际出资人与名义股东因投资权益的归属发生争议,实际出资人以其实际履行了出资义务为由向名义股东主张权利的,人民法院应予支持。名义股东以公司股东名册记载、公司登记机关登记为由否认实际出资人权利的,人民法院不予支持。代持股协议在性质上属于委托合同,在处理隐名股东与名义股东之间的内部关系时,代持股协议的效力依据《民法典》关于合同效力的规则进行认定。实践中,订立代持股协议的原因多种多样,其中不乏出于规避法律的目的而订立代持股协议,所以,存在代持股协议无效的可能。比如,依据2005年《公务员法》,公务员不得从事或参加营利性活动,因此实践中会出现公务员作为隐名股东进行出资的情况。再如,《公司法》规定有限责任公司的股东人数不能超过50人,这导致有些人通过代持股协议规避该人数上限,使实际出资人数超过50人。如果代持股协议存在以合法形式掩盖非法目的或违反法律、行政法规强制性规定等无效情形的,那么代持股协议无效。当然,如果不存在法律规定的合同无效情形,那么代持股协议有效,隐名股东和名义股东受代持股协议的约束,隐名股东有权要求名义股东依照代持股协议履行义务,如配合完成股东变更登记,此时名义股东不得以股东名册记载、公司登记机关登记为由否认隐名股东的权利。因为股东名册的记载、公司登记机关的登记并不是股东资格创设的依据,这些公示内容具有推定作用,但名义股东可以通过实质证据推翻,登记所具有的公示性是对于外部人而言的,对内并不能否定代持股协议的效力。本案中并不存在合同无效情形,所以代持股协议是有效的,代持股协议对隐名股东和名义股东双方当事人具有约束力。

(二)代持股协议对外是否产生变更股东的效力

代持股协议对外是否产生变更股东的效力,是代持股协议的外部效力问题。代持股协议的外部关系有两类:第一类是发生在代持股协议当事人和公司、公司其他股东间的关系;第二类是和公司外部人的法律关系,即公司债权人、代持股协议当事人的债权人等公司外部主体和代持股协议当事人的关系。一般来说,代持股协议并不能直接产生变更股东的效果。

首先是代持股协议对公司、公司其他股东可能产生的法律效力。《公司法解释三》第24条第3款规定,实际出资人未经公司其他股东半数以上同意,请求公司变更股东、签发出资证明书、记载于股东名册、记载于公司章程并办理公司登记机关登记的,人民法院不予支持。该条规定表明隐名股东在其他股东过半数同意的条件下才能申请公司变更股东,说明隐名股东并不当然能够成为公司股东。在名义股东与公司或公司股东的关系中,原则上将名义股东视为股东,公司行为是团体行为,如果否认名义股东的股东身份,则可能导致公司的行为(如股东会决议)无效,从而影响交易安全。此外,如果确认隐名股东为股东,也会增加公司的负担,[17]因为这迫使公司要对股东的背景进行调查,查明是否有隐名股东的存在,这将极大地增加人力和财力成本。并且,有限责任公司具有较强的人合性,其他股东在不知道隐名股东是实际出资人的情况下,公司接受名义股东作为股东,说明名义股东受到其他股东的信任,但这并不代表其他股东信任隐名股东,为了保护有限责任公司的人合性,代持股协议并不能当然地被作为隐名股东变更为公司股东的依据,公司仍然可以只认定名义股东具有股东身份。

其次是代持股协议对公司外部人的效力问题,这也是本案的争议焦点。应当认为,在涉及公司债权人等外部关系时,如果发起人协议、公司章程、股东名册、工商登记中记载为股东,则具有公示作用,应当尊重权利外观,依据外观主义原则保护善意第三人,以保障商事交易的安全性。《公司法解释三》第25条第1款规定,名义股东将登记于其名下的股权转让、质押或者以其他方式处分,实际出资人以其对于股权享有实际权利为由,请求认定处分股权行为无效的,人民法院可以参照《民法典》第311条的规定处理;第26条第1款规定,公司债权人以登记于公司登记机关的股东未履行出资义务为由,请求其对公司债务不能清偿的部分在未出资本息范围内承担补充赔偿责任,股东以其仅为名义股东而非实际出资人为由进行抗辩的,人民法院不予支持。在代持股协议纠纷中,外部人根据工商登记等公示内容相信名义股东是公司股东,代持股协议作为隐名股东和名义股东之间的合同,只能约束合同当事人,并不能代替变更股东的法定程序而产生变更股东的效果。在"傅启元、钟菊清股权转让纠纷"中,傅启元作为发起人持有公司股权,后傅启元与钟菊清签订股权转让协议,约定傅启元将其持有的股权转让给钟菊清,由钟菊清享有股东权益,但未办理变更登记;一个月后,双方又另行签订代持股协议,约定傅启元代钟菊清持股,傅启元名义上持有该股权,钟菊清为该股权的实际所有人,双方也未办理股东变更登记。对傅启元与钟菊清是否已完成股权转让这一争议,法院认为代持股协议双方并没有按照法定的转让方式履行股权交割手续,涉案股权没

---

[17] 参见施天涛:《公司法论》(第4版),法律出版社2018年版,第245页。

有发生变动,不能仅以约定代持为由认定股权进行转让。[18] 尊重商事外观主义是为了保护善意相对人的合理信赖,维护交易安全。在商业活动中,公司外部人会根据股东名册、公司章程、工商登记等所记载的内容做出判断,从而决定是否进行交易,对股东名册、公司章程、工商登记的公示内容,外部人会产生信赖,如果否定公示内容所产生的公信力,那么商事交易会充满不确定性,作为交易相对方的外部人的信赖利益就不能得到保护,为了保障商事交易安全与稳定,要求商事交易适用外观主义原则。无论外部人是公司的交易相对方,还是代持股协议当事人的交易相对方,若其对股权公示内容产生了信赖而进行交易,都应当受到保护。本案中是名义股东的债权人要求执行名义股东名下的股权,名义股东的债权人在决定是否与名义股东进行交易时,公司的股权公示内容影响了名义股东债权人对名义股东偿债能力的评估,所以名义股东的债权人具有需要保护的信赖利益。当然,第三人得到保护的前提是第三人是善意的,因为适用外观主义原则是为了保护第三人的信赖利益,如果第三人在知道存在隐名股东的情况下仍然实施交易行为,那么就不存在第三人根据公示内容产生信赖,从而也就没有需要保护的信赖利益。"善意"的判断标准是在通常情况下一个理性商人能否注意到隐名股东的存在,如果在给定的情境中,一般商人尽到应有的注意义务就可以发现存在隐名股东,股东的实际情况与公司公示的内容不一致,而这个第三人由于没有尽到注意义务而导致其没有发现隐名股东的事实,那么这个第三人就不是善意的。

(三)公司内部明知实际出资人情形下代持股协议的效力

一般所称的隐名股东是完全隐名,即公司内部并不知道名义股东和实际出资人并非同一人,但实践中还存在这样一种情况,虽然存在代持股协议,但是公司知道实际出资人的存在并且默认实际出资人行使股东权利,具体可以表现为公司向实际出资人分配利润、实际出资人参加公司经营管理等,此时实际出资人并不能算是完全隐名,那么这种情况应该作何处理?

首先,对于公司外部的第三人,还是应当按照外观主义的原则,公司默认实际出资人和名义股东的割裂,并允许实际出资人行使股东权利,这可以看作公司内部达成了合意,属于公司的内部安排,而公司的内部安排不能对抗善意第三人。

其次,对于公司内部,如果公司明知隐名股东的身份,并且已经认可其以股东身份行使股东权利,如果不存在违反强行法规定的情形,则可以认定隐名股东为股东。在公司其他股东并不知道代持股协议存在、只把名义股东当作股东的情况下,隐名股东的显名相当于原股东(名义股东)向股东以外的人(隐名股东)转让股权,根据《公司法》第71条第2款的规定,需要得到其他股东过半数同意,这也是为什么《公司法解释三》中规定如果公司股东过半数同意则隐名股东可以请求进行变

---

〔18〕 参见广东省高级人民法院民事判决书,(2019)粤民再305号。

更登记。如果公司知道实际出资人的存在并且已经默认其行使股东权利时，相当于公司的其他股东已经同意股东变更，满足了过半数股东同意的要求，在“殷林、张秀兰股东资格确认纠纷案”中，虽然殷林被登记为淮信公司的股东，但张秀兰和淮信公司之间签有协议书，约定张秀兰向公司出资400万元，该协议书由张秀兰和淮信公司的法定代表人签名。之后，张秀兰还和淮信公司的其他股东签订补充合同书，补充合同书中对张秀兰出资400万元再次确认，并约定张秀兰以殷林的名义进行投资。此外，张秀兰多次以股东身份参加淮信公司股东会，包括对公司资本变更进行决议并在会议纪要上签名，对修改公司章程进行决议并在章程修正案上签名。法院认为，依据张秀兰与淮信公司、淮信公司股东签订的协议以及张秀兰多次以股东身份参加股东会议的事实，可以认定淮信公司及其股东均同意张秀兰向淮信公司缴纳出资成为股东，且淮信公司的其他股东对张秀兰以殷林的名义进行投资均是明知的，从而认定了隐名股东的股东资格。[19] 在公司不知道隐名股东存在的情况下，认定名义股东仍为公司股东一是为了降低公司的调查成本，二是为了保护有限责任公司的人合性，而如果公司已经明知实际出资人的存在，并且默认实际出资人行使股东权利，那么对于上述两项因素的顾虑也就不复存在，在处理公司内部事项中确认实际出资人的股东身份并无不妥。

■ 法条链接

《公司法》第32条

有限责任公司应当置备股东名册，记载下列事项：

（一）股东的姓名或者名称及住所；

（二）股东的出资额；

（三）出资证明书编号。

记载于股东名册的股东，可以依股东名册主张行使股东权利。

公司应当将股东的姓名或者名称向公司登记机关登记；登记事项发生变更的，应当办理变更登记。未经登记或者变更登记的，不得对抗第三人。

《公司法》第71条

有限责任公司的股东之间可以相互转让其全部或者部分股权。

股东向股东以外的人转让股权，应当经其他股东过半数同意。股东应就其股权转让事项书面通知其他股东征求同意，其他股东自接到书面通知之日起满三十日未答复的，视为同意转让。其他股东半数以上不同意转让的，不同意的股东应当购买该转让的股权；不购买的，视为同意转让。

---

〔19〕 参见最高人民法院民事判决书，(2017)最高法民申37号。

经股东同意转让的股权，在同等条件下，其他股东有优先购买权。两个以上股东主张行使优先购买权的，协商确定各自的购买比例；协商不成的，按照转让时各自的出资比例行使优先购买权。

公司章程对股权转让另有规定的，从其规定。

《最高人民法院关于适用〈中华人民共和国公司法〉若干问题的规定（三）》（本案适用2014年版，现已于2020年修正）第24条

有限责任公司的实际出资人与名义出资人订立合同，约定由实际出资人出资并享有投资权益，以名义出资人为名义股东，实际出资人与名义股东对该合同效力发生争议的，如无《合同法》第52条规定的情形，人民法院应当认定该合同有效。

前款规定的实际出资人与名义股东因投资权益的归属发生争议，实际出资人以其实际履行了出资义务为由向名义股东主张权利的，人民法院应予支持。名义股东以公司股东名册记载、公司登记机关登记为由否认实际出资人权利的，人民法院不予支持。

实际出资人未经公司其他股东半数以上同意，请求公司变更股东、签发出资证明书、记载于股东名册、记载于公司章程并办理公司登记机关登记的，人民法院不予支持。

《最高人民法院关于适用〈中华人民共和国公司法〉若干问题的规定（三）》（2020年修正）第24条

有限责任公司的实际出资人与名义出资人订立合同，约定由实际出资人出资并享有投资权益，以名义出资人为名义股东，实际出资人与名义股东对该合同效力发生争议的，如无法律规定的无效情形，人民法院应当认定该合同有效。

前款规定的实际出资人与名义股东因投资权益的归属发生争议，实际出资人以其实际履行了出资义务为由向名义股东主张权利的，人民法院应予支持。名义股东以公司股东名册记载、公司登记机关登记为由否认实际出资人权利的，人民法院不予支持。

实际出资人未经公司其他股东半数以上同意，请求公司变更股东、签发出资证明书、记载于股东名册、记载于公司章程并办理公司登记机关登记的，人民法院不予支持。

《最高人民法院关于适用〈中华人民共和国公司法〉若干问题的规定（三）》（本案适用2014年版，现已于2020年修正）第25条

名义股东将登记于其名下的股权转让、质押或者以其他方式处分，实际出资人以其对于股权享有实际权利为由，请求认定处分股权行为无效的，人民法院可以参照物权法第一百零六条的规定处理。

名义股东处分股权造成实际出资人损失，实际出资人请求名义股东承担赔偿责任的，人民法院应予支持。

《最高人民法院关于适用〈中华人民共和国公司法〉若干问题的规定(三)》(2020年修正)第25条

名义股东将登记于其名下的股权转让、质押或者以其他方式处分,实际出资人以其对于股权享有实际权利为由,请求认定处分股权行为无效的,人民法院可以参照《民法典》第三百一十一条的规定处理。

名义股东处分股权造成实际出资人损失,实际出资人请求名义股东承担赔偿责任的,人民法院应予支持。

《最高人民法院关于适用〈中华人民共和国公司法〉若干问题的规定(三)》第26条

公司债权人以登记于公司登记机关的股东未履行出资义务为由,请求其对公司债务不能清偿的部分在未出资本息范围内承担补充赔偿责任,股东以其仅为名义股东而非实际出资人为由进行抗辩的,人民法院不予支持。

名义股东根据前款规定承担赔偿责任后,向实际出资人追偿的,人民法院应予支持。

2.5　股东协议的争议问题

■ 基本案情

笔墨公司于2016年1月8日成立,股东为李正荣(认缴出资24.5万元,持股比例24.5%)、正华公司(认缴出资51万元,持股比例51%)、邵鑫华(认缴出资24.5万元,持股比例24.5%)。2016年1月7日,李正荣、正华公司、邵鑫华共同制定了笔墨公司章程,章程约定:股东会由全体股东组成,是公司的权力机构,股东会会议由股东按认缴出资比例行使表决权。股东会会议由执行董事召集,执行董事主持,执行董事不能履行或者不履行召集股东会会议职责的,由监事召集和主持;监事不召集和主持的,由代表1/10以上表决权的股东自行召集和主持。笔墨公司的执行董事为正华公司的法定代表人陈界鹏,监事为邵鑫华。

2016年5月27日,正华公司与李正荣、邵鑫华签订股东协议书一份,该协议的大部分内容与笔墨公司的章程规定一致,但有部分不同,包括:(1)股东会职权增加一项:其他事项,经1/3股东提议需要经股东会表决的事项;(2)股东会的表决权比例:正华公司34%,李正荣33%,邵鑫华33%;(3)协议约定中涉及正华公司、李正荣、邵鑫华三方内部权利义务的,若与公司章程不一致,以本协议为准。

2018年6月23日,李正荣、邵鑫华向正华公司的法定代表人陈界鹏邮寄通知:由李正荣、邵鑫华召集笔墨公司的临时股东会,会议时间为2018年7月11日上午

10时，会议议题是就笔墨公司的法定代表人及执行董事均变更为李正荣进行表决。该邮件于2018年6月25日妥投签收。2018年7月11日，笔墨公司临时股东会召开，会议由李正荣、邵鑫华参加，正华公司未派人参加。李正荣、邵鑫华对该会议的议题进行表决，一致通过，形成股东会决议：同意将笔墨公司的执行董事由陈界鹏变更为李正荣；笔墨公司的法定代表人也由陈界鹏变更为李正荣。

正华公司不满这一股东会决议，于是向法院起诉，请求撤销2018年7月11日形成的临时股东会决议。对此，邵鑫华、李正荣共同述称：邵鑫华、李正荣遵循股东协议书的约定召开案涉股东会并作出有效决议，符合法律规定及各方当事人的意思表示，请求驳回正华公司的诉讼请求。一审法院经审理后判决驳回了正华公司的诉讼请求，正华公司不服该判决提起上诉，请求撤销一审判决。[20]

■ 法院裁判

经审理，法院认为该案的争议焦点在于：2018年7月11日通过的股东会决议是否可以撤销？这一问题的本质分歧在于公司章程与股东协议的效力优先顺位。

一审法院认为，根据法律规定，股东会会议由股东按照出资比例行使表决权，但是，公司章程另有规定的除外。根据笔墨公司公司章程的约定，股东会对于修改公司章程，如股东以书面形式一致表示同意的，可以不召开股东会会议，直接作出决定，因此，正华公司与李正荣、邵鑫华于2016年5月27日签订的股东协议书是三方真实意思表示，对三方均具有法律拘束力。该协议中约定正华公司、李正荣、邵鑫华的股东会表决权比例分别为34%、33%、33%，在协议涉及正华公司、李正荣、邵鑫华内部权利义务的，若与公司章程不一致，以该协议为准。故李正荣与邵鑫华的股东会会议表决权合计66%，已达到1/2以上，案涉股东会会议的表决结果已达到通过比例。

对于一审法院的判决，正华公司认为，各方于2016年5月27日签订的股东协议书系由邵鑫华和李正荣单方面完成，正华公司只是出于激励作为高管的李正荣与邵鑫华更好地管理公司为目的而签订。各方均认可按照笔墨公司的章程行使各方的权利义务，故并未召开股东会决议，也未修改章程并到工商登记机关办理变更登记。因此，2016年5月27日签订的股东协议书并未上升到公司章程的效力，不能对抗公司法的规定，股东仍应当按照出资比例行使表决权。根据实际出资比例，李正华与邵鑫华只占49%的表决权，因此，案涉股东会会议的表决结果并未达到要求。

对于正华公司的上诉请求，二审法院经审理后认为，笔墨公司的股东协议书系由笔墨公司全体股东一致签订，仅就部分事项进行了修改、增补，因此应当认定为

---

〔20〕 案例来源：民事裁判文书，(2018)苏01民终10492号。

各方协商一致通过股东协议书修改笔墨公司章程。另外，股东协议书还约定了协议中涉及正华公司、李正荣、邵鑫华三方内部的权利义务，与公司章程不一致，以本协议为准，故该股东协议书虽未备案，但在涉及股东表决权时，应当以该协议为准。根据该股东协议，李正荣、邵鑫华合计持有表决权比例为66%，且变更法定代表人与执行董事的事项并非《公司法》第43条规定的应经2/3以上表决权股东通过的事项，因此，该临时股东会议已表决通过。

■ 裁判评析

公司章程是设立公司的必备文件，而股东协议则是股东出于构建公司秩序的目的达成的私人合意。《公司法》规定若全体股东书面一致同意，可以不召开股东会，直接依照股东协议的约定对公司事项作出决议。在此种情形下，股东协议实质上已经实现了对股东会决议的功能替代，此后，司法实践中出现了大量改变公司法规定的股东协议，以及以股东会协议直接更改法定表决规则的情形。

由此导致的问题有：股东协议究竟在公司治理中发挥着怎样的作用？在《公司法》明文规定只有公司章程另有规定的才能对表决权规则、优先购买权规则进行修改时，股东协议能否起到修改法定规则的组织法功能？在股东协议约定的内容与公司章程、股东决议不一致时，应当以何者的效力为准？

（一）股东协议的性质

股东协议是股东间意思表示一致的产物，因此对于股东协议的合同属性并无争论。当前学界对股东协议性质的争论主要聚焦在股东协议是否具有组织属性上。对此，我国学界出现过两种观点：一种观点认为股东协议具有相对性，只能约束股东，只有章程才能对公司、董事产生组织法上的效力；另一种观点认为至少在有限责任公司中，股东协议具有“双重属性”，即既有合同属性，也有组织属性。

持第一种观点的学者认为，如果承认股东协议具有组织属性，就有股东协议替代股东决议之嫌，从而造成公司程式被践踏。即使是在有限责任公司中，也应当尊重基本的公司程式，通过召开股东会议的方式作出股东决议形成公司意志，否则公司将与合伙企业无异。〔21〕

持第二种观点的学者在论证思路上有诸多差异：有的学者仅认可股东协议具有双重属性，但仍坚持区分股东会协议与股东会决议。〔22〕有的学者则认为股东会决议的形式并无存在的必要，股东作为公司的所有者，只要全体一致通过的协议完全可以构成公司意志，机械地区分股东会决议与股东协议有“概念法学”机械套用

〔21〕参见周游：《公司法语境下决议与协议之界分》，载《政法论坛》2019年第5期。

〔22〕参见刘康复：《论股东会决议与股东协议的区分——由一起股东会决议效力认定案件引发的思考》，载《法学杂志》2009年第9期。

之嫌。既然股东会决议可以以多数决的方式成为公司意志,那么作为全体股东一致同意的股东协议自然也可以成为公司意志。[23] 还有学者认为股东协议具有双重属性是因为股东身份具有双重属性,股东既是社会经济活动的参与者具有个体性权利,同时也作为公司的一员享有团体性的自由。股东会决议是股东行使团体性权利的结果,而股东协议则是其行使个体性权利的结果。不过,由于个体成员在进入团体时,个体性权利受组织影响发生了变化而不再纯粹,因此具有了"双重性",由此产生的股东会决议也就具有了双重性。[24] 不过,无论采取何种方式论证,以上学者都有一个共识,即股东协议应当具有合同属性与组织属性的双重属性,股东通过股东协议作出的安排可以成为公司意志。

事实上,我国法院对股东协议性质的态度也有一个转变的过程。在有关股东协议的案件产生初期,我国法院判决倾向于采取否定立场,认为股东协议仅对双方当事人具有约束力,并不能约束公司。[25] 此后,随着实践的发展以及学界研究的深入,法院的判决立场发生了转变,当前司法实践中,多数法院倾向于认为股东协议具有双重属性。

(二)股东协议的组织法边界

肯认股东协议具有"双重属性"意味着经全体一致同意签署的股东协议能够成为公司意志,由于股东协议的签署无须召开股东会议,在程序上更为便捷,因此在有限责任公司中出现了越来越多股东协议"杀死"股东会决议的情况。针对这一现象,学界也开始探讨股东协议是否存在组织法边界的问题。

以股东协议的内容为标准,可以将股东协议区分为以财产性权利处分为内容签署的股东协议和以管理性权利分配为内容签署的股东协议,两种股东协议的组织法边界有所不同。

1. 以财产性权利处分为内容的股东协议

财产性权利指股东作为投资者获得股利、分红等的权利。一般而言,以财产性权利处分为内容签署的股东协议主要有三种。

一是以股权转让为内容的股东协议,此类股东协议进一步又可以分为两类:以限制股权转让为内容的股东协议和以扩大股东转让股权自由为内容的股东协议。前者主要是为了维护有限公司的人合性、防止不受欢迎的人加入公司所设,表现形式是在股东协议中提高股权转让的限制标准。例如,在"李长洪等与周德生等新增资本认购纠纷上诉案"[26] 中,涉案公司的股东协议约定"股东转让或转卖必须

---

〔23〕 参见刘昶:《有限责任公司股东协议"双重属性"论》,载《南方金融》2020 年第 12 期。

〔24〕 参见陆苹:《民法典背景下团体性股东协议制度研究》,载《湖南社会科学》2021 年第 2 期。

〔25〕 参见厦门市中级人民法院(2007)厦民终字第 2330 号民事判决书及(2010)沪一中民四(商)终字第 69 号民事判决书。

〔26〕 参见重庆市第一中级人民法院民事判决书,(2017)渝 01 民终 2609 号。

由全部股东对内部的股金和外部的股金签字认可后,才能实施”。这一规定较我国《公司法》规定的“半数以上股东同意”要求更高,提高了股权转让标准。后者则主要是小股东防止自己受大股东欺压难以退出公司所签。例如,尽管我国《公司法》规定了股东可以在公司连续5年不发放利润的情况下退出公司,但该5年的时间过长,且大股东可以通过在5年内发放极少数利润的方式来规避该条的适用。因此,为了保护自己的权益,降低加入公司后被大股东欺压的风险,许多小股东在加入公司前会通过签订股东协议的方式达到这一目的。一般来说,此类以股权转让为内容的协议只要不违反法律、行政法规的强制性规定即为有效。当然,如果股东退出后公司未履行正常的减资程序并于规定期限内对债权人发出公告,则可能因违反资本维持原则而不能对抗债权人。

二是以公司利润分配为内容的股东协议,此类股东协议往往就公司利润分配条件、分配方式作出约定。根据我国《公司法》的规定,公司利润分配方案应当经股东(大)会审议批准,因此,在不违反法律强制性规定以及不具备其他导致合同效力瑕疵的情形下,此类以公司利润分配为内容的股东协议只要由全体股东一致同意即为有效。

三是以增资认股为内容的股东协议。根据我国《公司法》的规定,有限责任公司在增加注册资本时,股东有权按照实缴的出资比例认缴出资,但是全体股东约定不按照出资比例优先认缴出资的除外。由此可见,目前,对于增资认股,我国《公司法》给予了有限公司较大的自治空间,因此,全体股东一致同意的增资认股协议也应当有效。

2. 以管理性权利分配为内容的股东协议

管理性权利指股东管理和控制公司的权利,包括选任管理者、行使表决权、参与公司日常经营管理决议等。一般而言,以管理性权利分配为内容签署的股东协议主要包括以下三种。

一是以表决权规则为内容的股东协议。根据《公司法》的规定,尽管公司在股东表决权分配上具有自治空间,但是应当通过公司章程对股东的表决权进行规定。由此产生的问题是,股东协议是否同样能够对表决权进行约定?尽管《公司法》并未明确赋予股东协议与公司章程同等的效力,但是股东协议与公司章程在司法实践中是相互补充的,全体股东一致同意的股东协议甚至可以被视为对公司章程的修改。因此,股东协议中有关表决权的分配应有效。我国司法实践也对这一点表示认同。例如,在本案中,李正荣、邵鑫华与正华公司在2016年5月27日签署的股东协议中就对公司股东的表决权比例进行了重新分配,对此两审法院都认可了股东协议有关表决规则修改的效力。

二是以管理人员选任为内容的股东协议。根据《公司法》的规定,有限责任公司的董事长产生办法由公司章程规定,且董事会有权“决定聘任或者解聘公司经理及其事项”。不过，在实践中，法院通常会认可以管理人员选任为内容的股东协议的效力。例如，在“南通市恒祥置业与响水置业和友创公司滥用股东权利案”[27]中，公司发起人通过股东协议约定了公司法定代表人和公司总经理人选。对此，两审法院均认为股东协议的约定未违反法律强制性规定，因此有效。

三是以公司承包经营为内容的股东协议。公司承包经营协议是指由承包人对公司进行日常经营管理，其他股东仅收取一定投资收益的股东协议。若该协议是股东与股东之间签订的，则可被认为是以公司承包经营为内容的股东协议。由于此类股东协议直接剥夺了部分股东选任董事、监事等基础事项的决定权，因此目前我国学界对公司承包经营协议的效力认定还有一些分歧。不过，在司法实务中，已经出现了不少认定此类承包经营股东协议有效的案例。[28]

（三）股东协议与公司章程、股东会决议冲突时的处理规则

1. 股东协议与公司章程冲突时的处理规则

一般而言，在有限责任公司中股东协议与公司章程出现冲突时，法院不仅不会当然否认股东协议的效力，也不会认为公司章程或股东协议之间存在效力等级上的必然优先性，而是会根据具体情况认定其效力。

总体来说，股东协议与公司章程的关系大致可以分为以下两种。

一是股东协议是对公司章程的具体解释。在股东协议对约定事项的限制范围小于公司章程中约定事项的限制范围时，无论公司章程与股东协议的签署时间先后，均可以将股东协议作为公司章程的具体解释。例如，在“澳能（毕节）工业园发展有限公司与葛洲坝中科储能技术有限公司公司决议撤销纠纷案”[29]中，葛洲坝公司章程第 23 条规定“股东会会议由股东按照出资比例行使表决权”，此后，包括澳能公司在内的各股东又签订了《中科葛洲坝储能技术（北京）有限公司股东协议》，明确约定“各方以其对中科葛洲坝的实缴出资享有股东权益”。在判决中，两审法院均认为，对葛洲坝公司章程第 23 条应当以股东协议中的一致意思表示来解释，即股东应以实缴出资比例行使表决权。

二是股东协议与公司章程的相互修改。在股东协议与公司章程冲突时，法院一般不会认定公司章程具有绝对优先效力。例如，在本案中，二审法院就在判决书中明确，李正荣、邵鑫华与正华公司于 2016 年 5 月 27 日签订的股东协议中对股东表决权比例的约定，构成对公司章程作出的修改。不过，实践中也有认为公司章程效力优先的情形。在“郭晓春与兴旺投资有限公司公司证照返还纠纷案”[30]中，

---

〔27〕 参见江苏省高级人民法院民事判决书，(2011)苏商终字第 0023 号。

〔28〕 参见最高人民法院民事判决书，(2019)最高法民终 145 号；山东省烟台市中级人民法院民事判决书，(2019)鲁 06 民终 6555 号。

〔29〕 参见北京市第一中级人民法院民事判决书，(2019)京 01 民终 10124 号。

〔30〕 参见北京市第三中级人民法院民事判决书，(2016)京 03 民终 6878 号。

法院在判决书中明确,“当股东协议与公司章程中记载的印章管理办法有冲突时,公司章程的效力明显优于股东协议”,但法院此后并未论述为何公司章程的效力明显优于股东协议。综合全案来看,与笔墨公司一案不同的是,郭晓春一案中公司章程的制定时间要晚于股东协议的签署时间,股东协议的签署时间为2012年5月29日,而公司章程的制定时间则为2014～2015年。因此,该院在判决书中提到的“公司章程效力明显优于股东协议”不宜理解为公司章程效力绝对优先,仅是在章程后于股东协议制定的情况下,应以公司章程规定的内容为先。

由此可见,在股东协议与公司章程发生冲突时,应当区分两者订立时间的先后分别予以讨论:若全体股东一致同意的股东协议的签署时间在后,则可以认为该股东协议能够对公司章程进行修改;股东协议签署时间在前时,若同意公司章程修改的法定比例并未达到签署股东协议的比例,应认为公司章程的修改构成对股东协议的违反,股东可以请求撤销股东会通过的修改公司章程的决定。考虑到股东往往是出于保护自身权益的目的而与其他股东达成某种股东协议,如果仅根据股东会决议相对多数或绝对多数的表决规则即可修改先前一致同意的股东协议的话,极有可能会损害少数股东的权益。在此种情况下,应当赋予股东协议较为优先的地位。

2. 股东协议与股东会决议冲突时的处理规则

在股东协议与股东会决议发生冲突时,由于二者都是股东意志的体现,因此若股东协议签订在后,则有修改在先通过的股东会决议的效力。

不过,即使认可这一结论,学者在适用边界上也有诸多分歧:有的学者认为,股东协议与股东会决议除了是否召开会议外,本身并不存在实质上的差别,只要股东协议签署时间在后,就可认为是对股东会决议的修改;[31]有的学者认为,股东协议不得涉及剥夺股东固有权利以及忽视公司程式的内容,若股东协议在这些事项上与股东会决议发生冲突,并不能以股东协议为准;[32]还有的学者认为,股东会决议只能就公司事项进行表决,因此股东会决议中有关股权处分等事项的内容只能认为是股东协议。[33]

上述学者的分歧主要与股东协议和股东会决议的组织法边界有关,除剥夺股东固有权利、股权转让等有争议的事项外,在一般性的事项上,签署在后的股东协议应被认为是对成立在先的股东会决议的修改;而股东会决议产生在后的情况下,若通过股东会决议的比例并未达到签署股东协议的比例,也应认为该股东会决议

---

〔31〕 参见王建文、孙清白:《论公司章程之“全体股东一致同意条款”的法律效力》,载《法学杂志》2018年第12期。

〔32〕 参见陆苹:《民法典背景下团体性股东协议制度研究》,载《湖南社会科学》2021年第2期。

〔33〕 参见刘康复:《论股东会决议与股东协议的区分——由一起股东会决议效力认定案件引发的思考》,载《法学杂志》2009年第9期。

构成对股东协议的违反,可请求撤销该股东会决议。

■ 法条链接

《公司法》第43条

股东会的议事方式和表决程序,除本法有规定的外,由公司章程规定。

股东会会议作出修改公司章程、增加或者减少注册资本的决议,以及公司合并、分立、解散或者变更公司形式的决议,必须经代表三分之二以上表决权的股东通过。

2.6　公司章程的性质:"人走股留"条款的效力

■ 基本案情

西安市大华餐饮有限责任公司(以下简称大华公司)成立于1990年4月5日。2004年5月,大华公司由国有企业改制为有限责任公司,宋文军系大华公司员工,出资2万元成为大华公司的自然人股东。大华公司章程第三章"注册资本和股份"第14条规定,"公司股权不向公司以外的任何团体和个人出售、转让。公司改制一年后,经董事会批准后可在公司内部赠予、转让和继承。持股人死亡或退休经董事会批准后方可继承、转让或由企业收购,持股人若辞职、调离或被辞退、解除劳动合同的,人走股留,所持股份由企业收购……"第十三章"股东认为需要规定的其他事项"下第66条规定,"本章程由全体股东共同认可,自公司设立之日起生效"。该公司章程经大华公司全体股东签名通过。2006年6月3日,宋文军向公司提出解除劳动合同,并申请退出其所持有的公司的2万元股份。2006年8月28日,经大华公司法定代表人赵来锁同意,宋文军领到退出股金款2万元整。2007年1月8日,大华公司召开2006年度股东大会,大会应到股东107人,实到股东104人,代表股权占公司股份总数的93%,会议审议通过了宋文军、王培青、杭春国三位股东退股的申请并决议"其股金暂由公司收购保管,不得参与红利分配"。后宋文军以大华公司的回购行为违反法律规定,未履行法定程序且公司法规定股东不得抽逃出资等为由,请求依法确认其具有大华公司的股东资格。[34]

■ 法院裁判

本案的一审、二审和再审法院均驳回了原告宋文军要求确认其具有被告大华

---

[34]　案例来源:民事裁定书,(2014)陕民二申字第00215号。

公司股东资格之诉讼请求，经再审法院裁判后被最高人民法院选为第96号指导性案例。再审法院将本案的争议焦点之一归纳为：被告大华公司的公司章程中关于"人走股留"的规定，是否违反了《公司法》的禁止性规定，该章程是否有效。针对该争议焦点，法院基于以下三个理由认定大华公司的公司章程中"人走股留"的规定有效。

首先，大华公司的公司章程第14条规定，"公司股权不向公司以外的任何团体和个人出售、转让。公司改制一年后，经董事会批准后可以公司内部赠予、转让和继承。持股人死亡或退休经董事会批准后方可继承、转让或由企业收购，持股人若辞职、调离或被辞退、解除劳动合同的，人走股留，所持股份由企业收购"。依照《公司法》第25条第2款"股东应当在公司章程上签名、盖章"的规定，有限公司章程系公司设立时全体股东一致同意并对公司及全体股东产生约束力的规则性文件，宋文军在公司章程上签名的行为，应视为其对前述规定的认可和同意，该章程对大华公司及宋文军均产生约束力。

其次，基于有限责任公司封闭性和人合性的特点，由公司章程对公司股东转让股权作出某些限制性规定，系公司自治的体现。在本案中，大华公司进行企业改制时，宋文军之所以能够成为大华公司的股东，其原因在于宋文军与大华公司具有劳动合同关系，如果宋文军与大华公司没有建立劳动关系，宋文军则没有成为大华公司股东的可能性。同理，大华公司的公司章程将是否与公司具有劳动合同关系作为取得股东身份的依据继而作出"人走股留"的规定，符合有限责任公司封闭性和人合性的特点，亦系公司自治原则的体现，不违反公司法的禁止性规定。

最后，大华公司的公司章程第14条关于股权转让的规定，属于对股东转让股权的限制性规定而非禁止性规定，宋文军依法转让股权的权利没有被公司章程禁止，大华公司的公司章程不存在侵害宋文军股权转让权利的情形。

■ 裁判评析

（一）公司章程对股权转让限制"另有规定"的理解

在公司法上，基于维护有限责任公司人合性的考量，有限责任公司股东对外转让股权往往需要满足一定的限制条件，这种限制包括法定与意定两种模式。所谓法定限制，即在法律文本中对股权对外转让的限制条件作出明文规定，如我国《公司法》第71条第2款和第3款；而意定限制是指通过股东的意思自治（主要是公司章程）对股东对外转让股权作出限制，体现为我国《公司法》第71条第4款规定的"公司章程对股权转让另有规定的，从其规定"。本案中，被告大华公司在其章程中规定，"公司股权不向公司以外的任何团体和个人出售、转让"，"持股人若辞职、调离或被辞退、解除劳动合同的，人走股留，所持股份由企业收购"，且"该公司章程经大华公司全体股东签名通过”，因此法院认为大华公司的公司章程中对公司股东对外转让股权的意定限制对原告宋文军具有约束力。

《公司法》第71条第4款的存在改变了《公司法》对有限责任公司股东对外转让股权限制规定的规范性质，使之从强制性规范转变为任意性规范，可由公司章程排除适用。然而，该款并未清晰界定公司章程对股权转让的“另有规定”的性质，导致司法实践中普遍将公司章程“另有规定”的适用范围理解为股权转让的所有事项。实际上，应将该条中的公司章程“另有规定”分为对股权转让程序的“另有规定”与对股权处分权的“另有规定”。[35] 就是否需要其他股东过半数同意、其他股东是否享有优先购买权等股权转让程序而言，本质上涉及公司的人合性，是对公司内部事务的一种制度性安排，可以采取资本多数决原则，通过股东会决议的方式形成，故公司章程的该部分内容可理解为自治性规范。但对于“股权处分权”的内容，如公司股权能否对外转让、股东离职是否“人走股留”等问题，本质上涉及股东私权的处分，股东会决议无权作出决定，而应将公司章程的这些“另有规定”解释为合同，适用合同的法理解释这些“另有规定”的效力。

因此，不能简单地认为《公司法》第71条第4款承认了公司章程对股权转让限制的所有“另有规定”的效力。事实上，在全国人大常委会法制工作委员会编写的《中华人民共和国公司法释义》中，将《公司法》第71条的适用范围界定为“关于有限责任公司股东股权转让程序的规定”，将该条的立法宗旨明确为“一方面要确认并保障有限责任公司股东转让股份的权利，另一方面也要维护股东间的相互信赖及其他股东的正当利益”。[36] 可见，《公司法》第71条是对股权转让的程序性规定，其第4款所称的“另有规定”并不涵盖对股东的股权处分权这一实体性权利的限制。

本案中，大华公司的公司章程直接禁止公司股权对外转让，并规定股东辞职、调离或被辞退、解除劳动合同时要“人走股留”，相应股份由公司收购，系对股东的股权处分权的限制，涉及股东私权的处分，故不能适用公司章程作为自治性规范的法理，而要将大华公司的公司章程的这一规定解释为股东之间的合同，遵循合同的法理，考虑股东的个别意思，适用民法上的意思表示规则。由于大华公司的公司章程“由全体股东共同认可”“经大华公司全体股东签名通过”，故大华公司的全体股东就上述股权转让的限制条件达成了合意，原告宋文军才应受其约束。

（二）有限公司人合性与“人走股留”条款的关系

本案中，法院认为“大华公司进行企业改制时，宋文军之所以能够成为大华公司的股东，其原因在于宋文军与大华公司具有劳动合同关系，如果宋文军与大华公司没有建立劳动关系，宋文军则没有成为大华公司股东的可能性”。可见，法院试

---

〔35〕 参见钱玉林：《公司章程对股权转让限制的效力》，载《法学》2012年第10期。

〔36〕 安建主编：《中华人民共和国公司法释义》，法律出版社2005年版，第109页。

图以大华公司股东身份的限定性(与公司建立劳动关系)论证大华公司作为有限责任公司的封闭性和人合性,进而论证“章程将是否与公司具有劳动合同关系作为取得股东身份的依据”的合法性与合理性。然而,这一论断忽视了有限责任公司人合性与资合性之间的复杂关系。

人合性是公司法上关于有限责任公司老生常谈的话题之一,所谓“人合”通常认为是指股东的个人信用的凝结,包括股东对其他股东、对外部债权人等相关主体的个人信用,既可体现为股东个人的财资实力,又可体现为股东的信誉、能力。公司法上关于有限责任公司的许多制度都体现了对人合性的特殊考量,如股东人数限制、股东知情权规则、司法解散规则以及股权外部转让限制规则等。然而,有限责任公司的特殊性在于其兼具人合性、资合性,不能仅着眼于人合性而忽视其资合性。比如,我国《公司法》第71条虽然规定有限责任公司股东对外转让股权时,其他股东享有优先购买权,以维护有限责任公司的人合性;但同时也明确,其他股东半数以上不同意转让的,不同意的股东应当购买该转让的股权,不购买的,视为同意转让,从而保障转让股东可以顺利处分股权,实现股权转让。由此可见,我国《公司法》第71条虽然意在保障有限责任公司的人合性,但也在努力寻求人合性与资合性之间的平衡,甚至从保证股东自由退出、股权自由转让的角度来说,有限责任公司的资合性才是其本质属性。质言之,在股权转让限制对维护人合性所带来的利益远大于对公司资合性造成的损害时,方可承认该限制的合法性。

本案中,法院只强调了大华公司作为有限责任公司的人合性与封闭性,却丝毫没有提及资合性,实际上回避了本案应有的对人合性与资合性的利益衡量,隐含在本案中的关于股权回购价款的公平性、合理性的司法审查问题也没有被揭示出来。详言之,虽然大华公司的章程基于人合性和封闭性的考量限制了股东对外转让股权,且约定股东离职时“人走股留”,但只要公司回购股权的价格符合公平定价原则,未过分低于当时该股权的市场价值,也没有限制股东权利,就没有损害公司的资合性,则公司章程对股权转让的限制措施应属有效。但在本案的审理过程中,法院回避了这一问题。原告宋文军在2004年5月大华公司由国有企业改制为有限责任公司时出资2万元成为大华公司的自然人股东,至2006年6月宋文军向公司提出解除劳动合同时,公司仍以2万元的原价回购了宋文军的股权。时过境迁,市场条件与公司规模必然发生变化,公司以两年前的原价回购股权,计价标准是否公允、是否符合股权的市场价值,都存有疑问。遗憾的是,法院并未对此作出回应,该案的指导性意义也因此受到了一定影响。

(三)初始章程与修订章程的效力区分

本案中,法院认定大华公司的公司章程规定的股权转让限制条款有效的理由之一,是该章程“系公司设立时全体股东一致同意并对公司及全体股东产生约束力的规则性文件”,即公司的初始章程。公司法为公司章程的制定和修改提供了不同的规则，使公司初始章程所包含的内容与公司章程修订时所涉及的内容蕴含了不同的法理。根据《公司法》第23条、第76条的规定，设立有限责任公司需要股东共同制定公司章程，设立股份有限公司由发起人制定公司章程，采用募集方式设立的经创立大会通过。可见，初始章程的制定主体是股东或者发起人，初始章程的制定需经全体股东或发起人的一致同意，不同意的股东或发起人可以选择退出。因此初始章程具有类似于合同的法律效力，代表全体原始股东的意志，既是公司的自治规范同时又是全体股东间的合同。而根据《公司法》第43条、第103条的规定，股东(大)会作出修改章程的决议，必须经代表2/3以上表决权的股东通过。可见，章程修订的主体是股东(大)会，股东(大)会作为公司的权力机构，遵循资本多数决的决议规则，其代表的是公司的意志。因此，除章程修改以全体股东一致同意通过的特别情形外，修订章程不具备合同的效力，仅仅是公司的自治规范。

由于公司的初始章程和修订章程之间存在实质性的差别，考察公司章程对股权转让"另有规定"时，应充分注意章程的性质。初始章程具有合同的性质，故无论其对股权转让的程序"另有规定"还是对个别股东的股权处分权"另有规定"，都有排除公司法规范并优先适用的效力；而在资本多数决原则下的章程修订，若以"另有规定"对个别股东的股权处分权予以限制或剥夺，并不能当然对该股东发生效力，除非取得该股东的同意。本案中大华公司的股权转让条款是在公司设立时的初始章程中予以规定的，原告宋文军在成为大华公司股东时应对初始章程知悉且认可，否则就不会成为大华公司的股东，因此可以认定宋文军在成为公司股东时通过签字行为对公司的"人走股留"条款表示了同意，应当受其约束。

(四)"人走股留"条款的适用对象

对于"人走股留"条款，本案没有涉及的问题是，公司章程中的"人走股留"条款的适用对象是否有限定，比如对修订章程时的反对股东、新加入公司的股东能否适用？

有法院观点认为，在公司与修订章程时投反对票的股东之间并未建立任何合同关系，以资本多数决原则通过的章程或者股东会决议不能约束反对股东。[37] 但在司法实践中，也有法院基于资本多数决原则，判决反对股东仍应受到"人走股留"条款的约束，如在上诉人江苏省化工设计院有限公司、被上诉人张东升与公司有关的纠纷一案中，法院认为，"《公司法》第11条规定，设立公司必须依法制定公司章程。公司章程对公司、股东、董事、监事、高级管理人员具有约束力。本案中，省化工设计院公司章程第55条关于公司股东离职后应将所持有的公司股权在离开公司之日起60日内转让给在职股东，在无在职股东收购时由公司董事长用公司

〔37〕 参见江苏省高级人民法院民二庭：《审理有限责任公司治理结构案件中的三个基本问题》，载《人民司法·应用》2007年第4期。

未分配利润收购的规定,不违反公司法等法律的强制性规定,合法有效;并且该章程通过时,张东升本人已参会,虽然其提交了反对票,不同意章程‘人走股留’的规定,但此并未影响章程最终的表决结果,故省化工设计院有权据此回购张东升持有的股权”。[38]

法院的不同观点主要围绕着经全体股东一致同意与未经全体股东一致同意的章程修改在效力上的类型化区分,产生分歧的原因是没有注意到章程修改内容的不同对该部分章程效力的影响。如前所述,章程对股权转让的限制措施包括对股权转让的程序限制与对股权处分权的限制,二者缺乏共同的法理基础。“人走股留”条款是对公司股东的股权处分权的限制,不仅属于公司内部事项,还涉及股东私权,故只有相应章程内容的修改按照合同机制,即取得该股东的同意时,才可对其发生效力。

对章程效力进行类型化区分的另一项更为重要的理由在于防止资本多数决的滥用。资本多数决原则是公司法上股东平等原则的具体体现,依据股东所投入的资本多寡进行表决,有利于实现股东投资风险与投资回报之间的正相关关系,鼓励股东的投资热情。然而,资本多数决在实际运作中可能产生异化,多数股东往往可以凭借其多数股份左右公司的决策,因此在资本多数决原则下的公司权力架构中隐含着一种多数股东滥用权利,损害中小股东利益的道德风险。在有限责任公司股权对外转让的情形中,若肯认对股权处分权进行限制的章程修改对反对股东发生效力,很有可能导致多数股东滥用资本多数决损害中小股东的财产自由和权利。由此可见,公司章程虽然为团体宪章,原则上遵循资本多数决原则,但并非任何章程条款的生效都只需要资本多数决即可,如限制股权处分权此类不仅仅是公司内部事务,更涉及股东私权的章程条款,不能约束反对股东。

与此相反,应承认章程中已有的股权处分权限制条款对新加入公司股东的约束力。其法理依据是,原有公司章程对于新加入公司的股东来说,相当于公司的初始章程。若该股东不同意章程中已有的股权处分权限制条款,完全可以“用脚投票”,拒绝加入公司;若其最终选择成为公司的股东,就可以认为新股东以默示的方式同意了章程中的该条款,章程中的股权处分权限制条款也以合同的方式对该股东确立下来,新股东当然应受该条款的约束。

■ 法条链接

《公司法》第11条

设立公司必须依法制定公司章程。公司章程对公司、股东、董事、监事、高级管

---

〔38〕 江苏省南京市中级人民法院民事判决书,(2020)苏01民终1830号。

理人员具有约束力。

《公司法》第23条

设立有限责任公司，应当具备下列条件：

（一）股东符合法定人数；

（二）有符合公司章程规定的全体股东认缴的出资额；

（三）股东共同制定公司章程；

（四）有公司名称，建立符合有限责任公司要求的组织机构；

（五）有公司住所。

《公司法》第25条

有限责任公司章程应当载明下列事项：

（一）公司名称和住所；

（二）公司经营范围；

（三）公司注册资本；

（四）股东的姓名或者名称；

（五）股东的出资方式、出资额和出资时间；

（六）公司的机构及其产生办法、职权、议事规则；

（七）公司法定代表人；

（八）股东会会议认为需要规定的其他事项。

股东应当在公司章程上签名、盖章。

《公司法》第43条

股东会的议事方式和表决程序，除本法有规定的外，由公司章程规定。

股东会会议作出修改公司章程、增加或者减少注册资本的决议，以及公司合并、分立、解散或者变更公司形式的决议，必须经代表三分之二以上表决权的股东通过。

《公司法》第71条

有限责任公司的股东之间可以相互转让其全部或者部分股权。

股东向股东以外的人转让股权，应当经其他股东过半数同意。股东应就其股权转让事项书面通知其他股东征求同意，其他股东自接到书面通知之日起满三十日未答复的，视为同意转让。其他股东半数以上不同意转让的，不同意的股东应当购买该转让的股权；不购买的，视为同意转让。

经股东同意转让的股权，在同等条件下，其他股东有优先购买权。两个以上股东主张行使优先购买权的，协商确定各自的购买比例；协商不成的，按照转让时各自的出资比例行使优先购买权。

公司章程对股权转让另有规定的，从其规定。

《公司法》第 76 条

设立股份有限公司，应当具备下列条件：

（一）发起人符合法定人数；

（二）有符合公司章程规定的全体发起人认购的股本总额或者募集的实收股本总额；

（三）股份发行、筹办事项符合法律规定；

（四）发起人制订公司章程，采用募集方式设立的经创立大会通过；

（五）有公司名称，建立符合股份有限公司要求的组织机构；

（六）有公司住所。

《公司法》第 103 条

股东出席股东大会会议，所持每一股份有一表决权。但是，公司持有的本公司股份没有表决权。

股东大会作出决议，必须经出席会议的股东所持表决权过半数通过。但是，股东大会作出修改公司章程、增加或者减少注册资本的决议，以及公司合并、分立、解散或者变更公司形式的决议，必须经出席会议的股东所持表决权的三分之二以上通过。

第三章　公司资本制度

3.1　实物出资的适格性问题

■ 基本案情

北京中健公司成立于2018年11月15日，张海艳任经理、执行董事、法定代表人，张谱方任监事。根据公司章程的约定，公司注册资本为300万元，张谱方、莫华、张海艳、王素琴、刘红欣、刘娜、孙芳7人为公司股东，其中张谱方的认缴出资额为120万元，占股比例40%，认缴出资时间为2018年11月9日，出资方式为货币。2019年5月30日，张谱方将其持有的部分北京中健公司的股权变更至陈彤阳名下，张谱方的认缴出资额变更为99万元，占股比例33%，认缴出资时间和出资方式不变。陈彤阳认缴出资额为21万元。张谱方提交的中健士康公司销售设备清单显示，2018年9月15日，张谱方向中健士康公司购买301健康管理评估系统1套、微磁能量评估仓1套、第三代智能肠道保健舱1套、超级能量舱1台、小心眼雾化仪3台、艾灸仪4台，总价636,396元，打包优惠价49.8万元。2018年11月25日，北京中健公司确认收到了上述设备，张谱方认可收到了北京中健公司支付的设备款49.8万元。张谱方主张其作为中健士康公司的被授权人，享受优惠折扣138,396元，并以此折扣款作为对北京中健公司的出资。张谱方提交的中健士康公司销售清单显示，2018年9月15日，张谱方向中健士康公司购买美蒂泰斯按摩椅2台、国创茅台酒3箱，法国进口红酒13箱，参龄集195盒，总价196,224元。2018年11月25日，北京中健公司确认收到上述物品。张谱方主张上述物品系北京中健公司委托其购买，但北京中健公司没有向其偿还该笔款项，视为张谱方对公司的出资。2019年1月14日，张谱方（乙方）与中健士康公司（甲方）签订《授权服务合同》，约定甲方授权许可乙方使用甲方商标标识、技术、设备等开展经营活动。张谱方主张中健士康的上述授权价值865,380元，但并未进行价值评估。庭审中，张谱方另提交“中健康慧”的商标注册证及授权服务合同，证明张谱方将其持有的商标及享有的中健168品牌、服务体系、技术、设备等授权北京中健公司使用；提交培训结业证书及合格证书，证明张谱方具有健康专业岗位知识及能力，以个人技术等作为出资的一部分。[1]

■ 法院裁判

一审法院认为,《公司法》第 28 条第 1 款规定:股东应当按期足额缴纳公司章程中规定的各自所认缴的出资额。股东以货币出资的,应当将货币出资足额存入有限责任公司在银行开设的账户;以非货币财产出资的,应当依法办理其财产权的转移手续。根据北京中健公司的公司章程及上述法律规定,张谱方以货币方式出资,应当将出资存入北京中健公司在银行开设的账户。张谱方并未实际以货币方式出资,并主张已经将出资方式变更为以中健士康公司的授权价值、折扣优惠和实物出资,实质变更了公司章程对于出资方式的规定。又依《公司法》第 37 条第 1 款第 10 项之规定,修改公司章程应当由股东会作出决定,股东以书面形式一致表示同意的,可以不召开股东会会议,直接作出决定,并由全体股东在决定文件上签名、盖章。现并无证据证明北京中健公司已召开股东会修改公司章程,股份确认书亦未经全体股东签字确认,其效力不足以推翻北京中健公司章程所约定的出资义务。因此,张谱方主张的出资方式变更欠缺法定形式,法院不予采信。《公司法》第 27 条规定,股东可以用货币出资,也可以用实物、知识产权、土地使用权等可以用货币估价并可以依法转让的非货币财产作价出资,对作为出资的非货币财产应当评估作价,核实财产,不得高估或者低估作价。张谱方所称的中健士康公司的授权、优惠政策及技术未经评估作价,未经核实财产,也未办理相关财产权的转移手续。其主张其已履行出资义务缺乏法律依据,法院亦不予采信,张谱方应当根据北京中健公司的章程确定的内容履行出资义务。至于张谱方主张受北京中健公司委托购买按摩椅等物品并垫付费用,属于另一法律关系,张谱方可另行主张权利。

二审法院认为,《公司法》第 28 条第 1 款规定:股东应当按期足额缴纳公司章程中规定的各自所认缴的出资额。股东以货币出资的,应当将货币出资足额存入有限责任公司在银行开设的账户;以非货币财产出资的,应当依法办理其财产权的转移手续。本案中,北京中健公司的公司章程明确载明张谱方认缴出资额为 120 万元,占股比例 40%,认缴出资时间为 2018 年 11 月 9 日,出资方式为货币。后张谱方虽进行了股权变更,认缴出资额变更为 99 万元,但其认缴出资时间和出资方式不变。故张谱方应当按照公司章程规定将 99 万元货币出资款存入北京中健公司在银行开设的账户。张谱方以其实际约定的出资方式及时间与工商备案登记的公司章程不一致为由提出上诉,但鉴于公司法对于股东出资方式变更有明确的形式要求,在股东会并未对修改公司章程作出决定,且张谱方并未举证证明全体股东

---

〔1〕 案例来源:民事裁判文书,(2021)京 02 民终 4111 号。

已经以书面形式就修改公司章程的决定一致表示同意的情况下，张谱方关于其可基于其他股东的认可用非货币出资的上诉理由不能成立。

此外，对于张谱方主张的非货币出资的内容，《公司法》第 27 条第 1 款规定："股东可以用货币出资，也可以用实物、知识产权、土地使用权等可以用货币估价并可以依法转让的非货币财产作价出资；但是，法律、行政法规规定不得作为出资的财产除外。"《公司登记管理条例》第 14 条规定："股东的出资方式应当符合《公司法》第二十七条的规定，但股东不得以劳务、信用、自然人姓名、商誉、特许经营权或者设定担保的财产等作价出资。"张谱方所称其非货币出资的内容包括张谱方的资源、个人技术等，不符合法律规定的非货币出资的财产范围。

■ 裁判评析

本案主要涉及股东出资形式的变更、货币出资的履行以及非货币出资的适格性等问题。

第一，关于股东出资形式的变更问题。股东的出资形式同时具有法定性与约定性的特征，其法定性体现在出资形式必须符合法律规定的一般性条件，即用于出资的财产必须具有适格性；其约定性体现在股东可以在公司章程中约定以何种具备适格性的财产出资。但一旦股东在公司章程中确定了具体的出资形式，就不得随意变更。如果需要变更出资形式，必须修改公司章程。公司章程具有对外公示的作用，修改公司章程包括股东会通过修改公司章程的决议和完成变更公司章程的备案两个阶段，仅仅作出股东会决议不能当然产生修改公司章程的法律效果。例如，公司增资和减资都需要股东会作出决议，但如果公司尚未根据股东会决议完成公司章程的修改备案，对于公司外部利益相关主体而言，公司的资本并没有发生增资或减资的变化。尽管法律允许实物、知识产权等非货币出资形式，但不同的出资形式对于债权人而言产生的信赖程度可能并不相同，公司作出修改股东出资形式的股东会决议只能表示股东之间已经就股东出资方式的变更形成了法定的多数意见，只有在登记机关完成公司章程的备案才能产生修改公司章程的确定的法律效果。

第二，关于货币出资的履行问题。出资义务不同于一般的债权债务，股东不能主张以其对公司的债权进行抵充或抵销，股东只有将资金汇入公司账户才视为适当履行了现金出资义务。股东主张抵充或抵销时，实际上是出资形式的变更，即现金出资变更为债权出资，应当履行出资形式变更的程序。债权出资属于非货币出资，必须遵守非货币出资的评估程序。张谱方主张其受北京中健公司委托购买了相关物品，但北京中健公司没有向其偿还该笔款项，应视为张谱方对公司的出资。这种主张不能成立，拖欠货款与欠缴出资分别基于不同的法律关系，出资义务的履行具有严格的法律要求,因此,不存在视为出资的问题。

第三,关于非货币出资的适格性问题。我国《公司法》规定,法律、法规规定不能用于出资的财产不能作为股东的出资,如劳务、信用、自然人的姓名、商誉等不能用于出资,因为其不能用货币估价或不能在权利主体间进行移转。由于劳务具有人身属性,缺乏独立转让的可能性,我国《公司法》将其排除在出资范围之外,但在有些立法例下,已经完成的劳务可以用于出资,因为已经完成的劳务实际上已经转化为劳务报酬的请求权,可以视为债权出资的一种形式。我国台湾地区"公司法"还规定商誉可以用于出资,但对商誉如何用于出资没有详细的规定,理论上商誉不能单独用于出资,而只能与商誉所依附的载体即营业一并用于出资。

张谱方所称其非货币出资的内容包括张谱方的资源、个人技术等,不符合法律规定的非货币出资的财产范围。股东为公司提供的优惠政策等资源缺乏客观性、独立性、稳定性,不能被公司完全控制,不具备财产的一般属性,自然也就不能用于出资。

个人技术通常指个人掌握的某种技能,具有与人身不可分离性,本质上属于人力资本,不符合我国《公司法》所规定的非货币出资的前提条件。法国的技艺出资制度可以为我们提供一些参考。《法国民法典》第九编"公司"第1832条(1985年7月11日第85－697号法律)规定:公司由二人或数人通过契约约定将其财产或技艺集于一共同的企业,以分享由此产生的利润和经营所得的利益而设立。对于有限责任公司,法国《商业公司法》第38条(1982年7月10日第82－596号法律)规定:公司股份以实物或现金出资认购的,股东必须认足全部股份,并全部予以缴纳。公司股东不得以技艺出资方式认购,但如果公司的宗旨在于经营投资于公司的营业资产,或经营一项手工业的,实物的投资者或其配偶,其主要活动与实现公司宗旨有联系的,得以其技艺出资。股份有限公司股东也不得以技艺作为股东的出资。有限责任公司股东在例外情况下得以技艺进行出资,其必须满足的前提条件有三:(1)有关公司经营宗旨的要求,即公司的宗旨在于经营投资于公司的营业资产,或经营一项手工业。(2)出资主体要求,即只能是实物投资者本身或其配偶,实物投资者以实物和技艺同时出资,或者其以实物投资,而其配偶以技艺出资。(3)相关性要求,出资者的主要活动与实现公司宗旨有联系,即出资者的技艺是公司经营所需要的,甚至是不可或缺的,与公司经营无关或关系疏松的技艺不可用于出资,因为在这种情况下,技艺的价值创造能力全无或较弱,无法体现其资本功能。

根据《现代汉语辞海》的解释,"技艺"是指富于技巧性的艺术、手艺、武艺等,〔2〕是人的一种本领和专长。英国古典政治经济学创始人威廉·配第在分析生产要素创造劳动价值的过程中,曾把人的"技艺"列为除了土地、物力资本和劳

---

〔2〕 参见周宏主编:《现代汉语辞海》,光明日报出版社2002年版,第787页。

动以外的第四个特别重要的要素。[3] 显然,"技艺"是区别于物质资本的另一类型的资本,即后来著名的古典政治经济学家亚当·斯密提出的人力资本,意指凝聚在人身上的知识、体力和技能的总和。这一观点得到了美国著名经济学家西奥多·W. 舒尔茨的印证,其在《论人力资本投资》一书中认为,资本有两种存在形式:一是物质资本形态,即通常所使用的主要体现在物质资料上的那些能够带来剩余价值的价值;二是人力资本形态,即凝结在人体中的能够使价值迅速增值的知识、体力和价值的总和。[4]

技艺作为一项人力资本,与传统的物力资本相比具有以下特点:(1)专属性,即技艺专属于特定的人身,是一种不可转让、继承,也不可交易的特殊资本。(2)专用性,具有专门技艺的人力资本所有者与其所服务的行业、企业具有共存依赖性。在教育培养多元化的今天,各业人才少有稀缺,所以专用性呈减弱趋势。(3)无形性,技艺是非物质性的抽象资源,技艺在没有得到应用时其作为资本所具有的价值无法显现,不具物质资本的直观性。(4)综合性,即技艺是知识、技能和体力等类资源在人身之上的汇集,具有集合性,但并不是存在于特定人身之上的所有知识、技能的杂烩,而是表现在某一方面。(5)动态性,技艺有质和量的差异,处于不断变化之中,但技艺的发展趋势一般是单向趋于精湛和娴熟。[5]

"技艺出资"并不计入公司资本构成。在资本信用观念和体制之下,公司资本被视为债权人利益的财产担保和与公司交易的相对人判断公司信用的根据。股东的"技艺出资"并不计入公司的资本构成,即对于债权人和相对人来说这部分出资并不存在,或者说其存在与否与其利益无涉。交易相对人在与公司交易之时所考察和据以做出信用判断的公司资本不包括股东的技艺出资,可以说股东的技艺出资只对内存在,对外并不存在,其影响的是股东之间的利益分配,而非债权人之利益。以技艺形式的出资不计入公司资本的构成,但此种出资计作有权参加分享利润和净资产,并承担损失的股份。

■ 法条链接

《公司法》第 27 条

股东可以用货币出资,也可以用实物、知识产权、土地使用权等可以用货币估价并可以依法转让的非货币财产作价出资;但是,法律、行政法规规定不得作为出

---

[3] 参见王建发、周滨:《资本家的人力资本》,载《财经问题研究》1999 年第 3 期。

[4] 参见蒋大兴:《公司法的展开与评判:方法·判例·制度》,法律出版社 2001 年版,第 106～108 页。

[5] 参见蒋大兴:《公司法的展开与评判:方法·判例·制度》,法律出版社 2001 年版,第 108～109 页。

资的财产除外。

对作为出资的非货币财产应当评估作价，核实财产，不得高估或者低估作价。法律、行政法规对评估作价有规定的，从其规定。

《公司法》第28条

股东应当按期足额缴纳公司章程中规定的各自所认缴的出资额。股东以货币出资的，应当将货币出资足额存入有限责任公司在银行开设的账户；以非货币财产出资的，应当依法办理其财产权的转移手续。

股东不按照前款规定缴纳出资的，除应当向公司足额缴纳外，还应当向已按期足额缴纳出资的股东承担违约责任。

《公司法》第37条

股东会行使下列职权：

（一）决定公司的经营方针和投资计划；

（二）选举和更换非由职工代表担任的董事、监事，决定有关董事、监事的报酬事项；

（三）审议批准董事会的报告；

（四）审议批准监事会或者监事的报告；

（五）审议批准公司的年度财务预算方案、决算方案；

（六）审议批准公司的利润分配方案和弥补亏损方案；

（七）对公司增加或者减少注册资本作出决议；

（八）对发行公司债券作出决议；

（九）对公司合并、分立、解散、清算或者变更公司形式作出决议；

（十）修改公司章程；

（十一）公司章程规定的其他职权。

对前款所列事项股东以书面形式一致表示同意的，可以不召开股东会会议，直接作出决定，并由全体股东在决定文件上签名、盖章。

《公司登记管理条例》第14条（已废止）

股东的出资方式应当符合《公司法》第二十七条的规定，但股东不得以劳务、信用、自然人姓名、商誉、特许经营权或者设定担保的财产等作价出资。

3.2　实物出资的履行问题

■ 基本案情

工贸公司于2003年6月5日成立，注册资本为1000万元，其发起人股东为红雁池发电公司、苇湖梁发电公司、哈密发电公司、喀什发电公司、昌吉热电公司、红能公司、金马公司、安装公司。工贸公司成立时的章程第9条载明各发起人股东约定的出资比例及出资方式如下：红雁池发电公司以价值300万元的库房、储油罐等出资；苇湖梁发电公司以价值200万元的库房、储油罐出资；哈密发电公司以价值150万元的库房、储油罐出资；喀什发电公司以价值150万元的库房、储油罐出资；昌吉热电公司以价值150万元的库房、储油罐出资；红能公司以货币25万元出资；金马公司以货币10万元出资；安装公司以货币15万元出资。红能公司、金马公司、安装公司均依照约定足额向工贸公司履行了货币出资义务。工贸公司成立后，红雁池发电公司、苇湖梁发电公司、哈密发电公司、喀什发电公司、昌吉热电公司作为出资的库房未办理所有权变更手续。2006年7月25日，新疆维吾尔自治区工商行政管理局据此作出新工商处[2006]21号行政处罚决定，责令工贸公司补足出资。2006年8月6日，工贸公司股东会决议由红雁池发电公司、苇湖梁发电公司、哈密发电公司、喀什发电公司、昌吉热电公司以机器设备作为出资补足未到位的房产出资并置换原设备出资。2006年9月20日，工贸公司对成立时的公司章程第9条中红雁池发电公司、苇湖梁发电公司、哈密发电公司、喀什发电公司、昌吉热电公司的出资方式进行修改，规定红雁池发电公司以价值300万元的设备出资、苇湖梁发电公司以价值200万元的设备出资、哈密发电公司以价值150万元的设备出资、喀什发电公司以价值150万元的设备出资、昌吉热电公司以价值150万元的设备出资。2006年9月28日，新疆宏昌有限责任会计师事务所就工贸公司股东补缴及置换出资事宜出具(2006)8－074号《验资报告》，证明红雁池发电公司、苇湖梁发电公司、哈密发电公司、喀什发电公司、昌吉热电公司补缴及置换的出资均已到位。红雁池发电公司、苇湖梁发电公司、哈密发电公司、喀什发电公司、昌吉热电公司与工贸公司就作为补足出资的机器设备办理了所有权移交手续。

2005年7月22日，中国工商银行新疆维吾尔自治区分行与长城乌鲁木齐办事处通过协议转让方式获得了工贸公司5000万元债权。长城乌鲁木齐办事处起诉请求判令：(1)工贸公司给付借款本金48,526,500元、利息5,808,622元。(2)红雁池发电公司、苇湖梁发电公司、哈密发电公司、喀什发电公司、昌吉热电公司、红能公司、金马公司、安装公司承担连带清偿责任。[6]

■ 法院裁判

一审法院认为，在工贸公司成立时，红雁池发电公司、苇湖梁发电公司、哈密发电公司、喀什发电公司、昌吉热电公司作为出资的库房未办理所有权变更手续，这

[6] 案例来源：民事裁判文书，(2008)民二终字第79号。

属于出资不到位。但是，工贸公司股东的货币出资、设备出资总额已经达到了《公司法》所规定的最低限额，故工贸公司仍然具有法人资格。红雁池发电公司、苇湖梁发电公司、哈密发电公司、喀什发电公司、昌吉热电公司在工贸公司成立后已经决议补足、置换出资，并就补足、置换出资办理了验资手续，补足、置换的出资财产也办理了所有权移交手续，补交、置换出资的相关资料也均在工商行政管理部门办理了工商登记备案手续，上述行为符合法律规定，应当认定其补足了出资、出资已经全部到位。在红雁池发电公司、苇湖梁发电公司、哈密发电公司、喀什发电公司、昌吉热电公司已经补足出资，出资已经全部到位的情况下，就不应当再对工贸公司的债务承担民事责任。因此，长城乌鲁木齐办事处要求红雁池发电公司、苇湖梁发电公司、哈密发电公司、喀什发电公司、昌吉热电公司对工贸公司债务承担民事责任的理由不能成立。红能公司、金马公司、安装公司均依照约定足额向工贸公司履行了货币出资的义务，长城乌鲁木齐办事处认为其未向工贸公司足额出资的理由不能成立。

二审法院认为，工贸公司的股东出资分为两个部分：货币出资和实物出资。关于货币出资部分，在工贸公司设立的过程中，红能公司、金马公司、安装公司分别以25万元、10万元、15万元人民币向工贸公司履行了货币出资义务。长城乌鲁木齐办事处关于红能公司、金马公司、安装公司抽逃出资的诉讼主张没有事实证据，法院不予支持。关于实物出资部分，在工贸公司设立的过程中，红雁池发电公司、苇湖梁发电公司、哈密发电公司、喀什发电公司、昌吉热电公司作为出资的库房未办理所有权变更手续，属于出资不到位。后经工贸公司股东会同意，上述股东承诺将各自的储油罐、供油泵等相关设备置换房产作为实物重新出资。但至本案诉前，上述设备未实际交付工贸公司，仍由股东单位占有使用，工贸公司出具的实物交接手续未能反映本案的真实情况。上述设备属于动产，根据原《物权法》第23条的规定，动产物权的设立和转让，自交付时发生效力。动产所有权的转移以实际交付为准。本案上述股东承诺出资的相关设备并未实际交付给工贸公司，应当认定上述股东未能实际履行实物出资承诺，相关出资没有实际到位。新疆宏昌有限责任会计师事务所出具的(2006)8－074号《验资报告》以及工贸公司补足出资的相关工商登记备案资料未能反映真实出资情况，法院不予采信。红雁池发电公司、苇湖梁发电公司、哈密发电公司、喀什发电公司、昌吉热电公司应当在各自出资不实的范围内对工贸公司所欠本案债务承担补充清偿责任。原审判决认定上述股东已经完成出资义务，判决驳回长城乌鲁木齐办事处的诉讼请求不当，应予改判。

■ 裁判评析

本案的争议焦点是工贸公司各股东单位是否已经足额出资，是否应当对工贸公司所负本案债务承担民事责任。

(一)本案中实物出资股东是否履行了出资义务

根据工贸公司初始章程的规定,红雁池发电公司、苇湖梁发电公司、哈密发电公司、喀什发电公司、昌吉热电公司以库房和储油罐作为出资标的。库房属于不动产,应当办理所有权变更登记,但工贸公司成立后作为出资的库房未办理所有权变更手续。2006 年 7 月 25 日,新疆维吾尔自治区工商行政管理局据此作出新工商处[2006]21 号行政处罚决定,责令工贸公司补足出资。处罚的依据是《公司法》第 199 条,公司的发起人、股东虚假出资,未交付或者未按期交付作为出资的货币或者非货币财产的,由公司登记机关责令改正,处以虚假出资金额 5% 以上 15% 以下的罚款。后经工贸公司股东会同意,上述股东承诺将各自的储油罐、供油泵等相关设备置换房产作为实物重新出资。但经二审法院查明,涉案股东并未实际向公司交付变更后的出资标的。

公司具有独立的法律人格,独立地享有权利和承担义务与责任,依法享有法人财产权。股东一旦完成出资,出资标的就归属公司,成为公司的财产。因此,股东履行出资义务必须办理出资标的的权属变更手续,否则就属于未履行或未适当履行出资义务。我国《公司法》第 28 条规定:股东应当按期足额缴纳公司章程中规定的各自所认缴的出资额。股东以货币出资的,应当将货币出资足额存入有限责任公司在银行开设的账户;以非货币财产出资的,应当依法办理其财产权的转移手续。股东的出资形式不同其所依据的财产权变更的法律规范也不同,如知识产权出资要根据《商标法》《专利法》等法律办理权属变更,股权出资要根据《公司法》的规定办理变更登记,动产、不动产要根据《民法典》物权编的相关规定办理财产权的转移手续。《民法典》第 209 条第 1 款规定:不动产物权的设立、变更、转让和消灭,经依法登记,发生效力;未经登记,不发生效力,但是法律另有规定的除外。第 224 条规定:动产物权的设立和转让,自交付时发生效力,但是法律另有规定的除外。因此,不动产出资要依法办理变更登记手续,动产出资要进行交付。

《公司法解释三》第 10 条规定:出资人以房屋、土地使用权或者需要办理权属登记的知识产权等财产出资,已经交付公司使用但未办理权属变更手续,公司、其他股东或者公司债权人主张认定出资人未履行出资义务的,人民法院应当责令当事人在指定的合理期间内办理权属变更手续;在前述期间内办理了权属变更手续的,人民法院应当认定其已经履行了出资义务;出资人主张自其实际交付财产给公司使用时享有相应股东权利的,人民法院应予支持。出资人以前款规定的财产出资,已经办理权属变更手续但未交付给公司使用,公司或者其他股东主张其向公司交付、并在实际交付之前不享有相应股东权利的,人民法院应予支持。在本案中,涉案股东并未将原定出资的库房交付公司使用,并且在诉讼之前公司已经进行了出资方式的变更,因此,就不存在法院要求涉案股东在合理期间内办理权属变更手续的问题。变更后的出资方式为动产,必须向公司交付才能完成出资过程,出资标的处于公司的支配之下才属于适当履行了出资义务。因此,涉案股东并未履行出资义务。

(二)本案中实物出资股东是否要为公司的债务承担责任

公司具有独立的法律人格,以自身财产独立承担法律责任。一般而言,只有在股东滥用公司独立人格和股东有限责任,逃避债务,严重损害公司债权人权益的情况下,才能否认公司的独立人格,股东才需要跟公司一起向债权人承担连带责任。股东未履行或未完全履行出资义务在公司与股东之间形成债权债务关系,并不会导致公司独立人格的丧失,股东不需要对公司的债务承担连带责任。《公司法》第28条规定,股东应当按期足额缴纳公司章程中规定的各自所认缴的出资额。股东以货币出资的,应当将货币出资足额存入有限责任公司在银行开设的账户;以非货币财产出资的,应当依法办理其财产权的转移手续。股东不按照前款规定缴纳出资的,除应当向公司足额缴纳外,还应当向已按期足额缴纳出资的股东承担违约责任。根据该条之规定,涉案股东应当向公司和其他足额出资的股东承担责任,并未涉及向公司债权人承担责任的问题。

但股东的出资义务具有约定与法定的双重属性,债权人对于股东适当履行出资义务具有合理预期,该预期可以视为债权人与公司进行交易的决策基础。如果股东不履行或不完全履行出资义务,并且公司未能清偿到期债务,就损害了公司债权人的权益,为了解决这一问题,《公司法》司法解释确定了未履行出资义务的股东应向公司债权人承担直接责任。《公司法解释三》第13条第1款、第2款、第3款规定:"股东未履行或者未全面履行出资义务,公司或者其他股东请求其向公司依法全面履行出资义务的,人民法院应予支持。公司债权人请求未履行或者未全面履行出资义务的股东在未出资本息范围内对公司债务不能清偿的部分承担补充赔偿责任的,人民法院应予支持;未履行或者未全面履行出资义务的股东已经承担上述责任,其他债权人提出相同请求的,人民法院不予支持。股东在公司设立时未履行或者未全面履行出资义务,依照本条第一款或者第二款提起诉讼的原告,请求公司的发起人与被告股东承担连带责任的,人民法院应予支持;公司的发起人承担责任后,可以向被告股东追偿。"

补充责任不同于按份责任、连带责任及不真正连带责任,属于共同责任中的一种独立形态。[7] 补充责任主要发生在一个侵权行为造成的损害事实产生了两个相重合的赔偿请求权的情况下,法律规定权利人必须按照先后顺序行使赔偿请求权。只有排在前位的赔偿义务人的赔偿不足以弥补损害时,才能请求排在后位的

〔7〕 参见郭明瑞:《补充责任、相应的补充责任与责任人的追偿权》,载《烟台大学学报(哲学社会科学版)》2011年第1期。

赔偿义务人赔偿。在这样的案件中,后位赔偿义务人承担的侵权责任为补充的侵权责任。[8]

未出资股东对债权人的补充赔偿责任属于补充责任的一种类型,具有法定性、补充性、有限性、内部责任连带性等特征。[9] 在这一关系中,公司作为债务人向其债权人承担清偿责任,在其财产不足以承担清偿责任时,由承担出资义务的股东在其未缴出资的范围内就公司之债务向公司债权人承担补充责任。股东向债权人承担补充赔偿责任的原因在于其未履行或未完全履行出资义务,其承担责任的范围仅限于未缴纳的出资的本息,在未缴出资范围内承担责任之后,既不向其他债权人承担责任,也不再向公司承担出资责任,其出资义务视为履行完毕。

■ 法条链接

《公司法》第 28 条

股东应当按期足额缴纳公司章程中规定的各自所认缴的出资额。股东以货币出资的,应当将货币出资足额存入有限责任公司在银行开设的账户;以非货币财产出资的,应当依法办理其财产权的转移手续。

股东不按照前款规定缴纳出资的,除应当向公司足额缴纳外,还应当向已按期足额缴纳出资的股东承担违约责任。

《公司法》第 199 条

公司的发起人、股东虚假出资,未交付或者未按期交付作为出资的货币或者非货币财产的,由公司登记机关责令改正,处以虚假出资金额百分之五以上百分之十五以下的罚款。

《民法典》第 209 条

不动产物权的设立、变更、转让和消灭,经依法登记,发生效力;未经登记,不发生效力,但是法律另有规定的除外。

依法属于国家所有的自然资源,所有权可以不登记。

《最高人民法院关于适用〈中华人民共和国公司法〉若干问题的规定(三)》第 10 条

出资人以房屋、土地使用权或者需要办理权属登记的知识产权等财产出资,已经交付公司使用但未办理权属变更手续,公司、其他股东或者公司债权人主张认定出资人未履行出资义务的,人民法院应当责令当事人在指定的合理期间内办理权属变更手续;在前述期间内办理了权属变更手续的,人民法院应当认定其已经履行了出资义务;出资人主张自其实际交付财产给公司使用时享有相应股东权利的,人

〔8〕 参见张新宝:《我国侵权责任法中的补充责任》,载《法学杂志》2010 年第 6 期。

〔9〕 参见梁上上:《未出资股东对公司债权人的补充赔偿责任》,载《中外法学》2015 年第 3 期。

民法院应予支持。

出资人以前款规定的财产出资,已经办理权属变更手续但未交付给公司使用,公司或者其他股东主张其向公司交付、并在实际交付之前不享有相应股东权利的,人民法院应予支持。

《最高人民法院关于适用〈中华人民共和国公司法〉若干问题的规定(三)》第13条

股东未履行或者未全面履行出资义务,公司或者其他股东请求其向公司依法全面履行出资义务的,人民法院应予支持。

公司债权人请求未履行或者未全面履行出资义务的股东在未出资本息范围内对公司债务不能清偿的部分承担补充赔偿责任的,人民法院应予支持;未履行或者未全面履行出资义务的股东已经承担上述责任,其他债权人提出相同请求的,人民法院不予支持。

股东在公司设立时未履行或者未全面履行出资义务,依照本条第一款或者第二款提起诉讼的原告,请求公司的发起人与被告股东承担连带责任的,人民法院应予支持;公司的发起人承担责任后,可以向被告股东追偿。

股东在公司增资时未履行或者未全面履行出资义务,依照本条第一款或者第二款提起诉讼的原告,请求未尽公司法第一百四十七条第一款规定的义务而使出资未缴足的董事、高级管理人员承担相应责任的,人民法院应予支持;董事、高级管理人员承担责任后,可以向被告股东追偿。

《物权法》(已废止)第23条

动产物权的设立和转让,自交付时发生效力,但法律另有规定的除外。

3.3 股东补足出资的责任

■ 基本案情

1997年8月7日,公汽总公司与先领公司为成立合资公司即通恒公司,签订合同,约定:双方共同出资成立合资经营企业,合资公司的名称为抚顺通恒公共交通有限公司,合资各方出资额为1180万元,公汽总公司出资472万元,出资方式为以房产、停车场地、设备出资,占双方出资额的40%。先领公司出资708万元,出资方式为以现金和车辆、设备等实物出资,占双方出资额的60%。2005年7月5日,公汽总公司与先领公司签订合同,约定双方成立合作公司,合作公司的名称为通恒公司。合作各方的出资额为1180万元。合作各方按如下出资:公汽总公司以房产、停车场地、设备出资,出资472万元,占40%。先领公司以车辆、现金、设备出资,出资708万元,占60%。2011年10月26日,通恒公司委托辽宁永盛会计师事务所出具审计报告:公汽总公司投入的房屋及土地使用权至今未办理相关产权过户手续。公汽总公司已将价值17.67万元的机器设备交付给通恒公司。公汽总公司为成立通恒公司出资的5处房产处于查封状态。产权证006871,档案号26-1-3-7,房屋坐落于抚顺市东洲区,建筑面积639.43m^2。该房产已经被抚顺市政府征收。坐落于抚顺市露天区,建筑面积150m^2,锅炉房1栋。该锅炉房已经被拆除,在抚顺市房屋电子登记簿上无房屋登记记录。公汽总公司为成立通恒公司出资的土地为:"1.地号6-109,土地坐落于抚顺市望花区,面积7165m^2,其中建筑占地837m^2,土地类别为市政设施,权属性质为国有。"该地上附着房产四处均处于查封状态。[10]

■ 法院裁判

一审法院认为,根据公汽总公司与先领公司双方签订的合资经营合同、合作经营合同和抚顺宏业资产评估事务所出具的资产评估报告,公汽总公司应当向通恒公司投入价值472万元的房产、机器设备和土地使用权作为注册资金。在实际投入过程中,公汽总公司将联营协议中约定的相关实物交付通恒公司的使用情况如下:(1)价值17.67万元的机器设备完全按约交付所有权;(2)产权证为027049、027050、006401、006867、006868的5处房产和地号为6-109、3-260的两宗土地上的房产均处于查封状态,《城市房地产管理法》第38条第2项规定,"下列房地产,不得转让:……(二)司法机关和行政机关依法裁定、决定查封或者以其他形式限制房地产权利的",因此,公汽总公司对该5处房产、两宗土地使用权的出资没有投入到位;(3)产权证006871的房产已经被抚顺市政府征收,因此,公汽总公司对该房产的出资没有投入到位;(4)坐落于抚顺市露天区建筑面积150m^2的锅炉房已经被拆除,在抚顺市房屋电子登记簿上无房屋登记记录,因此,公汽总公司对该锅炉房的出资没有投入到位。综上,公汽总公司实际出资投入到位的资产价值仅为17.67万元,未将约定的资产价值443.62万元房产、土地使用权出资投入通恒公司,未全面履行出资义务,对于未出资到位的资产依法应当按约定履行,但鉴于客观上该房产、土地使用权已无法按合同约定履行,其依法应对472万元出资中443.62万元的未出资部分承担补足责任。故通恒公司请求公汽总公司向其依法全面履行出资义务,对443.62万元的未出资部分承担补足责任,予以支持,对公汽总公司的相关辩解,不予采纳。

二审法院认为,公汽总公司虽然将约定的固定资产交由通恒公司实际经营管

---

〔10〕 案例来源:民事裁判文书,(2019)最高法民申1142号。

理,但并未办理财产权转移,按照前述法律规定,公汽总公司应向通恒公司承担足额缴纳的法律责任。通恒公司主张,依照《中外合作经营企业法》第23条第1款规定:"合作企业期满或者提前终止时,应当依照法定程序对资产和债权债务进行清算。中外合作者应当依照合作企业合同的约定确定合作企业财产的归属。"本案合资合同及公司章程约定,合作期满后全部固定资产归公汽总公司所有,因此在公司进入清算的情况下,不应当再判决补足注册资金。《中外合作经营企业法》规定的中外合作者应当按照约定,确定合作企业财产归属的规定,是在合作企业依法清算完毕的基础上适用的。在公司清算完毕之前,投资方仍然负有补足注册资金的义务,只有在履行完补足注册资金的义务,并且对债权债务全部清算完毕后,才能按照合同及章程的约定,对合作企业的剩余财产进行分配。本案通恒公司清算尚未完成,通恒公司的债权债务尚未处理完毕,在此情况下,通恒公司仅依据《中外合作经营企业法》第23条规定主张其不承担补足注册资金的义务不能成立。由于公汽总公司约定投入的固定资产已被查封,客观上已经无法办理财产权转移手续,原判判决其在对应价值内承担补足责任,有利于纠纷的解决。

最高人民法院再审认为,公汽总公司与先领公司先后于1997年8月7日、2005年7月5日签订的合资经营合同、合作经营合同中均约定公汽总公司以房产、停车场地、设备出资,出资额472万元,占40%。但公汽总公司未办理有关房屋及土地使用权的产权过户手续。原判决基于上述事实,认定公汽总公司未按照约定按期足额履行出资义务,并无不当。公汽总公司称其未及时办理用于出资的房产、土地使用权过户手续是通恒公司未及时提交法定代表人身份证明所致,但未提供充分证据证明,其此项申请再审理由缺乏事实依据,法院不予采信。公司章程及合作合同中关于合作期满后财产归属的约定,是合作期满、合作企业依法清算完毕后,双方对合作企业剩余财产如何分配的约定,并不免除公汽总公司在通恒公司清算完成前补足出资的义务。由于本案中,公汽总公司按约定应投入的房产、土地使用权或被拆除,或被政府收回,或者处于查封状态,客观上不能办理产权变更手续。原审法院根据当事人的诉讼请求和本案的实际情况,依据《公司法》第30条的规定,判令公汽总公司承担补足出资的责任,并无不当。公汽总公司关于原审法院适用《公司法》第30条错误,应适用《公司法解释三》第10条之规定责令公汽总公司在指定的合理期限内办理权属变更手续而非补足出资额差额的申请再审理由不能成立,法院不予采信。

■ 裁判评析

本案涉及的争议焦点有两个:一是在公司进入清算的情况下,股东是否还需要再补足注册资金;二是股东以不动产出资但未办理权属变更手续的情况下,应当判决股东在合理的期间内办理权属变更手续，还是判决股东承担补足注册资金的责任。

（一）公司进入清算阶段的出资问题

涉案企业为中外合作经营企业，《中外合作经营企业法》有规定的，适用该法之规定，该法没有规定的，应当参照适用《公司法》的相关规定。根据《公司法》的规定，公司解散的，应当在解散事由出现之日起15日内成立清算组，开始清算。清算组应当清理公司财产，分别编制资产负债表和财产清单，清理债权、债务，处理公司清偿债务后的剩余财产。股东未履行或未完全履行出资义务即向公司负担了出资之债，对于公司而言属于具体的、现实的、尚未实现的债权。公司清算时，应当对债权债务进行清理，即实现债权、清偿债务。因此，公司进入清算阶段，股东应当继续履行出资义务。本案中，被告公汽公司认为公司章程规定了合作期满后全部固定资产归其所有，因此在公司进入清算的情况下，不应当再判决其补足注册资金。但固定资产归属公汽公司的前提是公司清算后尚有剩余固定资产，公司债权债务没有清理完毕则无法确定是否会有剩余财产。清理债权债务关乎公司外部债权人的权益，公司章程关于剩余财产的归属的约定与公司清算是两个不同层面的问题，必须首先遵循公司清算的相关规定。

根据《公司法》第28条之规定，股东应当按期足额缴纳公司章程中规定的各自所认缴的出资额。股东以货币出资的，应当将货币出资足额存入有限责任公司在银行开设的账户；以非货币财产出资的，应当依法办理其财产权的转移手续。《公司法解释三》第13条规定，股东未履行或者未全面履行出资义务，公司或者其他股东都有权请求其向公司依法全面履行出资义务。公司作为出资之债的债权人当然有权请求未履行出资义务的股东缴纳出资，这一点并无疑问。但需要进一步思考的是，《公司法解释三》规定其他股东也有权请求未履行出资义务的股东向公司全面履行出资义务，并且没有限定股东的身份条件。这里面涉及诉讼类型和相关责任两方面的问题。

首先，股东提起的诉讼分为直接诉讼和代表诉讼两种类型，请求其他股东全面履行出资义务的诉讼应当属于股东代表诉讼。关于股东代表诉讼的程序和条件，《公司法》第151条规定，董事、高级管理人员有该法第149条[11]规定的情形的，有限责任公司的股东、股份有限公司连续180日以上单独或者合计持有公司1%以上股份的股东，可以书面请求监事会或者不设监事会的有限责任公司的监事向人民法院提起诉讼；监事有该法第149条规定的情形的，前述股东可以书面请求董事会或者不设董事会的有限责任公司的执行董事向人民法院提起诉讼。监事会、

---

〔11〕《公司法》第149条规定：董事、监事、高级管理人员执行公司职务时违反法律、行政法规或者公司章程的规定，给公司造成损失的，应当承担赔偿责任。

不设监事会的有限责任公司的监事，或者董事会、执行董事收到前款规定的股东书面请求后拒绝提起诉讼，或者自收到请求之日起 30 日内未提起诉讼，或者情况紧急、不立即提起诉讼将会使公司利益受到难以弥补的损害的，前款规定的股东有权为了公司的利益以自己的名义直接向人民法院提起诉讼。他人侵犯公司合法权益，给公司造成损失的，第 151 条第 1 款规定的股东可以依照前两款的规定向人民法院提起诉讼。《公司法解释三》第 13 条仅规定了“其他股东”的诉权，但没有提起诉讼的程序和条件等方面的要求，也没有明确此时的诉讼为代表诉讼，因此，只能将其他股东请求股东向公司全面履行出资义务的诉讼理解为特殊的股东代表诉讼。

其次，自身也没有履行出资义务的股东能否请求其他未履行出资义务的股东向公司全面履行出资义务，在司法解释没有明确规定的情况下，应当认为即使是自身也没有履行出资义务的股东也有权请求其他未履行出资义务的股东向公司全面履行出资义务，该请求权的行使有利于维护公司资本的充实，也可以促进股东之间的相互监督。只要具备股东身份就可以请求未履行出资义务的股东向公司全面履行出资义务，《公司法》关于股东代表诉讼的规定也没有限制未履行出资义务的股东提起代表诉讼，因为代表诉讼本身是为了维护公司的利益，并不涉及股东之间的权益分配问题。

（二）不动产出资未办理权属变更手续的法律后果

本案中股东公汽总公司的出资包括动产和不动产，动产出资已经交付给公司，得到了法院的确认。用于出资的不动产虽然已经交付公司使用，但都没有办理权属变更手续，诉讼时这些财产分别处于被查封、被征收、被拆除的状态。

不动产出资需要办理权属变更手续。《公司法解释三》第 10 条规定，出资人以房屋、土地使用权或者需要办理权属登记的知识产权等财产出资，已经交付公司使用但未办理权属变更手续，公司、其他股东或者公司债权人主张认定出资人未履行出资义务的，人民法院应当责令当事人在指定的合理期间内办理权属变更手续；在前述期间内办理了权属变更手续的，人民法院应当认定其已经履行了出资义务；出资人主张自其实际交付财产给公司使用时享有相应股东权利的，人民法院应予支持。出资人以前款规定的财产出资，已经办理权属变更手续但未交付给公司使用，公司或者其他股东主张其向公司交付、并在实际交付之前不享有相应股东权利的，人民法院应予支持。

法院责令股东在合理期间变更权属的前提是：第一，股东已经将出资标的交付公司使用，出资标的处于公司的控制支配之下；第二，变更权属具有客观可能性，不存在法律上的障碍。如果出资标的物被查封，因交易限制其权属变更将无法实现；出资标的物被征收、被拆除的，股东对出资标的物的所有权已经消灭，转化为其他形式的权利，也就不存在变更权属的问题了，股东只能以其他财产形式进行出资。本案中被告股东用于出资的不动产分别处于查封、被征收、被拆除的状态，客观上已不具备变更权属的可能性，股东应当以货币替代原本约定的不动产履行出资义务。公司章程关于股东动产或不动产出资的约定仅具有债权属性，没有物权属性，约定的出资标的物被征收、被拆除时，即使股东因此得到了补偿金也不会产生物上代位权。

■ 法条链接

《城市房地产管理法》第38条

下列房地产，不得转让：

（一）以出让方式取得土地使用权的，不符合本法第三十九条规定的条件的；

（二）司法机关和行政机关依法裁定、决定查封或者以其他形式限制房地产权利的；

（三）依法收回土地使用权的；

（四）共有房地产，未经其他共有人书面同意的；

（五）权属有争议的；

（六）未依法登记领取权属证书的；

（七）法律、行政法规规定禁止转让的其他情形。

《公司法》第30条

有限责任公司成立后，发现作为设立公司出资的非货币财产的实际价额显著低于公司章程所定价额的，应当由交付该出资的股东补足其差额；公司设立时的其他股东承担连带责任。

《公司法》第151条

董事、高级管理人员有本法第一百四十九条规定的情形的，有限责任公司的股东、股份有限公司连续一百八十日以上单独或者合计持有公司百分之一以上股份的股东，可以书面请求监事会或者不设监事会的有限责任公司的监事向人民法院提起诉讼；监事有本法第一百四十九条规定的情形的，前述股东可以书面请求董事会或者不设董事会的有限责任公司的执行董事向人民法院提起诉讼。

监事会、不设监事会的有限责任公司的监事，或者董事会、执行董事收到前款规定的股东书面请求后拒绝提起诉讼，或者自收到请求之日起三十日内未提起诉讼，或者情况紧急、不立即提起诉讼将会使公司利益受到难以弥补的损害的，前款规定的股东有权为了公司的利益以自己的名义直接向人民法院提起诉讼。

他人侵犯公司合法权益，给公司造成损失的，本条第一款规定的股东可以依照前两款的规定向人民法院提起诉讼。

《最高人民法院关于适用〈中华人民共和国公司法〉若干问题的规定(三)》第10条

出资人以房屋、土地使用权或者需要办理权属登记的知识产权等财产出资,已经交付公司使用但未办理权属变更手续,公司、其他股东或者公司债权人主张认定出资人未履行出资义务的,人民法院应当责令当事人在指定的合理期间内办理权属变更手续;在前述期间内办理了权属变更手续的,人民法院应当认定其已经履行了出资义务;出资人主张自其实际交付财产给公司使用时享有相应股东权利的,人民法院应予支持。

出资人以前款规定的财产出资,已经办理权属变更手续但未交付给公司使用,公司或者其他股东主张其向公司交付、并在实际交付之前不享有相应股东权利的,人民法院应予支持。

《最高人民法院关于适用〈中华人民共和国公司法〉若干问题的规定(三)》第13条

股东未履行或者未全面履行出资义务,公司或者其他股东请求其向公司依法全面履行出资义务的,人民法院应予支持。

公司债权人请求未履行或者未全面履行出资义务的股东在未出资本息范围内对公司债务不能清偿的部分承担补充赔偿责任的,人民法院应予支持;未履行或者未全面履行出资义务的股东已经承担上述责任,其他债权人提出相同请求的,人民法院不予支持。

股东在公司设立时未履行或者未全面履行出资义务,依照本条第一款或者第二款提起诉讼的原告,请求公司的发起人与被告股东承担连带责任的,人民法院应予支持;公司的发起人承担责任后,可以向被告股东追偿。

股东在公司增资时未履行或者未全面履行出资义务,依照本条第一款或者第二款提起诉讼的原告,请求未尽公司法第一百四十七条第一款规定的义务而使出资未缴足的董事、高级管理人员承担相应责任的,人民法院应予支持;董事、高级管理人员承担责任后,可以向被告股东追偿。

《中外合作经营企业法》第23条

合作企业期满或者提前终止时,应当依照法定程序对资产和债权、债务进行清算。中外合作者应当依照合作企业合同的约定确定合作企业财产的归属。

合作企业期满或者提前终止,应当向工商行政管理机关和税务机关办理注销登记手续。

3.4 股东抽逃出资的形式与责任

■ 基本案情

2013年7月9日,锦龙公司与中网公司共同出资注册成立中网锦龙公司,陈朝晖任法定代表人,注册资金1亿元,其中中网公司占公司股份65%,应缴出资额6500万元,2013年7月8日实缴出资额2600万元;锦龙公司占公司股份35%,应缴出资额3500万元,2013年7月8日实缴出资额1400万元。2014年4月中网锦龙公司股东会决议变更股权比例,中网公司占公司股份86%,2014年4月29日,中网公司缴纳第二笔出资额6000万元,共计出资8600万元。为履行出资义务,中网公司向新疆慧中财务管理咨询有限公司董延霞借款缴纳了其向中网锦龙公司的出资2600万元,之后中网锦龙公司以其银行存单作为质押为中网建设公司从银行贷款2600万元,以该2600万元银行贷款归还了中网公司向董延霞的借款,中网建设公司向北京天有美业公司借款归还了该笔银行贷款。之后中网锦龙公司以其银行存单作为质押再次为中网建设公司贷款2600万元,将贷款归还了北京天有美业公司的借款。2014年11月20日,中网建设公司第三次向银行贷款,同样以中网锦龙公司的银行存单作为质押,取得贷款后,中网建设公司到期未偿还,银行行使质押权。中网公司于2014年4月29日从北京天有美业公司借款6000万元缴纳了第二笔注册资本金,约定次日归还。同日,中网锦龙公司以支付工程款的名义向中网建设公司转款6000万元,再由中网建设公司转入中网公司,由中网公司归还了向北京天有美业公司的借款。[12]

■ 法院裁判

一审法院认为,由于中网公司自身缺乏资金,在公司成立之时,向新疆慧中财务管理咨询有限公司董延霞借款2600万元,于2013年7月8日转入中网锦龙公司,作为该公司缴纳的第一笔注册资本金。中网锦龙公司的股权比例发生变动后,中网公司又向北京天有美业咨询有限公司借款6000万元,于2014年4月29日转入中网锦龙公司,作为中网公司缴纳的第二笔注册资本金。至此,该公司履行了向中网锦龙公司出资8600万元的股东出资义务。《公司法》第35条规定:“公司成立后,股东不得抽逃出资。”具体而言,抽逃出资是指公司成立后,股东非经法定程序,从公司抽回相当于已缴纳出资数额的财产,同时继续持有公司股份。股东抽逃

〔12〕 案例来源:民事裁判文书,(2019)最高法民申776号。

出资的行为侵犯了公司的法人财产权,破坏了公司资本制度维持原则,致使公司的资产实际减少。中网公司利用控股股东的地位通过虚构债权债务关系和关联交易,将其2600万元与6000万元出资转出,其行为构成抽逃出资。

二审法院认为:(1)2600万元是否构成抽逃出资问题。中网公司利用其关联公司中网建设公司通过三次将中网锦龙公司的银行存单进行质押向银行贷款的手段,将中网公司向董延霞的还款义务通过其和中网建设公司的关联关系、对中网锦龙公司的控制关系转化为中网建设公司对银行的贷款债务。该贷款债务以中网锦龙公司的银行存单进行质押,中网建设公司未按时偿还贷款,银行行使质押权,最终中网锦龙公司代偿了2600万元贷款及利息。中网公司向董延霞借款2600万元向中网锦龙公司出资,实质是中网锦龙公司代替中网公司偿还了出资借款,中网公司构成2600万元出资的抽逃。关于中网公司以中网锦龙公司已向中网建设公司申请履行追偿权生效判决为由,辩称其并未抽逃2600万元出资的问题。首先,银行行使质押权的时间是2015年11月,本案于2017年6月13日立案,中网锦龙公司在本案审理过程中于2018年3月14日提起上述追偿权诉讼,2018年7月3日该案判决后,2019年5月30日中网锦龙公司申请执行。从以上追偿权的起诉、申请执行时间来看,中网锦龙公司在本案诉讼前,一直怠于行使追偿权,该追偿权案件系针对本案诉讼而提起。其次,中网锦龙公司受中网公司的实际控制,不因中网锦龙公司向中网公司的关联公司中网建设公司行使追偿权而改变本案中对中网公司抽逃出资的认定。以中网锦龙公司的银行存单设定质押是抽逃出资的手段,抽逃出资才是中网公司的真实目的。中网锦龙公司实际由中网公司控制,本案是锦龙公司作为公司小股东提起诉讼维护公司利益。较之行使追偿权而言,对该2600万元按照抽逃出资进行处理更符合本案的客观情况。(2)6000万元是否构成抽逃出资问题。法律不禁止关联交易,但利用关联交易损害公司利益以及利用关联关系将出资转出是法律禁止的行为。本案中,中网锦龙公司与中网建设公司奎屯分公司之间存在承包关系,后者已经完成了部分工程。中网公司以中网锦龙公司向其关联公司中网建设公司支付工程款的名义,抽逃其缴纳的第二笔注册资本金6000万元。虽中网建设公司与中网锦龙公司存在施工关系,但该6000万元在出资后同日又转出,最终归还了借款,该转款流程与事先《承诺书》中的还款流程相同,中网公司以工程款的形式将出资转出归还出资借款的意图十分明显。中网公司利用其对中网锦龙公司的控制地位,和其关联公司中网建设公司,以工程款的名义将出资转出,构成抽逃注册资本。综上,中网公司抽逃出资8600万元,减少了公司的责任财产,不仅损害了中网锦龙公司的利益,同时损害了中网锦龙公司其他股东和债权人的利益,中网公司应当依法补足出资。原审判决对抽逃出资的认定正确,中网公司关于不构成抽逃出资的上诉理由不能成立,对其相应的上诉请求不予支持。

最高人民法院再审审查认为:(1)2600万元是否构成抽逃出资问题。中网公司于2013年7月初向新疆慧中财务管理咨询有限公司董延霞借款2600万元,用于向中网锦龙公司的第一笔出资。随后,中网公司利用其关联公司中网建设公司通过三次以中网锦龙公司的银行存单设定质押向银行贷款的手段,将中网公司向董延霞的还款义务,通过对中网锦龙公司的控制关系,转化为中网建设公司对银行的贷款债务。中网建设公司未按时偿还贷款,银行行使质押权,最终中网锦龙公司代偿了2600万元贷款及利息。虽然中网锦龙公司对中网建设公司向安徽省合肥市中级人民法院提起了2600万元贷款质押追偿诉讼,但中网建设公司至今未偿还该笔质押贷款本息。从案涉2600万元的流转等整体过程来看,中网公司的一系列行为的实质就是让中网锦龙公司代替中网公司偿还出资借款,且中网公司亦实际偿还了该笔借款。(2)6000万元是否构成抽逃出资问题。2014年4月29日,中网公司为中网锦龙公司增资与北京天有美业咨询有限公司签订《借款协议》《财务顾问协议》,约定向该公司借款6000万元,借款利息和财务顾问费合计90万元,中网锦龙公司承诺在实缴注册资本后向银行贷款,所贷款项优先偿还借款。4月30日,中网锦龙公司以支付工程款的名义向中网建设公司转款6000万元,再由中网建设公司转入中网公司,由中网公司归还了向北京天有美业咨询有限公司的借款。该转款流程与事先《承诺书》中的还款流程相同。虽然中网锦龙公司与中网建设公司奎屯分公司之间存在承包工程的事实关系,但6000万元经中网锦龙公司转入中网建设奎屯分公司,并非真正用于支付工程款,而是借用双方的承包工程关系,以支付工程款的名义,利用关联交易将出资6000万元从中网锦龙公司转出,最终偿还了中网公司向北京天有美业咨询有限公司的6000万元出资借款,中网公司以工程款的形式将出资转出,归还出资借款的意图十分明显。综上,中网公司利用其对中网锦龙公司的控制地位,与其关联公司中网建设公司以工程款的名义将出资转出,归还其出资借款,构成抽逃注册资本。(3)中网公司、陈朝辉的行为,严重损害了中网锦龙公司及其中小股东的合法利益问题。中网公司、陈朝辉主张其上述行为并没有损害中网锦龙公司等的利益,中网锦龙公司获得了2600万元的债权和在建案涉工程,原审判决将导致中网锦龙公司双重获利。根据原审查明的事实,中网公司投入中网锦龙公司的8600万元出资皆是借款,中网公司、陈朝晖通过其关联公司和对中网锦龙公司的控制关系,将其在中网锦龙公司的8600万元出资款转出,用以归还其出资借款。仅从结果而言,中网锦龙公司最终获得了至今仍无法偿还的抵押贷款追偿权和一个由没有资质公司建设的且价值未定的未完工程,但中网锦龙公司的责任财产却少了8600万元。实际上,中网公司、陈朝辉通过其关联公司和对中网锦龙公司的控制关系,将其在中网锦龙公司的8600万元出资款转出,并未向公司支付等值的资产或权益,减少了公司的责任财产,上述行为本质上属于注册资金的抽逃行为,严重损害了中网锦龙公司及其中小股东和其他债权人的合法利益。同时,法律规定了充分的救济途径,因此原审法院的判决既不会导致相关主体遭受不应有的损失,亦不会导致中网锦龙公司双重获利。

■ 裁判评析

本案的争议焦点为中网公司是否存在抽逃其在中网锦龙公司8600万元出资行为以及是否应当承担相应的法律责任。

《公司法》第35条规定,公司成立后,股东不得抽逃出资。《公司法解释三》第12条对抽逃出资的主要情形作出了具体规定:公司成立后,公司、股东或者公司债权人以相关股东的行为符合下列情形之一且损害公司权益为由,请求认定该股东抽逃出资的,人民法院应予支持:(1)通过虚构债权债务关系将其出资转出;(2)制作虚假财务会计报表虚增利润进行分配;(3)利用关联交易将出资转出;(4)其他未经法定程序将出资抽回的行为。也有观点不认可对"抽逃出资"的行为定性,认为股东一旦缴纳了出资,出资财产就成为公司财产,股东采取不正当的方式将公司财产转出的行为属于侵害公司财产,应当根据侵害公司财产的相关制度追究责任。但抽逃出资与一般的侵害公司财产存在区别,抽逃出资与出资行为往往存在时间上的紧凑性、金额上的一致性和行为的关联性。

禁止股东抽逃出资源于资本维持原则的要求。资本维持原则又称资本充实原则,是指公司在其存续过程中,公司财产受到约束,公司应经常保持与其资本额相当的财产。在公司资本形成过程中,法律规定的出资形式、出资的责任公司资本构成了公司初始的资产,代表了公司的信用基础,但在公司成立后,公司的财产在经营过程中无论在数量还是形式上都会发生变化。资本维持原则并不是要求公司资产必须在事实上维持与资本额相当的水平,公司的全部财产都可以用作正常的商业用途。但是,除非具有合理的商业对价,否则维持公司资本所需的财产不能以任何形式流向股东。例如,股东不得退股、不得抽回出资,公司股份可以平价发行或溢价发行,但不允许折价发行;如果公司没有盈余,则不得向股东进行分配。

本案中,法院认定股东中网公司构成抽逃出资,应当承担法律责任。

1. 对于2600万元的出资,中网公司首先向董延霞借款2600万元并以该借款向中网锦龙公司履行了出资义务,然后中网公司利用其关联公司中网建设公司向银行贷款2600万元,该贷款以中网锦龙公司的银行存单作为质押担保,中网建设将从银行获得的贷款支付给董延霞,清偿了中网公司为履行出资义务而欠下的借款债务。中网建设公司未按时偿还贷款,银行行使质押权,最终中网锦龙公司代偿了2600万元贷款及利息。尽管采取了较为复杂的方式,但其实质是中网锦龙公司代替中网公司偿还了出资借款,股东中网公司并未因出资行为而有任何资产的减少，目标公司中网锦龙公司也并未因股东的出资而有任何财产的增加，整个过程就是股东形式上履行了出资义务。

股东为了抽逃出资往往都会设计较为复杂的交易结构，如果单独看每一个交易似乎都是合法的，但是如果把各个单独的交易串联起来就会发现抽逃出资的最终结果。因此，判断股东是否构成抽逃出资要对整个过程进行整体评价。中网公司辩称中网锦龙公司已向中网建设公司申请履行追偿权生效判决，其并未抽逃2600万元出资。公司法并不禁止公司为他人提供担保，但从本案担保的时间、金额、款项用途等几个方面可以清晰判定该项担保与股东出资及抽逃出资紧密联系，直接服务于抽逃出资的目的。中网锦龙公司虽然享有追偿权，但追偿权与出资请求权都属于债权，仅是债权请求的对象发生了变化，对于公司而言没有产生出资履行的效果。

2. 对于6000万元的出资，中网公司为履行出资义务向北京天有美业咨询有限公司借款6000万元，中网锦龙公司收到出资后以支付工程款的名义支付给中网公司的关联公司中网建设公司，再由中网建设公司转给了中网公司，中网公司再偿还北京天有美业咨询有限公司。这属于典型的利用关联交易抽逃出资的行为，借助关联交易进行了一次资金循环，并没有产生真实出资的效果。法律上并不禁止关联交易，但不能利用关联交易损害公司利益。在实践中，需要根据交易发生的情况判断关联交易是具有真实商业对价的正常交易行为，还是股东抽逃出资的工具。

3. 抽逃出资采取的是以合法形式掩盖非法目的，需要公司内部的配合才能完成抽逃的过程。因此，在抽逃出资中不仅相关的股东要承担责任，提供协助的相关主体也要承担法律责任。根据《公司法解释三》之规定，股东抽逃出资，公司或者其他股东请求其向公司返还出资本息、协助抽逃出资的其他股东、董事、高级管理人员或者实际控制人对此承担连带责任的，人民法院应予支持。公司债权人请求抽逃出资的股东在抽逃出资本息范围内对公司债务不能清偿的部分承担补充赔偿责任、协助抽逃出资的其他股东、董事、高级管理人员或者实际控制人对此承担连带责任的，人民法院应予支持；抽逃出资的股东已经承担上述责任，其他债权人提出相同请求的，人民法院不予支持。这里的“协助”应限定为明知抽逃出资而给予的便利或帮助，属于违反忠实义务的行为，对于董事、高管因未尽到注意义务而没有发现抽逃出资行为的，不能认定为“协助”。

■ 法条链接

《公司法》第35条

公司成立后，股东不得抽逃出资。

《最高人民法院关于适用〈中华人民共和国公司法〉若干问题的规定(三)》第14条

股东抽逃出资,公司或者其他股东请求其向公司返还出资本息、协助抽逃出资的其他股东、董事、高级管理人员或者实际控制人对此承担连带责任的,人民法院应予支持。

公司债权人请求抽逃出资的股东在抽逃出资本息范围内对公司债务不能清偿的部分承担补充赔偿责任、协助抽逃出资的其他股东、董事、高级管理人员或者实际控制人对此承担连带责任的,人民法院应予支持;抽逃出资的股东已经承担上述责任,其他债权人提出相同请求的,人民法院不予支持。

3.5　股东出资的违约责任

■ 基本案情

2015年4月29日,中铁亚欧公司成立。《中铁亚欧公司章程》(2015年版)第6条规定,公司注册资本为10,000万元。第7条规定,各股东认缴的出资额和出资方式为:北京国资公司认缴出资额3600万元,中铁国际集团有限公司认缴出资额3400万元,中联恒通公司认缴出资额3000万元。以上均为货币出资。2016年4月1日,北京国资公司向中铁亚欧公司实际出资3600万元。2016年6月28日,中铁亚欧公司在北京市工商行政管理局进行变更登记,变更后的股东为北京国资公司、中铁二局公司和中联恒通公司。2017年,中铁亚欧公司与北京国资公司、中联恒通公司、北京帝亨公司、中联重科公司、中铁二局公司共同签署《关于中铁亚欧公司的增资协议》(以下简称《增资协议》),并经工商登记备案。《增资协议》第2.1条规定,由北京国资公司、中联恒通公司、北京帝亨公司、中联重科公司对中铁亚欧公司增资,增资额为20,000万元。其中,北京国资公司认缴增资额为4100万元,北京帝亨公司认缴增资额为7200万元,中联恒通公司认缴增资额为4200万元,中联重科公司认缴增资额为4500万元。

公司章程第7条第1款规定,北京国资公司认缴7700万元,中联恒通公司认缴7200万元,北京帝亨公司认缴7200万元,中联重科公司认缴4500万元,中铁二局公司认缴金额3400万元,各股东出资时间均为2017年4月30日前。公司章程第7条第2款规定:各位股东应在收到公司发出的缴付出资通知书之日起5个工作日内完成出资缴付,逾期应按同期银行贷款利率向其他守约股东承担违约责任,且未按规定实缴出资的股东不得享有包括表决权在内的各项股东权利。2017年2月27日,中铁二局公司通过中国建设银行向中铁亚欧公司支付出资款3400万元。

2018年7月至2019年10月,中联恒通公司通过北京银行向中铁亚欧公司入资4笔,分别是3600万元、3400万元、10万元、190万元,共计7200万元。

2018年11月,中铁二局公司多次函告中联恒通公司、北京帝亨公司、中联重科公司实缴出资,督促中铁亚欧公司催告相关股东履行实缴出资义务。2018年11～12月,北京帝亨公司通过中国建设银行先后向北京国资公司支付项目退出款7笔,分别是600万元、1000万元、800万元、100万元、100万元、200万元和800万元,共计3600万元。北京国资公司将其持有的中铁亚欧公司全部股权转让给北京帝亨公司,并于2019年1月21日完成工商登记变更。2019年1月10日,中铁亚欧公司向北京帝亨公司、中联恒通公司、中铁二局公司、中联重科公司致函指出:“因中铁亚欧公司的经营管理不规范、不到位,造成轻轨项目损失数亿元人民币,也间接给各股东造成了既得损失。鉴此,中铁亚欧公司同意各股东暂缓缴纳股本金,不追究逾期出资责任。”上述各公司均确认收到该函。[13]

■ 法院裁判

一审法院认为,《公司法》第28条第2款规定,股东不按照前款规定缴纳出资的,除应当向公司足额缴纳外,还应当向已按期足额缴纳出资的股东承担违约责任。对于中铁二局公司要求中联恒通公司、北京帝亨公司和中联重科公司因未按期履行出资义务而支付违约金的请求,首先,需确认各股东约定的履行出资义务的时间。公司章程第7条第1款关于各股东出资时间的记载为2017年4月31日前,工商机关登记备案的公司章程的记载为2017年4月30日前。鉴于4月不存在31日,根据通常理解,内部章程关于出资时间2017年4月31日之记载系笔误。中铁亚欧公司未形成新的股东会决议对章程内容进行修改,没有变更各股东的出资时间。因此,各股东应当在2017年4月30日前履行出资义务。其次,需确定中联恒通公司、北京帝亨公司和中联重科公司是否构成违约。章程是股东共同一致意思表示的结果,对公司及其股东具有约束力。本案中,仅中铁二局公司依章程约定,在2017年4月30日前履行了出资义务,中联恒通公司、北京帝亨公司和中联重科公司均未按期出资,违反了确定性义务,已构成违约。最后,需确定中联恒通公司、北京帝亨公司和中联重科公司是否对中铁二局公司承担违约责任。公司章程第7条第2款规定:各位股东应在收到公司发出的缴付出资通知书之日起5个工作日内完成出资。中铁亚欧公司未向各股东发出缴付出资通知书,并于2019年1月10日致函同意各股东暂缓缴纳股本金,不追究逾期出资责任。各股东均确认收到该函。公司章程规定的承担违约责任的条件并未达成。此外,中联恒通公司、北京帝

〔13〕 案例来源:民事裁判文书,(2021)京民终143号。

亨公司和中联重科公司未按期出资的行为,对中铁亚欧公司造成的是直接损失,对中铁二局公司造成的是间接损失,且中铁二局公司未对自身受到的损失进行举证证明。因此,对于中铁二局公司要求中联恒通公司、北京帝亨公司和中联重科公司支付违约金的请求,一审法院不予支持。

二审法院认为,一审法院关于各股东均确认收到上述函件的表述与事实不符。中铁二局公司否认收到上述函件;中铁亚欧公司称"当时给各公司(股东)都发了,都是到公司领取、拿走的。没有签收单,当时没有这方面的记录",其并未提供任何证据证明中铁二局公司收到上述函件,一审法院对此的认定有误。此外,无论中铁亚欧公司是否发出上述函件,章程约定的瑕疵出资股东对于及时足额缴纳出资股东应当承担违约责任系基于股东之间的合同关系,公司无权替代及时足额缴纳出资股东即中铁二局公司作出免除或放弃要求瑕疵出资股东承担违约责任的意思表示。必须强调的是,公司章程关于公司股东出资时间、比例或责任的约定系公司股东一致合意产生的义务,股东履行出资义务的情况直接涉及公司资本的确定性、真实性,此项股东的义务不能因公司的同意而免除或者未经法定程序而变更。中联恒通公司、北京帝亨公司和中联重科公司的相关辩称不能成立。

一审法院以"中联恒通公司、北京帝亨公司和中联重科公司未按期出资的行为,对中铁亚欧公司造成的是直接损失,对中铁二局公司造成的是间接损失,且中铁二局公司未对自身受到的损失进行举证证明"为由,驳回中铁二局公司的诉讼请求。法院认为,公司股东向公司的出资是基于股东意思自治而产生的法定义务,结合《公司法解释三》第 13 条第 2 款的规定,即"公司债权人请求未履行或者未全面履行出资义务的股东在未出资本息范围内对公司债务不能清偿的部分承担补充赔偿责任的,人民法院应予支持;未履行或者未全面履行出资义务的股东已经承担上述责任,其他债权人提出相同请求的,人民法院不予支持",公司各股东在没有特别约定的情况下,未按期出资的股东中联恒通公司、北京帝亨公司和中联重科公司给中铁亚欧公司造成的损失应为各股东在出资逾期期间其应当出资的资金产生的利息损失。瑕疵出资的股东对于按时足额缴纳出资股东应当承担的责任,《公司法》第 28 条第 2 款只作了宣示性的规定,股东不按照前款规定缴纳出资的,除应当向公司足额缴纳外,还应当向已按期足额缴纳出资的股东承担违约责任。案涉公司章程约定"各位股东应在收到公司发出的缴付出资通知书之日起 5 个工作日内完成出资缴付,逾期应按同期银行贷款利率向其他守约股东承担违约责任",上述条款表明各股东约定了因逾期出资而产生的损害赔偿额的计算方法,属于各股东对于迟延履行出资而约定的违约金。通常情况下,各股东均遵守公司章程约定按时足额缴纳出资,公司收到真实确定的资本金,公司股东在没有特别约定的情况下依其出资比例享有资产收益、参与重大决策和选择管理者等权利。由于中联恒通公司、北京帝亨公司和中联重科公司未按时足额出资,致使按时足额缴纳出资的股东中铁二局公司无法按照其出资比例享受公司资本充实确定状态下的收益,此部分未能享有的收益即其损失。中铁二局公司认缴金额3400万元,占比11.33%,各逾期出资股东给中铁二局公司造成的损失范围计算公式为:中铁二局公司的出资份额11.33%×各股东出资额×按银行同期1年期贷款利率计算的日息利率×逾期天数。中联恒通公司按中铁二局公司在中铁亚欧公司的出资份额11.33%向其赔偿违约损失(中联恒通公司逾期实缴出资7200万元,但中铁二局公司请求以中联恒通公司逾期实缴股东出资7190万元为基数,自2017年5月1日起至2019年8月19日止,按银行同期1年期贷款利率计算的日息利率;自2019年8月20日起至10月31日止,按全国银行间同业拆借中心公布的贷款市场报价利率计算日息利率);北京帝亨公司按中铁二局公司在中铁亚欧公司的出资份额11.33%向其赔偿违约损失(以北京帝亨公司逾期实缴股东出资11,300万元为基数,自2017年5月1日起至2019年8月19日止,按银行同期1年期贷款利率计算的日息利率;自2019年8月20日起至10月30日止,按全国银行间同业拆借中心公布的贷款市场报价利率计算日息利率);中联重科公司按中铁二局公司在中铁亚欧公司的出资份额11.33%向其赔偿违约损失(以中联重科公司未实缴股东出资4500万元为基数,自2017年5月1日起至2019年8月19日止,按银行同期1年期贷款利率计算的日息利率;自2019年8月20日起至实际完成股东实缴出资义务之日止,按全国银行间同业拆借中心公布的贷款市场报价利率计算日息利率)。

■ 裁判评析

本案的争议焦点是作为按时足额实缴出资的中铁二局公司,有无权利依据公司章程第7条第2款规定,即“各位股东应在收到公司发出的缴付出资通知书之日起5个工作日内完成出资缴付,逾期应按同期银行贷款利率向其他守约股东承担违约责任”,请求其他未按时足额实缴出资的股东承担违约责任以及如何承担。

1. 本案中,公司章程已经明确规定了股东的出资期限为2017年4月30日,所有股东都应该在约定期限履行出资义务。如果需要变更出资期限,公司必须召开股东会,就修改公司章程中约定的出资期限做出决议,即修改出资期限的权限在股东会。董事会是公司的经营机关和执行机关,如果允许公司就变更股东出资期限做出决定,就等于董事会行使了变更股东出资期限的权利,造成董事会侵夺股东会职权的后果。因此,公司不能未经股东会决议而擅自决定变更股东出资期限。公司章程第7条第2款规定“各位股东应在收到公司发出的缴付出资通知书之日起5个工作日内完成出资缴付”,该项约定与公司章程同时记载的出资期限“2017年4月30日前”并不矛盾,“2017年4月30日前”是股东履行出资义务的最后时限,如果公司在此之前的任一时间通知股东缴纳出资，股东则应当在5个工作日内完成出资缴付，如果公司始终没有发出缴付通知，则股东可以在公司章程约定的最后时限缴纳出资。

2.《公司法》第28条规定，股东应当按期足额缴纳公司章程中规定的各自所认缴的出资额。股东以货币出资的，应当将货币出资足额存入有限责任公司在银行开设的账户；以非货币财产出资的，应当依法办理其财产权的转移手续。股东不按照前款规定缴纳出资的，除应当向公司足额缴纳外，还应当向已按期足额缴纳出资的股东承担违约责任。公司法明确规定了瑕疵出资股东应当向按期缴纳出资的股东承担违约责任，该规定为强制性规定，公司法并没有授权公司章程就此另行规定。因此，即使公司章程做出了免除瑕疵股东违约责任的约定，也将因违反法律规定而无效。公司做出的不追究股东迟延缴纳出资的违约责任的表示对已经按期缴纳了出资的股东不产生拘束力，瑕疵出资股东不能以公司的免责表示作为抗辩理由。

3. 关于违约金的计算，公司法并未作出明确的具体的规定，如果公司章程或股东协议就此有相关约定，则根据约定进行计算。如果公司章程或股东协议都没有就违约金的计算作出具体规定，应当按照金钱债务违约的一般计算方式计算违约金。本案中，公司章程第7条第2款规定：各位股东应在收到公司发出的缴付出资通知书之日起5个工作日内完成出资缴付，逾期应按同期银行贷款利率向其他守约股东承担违约责任。该条虽然涉及了违约金的计算，但约定得不够具体明确，并不能根据违约条款直接计算出瑕疵出资股东应当支付的违约金，法院需根据已经按期缴纳出资股东在公司资本所占的比例计算其遭受的利益损失，并以该损失作为其应当取得的违约损害赔偿金额。

■ 法条链接

《公司法》第28条

股东应当按期足额缴纳公司章程中规定的各自所认缴的出资额。股东以货币出资的，应当将货币出资足额存入有限责任公司在银行开设的账户；以非货币财产出资的，应当依法办理其财产权的转移手续。

股东不按照前款规定缴纳出资的，除应当向公司足额缴纳外，还应当向已按期足额缴纳出资的股东承担违约责任。

《最高人民法院关于适用〈中华人民共和国公司法〉若干问题的规定（三）》第13条

股东未履行或者未全面履行出资义务，公司或者其他股东请求其向公司依法全面履行出资义务的，人民法院应予支持。

公司债权人请求未履行或者未全面履行出资义务的股东在未出资本息范围内对公司债务不能清偿的部分承担补充赔偿责任的，人民法院应予支持；未履行或者未全面履行出资义务的股东已经承担上述责任，其他债权人提出相同请求的，人民法院不予支持。

股东在公司设立时未履行或者未全面履行出资义务，依照本条第一款或者第二款提起诉讼的原告，请求公司的发起人与被告股东承担连带责任的，人民法院应予支持；公司的发起人承担责任后，可以向被告股东追偿。

股东在公司增资时未履行或者未全面履行出资义务，依照本条第一款或者第二款提起诉讼的原告，请求未尽公司法第一百四十七条第一款规定的义务而使出资未缴足的董事、高级管理人员承担相应责任的，人民法院应予支持；董事、高级管理人员承担责任后，可以向被告股东追偿。

3.6　瑕疵出资时的股权限制与股东资格问题

■ 基本案情

海泰集团公司、首都国际公司和新纪元公司签订海泰国际公司发起人协议，约定分别出资1.3亿元、1.3亿元和4000万元共同设立海泰国际公司（后更名为协和健康公司）。当年5月12日，首都国际公司汇入海泰国际公司临时验资账户1.3亿元；5月12日、13日，海泰集团公司分三笔汇入海泰国际公司临时验资账户1.3亿元，于5月16日将该1.3亿元转出；5月9日、12日、13日，新纪元公司分三笔汇入海泰国际公司临时验资账户4000万元，于5月16日转出3000万元。协和健康公司的发起人股东海泰集团公司、新纪元公司出资不实，协和医药公司、东盛药业公司受让上述发起人股东的股权后，亦未按照约定履行出资义务。之后安达巨鹰公司从原股权转让方海泰集团公司、协和医药公司、东盛药业公司承接合计1.65亿股的股权，并替原股东承担出资义务。但至首都国际公司起诉之日，安达巨鹰公司仍未履行出资义务。首都国际公司请求判令确认安达巨鹰公司不享有对协和健康公司1.65亿股股权的股东权利。

■ 法院裁判

争议焦点：股东未按照章程约定及时履行出资义务，其是否仍具有股东资格，其股东权利是否应当受到限制。[14]

〔14〕 案例来源：民事裁判文书，(2007)民二终字第93号。

一审法院认为,安达巨鹰公司通过受让并办理工商登记,已取得协和健康公司的股东资格,但是依照《公司法》第 4 条的规定,公司股东作为出资者按投入公司的资本额享有所有者的资产收益、重大决策和选择管理者等权利。依据该法律规定,股东必须是出资者,股东对公司最基本的义务在于出资,其股东股利的享受和行使须按其投入公司的资本额大小确定,股东在没有履行出资义务的情况下主张权利,则其投资收益与出资风险之间不存在联系,明显有违公平的原则,亦会损害其他股东的利益,故应对其股东权利加以限制。

最高人民法院再审认为:根据《公司法》的规定,股东出资不到位并不影响其股东资格的取得,但其享有股东权利的前提是承担股东义务,违反出资义务,也就不应享有股东的相应权利,这亦是民法中权利与义务统一、利益与风险一致原则的具体体现。本案中,由于安达巨鹰公司并没有履行出资义务,其股东权利的行使应当受到一定的限制,这种限制应根据具体的股东权利的性质确定,即与出资义务相对应的股东权利只能按出资比例来行使。故原审法院判决安达巨鹰公司如不能补足出资,则其不享有对协和健康公司 1.65 亿股的表决权、利润分配请求权及新股认购权并无不当。

■ 裁判评析

(一)关于限制未出资股东权利的问题

本案中被告安达巨鹰公司未能根据公司章程之规定履行出资义务,公司及其他股东都可以请求其向公司履行出资义务,如果因其未及时履行出资义务而给公司造成了损失,公司还可以请求该股东承担损害赔偿责任。但是,法律上规定的公司请求股东履行出资义务的权利并不一定产生股东实际履行的效果,股东可能采取逃避、拖延的方式拒绝履行或者股东不具备及时履行出资义务的能力,这种情况下,就可以采取限制该股东股东权利的方式进行救济,这样一方面可以更加有效地促使股东履行出资义务,另一方面也可以维护股东之间的实质公平。

《公司法解释三》第 16 条规定,股东未履行或者未全面履行出资义务或者抽逃出资,公司根据公司章程或者股东会决议对其利润分配请求权、新股优先认购权、剩余财产分配请求权等股东权利作出相应的合理限制,该股东请求认定该限制无效的,人民法院不予支持。根据该条规定,公司可以通过公司章程或股东会决议对不履行出资义务的股东的股东权利进行限制。我们可以从以下几个方面来理解该条规定:第一,该条并未限定有限公司,因此股份公司也可以适用该条规定。第二,该条列举的几项权利都属于财产性权利,也都是股东的自益权,但并不表示不可以对非财产性权利、共益权进行限制,公司可以对未履行出资义务股东的表决权进行限制。表决权是股东参与公司事务途径和实现控制权的工具,如果不允许对表决权进行限制，未履行出资义务的大股东仍然可以控制公司的经营管理，对公司和其他股东而言存在较大风险和不公平。但公司不应对知情权进行限制，未履行出资义务的股东仍然具有了解公司经营情况的合理动机。第三，公司可以通过章程或股东会决议限制瑕疵出资股东的股东权利，但并没有排除公司或其他股东通过诉讼的方式请求法院判定对瑕疵出资股东的股东权利进行限制，因此，如果公司章程没有限制瑕疵出资股东的股东权利的约定，或者公司无法形成限制股东权利的股东会决议，公司或其他股东可以向法院提起限制股东权利的诉讼。本案就属于已出资股东请求法院确认未出资股东不享有相应股东权利的诉讼，其本质是未履行出资义务时的股东权利限制。

根据《公司法》的规定，如果公司章程没有另行约定，有限公司股东根据实缴出资的比例进行利润分配和行使优先认购权。股东持有股权属于投资行为，只有投入公司的资本才会对公司的经营产生实际价值，原则上应当根据实际投入的资本获得投资收益。但对于表决权和剩余财产分配权，公司法仅规定按照出资比例行使，并未明确是实缴出资比例还是认缴出资比例。理论上，如果公司章程没有另行约定，表决权应当按照认缴出资比例行使，而剩余财产分配权应当按照实缴出资比例行使。这些原则虽然适用于有限责任公司，但同样可以参照适用于股份公司。在出资义务与股东权利的关系上，有限公司与股份公司并没有本质区别。

（二）关于股东资格问题

出资是股东最重要的义务，如果股东拒不履行出资义务不仅会对股东权利产生影响，而且对股东资格也会产生影响。本案中，法院确认未履行出资义务的股东安达巨鹰公司具有股东资格，但该确认仅表明股东资格的取得与股东出资之间的关系，即股东资格的取得并不以实际缴纳出资为前提，尤其是在认缴登记制的模式下，认缴出资并完成登记即取得股东资格。在股权的继受取得中，受让人在完成股权转让后即取得股东资格，股东资格的取得也不以其实际履行出资义务为前提。但取得股东资格后应当根据法律和章程履行出资义务，如果拒不履行出资义务将会对其已经取得的股东资格产生影响。

《公司法解释三》第 17 条规定，有限责任公司的股东未履行出资义务或者抽逃全部出资，经公司催告缴纳或者返还，其在合理期间内仍未缴纳或者返还出资，公司以股东会决议解除该股东的股东资格，该股东请求确认该解除行为无效的，人民法院不予支持。在前款规定的情形下，人民法院在判决时应当释明，公司应当及时办理法定减资程序或者由其他股东或者第三人缴纳相应的出资。在办理法定减资程序或者其他股东或者第三人缴纳相应的出资之前，公司债权人依照该规定第 13 条或者第 14 条请求相关当事人承担相应责任的，人民法院应予支持。

上述司法解释规则出台之后,不少学者认为这是我国的股东除名制度。但实际上这并不是股东除名制度,而是股东失权制度。两种制度虽然都会产生股东资格丧失的后果,但其法理基础完全不同。股东除名制度以股东之间的人合性作为法理基础,而股东失权制度以股东应当履行出资义务为法理基础。司法解释确立的失权制度存在明显的不足,主要体现:第一,适用范围界定不当。司法解释将适用范围限定于有限责任公司,这也是导致部分学者认为其属于股东除名制度的原因,在股东失权问题上有限责任公司与股份公司并不存在明显的差异。第二,适用条件僵化,较容易规避。司法解释将适用条件限定在未履行出资义务或抽逃全部出资的两种极端情形,对于缴纳了部分出资或抽逃了部分出资的情形无法适用。第三,法律效果不明。司法解释规定"公司以股东会决议解除该股东的股东资格,该股东请求确认该解除行为无效的,人民法院不予支持",但如果该股东并未请求确认该解除行为无效,该解除行为会产生何种直接的法律效果并不清楚,公司能否根据解除股东资格的股东会决议办理变更登记,是否需要公司提起解除行为有效确认之诉,这些问题都不确定。

本案中虽然法院确认了安达巨鹰公司的股东资格,但公司在寻求救济时可以选择要求股东履行出资义务、限制股东权利或者宣告其失权,并且要求股东履行出资义务和限制股东权利可以同时主张,股东也不能以股东权利受到限制为由提出拒绝履行出资义务的抗辩。如果股东后续履行了出资义务,公司应当消除对其股东权利的限制。

■ 法条链接

《公司法》第 4 条

公司股东依法享有资产收益、参与重大决策和选择管理者等权利。

《公司法》第 46 条

董事会对股东会负责,行使下列职权:

(一)召集股东会会议,并向股东会报告工作;

(二)执行股东会的决议;

(三)决定公司的经营计划和投资方案;

(四)制订公司的年度财务预算方案、决算方案;

(五)制订公司的利润分配方案和弥补亏损方案;

(六)制订公司增加或者减少注册资本以及发行公司债券的方案;

(七)制订公司合并、分立、解散或者变更公司形式的方案;

(八)决定公司内部管理机构的设置;

(九)决定聘任或者解聘公司经理及其报酬事项,并根据经理的提名决定聘任或者解聘公司副经理、财务负责人及其报酬事项；

（十）制定公司的基本管理制度；

（十一）公司章程规定的其他职权。

《最高人民法院关于适用〈中华人民共和国公司法〉若干问题的规定（三）》第17条

有限责任公司的股东未履行出资义务或者抽逃全部出资，经公司催告缴纳或者返还，其在合理期间内仍未缴纳或者返还出资，公司以股东会决议解除该股东的股东资格，该股东请求确认该解除行为无效的，人民法院不予支持。

在前款规定的情形下，人民法院在判决时应当释明，公司应当及时办理法定减资程序或者由其他股东或者第三人缴纳相应的出资。在办理法定减资程序或者其他股东或者第三人缴纳相应的出资之前，公司债权人依照本规定第十三条或者第十四条请求相关当事人承担相应责任的，人民法院应予支持。

《最高人民法院关于适用〈中华人民共和国公司法〉若干问题的规定（三）》第18条

有限责任公司的股东未履行或者未全面履行出资义务即转让股权，受让人对此知道或者应当知道，公司请求该股东履行出资义务、受让人对此承担连带责任的，人民法院应予支持；公司债权人依照本规定第十三条第二款向该股东提起诉讼，同时请求前述受让人对此承担连带责任的，人民法院应予支持。

受让人根据前款规定承担责任后，向该未履行或者未全面履行出资义务的股东追偿的，人民法院应予支持。但是，当事人另有约定的除外。

3.7　股权转让后的出资义务人与股东出资义务加速到期问题

■ 基本案情

宜安公司与昊跃公司均为中嘉华宸能源有限公司（以下简称中嘉公司）的股东，宜安公司持股3%，昊跃公司持股23.61%。2014年4月1日，宜安公司和昊跃公司签订中嘉公司股权转让协议，约定宜安公司将其持有的中嘉公司3%的股权计1800万元出资额以3078万元的价格转让给昊跃公司。2014年5月9日、5月30日，昊跃公司分别支付宜安公司股权转让款800万元、100万元，尚欠2178万元未付。

昊跃公司于2013年11月1日成立，注册资本2000万元，股东为徐青松（持股70%）和毛晓露（持股30%），徐青松为执行董事暨法定代表人，毛晓露为公司监事。2013 年 9 月 9 日昊跃公司章程约定，徐青松认缴出资 1400 万元，首期出资额 280 万元、出资时间 2013 年 10 月 29 日，余额 1120 万元两年内缴付；毛晓露认缴出资 600 万元，首期出资额 120 万元、出资时间 2013 年 10 月 29 日，余额 480 万元两年内缴付。截至 2013 年 10 月 29 日，徐青松、毛晓露已分别缴付出资款 280 万元和 120 万元。

2014 年 4 月 6 日，毛晓露与林东雪签订股权转让协议，约定毛晓露将其持有的昊跃公司 30% 股权作价 120 万元转让给林东雪。同日，徐青松、林东雪作出股东会决议，将昊跃公司注册资本由 2000 万元增至 10 亿元，徐青松认缴 6.86 亿元，林东雪认缴 2.94 亿元。同日昊跃公司章程约定，公司注册资本 10 亿元，徐青松出资额为 7 亿元，林东雪出资额为 3 亿元，出资方式均为货币，出资时间为 2024 年 12 月 31 日。2014 年 4 月 17 日，昊跃公司完成上述股权转让及注册资本变更登记。2014 年 8 月 21 日，徐青松与接长建签订股权转让协议，约定徐青松将其持有的昊跃公司 70% 股权作价 280 万元转让给接长建。同日，昊跃公司章程约定，接长建认缴出资额 7 亿元，出资比例为 70%，林东雪认缴出资额 3 亿元，出资比例为 30%，出资时间为 2024 年 12 月 31 日，出资方式为货币。2014 年 9 月 3 日，昊跃公司完成上述股权转让变更登记。2014 年 7 月 20 日，接长建、林东雪作出股东会决议，决定将公司注册资本由 10 亿元减至 400 万元；减资后，接长建认缴出资额 280 万元，林东雪认缴出资额 120 万元。2014 年 9 月 22 日，昊跃公司、接长建、林东雪出具有关债务清偿及担保情况说明，根据公司编制的资产负债表及财产清单，公司对外债务为 0 万元；至 2014 年 9 月 22 日，公司已向要求清偿债务或提供担保的债权人清偿了全部债务或提供了相应的担保；未清偿的债务，由公司继续负责清偿，并由接长建、林东雪在法律规定的范围内提供相应的担保。2014 年 10 月 10 日，上述注册资本变更事项经上海市工商行政管理局嘉定分局核准予以变更登记。2015 年 7 月 22 日，接长建、林东雪作出股东会决议，将昊跃公司注册资本由 400 万元增至 2000 万元，接长建认缴 1400 万元，林东雪认缴 600 万元。同日，昊跃公司章程约定，接长建出资额 1400 万元，林东雪出资额 600 万元，出资时间为 2024 年 12 月 31 日。2015 年 7 月 24 日，昊跃公司完成上述注册资本的变更登记。同年 8 月 6 日接长建、林东雪分别汇入昊跃公司账户 1120 万元和 480 万元，汇入用途均记载为增资款。

宜安公司向一审法院起诉请求：(1) 昊跃公司支付欠付的股权转让款 2178 万元及利息损失；(2) 徐青松、毛晓露就昊跃公司的上述债务分别在其认缴出资额与实缴出资额的差额范围内（其中徐青松为 6.972 亿元、毛晓露为 480 万元）承担补充赔偿责任；(3) 接长建、林东雪就昊跃公司的上述债务分别在减资范围内（9.96 亿元）承担连带责任。[15]

---

〔15〕 案例来源：民事裁判文书，(2018) 沪 02 民终 9359 号。

■ 法院裁判

一审法院认为,毛晓露系昊跃公司发起人股东,根据2013年9月9日昊跃公司的章程约定,毛晓露剩余出资480万元应在两年内缴付,在该出资期限届满前,毛晓露已将其持有的30%昊跃公司股权转让给了林东雪。因股权转让时尚未到章程约定的出资期限,故毛晓露并不构成对出资义务的违反,宜安公司要求毛晓露在480万元范围内承担补充赔偿责任,不予支持。同理,昊跃公司的注册资本由2000万元增资至10亿元,徐青松认缴剩余6.86亿元股东出资的时间,根据章程约定为2024年12月31日。2014年8月21日徐青松将70%股权转让给接长建,该股权转让时尚未到约定的剩余股东出资期限,故徐青松并不构成对出资义务的违反,宜安公司要求徐青松在6.86亿元的范围内承担补充赔偿责任,不予支持。昊跃公司的注册资本从10亿元减至400万元时,接长建与林东雪作为昊跃公司的股东,出具有关债务清偿及担保情况说明,以担保人的身份,对昊跃公司未清偿的债务提供担保,故接长建与林东雪应在减资的范围内对昊跃公司未清偿的债务承担连带责任。昊跃公司所称2015年8月6日接长建、林东雪分别汇入昊跃公司账户的1120万元和480万元系增资款,但本案证据不足以证明汇入款项为增资款,故接长建、林东雪应在9.96亿元的减资范围内承担责任。

二审法院认为,股权转让的交易自由不得动摇法定的公司资本充实基础,不得损害公司债权人的合法利益。无论股权转让双方对后续出资的履行作何种安排和约定,仅在公司内部发生法律效力,不能当然地对抗公司债权人宜安公司。在受让人未按期缴纳出资的情况下,出让股东仍应对其原认缴的出资承担财产担保责任。昊跃公司股东的股权转让行为存在受让股东失联,公司的公章、证照仍由出让股东徐青松持有等异常情况。若股权受让人接长建、林东雪未能按期足额出资,徐青松、毛晓露的出资义务并不因股权出让而免除。股东基于认缴制所受到的法律保护应以初始认缴时的章程规定和公示内容为主要依据。徐青松、林东雪作出增资决议,注册资本从2000万元增至10亿元,出资期限变更为2024年12月31日。对于其中初始认缴出资中尚未实缴的1600万元注册资本,属于延长认缴期限。该延期行为明显延长了股东以期限利益对抗公司及公司债权人权利主张的行使时间,显著增大了公司债权人对尚未足额出资股东追究补充赔偿责任的时间成本。在昊跃公司不能清偿对外债务的情况下,可以认定本案的延长认缴出资期限存在股东滥用期限利益的情况,对宜安公司的债权清偿已经造成严重影响,故昊跃公司股东延长认缴期限的行为对公司债权人宜安公司不发生法律效力,宜安公司有权按照昊跃公司初始公司章程约定的认缴期限向股东主张权利。本案现有证据不足以证明林东雪、接长建在1600万元注册资本金的范围内实际履行了出资义务,故毛晓露、徐青松虽然已经出让其股权,但仍应在已到期的认缴出资额范围内(徐青松为

1120 万元,毛晓露为 480 万元)对公司债务不能清偿部分承担补充赔偿责任。至于徐青松在增资过程中认缴的 6.86 亿元,股权受让人接长建与林东雪又将公司注册资本从 10 亿元减至 400 万元,导致原增资对应的认缴期限已不存在,期限利益亦不复存在。徐青松承认曾在公司减资过程中予以配合,减资导致丧失期限利益的法律后果应由徐青松自行承担,故徐青松还应在认缴增资 6.86 亿元的范围内对公司债务不能清偿的部分承担补充赔偿责任。

■ 裁判评析

本案的争议焦点主要有三个方面:一是股东在出资未届期情形下转让股权,其出资义务是否免除;二是股东修改公司章程延长出资期限能否对抗公司的债权人;三是认缴期限未届满时违法减资的股东责任如何认定。减资中的相关责任问题在其他章节已有论述,本章不再赘述,下文仅就前面两个问题展开讨论。

(一)股权转让后的出资义务人与转让人责任

《公司法解释三》第 18 条规定:"有限责任公司的股东未履行或者未全面履行出资义务即转让股权,受让人对此知道或者应当知道,公司请求该股东履行出资义务、受让人对此承担连带责任的,人民法院应予支持;公司债权人依照本规定第十三条第二款向该股东提起诉讼,同时请求前述受让人对此承担连带责任的,人民法院应予支持。受让人根据前款规定承担责任后,向该未履行或者未全面履行出资义务的股东追偿的,人民法院应予支持。但是,当事人另有约定的除外。"本条针对的是瑕疵股权的转让,而不是出资尚未到期的股权的转让,因此该条不适用于本案的情形。除了《公司法解释三》第 18 条使用了"未履行或者未完全履行出资义务"外,该解释第 13 条 4 个条款、第 16 条、第 17 条和第 19 条都使用了"未履行或者未完全履行出资义务"这一表述。"未履行或者未全面履行出资义务"是指违约行为,并不涵盖股东出资尚未到期的未违约出资的情形。

尚未到期的出资在法律属性上不是具体的债务,仅是抽象的出资义务。抽象的出资义务与具体的出资之债不同,这种区别类似于股东的分红权。股东享有分红权,但只有公司股东会通过了具体的分红方案后,抽象的分红权才形成了具体的分红债权,股东才可以通过诉讼主张分红。同样,股东承担出资义务,但只有出资期限届满,股东的抽象出资义务才形成了具体的出资之债,只不过该出资之债形成之时即到期之日,但不能因为该债务形成即到期的特点而认为股东的出资义务自始就是一项具体的债务。

股权转让的对象不是股东权,而是有限责任公司的份额,受让人基于股权的继受取得而享有权利并承担义务。转让人的具体出资之债(到期但未缴之出资)并不随股权的转让而转移,而股权上的抽象出资义务(未到期的出资)随着股权的转让而转移。出资义务不同于出资到期之后的出资之债，出资之债已经具体化，与特定的股东相联系，这里的出资义务属于抽象义务，附着于股权之上，与股权上的权利一并转移，受让人取得股权，同时承担股权上所附着的义务。对于股权转让之后到期的出资，即使受让人不能履行出资义务，公司及其他股东也不能要求转让人承担出资责任，因为在与公司、股东之间的内部关系上，股东出资行为的意义在于取得股权以及以认缴出资或实缴出资为基础的股东权利分配，一旦股东转让了股权，其便不再享有股东权利，也不应再承担出资义务，股权转让人并不因受让人不履行出资义务而向公司、其他股东承担任何责任。股东的出资义务与公司股权的转让，属于不同性质的法律事实，产生不同的权利义务关系。股东的出资义务源自股东的认缴出资，黏合在公司的注册资本（股权）上，谁享有股权谁就有出资义务。公司或其他股东仅得对股东主张出资义务的履行，而不应当对股东以外的人主张。〔16〕 股东转让已认缴出资但未届缴资期限的股权的，由受让人承担缴纳该出资的义务。

股东出资具有双重法律性质，既是约定义务，即出资股东通过发起人协议或（以及）公司章程约定出资义务，如一方不履行出资义务，须对履行义务的其他股东承担违约责任；也是法定义务，公司完成注册登记后，因为已经向社会公示了股东的出资状况，股东即承担着法定的出资义务。〔17〕 即在与公司、其他股东之间的内部关系上，股东出资是获得股权的对价，是向公司承担的义务；在与公司债权人之间的外部关系上，股东出资义务保证公司将获得与注册资本额相当的资产，以创立和维持其作为法人的独立法律人格。股东有限责任原则在主导股东责任与公司责任相分离因而形成法人独立责任的同时，亦必然要求股东承担真实履行出资之义务。股东之出资义务便成为股东有限责任原则的另一内容要求，这也是法律在认可股东以有限责任主张与公司责任分离权力时所相应附加给股东的应尽义务，每一股东真实而完全的出资义务的履行使公司的独立责任真正获得了财产的保障。〔18〕

股东的出资义务是公司法人独立责任和股东有限责任的必要前提，这里的出资义务不是部分股东的出资义务，而是全体股东的出资义务；这里的出资义务不仅是义务本身，更是义务的全面履行。股东的共同认缴或认购行为使得公司以一个法人的面貌呈现在公众面前，只有全体股东都缴纳了出资才能使公司获得其所声明的承担独立责任的财产，股东之间因共同行为而产生责任牵连关系，股东除应履

---

〔16〕 参见邹海林：《我国司法实务应对公司注册资本制度改革的路径选择》，载《法律适用》2014 年第 5 期。

〔17〕 参见罗培新：《论资本制度变革背景下股东出资法律制度之完善》，载《法学评论》2016 年第 4 期。

〔18〕 参见虞政平：《法人独立责任质疑》，载《中国法学》2001 年第 1 期。

行自身的出资义务外，还应对其他股东的出资义务承担责任，例如，在一些立法例下股东不能缴纳到期出资时应由其他股东承担连带责任，即横向的“与出资相关的责任”。股权转让人在持股期间已经享受了股东有限责任的庇护，而股东承担有限责任的前提是公司的独立责任，公司独立承担责任的必要条件又是公司获得与其声明一致的资本，因此，股权转让人即使在转让股权之后也要保证其曾经持有的股权上的出资得到真实缴纳；也就是说，在认缴资本制下股东的有限责任是以承诺其所持有的股权上的出资在将来得到真实缴纳为条件的。因此，在股权转让中，如果受让人不能缴纳到期出资，转让人就必须为其承担责任，即纵向的“与出资相关的责任”。

出资责任和“与出资相关的责任”属于不同的概念范畴。股东承担出资义务，如果违反了该义务将承担出资责任；本身并不承担出资义务的其他主体不会承担出资责任，但可能因股东的出资问题而承担某种责任，即为他人承担“与出资相关的责任”。我国《公司法》第 30 条、第 93 条规定的其他股东或发起人的“连带责任”、《公司法解释三》第 14 条规定的协助抽逃出资的其他股东、董事、高级管理人员或者实际控制人的“连带责任”、第 13 条规定的未尽法定义务的董事、高级管理人员的“相应责任”，以及第 18 条规定的受让人的“连带责任”都属于“与出资相关的责任”，但这些责任都不是因自身违反了出资义务而产生的责任，是基于其他归责原因产生的责任。所以，受让人承担未到期出资的出资义务并不意味着转让人不再承担任何责任，转让人可能由于其他归责原因而承担与出资问题相关的责任。

（二）股东的出资期限与加速到期

股东认缴了出资或认购了股份，就必须根据公司法和公司章程的规定履行出资义务。在履行出资义务的时间上，我国公司法允许股东在公司章程中确定出资义务的履行时间，法律没有强制性的要求。但一旦在公司章程中确定了出资时间，就不能通过资本多数决随意修改出资期限，如果缩短出资期限，就可能影响不同意修改出资期限的股东的期限利益；如果通过修改公司章程延长出资期限并不会影响股东的期限利益，但实践中通常认为延长出资期限可能会影响公司债权人债权的及时实现。本案中就涉及公司通过修改公司章程延长了股东的出资期限，法院认为延长出资期限严重影响了公司债权人的权益，延长出资期限对债权人不产生效力。

股东的出资义务既是约定义务，也是法定义务。从约定义务的角度，股东应依照公司章程的规定向公司交付出资标的的财产，同时对公司享有出资期限尚未届至的抗辩；从法定义务的角度，股东应以其认缴的出资额为限对公司承担责任，该认缴出资额构成以价值形态而非以股东出资方式存在的公司财产，公司债权人可申请强制执行股东认缴出资范围内的该部分公司责任财产。在非破产情形下，所谓股东出资加速到期的本质不是股东丧失出资期限利益而履行约定的出资义务，而是股东应以其认缴的出资额为限承担对公司出资的法定义务，是股东有限责任的实质内容。公司法司法解释所规定的股东对公司债权人的补充赔偿责任，其本质是股东以出资额为限对公司承担的责任。[19]

股东的出资构成公司的信用财产，如果股东的出资期限尚未届期，但公司已经不能清偿到期债务，且明显缺乏清偿能力的，公司或者债权人有权要求已认缴出资但未届缴资期限的股东提前缴纳出资，股东不能以出资期限尚未届期为由拒绝履行出资义务，也就是说在一定条件下，股东的出资义务将加速到期。在公司不能清偿到期债务且明显缺乏清偿能力时，实际上已经达到了破产界限，如果公司申请破产，股东的出资义务根据《破产法》的规定将加速到期。如果公司或者债权人不能要求已认缴出资但未届缴资期限的股东提前缴纳出资，公司或债权人只能提出破产申请，这对公司、其他股东、公司债权人而言都不是理想的方式。对于公司债权人而言，股东并不存在所谓的期限利益，也就不能以出资期限尚未届满为由对抗公司的债权人。既然股东不能以出资期限利益对抗公司的债权人，那么公司章程是否延长出资期限对债权人都不产生影响。

■ 法条链接

《公司法》第30条

有限责任公司成立后，发现作为设立公司出资的非货币财产的实际价额显著低于公司章程所定价额的，应当由交付该出资的股东补足其差额；公司设立时的其他股东承担连带责任。

《公司法》第93条

股份有限公司成立后，发起人未按照公司章程的规定缴足出资的，应当补缴；其他发起人承担连带责任。

股份有限公司成立后，发现作为设立公司出资的非货币财产的实际价额显著低于公司章程所定价额的，应当由交付该出资的发起人补足其差额；其他发起人承担连带责任。

《最高人民法院关于适用〈中华人民共和国公司法〉若干问题的规定（三）》第13条

股东未履行或者未全面履行出资义务，公司或者其他股东请求其向公司依法全面履行出资义务的，人民法院应予支持。

公司债权人请求未履行或者未全面履行出资义务的股东在未出资本息范围内

---

〔19〕 参见钱玉林：《股东出资加速到期的理论证成》，载《法学研究》2020年第6期。

对公司债务不能清偿的部分承担补充赔偿责任的，人民法院应予支持；未履行或者未全面履行出资义务的股东已经承担上述责任，其他债权人提出相同请求的，人民法院不予支持。

股东在公司设立时未履行或者未全面履行出资义务，依照本条第一款或者第二款提起诉讼的原告，请求公司的发起人与被告股东承担连带责任的，人民法院应予支持；公司的发起人承担责任后，可以向被告股东追偿。

股东在公司增资时未履行或者未全面履行出资义务，依照本条第一款或者第二款提起诉讼的原告，请求未尽公司法第一百四十七条第一款规定的义务而使出资未缴足的董事、高级管理人员承担相应责任的，人民法院应予支持；董事、高级管理人员承担责任后，可以向被告股东追偿。

《最高人民法院关于适用〈中华人民共和国公司法〉若干问题的规定（三）》第14条

股东抽逃出资，公司或者其他股东请求其向公司返还出资本息、协助抽逃出资的其他股东、董事、高级管理人员或者实际控制人对此承担连带责任的，人民法院应予支持。

公司债权人请求抽逃出资的股东在抽逃出资本息范围内对公司债务不能清偿的部分承担补充赔偿责任、协助抽逃出资的其他股东、董事、高级管理人员或者实际控制人对此承担连带责任的，人民法院应予支持；抽逃出资的股东已经承担上述责任，其他债权人提出相同请求的，人民法院不予支持。

《最高人民法院关于适用〈中华人民共和国公司法〉若干问题的规定（三）》第18条

有限责任公司的股东未履行或者未全面履行出资义务即转让股权，受让人对此知道或者应当知道，公司请求该股东履行出资义务、受让人对此承担连带责任的，人民法院应予支持；公司债权人依照本规定第十三条第二款向该股东提起诉讼，同时请求前述受让人对此承担连带责任的，人民法院应予支持。

受让人根据前款规定承担责任后，向该未履行或者未全面履行出资义务的股东追偿的，人民法院应予支持。但是，当事人另有约定的除外。

3.8　董事的催缴出资义务

■ 基本案情

深圳斯曼特公司成立于2005年1月11日，系外国法人独资的有限责任公司，认缴注册资本额为1600万美元。2005年1月5日，股东开曼斯曼特公司签署深圳斯曼特公司章程。深圳斯曼特公司原名称为“深圳斯曼特微显示科技有限公司”，2005年4月5日变更为“斯曼特微显示(深圳)有限公司”。2005年1月11日至2006年12月29日,胡秋生、薄连明、史万文担任深圳斯曼特公司董事,其中胡秋生为董事长、法定代表人。2006年12月30日起,贺成明、王红波、李海滨担任深圳斯曼特公司董事,其中贺成明为董事长、法定代表人。深圳斯曼特公司章程规定,公司成立后90天内股东应缴付出资300万美元,第一次出资后一年内应缴付出资1300万美元。股东开曼斯曼特公司于2005年3月16日至2005年11月3日分多次出资后,欠缴出资5,000,020美元。2011年8月31日,一审法院作出(2010)深中法民四初字第54号民事裁定书,裁定追加开曼斯曼特公司为被执行人,在5,000,020美元范围内对深圳斯曼特公司的债权人捷普电子(苏州)有限公司承担清偿责任。经强制执行,深圳斯曼特公司股东开曼斯曼特公司仍欠缴出资4,912,376.06美元。因开曼斯曼特公司没有其他可供执行的财产,一审法院于2012年3月21日裁定终结该次执行程序。深圳斯曼特公司诉称胡秋生等6名董事未尽到监督并促使深圳斯曼特公司股东按深圳斯曼特公司章程的规定缴纳认缴出资的义务,并因此造成了深圳斯曼特公司和债权人的经济损失。胡秋生等6名董事未尽到监督并促使深圳斯曼特公司股东履行缴纳出资的义务存在主观上的过错。深圳斯曼特公司的资产被贱卖,胡秋生等6名董事在公司负债累累的情况下,不仅未将公司资产转让收入用于清偿债务,未要求股东缴纳欠缴的出资,反而将资产转让收入恶意转移,使深圳斯曼特公司资不抵债,最终被债权人申请破产清算。胡秋生等6名董事应对深圳斯曼特公司的损失承担相应的法律责任。[20]

■ 法院裁判

一审法院认为,本案系损害公司利益责任纠纷。本案争议的焦点是胡秋生等6名董事作为深圳斯曼特公司的董事,是否应当对深圳斯曼特公司的股东开曼斯曼特公司欠缴出资所造成的损失承担连带赔偿责任。对此,需要从三个方面分析:一是追缴股东出资是否属于董事勤勉义务的范围;二是胡秋生等6名董事未追缴股东出资与股东欠缴出资之间是否存在因果关系;三是胡秋生等6名董事未追缴出资是否导致深圳斯曼特公司损失。本案追缴股东欠缴出资事项属于深圳斯曼特公司的事务,胡秋生等6名董事作为深圳斯曼特公司的董事,应当积极通过董事会会议,就该事项作出决策。但负有该项勤勉义务,并不等于未履行就必然需要承担法律责任。胡秋生等6名董事消极未履行该项勤勉义务,是否应当承担赔偿责任,应从胡秋生等6名董事未履行该义务与深圳斯曼特公司股东欠缴出资之间的因果

---

〔20〕 案例来源:民事裁判文书,(2018)最高法民再366号。

关系，以及胡秋生等6名董事未履行该义务是否导致深圳斯曼特公司损失两方面作进一步分析。本案无证据显示胡秋生等6名董事通过深圳斯曼特公司董事会作出了追缴股东欠缴出资的决定，也无证据显示胡秋生等6名董事通过董事会作出了有碍于股东缴纳出资的决定。胡秋生等6名董事消极未履行追缴股东应缴出资的勤勉义务，并不是股东欠缴出资的原因。胡秋生等6名董事消极未履行追缴股东欠缴出资的勤勉义务，与股东欠缴出资之间并不存在必然联系。深圳斯曼特公司未收到全部出资，系因深圳斯曼特公司股东未全面履行出资义务所致，并非胡秋生等6名董事作为深圳斯曼特公司董事消极不履行勤勉义务或者积极阻止股东履行出资义务所致。在董事消极未履行某种勤勉义务，且该等消极未履行与公司所受损失之间并无直接因果关系的情况下，董事不应当受到追责。

二审法院认为，在股东未全面履行出资义务时，董事或因协助股东抽逃出资或因负有监督职责而未履行或因对增资未尽忠实勤勉义务等情形而承担相应责任，但不应将股东未全面履行出资义务的责任一概归因于公司董事。如果董事只是怠于向未全面履行出资义务的股东催缴出资，以消极不作为的方式未尽忠实勤勉义务，而该不作为与公司所受损失之间没有直接因果关系，那么要求董事对股东未履行全面出资义务承担责任，则缺乏事实和法律依据。深圳斯曼特公司的股东开曼斯曼特公司未全面履行出资义务，深圳斯曼特公司可依法向其主张权利。6名董事在不同时期分别担任深圳斯曼特公司股东中方董事，在公司章程没有明确规定其负有监督股东履行出资义务、没有证据显示其消极未向股东催缴出资与公司所受损失之间存在因果关系情况下，深圳斯曼特公司请求上述6名中方董事对股东欠缴的出资承担连带赔偿责任，于法无据，不予支持。

最高人民法院再审审查认为，根据《公司法》第147条第1款的规定，董事、监事、高级管理人员应当遵守法律、行政法规和公司章程，对公司负有忠实义务和勤勉义务。上述规定并没有列举董事勤勉义务的具体情形，但是董事负有向未履行或未全面履行出资义务的股东催缴出资的义务，这是由董事的职能定位和公司资本的重要作用决定的。根据董事会的职能定位，董事会负责公司的业务经营和事务管理，董事会由董事组成，董事是公司的业务执行者和事务管理者。股东全面履行出资是公司正常经营的基础，董事监督股东履行出资是保障公司正常经营的需要。《公司法解释三》第13条第4款规定，股东在公司增资时未履行或者未全面履行出资义务，依照本条第1款或者第2款提起诉讼的原告，请求未尽《公司法》第147条第1款规定的义务而使出资未缴足的董事、高级管理人员承担相应责任的，人民法院应予支持；董事、高级管理人员承担责任后，可以向被告股东追偿。上述规定的目的是赋予董事、高级管理人员对股东增资的监管、督促义务，从而保证股东全面履行出资义务、保障公司资本充实。在公司注册资本认缴制下，公司设立时认缴出资的股东负有的出资义务与公司增资时是相同的，董事、高级管理人员负有的督促股东出资的义务也不应有所差别。本案深圳斯曼特公司是外商独资企业，实行注册资本认缴制。参照《公司法解释三》第13条第4款的规定，在公司注册资本认缴制下，股东未履行或未全面履行出资义务，董事、高级管理人员负有向股东催缴出资的义务。根据《公司法》第149条的规定，董事、监事、高级管理人员执行公司职务时违反法律、行政法规或者公司章程的规定，给公司造成损失的，应当承担赔偿责任。

胡秋生等6名董事作为深圳斯曼特公司的董事，同时又是股东开曼斯曼特公司的董事，对股东开曼斯曼特公司的资产情况、公司运营状况均应了解，具备监督股东开曼斯曼特公司履行出资义务的便利条件。胡秋生等6名董事未能提交证据证明其在股东出资期限届满即2006年3月16日之后向股东履行催缴出资的义务，以消极不作为的方式构成了对董事勤勉义务的违反。一审法院依据(2012)深中法执恢字第50号执行裁定，强制执行了开曼斯曼特公司的财产后，开曼斯曼特公司没有其他可供执行的财产，一审法院于2012年3月21日裁定终结该次执行程序。后深圳斯曼特公司被债权人捷普电子(苏州)有限公司申请破产清算。由此可见，股东开曼斯曼特公司未缴清出资的行为实际损害了深圳斯曼特公司的利益，胡秋生等6名董事消极不作为放任了实际损害的持续。股东开曼斯曼特公司欠缴的出资即为深圳斯曼特公司遭受的损失，开曼斯曼特公司欠缴出资的行为与胡秋生等6名董事消极不作为共同造成损害的发生、持续，胡秋生等6名董事未履行向股东催缴出资义务的行为与深圳斯曼特公司所受损失之间存在法律上的因果关系。一审、二审判决认为胡秋生等6名董事消极不作为与深圳斯曼特公司所受损失没有直接因果关系，系认定错误，应予纠正。

■ 裁判评析

本案的争议焦点为胡秋生等6名深圳斯曼特公司董事是否应对公司股东所欠出资承担赔偿责任问题。《公司法》第149条规定，董事、监事、高级管理人员执行公司职务时违反法律、行政法规或者公司章程的规定，给公司造成损失的，应当承担赔偿责任。这是公司向董事主张损害赔偿责任的法律依据，下面将围绕这一条规定展开讨论。

(一)董事是否承担催缴出资的义务

董事与公司之间属于委任关系，董事向公司承担忠实义务和勤勉义务，以解决可能存在的代理成本问题。我国《公司法》对忠实义务、勤勉义务的具体内容、履职标准等问题都没有作出细致的规定，也没有司法解释进行具体的界定。这里的勤勉义务与其他国家或地区公司法中的注意义务基本一致，通常指一个理性的、认真负责的人应当尽到的注意程度。勤勉义务是一个抽象的义务，需要在司法实践中通过法律解释的方法，对勤勉义务的内容、履职标准进行具体化。

董事会是公司的经营机关，除了法律和公司章程明确规定应由股东会行使的职权之外，其他涉及公司经营管理的事项都应由董事会负责。尽管《公司法》没有明确规定，但催缴出资应当属于董事会的职责范围，董事会应当核查股东是否完全履行了出资义务。在股东欠缴出资的情形出现后，董事会应当作出催缴出资的决议，明确要求欠缴出资的股东在规定的时间内履行出资义务。如果股东仍不履行出资义务，董事会应决定通过诉讼的方式追缴出资，以维护公司资本充实性和公司利益。

催缴出资属于董事会的职责范围，董事在履行该项职责时应达到忠实义务和勤勉义务的要求。在忠实义务方面，董事履职应以公司利益为首要考虑，避免因利益冲突而损害公司利益。董事可能同时也是公司的股东或者法人股东的董事、控股股东或实际控制人，一方面承担催缴出资的职责，另一方面又有欠缴出资的动机，此时就存在利益冲突。如果董事因存在利益冲突而怠于催缴出资，就违反了忠实义务。

在勤勉义务方面，董事履职时应以充分的信息为基础，在履行催缴出资时，董事应当查阅公司章程以确认股东的出资期限是否届满，查阅公司的财务会计资料以确认股东是否缴纳了出资，在掌握上述信息的基础上就催缴出资作出董事会决议，并根据董事会决议开展催缴工作。

本案中，一审法院和二审法院都认为催缴出资属于董事会的职责范围，继而根据董事会未作出催缴出资的决议而认定董事会没有满足勤勉义务的要求。最高人民法院认为，董事、监事、高级管理人员应当遵守法律、行政法规和公司章程，对公司负有忠实义务和勤勉义务。上述规定并没有列举董事勤勉义务的具体情形，但是董事负有向未履行或未全面履行出资义务的股东催缴出资的义务，这是由董事的职能定位和公司资本的重要作用决定的。在三次审理中，法院都认为董事违反了勤勉义务。

最高人民法院在再审中提到了一个重要信息，即胡秋生等 6 名董事作为深圳斯曼特公司的董事，同时又是股东开曼斯曼特公司的董事。但最高人民法院提及此信息的角度是这些董事对股东开曼斯曼特公司的资产情况、公司运营状况均应了解，具备监督股东开曼斯曼特公司履行出资义务的便利条件，并未从利益冲突和忠实义务的角度进行展开。就本案而言，认定被告董事违反忠实义务可能更加合适。

《公司法》草案对股东欠缴出资时董监高的职责和责任作了原则性规定。草案第 47 条规定，有限责任公司成立后，设立时的股东未按期足额缴纳出资，或者作为出资的非货币财产的实际价额显著低于所认缴的出资额的，应当由该股东补足其差额并加算银行同期存款利息，给公司造成损失的，还应当承担赔偿责任；设立时的其他股东承担连带责任。董事、监事、高级管理人员知道或者应当知道设立时的股东有前款规定行为未采取必要措施,给公司造成损失的,应当承担赔偿责任。根据草案,该条内容同样适用于股份公司。

(二)董事未履行催缴义务与公司损失之间的因果关系

董事未履行催缴义务与公司损失之间的因果关系是此类案件中的核心问题,也是判断董事是否要承担责任的决定性问题。本案中,一审法院和二审法院的观点基本一致,法院认为胡秋生等6名董事消极未履行追缴股东应缴出资的勤勉义务,并不是股东欠缴出资的原因。胡秋生等6名董事消极未履行追缴股东欠缴出资的勤勉义务,与股东欠缴出资之间并不存在必然联系。深圳斯曼特公司未收到全部出资,系深圳斯曼特公司股东未全面履行出资义务所致,并非胡秋生等6名董事作为深圳斯曼特公司董事消极不履行勤勉义务或者积极阻止股东履行出资义务所致。但最高人民法院认为,股东开曼斯曼特公司未缴清出资的行为实际损害了深圳斯曼特公司的利益,胡秋生等6名董事消极不作为放任了实际损害的持续。股东开曼斯曼特公司欠缴的出资即为深圳斯曼特公司遭受的损失,开曼斯曼特公司欠缴出资的行为与胡秋生等6名董事的消极不作为共同造成损害的发生、持续,胡秋生等6名董事未履行向股东催缴出资义务的行为与深圳斯曼特公司所受损失之间存在法律上的因果关系。

欠缴出资是股东不履行出资义务,不是董事未履行催缴义务直接造成了股东欠缴出资的结果。我们需要探讨的是董事未履行催缴出资义务与公司损失之间的因果关系,而不是董事未履行催缴义务与股东未履行出资义务之间的因果关系。董事未履行催缴义务与公司损失之间不存在绝对的因果关系,如果股东客观上缺乏履行出资义务的能力,即使董事履行了催缴义务,可能股东也无法实际缴付或缴付全部出资。如果是股东出资能力的原因而未履行出资义务,公司的损失实际上与董事是否履行了催缴义务并无直接关系。因此,理论上应采取推定和反证的方式,即推定股东具有出资能力,股东未缴纳的出资即为公司的损失,董事未履行催缴义务与公司损失之间具有因果关系,但如果董事能够证明股东在应当履行出资义务时已经欠缺实际出资能力,就应当认定董事未履行催缴义务与公司损失之间没有因果关系,董事不应承担责任。就本案而言,6名被告既是公司的董事,也是欠缴出资股东的董事,其对股东是否具有实际出资能力完全了解,如果能够证明股东持续缺乏出资能力,应当不承担责任。

(三)董事不应承担连带责任

最高人民法院认为开曼斯曼特公司欠缴出资的行为与胡秋生等6名董事消极不作为共同造成损害的发生、持续,因此,应当承担连带责任。股东欠缴出资与董事未履行催缴义务不能认定为共同侵权,股东应当承担的是出资责任,董事应当承担的是未勤勉尽责的损害赔偿责任,《公司法》草案也将董事的责任确定为对公司的损害赔偿责任，而不是与欠缴出资的股东承担连带责任。

■ 法条链接

《公司法》第147条

董事、监事、高级管理人员应当遵守法律、行政法规和公司章程，对公司负有忠实义务和勤勉义务。

董事、监事、高级管理人员不得利用职权收受贿赂或者其他非法收入，不得侵占公司的财产。

《公司法》第149条

董事、监事、高级管理人员执行公司职务时违反法律、行政法规或者公司章程的规定，给公司造成损失的，应当承担赔偿责任。

《最高人民法院关于适用〈中华人民共和国公司法〉若干问题的规定（三）》第13条

股东未履行或者未全面履行出资义务，公司或者其他股东请求其向公司依法全面履行出资义务的，人民法院应予支持。

公司债权人请求未履行或者未全面履行出资义务的股东在未出资本息范围内对公司债务不能清偿的部分承担补充赔偿责任的，人民法院应予支持；未履行或者未全面履行出资义务的股东已经承担上述责任，其他债权人提出相同请求的，人民法院不予支持。

股东在公司设立时未履行或者未全面履行出资义务，依照本条第一款或者第二款提起诉讼的原告，请求公司的发起人与被告股东承担连带责任的，人民法院应予支持；公司的发起人承担责任后，可以向被告股东追偿。

股东在公司增资时未履行或者未全面履行出资义务，依照本条第一款或者第二款提起诉讼的原告，请求未尽公司法第一百四十七条第一款规定的义务而使出资未缴足的董事、高级管理人员承担相应责任的，人民法院应予支持；董事、高级管理人员承担责任后，可以向被告股东追偿。

第四章　股东与股权

4.1　股权投资协议“名股实债”的司法认定

■ 基本案情

钟易良是崇义县振宇矿业有限公司原股东(拥有95%股权,后经股东会决议受让另一股东张华5%股权,变更为拥有100%股权),后其将崇义县振宇矿业有限公司的股权以及崇义县东岭背钨锡矿的资产转让给赣州世瑞钨业股份有限公司(以下简称世瑞公司),并向世瑞公司提供矿产品,经双方结算确认钟易良享有6000万元的债权,2011年6月,钟易良现金转账200万元投入世瑞公司,钟易良对世瑞公司共有债权6200万元。

2014年11月17日,为担保世瑞公司所欠钟易良的投资款项,出质人甲方世瑞公司、质权人乙方钟易良、股权所在公司丙方华世投资有限公司(以下简称华世公司)签订股权质押合同。该合同载明:甲方世瑞公司基于在本合同签订之前尚欠乙方及相关联方有关款项,为确保乙方及相关联方债权的实现,现甲方自愿以所持丙方的53.85%股权向乙方提供股权质押担保。同日,世瑞公司股东会作出决议,同意公司将持有的华世公司53.85%股权出质给钟易良,并配合办理股权出质登记手续。次日,华世公司股东决定,同意股东世瑞公司将其持有的公司53.85%股权出质给钟易良。双方于2014年11月19日办理了股权出质登记。

2015年10月29日,债权人甲方钟易良、债务人乙方世瑞公司(股东为朱某、陈风雷,其中陈风雷是公司法定代表人)签订债权确认书:“(1)乙方于2011年3月9日向甲方借款人民币6200万元,乙方确认已经收到甲方的出借款项,甲方对乙方享有债权……(4)本确认书生效的前提是甲方成为赣州联胜投资咨询中心(以下简称联胜投资)的合伙人,合伙出资方式为甲方将其所持有的对乙方的债权转让给联胜投资,以此债权作为入伙出资资金。”同日,甲方(转让人)钟易良、乙方(受让人)联胜投资、丙方(债务人)世瑞公司签订《债权转让协议》;钟易良与联胜投资签订《入伙协议》。该协议约定:新入伙合伙人以其持有的对世瑞公司的债权作为出资方式和出资额,新入伙合伙人与联胜投资签订《债权转让协议》后,即视为新入伙合伙人履行了本《入伙协议》约定的出资义务,即钟易良认缴出资6200

万元;有限合伙人加入合伙企业只为世瑞公司回购其私募债务本金和利息的制度设计,不参与合伙企业的任何经营活动,不承担合伙企业产生的任何债务。

同日,甲方世瑞公司、乙方联胜投资、丙方钟易良共同签订一份《股权回购协议》,协议约定:“丙方为乙方的合伙人之一,其在乙方的出资额为人民币 90,766,666.72 元;甲乙双方于 2015 年 5 月 20 日签订《投资合同》,约定乙方以其持甲方的债权出资甲方,投资额为人民币 1 亿元,乙方持有甲方 12.5% 股权。……”第 2 条,“各方同意,甲方采取减资的方式回购,甲方股东或经甲方认可的其他投资人采取股权转让的方式从乙方处受让本协议项下股权的,视为乙方的股权实现了本协议约定的回购目的。……”第 5 条,“1. 各方同意对本协议项下的目标股实行分期回购,经初步商定,自本协议签订之日起 12 个月内回购,回购溢价为 10%;2. 丙方持有该股权时间超过 12 个月后未被回购,则由担保人陈风雷、温丽华按以上第 4 条规定的条款承担责任并履行回购义务,同时丙方所持股权在未被甲方全部回购前,丙方将不解除其对华世公司 53.85% 的股权质押”。

后因世瑞公司未履行回购义务,钟易良诉至法院,请求:(1)世瑞公司向钟易良支付债权本金计人民币 6200 万元及利息;(2)确认钟易良对世瑞公司持有的江西华世公司 53.85% 股权质权享有优先受偿权,并判令世瑞公司以该出质股权对上述债权本息承担担保清偿责任。[1]

■ 法院裁判

一审法院认为:(1)钟易良诉请世瑞公司偿还债权本金 6200 万元及相应利息应予支持。从案涉 6200 万元的形成过程以及之后当事人同一天签订一系列协议的行为来看,签订《股权回购协议》是当事人之间达成的处理债权债务的合意,故本案当事人因履行《股权回购协议》产生纠纷实质上是债权债务的法律关系,世瑞公司偿还钟易良债务后,钟易良不再享有在联胜投资的份额。(2)钟易良对华世公司 53.85% 的股权享有优先受偿权。世瑞公司自愿以其持有的华世公司 53.85% 的股权及股权所有现时和将来的权利、利益及派生的权益向钟易良提供股权质押担保,并办理了股权出质登记。世瑞公司未按约定履行还款义务,构成违约,应承担质押担保责任。

后世瑞公司、陈风雷等不服一审判决,提出上诉。二审法院认为,合同的性质不能仅依据书面协议的名称以及形式内容进行判定,还应结合当事人的缔约过程、各方权利义务安排以及实际履行情况整体确定。综合判断本案所涉系列协议的签订背景、目的和内容,在钟易良、联胜投资及世瑞公司之间形成“名股实债”的法律

---

〔1〕 案例来源:民事裁判文书,(2018)最高法民终字第 785 号。

关系。第一,钟易良对世瑞公司享有在先债权;第二,2015 年 10 月 29 日各方所签系列协议具有保障钟易良债权实现的交易目的;第三,钟易良在明确的投资期限内享有固定的投资收益,该收益不与世瑞公司的经营业绩相关,具有明显的债权投资特征;第四,从各方的磋商过程看,钟易良因转让崇义县振宇矿业有限公司股权、崇义县东岭背钨锡矿资产,以及嗣后以货款、现金支付等形式,对世瑞公司享有本金 6200 万元债权,该债权以华世公司 53.85% 的股权设置质押担保,并采用了以债权投资入伙、债权转股权、股权回购等系列安排以保障债权实现。可以说,钟易良始终未放弃其债权,相关交易均具有实现其债权的担保功能。

因“名股实债”的交易模式下,投资方持有股份并进行工商变更登记会对其他债权人(尤其是普通债权人)形成权利外观,故应区别内部关系和外部关系分别处理。对外应遵循外观主义,保护善意第三人的信赖利益,尤其在目标公司破产或解散的情况下,应优先保护其他债权人的合法利益;对内则应采用实质重于形式原则,探究当事人之间的真实意思表示。本案系处理钟易良、联胜投资及世瑞公司之间内部的债权债务关系,尚不涉及外部第三人的信赖保护问题。《股权回购协议》作为处理内部债权债务关系的契约性安排,系当事人的真实意思表示,其内容不违反法律、行政法规的效力性强制性规定,应为合法有效。最终,二审法院驳回上诉,维持原判。

■ 裁判评析

本案的争议焦点为:双方当事人虽然签订了所谓的《股权投资协议》,但仔细分析协议内容可以发现,当事人的真实意思并非进行股权投资,而是为了保障债权利益之实现。对于此类“名股实债”的协议性质及其效力应如何认定?

对此,本案一审法院认为,应根据当事人的真实意思予以认定,即根据债权债务关系处理当事人之间的纠纷;二审法院在肯定一审法院裁判结论的基础上进一步指出,协议性质应根据当事人的缔约过程、各方权利义务安排以及实际履行情况综合确定;同时,二审法院提出,作为商事纠纷,应考虑商事外观主义的适用,对于此类纠纷应采取内外有别的方式处理,即对外应遵循外观主义,保护外部善意第三人的信赖利益,对内则采取实质重于形式的原则进行裁判,这一审理思路对“名股实债”类争议纠纷解决提供了重要的说理指导。

“名股实债”(或称“明股实债”)其实并非法律意义上的准确术语,而是在商业实践中形成的一种惯用表达。自 2015 年以后,各级政府的文件开始使用这种表述,例如,财政部《关于进一步做好政府和社会资本合作项目示范工作的通知》,这使得法学界开始逐渐将其作为特定名词使用。至于“名股实债”的内涵,2017 年 2 月中国证券投资基金业协会发布的《证券期货经营机构私募资产管理计划备案管理规范第4号》对其进行了相对明确的界定,即投资回报不与被投资企业的经营业绩挂钩,不是根据企业的投资收益或亏损进行分配,而是向投资者提供保本保收益承诺,根据约定定期向投资者支付固定收益,并在满足特定条件后由被投资企业赎回股权或偿还本息的投资方式。简言之,"名股实债"以股权投资为形式,以债务融资为实质,常见形式包括回购、第三方收购、对赌、定期分红等。

(一)关于"名股实债"协议性质的分析

本案二审中,世瑞公司、陈风雷等主张,《股权回购协议》并非单纯的"名股实债",而是一种与公司债务相关联的股权安排;而钟易良则主张《股权回购协议》为"名股实债",其实质系合法有效的债务清偿协议。那么,对于股权投资中"名股实债"协议的性质究竟应如何认定?从目前的审判实践来看,大致呈现出以下三种裁判观点。

1.认定为债权投资关系。该观点与本案一审、二审法院的裁判思路一致,即根据当事人的交易安排及交易行为,探究投资双方之间真实交易目的和意思表示,从而认定投资行为实为债权投资。除本案以外,在"北京天悦投资发展有限公司诉安信信托股份有限公司等合同纠纷"案〔2〕中,最高人民法院根据《股权收益权转让及回购协议》约定的具体条款以及协议实际履行情况判断安信公司并无买入案涉标的股权收益权并承担相应风险的真实意思,且安信公司并不实际参与经营管理,其主要目的在于向天悦公司收取相对固定的资金收益,因此应认定为"债权投资关系"。

2.认定为股权投资关系。该观点认为,在商事领域的案件裁判中,法院不宜轻易突破形式而直达本质,否则将阻碍商人之间灵活的交易安排以及富有效率与想象力的交易设计,最终对市场经济发展造成负面影响。故而,对"名股实债"协议的性质,也有法官仅从外部表现形式进行审查,如果认为当事人签订合同后的履行行为与合同相符,则认定其为股权投资。比如在"范安禄与北方国际信托股份有限公司、云创(天津)投资有限公司等股权转让纠纷"案〔3〕中,再审法院根据交易文件,认定北方信托公司将资金注入目标公司完成增资入股并登记为股东后,即应承担持股期间的出资人责任,其与企业形成的并非借贷关系。

3.回避对协议性质的认定,而是直接对履行内容进行认定。有的法院对"名股实债"纠纷采取回避性质判定的处理方式,不对交易性质进行认定,而是根据投资交易方之间的交易文件对履行内容直接进行裁判。比如在"北京时光房地产开发有限公司与新华信托、兴安盟时光房地产开发有限公司合同纠纷"案〔4〕中,历

〔2〕 参见最高人民法院民事判决书,(2017)民终字第907号。

〔3〕 参见最高人民法院民事裁定书,(2015)民申字第1198号。

〔4〕 参见最高人民法院民事判决书,(2014)民二终字第261号。

经三次审理，法院均未对双方间的协议性质究竟是股权投资还是债权投资作出认定，而是依据合同约定，判决北京时光公司继续履行合同义务回购新华信托公司持有的股权以实现信托资金的退出。

值得肯定的是，本案二审法院所采取的区分内外部法律关系认定“名股实债”协议性质的审判思路具有合理性。即该类纠纷若对外涉及交易第三人的信赖利益保护，则应遵循外观主义原则，将协议认定为股权投资较为合适；而若仅涉及内部关系，则应遵循实质重于形式的基本原则，根据当事人之间的真实意思，将之认定为债权投资更为妥当。这种裁判思路在《最高人民法院民二庭的第五次法官会议纪要》中也得到了体现。该会议纪要明确指出：“‘明股实债’应根据当事人的投资目的、实际权利义务等因素综合认定其性质。投资人目的在于取得目标公司股权，且享有参与公司的经营管理权利的，应认定为股权投资；反之，投资人目的并非取得目标公司股权，而仅是为了获取固定收益，且不享有参与公司经营管理权利的，应认定为债权投资，投资人是目标公司或有回购义务的股东的债权人。”

（二）关于“名股实债”协议效力的分析

投资协议不属于《民法典》所列明的 19 类典型合同，因而属无名合同。根据《民法典》第 467 条的规定，无名合同适用《民法典》合同编通则部分的规定，并可参照适用合同编或者其他法律中与之最相似的有名合同的有关规定。对于无名合同的效力审查，原则上应充分尊重当事人双方的意思自治，只要不违反法律、行政法规的强制性规定，则合同应认定为有效。实践中，由于“名股实债”型的投资协议往往涉及对金融监管的规避并关系到公司资本的安全，因而，对其效力认定有可能产生影响的法律法规的强制性规范主要涉及借贷管制与利息管制以及公司资本管制。

1. 关于借贷管制与利息管制。我国现行制度对借贷行为的限制较为严格，尤其是从 20 世纪 90 年代开始，我国法院即将“企业法人、事业法人作为联营一方向联营体投资，但不参加共同经营，也不承担联营的风险责任，不论盈亏均按期收回本息，或者按期收取固定利润”的情形，认定为“名为联营，实为借贷，违反了有关金融法规”，进而不承认该类合同的效力。在此类纠纷争议中，“除本金可以返还外，对出资方已经取得或者约定取得的利息应予收缴，对另一方则应处以相当于银行利息的罚款”。[5] 彼时，国家对“名为联营，实为借贷”等“名股实债”协议进行严格管制的法政策理由主要在于，“联营 + 保底”的安排使出资方当事人获得了过多好处，其既能获得债权投资相对固定的收益保障，又可获得类似于股权投资的高额回报，而后若将回报计算为利息，将会推高利息总额，进而违反法律对借贷合同

〔5〕 参见《关于审理联营合同纠纷案件若干问题的解答》［最高人民法院法（经）发〔1990〕27 号］。

施加利息管制的价值选择。[6] 然而，随着市场经济的长足发展，理论界与实务界对于投融资交易工具的认识有了显著进步，我国法律对于“名股实债”等类似性质的交易安排的借贷管制与利息管制日渐趋缓，司法实践中一般较少以此为由否定其协议效力。

2. 关于公司资本管制。本案中，“名股实债”的交易安排涉及股权回购，因而《公司法》中有关资本制度的强制性规定也会对协议的效力产生影响。由于公司回购自身股份不能为自己带来任何有助于实现债权人利益的真实财产价值，在很长一段时间里，各国法律对公司回购自己股份的行为均持严格禁止的态度。但随着对公司资本制度理解的深入，人们逐渐认识到，回购自身股份是公司用以调整股本结构的有效手段之一，对其一概加以禁止并不妥当。以美国法为例，各州目前较为统一的做法是允许股权回购，但有关回购安排要受制于债权人保护及其他股东保护规则。我国公司法学界也有越来越多的学者主张，应放松对公司资本的严格控制，给予公司自主决定回购的灵活度与自由空间。在我国的司法实践中，随着对公司估值机制中股权回购安排认识的深入，司法机关也逐渐采取较为宽容的态度，承认并支持投资者与公司之间关于回购股份约定的效力。例如，在“江苏华工创业投资有限公司与扬州锻压机床股份有限公司、潘云虎等请求公司收购股份纠纷案”[7] 中，法院认可了目标公司在对赌失败后向投资方履行回购义务；在“强静延与曹务波等股权转让纠纷再审案”[8] 中，法院也肯定了目标公司向投资人提供股权回购担保“有利于自身经营发展需要，并不损害公司及公司中小股东权益，应当认定案涉担保条款合法有效”，从而在保障公司利益及债权人利益的前提下，最大限度地尊重了商人的意思自治。

（三）商事外观主义与外部债权人利益保护

本案在审理中，二审法院还指出，当“明股实债”纠纷涉及外部关系时，应当保护善意第三人的信赖利益。由于投资人持有的股份及工商登记信息会对其他债权人（尤其是普通债权人）形成权利外观，基于商事外观主义的考量，应当注重对外部第三人的信赖利益之保护，尤其是在目标公司濒临破产或解散时更应优先保护其他债权人。作为民法信赖保护原则在商法领域的体现，商事审判视角下的外观主义是一项在特定场合下权衡实际权利人与外部第三人之间利益冲突所应遵循的规则。根据该规则，无论外观事实与真实状况是否一致，外部人基于对交易双方外观事实的合理信赖而作出的民事行为及由此而取得的民事权利应得到法律保护；至于实际权利人因此产生的损失，则应交于内部法律关系解决。具体到“名股实

---

[6] 参见许德风：《公司融资语境下股与债的界分》，载《法学研究》2019 年第 2 期。

[7] 参见江苏省高级人民法院判决书，(2019)苏民再 62 号。

[8] 参见最高人民法院民事判决书，(2016)民再 128 号。

债”交易中，投资人的股权交易安排虽为实现债权交易的目的，但若因该股权交易的表征致使第三人对投资人的股东身份产生合理信赖，那么，虽然就内部关系而言该投资人实为债权人，但在外部关系上第三人可以要求投资人承担股东责任。

本案虽不涉及外部第三人的信赖利益保护问题，但在“名股实债”案件的司法审判中，该类情形经常出现。比如在“新华信托股份有限公司等与湖州港城置业有限公司破产债权确认纠纷案”[9]中，双方名义上是以股权方式完成交易，新华信托以固定期限和固定收益的特殊条款认定双方建立的是债权债务融资法律关系，并据此申报破产债权，而港城置业破产管理人则认为该笔投资系股权投资的性质。法院最终驳回了新华信托的诉讼请求，主要理由就是该案涉及破产程序，法院倾向于对第三人的信赖利益进行保护，这也体现了“明股实债”纠纷中，根据内外部不同法律关系进行区分裁判的观点。

■ 法条链接

《民法典》第467条

本法或者其他法律没有明文规定的合同，适用本编通则的规定，并可以参照适用本编或者其他法律最相类似合同的规定。

在中华人民共和国境内履行的中外合资经营企业合同、中外合作经营企业合同、中外合作勘探开发自然资源合同，适用中华人民共和国法律。

4.2 上市公司股权代持协议的效力认定

■ 基本案情

2010年5月25日，林金坤与常州市亚玛顿科技有限公司（以下简称亚玛顿科技公司）签订股权转让协议一份，双方约定：亚玛顿科技公司将其所持有的常州亚玛顿光伏玻璃有限公司（以下简称亚玛顿光伏公司）10%股权以1600万元转让给林金坤。合同签订后，林金坤向亚玛顿科技公司支付了1600万元款项，亚玛顿光伏公司依法办理了工商变更登记。

2010年6月29日，亚玛顿光伏公司整体变更为常州亚玛顿股份有限公司（以下简称亚玛顿公司），股权结构为亚玛顿科技公司出资7200万元（占60%），高新风投公司出资3600万元（占30%），林金坤出资1200万元（占10%）。

2010年10月19日，杨金国与林金坤签订《协议书》。该协议“鉴于”部分第3

[9] 参见浙江省湖州市吴兴区人民法院民事判决书，(2016)浙0502民初1671号。

条载明:杨金国以林金坤披露亚玛顿公司正运作上市作为其受让前述股权的根本前提,杨金国透过本协议拟有条件受让林金坤在目标公司的部分股权,成为附属于林金坤名下的目标公司隐名股东。“具体约定条款:一、股权受让份额及价格”部分载明:“杨金国受让林金坤合法持有的目标公司总股本1%(即1200万股)的股权,作为对价,杨金国应向林金坤支付受让款人民币1200万元(壹仟贰佰万元整)。”

2010年10月25日,杨金国与林金坤签订《委托投资协议书》一份,主要内容为:“1.林金坤受杨金国委托,将杨金国以现金方式出资的人民币1200万元,以林金坤名义投资收购亚玛顿公司的股权,以谋求在亚玛顿公司投资所实现的资本增值;2.林金坤承诺以杨金国的出资额代为杨金国投资并持有亚玛顿公司总股本1%(即1200万股)的股权……4.投资到亚玛顿公司所产生的利润和其他收益,均归杨金国所有,鉴于林金坤对亚玛顿公司的管理及服务,杨金国承诺在收到投资本金和收益的同时,将以上收益的20%支付给林金坤,作为林金坤代为投资与持股的管理服务费用;5.杨金国享受亚玛顿公司一切待遇,三年内未上市,商量赎回,自主权归杨金国。”随后,杨金国支付了1200万元。

2011年10月,亚玛顿股份公司正式在A股市场公开发行股票。公司实际控制人林金锡、林金汉、亚玛顿科技公司、林金坤均承诺,自公司股票上市之日起36个月内,不转让或者委托他人管理其已直接和间接持有的发行人股份。

2013年7月,因分红款纠纷,杨金国起诉亚玛顿股份公司及林金坤,要求确认《委托投资协议书》的有效性,变更股票至其名下并取得股票股利378万元。[10]

■ 法院裁判

本案一审法院并未具体审查股权代持协议的效力,而是认为杨金国与林金坤未就合同标的达成合意,合同不成立。主要理由为:首先,“1200万”在表述上具有歧义。本案审理中,杨金国始终坚持合同标的为1200万股亚玛顿公司股份,而林金坤则始终坚持合同标的为价值1200万元的亚玛顿公司股份,双方未达成一致意见。其次,《委托投资协议书》第2条约定的前后内容不一致。《委托投资协议书》签订之时,亚玛顿公司的总股本为1.2亿股,亚玛顿公司总股本的1%应为120万股,与括号中“1200万股”的意思并不一致,且差距较大。最后,合同标的歧义无法排除。无论是《协议书》还是《委托投资协议书》,对合同标的的表述均为亚玛顿公司“总股本1%(即1200万股)”,但无条款对此作出进一步解释及明确,也无条款明确说明亚玛顿公司的总股本为1.2亿股;且《委托投资协议书》签订后,杨金国

---

〔10〕 案例来源:民事裁判文书,(2017)最高法民申字第2454号。

与林金坤也未达成任何补充协议,对合同标的进行明确。因杨金国与林金坤对案涉《委托投资协议书》的标的约定存在分歧,且无法排除,而合同标的系合同必要内容,故该协议不成立。

杨金国不符一审判决,遂提起上诉。二审法院则认为,杨金国和林金坤之间签订的《协议书》及《委托投资协议书》所形成的是股权转让关系,上述协议成立并生效,转让标的是林金坤持有的亚玛顿公司的股份,数量为 120 万股。关于上述两份协议的效力,二审法院认为,《公司法》第 141 条第 1 款规定"发起人持有的本公司股份,自公司成立之日起一年内不得转让。公司公开发行股份前已发行的股份,自公司股票在证券交易所上市交易之日起一年内不得转让"。本案中,林金坤系亚玛顿公司的发起人之一,亚玛顿公司于 2011 年 10 月正式在 A 股市场公开发行股票,因此,林金坤在 2012 年 10 月前应不得转让其持有的股份。然而,《公司法》上述条款的立法目的在于防范发起人利用公司设立谋取不当利益,并通过转让股份逃避发起人可能承担的法律责任。但对于发起人转让股份行为的效力认定应区分负担行为和处分行为,发起人与他人订立股权转让合同属负担行为;发起人将股权实际交付给他人或办理股权变更登记属处分行为。对于发起人为了将其股份在限售期内转让给他人而预先签订股权转让合同,但未实际交付股份的,不会引起其股东身份和股权关系的变更,也即发起人的法律责任不会因为签订股权转让协议而免除,因而发起人实施的负担行为不宜认定为无效。案涉《协议书》《委托投资协议书》签订时亚玛顿公司尚未上市,虽然亚玛顿公司于 2011 年 10 月上市,林金坤亦作出相关承诺,但上述协议中明确约定杨金国受让股份后仍由林金坤代持,且未约定林金坤实际交付股份或者办理股权变更登记的期限,故上述协议的签订不会必然免除林金坤作为发起人可能承担的法律责任。且本案审理时,距亚玛顿公司上市已超过 5 年,早已达到林金坤承诺的限售期限,办理股权变更登记也无法律上的障碍。据此,案涉协议并无违反法律、行政法规的强制性规定之事由,应认定为有效。

二审判决后,杨金国提起了再审请求。本案进入再审后,再审法院认为,根据合同解释规则,通过文义、一般人的通常理解以及商业交易惯例等因素综合判断,能够合理解释出当事人的缔约意思,因而合同成立,但认为二审法院将交易标的认定为是 120 万股的理由并不充分。关于案涉合同的性质,再审法院则认为,本案诉争协议的性质并非一般股权转让,而是属于上市公司股权代持。对于该诉争协议的效力,由于目标公司为上市公司,因而应根据对上市公司监管的法律法规及原《合同法》进行综合判定。首先,《首次公开发行股票并上市管理办法》第 13 条和《上市公司信息披露管理办法》第 3 条规定,发行人必须股权清晰,股份不存在重大权属纠纷;需如实披露股权信息,不允许发行过程中隐匿真实股东,否则公司股票不得公开发行。易言之,上市公司股权不得隐名代持。本案中,在亚玛顿股份公司上市前,林金坤代杨金国持有股份,隐瞒了真实股东或投资人身份,违反了上述明令禁止的规定。监管部门之所以要求拟上市公司股权必须清晰,不得隐名代持,是为了加强对上市公司的监管,如果上市公司连真实股东都不清晰,那么对上市公司信息披露要求、关联交易审查、高管人员任职回避等监管措施都会落空,进而损害广大公众投资者的权益以及资本市场公平的交易秩序,从而损害社会公共利益。因此,再审法院根据原《合同法》第 52 条第 4 项之规定,认为杨金国与林金坤签订的股权代持协议违反了公司上市的系列监管规定,损害了社会公共利益,应被认定无效,进而裁定中止原审判决执行,指令重审。

■ 裁判评析

本案的争议焦点是对股权代持协议的性质及其效力应如何认定。这将直接影响当事人能否取得股权及其收益,决定诉讼的最终走向。对于该争议焦点,一审法院根据合同成立形式要件以及意思表示解释规则认定当事人并未达成合意,合同不成立;而二审法院则认为,虽然双方对协议条款中的价格数额存在争议,但通过对争议条款进行解释以及杨金国已经履行协议项下的付款义务可以认定合同已经成立。对于协议性质和效力,二审法院认为,应将案涉协议认定为股权转让协议;同时应根据债权行为与物权行为的区分原则,认定其有效。再审法院虽然也认定案涉合同有效,但对于协议性质和效力认定与二审法院有较大出入。再审法院结合亚玛顿公司于本案双方协议之后的上市事实以及亚玛顿公司上市后林金坤仍持有股权并代行股东权利等基本特征,认定案涉协议实质是系上市公司股权的隐名代持协议;对于该协议的法律效力,再审法院认为其违反了金融领域部门规章的强制性规定,进而损害了社会公共利益,应适用原《合同法》第 52 条第 4 项之规定,认定无效。

(一)上市公司股权代持协议的效力判断

所谓股权代持,是指实际出资人为规避法律法规限制或出于其他原因,委托名义出资人代其对公司进行投资并履行股东权利义务的一种投资方式。股权代持又称隐名代持,无论是在公司章程、股东名册,还是在商事登记中都是将名义代持人记载为股东,且对外也不公开实际股东与名义股东间的委托持股关系。实践中,股权代持的原因纷繁复杂,有的是为了规避法律法规的相关投资限制,有的是为了隐藏个人信息、规避税负等。就本案来看,杨金国与林金坤签订的协议内容明确,即双方交易的股权不予过户,该股权仍以林金坤名义持有,亚玛顿公司上市后林金坤代杨金国行使股东权利,所得投资利润和其他收益均归杨金国所有,同时,杨金国将收益的 20% 支付给林金坤,作为代持的管理费。据此可以判断,杨金国与林金坤二人之间形成的是股权代持关系。

根据《公司法解释三》第24条的规定，如无法律规定的无效情形，人民法院应当认定代持协议有效。该规定虽针对的是有限公司，但对股份公司同样适用。根据原《合同法》第52条的规定，合同是否无效主要有5种情形，即一方以欺诈、胁迫的手段订立合同，损害国家利益；恶意串通，损害国家、集体或者第三人利益；以合法形式掩盖非法目的；损害社会公共利益；违反法律、行政法规的强制性规定。具体到本案中，前三种情形均不存在，那么判断的关键点便是本案代持协议是否存在违反法律、行政法规的强制性规定或损害社会公共利益的情况。

1. 是否违反法律、行政法规的强制性规定？

现有法律如《公司法》《证券法》并未对股权代持或隐名投资作专门规定。在现行制度体系中，对股权代持的具体规定主要散见于特定行业的规范中，诸如《证券投资基金管理公司管理办法》《保险公司股权管理办法》《关于外国投资者并购境内企业的规定》《商务部实施外国投资者并购境内企业安全审查制度的规定》等均对股权代持有禁止性规定；与上市相关的《首次公开发行股票并上市管理办法》《首次公开发行股票并在创业板上市管理办法》则通过要求发行人的股权清晰且不存在重大权属纠纷也间接对上市公司股权代持进行禁止。然而，上述规定皆是部门规章或规范性文件，在法律效力层级上较低，并非原《合同法》第52条第4项所要求的法律、行政法规，因而，难以认定本案的股权代持协议违反了法律、行政法规的强制性规定而无效。

2. 是否损害社会公共利益？

本案中，再审法院所指出的与上市公司相关的规定，如上述的《首次公开发行股票并上市管理办法》《上市公司信息披露管理办法》仅是部门规章或规范性文件，那么，是否可以此作为否定股权代持协议效力的法律依据？对此，学界展开了广泛讨论。一种观点坚持，虽然上市公司总体上的确涉及特殊监管，但我国现行法律、行政法规并没有明确否定股权代持的效力，而大陆法系的法官在审理案件时，应忠于法条，不宜过度进行司法续造，因此，金融监管领域的部门规章等不足以作为否定股权代持协议效力的法律依据。在本案二审中，法院认为杨金国与林金坤的股权代持行为并不存在违反原《合同法》第52条的规定，便隐含着"只有法律、行政法规才能明确否定股权代持效力"的认识。

但另有观点认为，证监会的相关规章也可以认定为效力性规定。其理由在于，如果行政机关认定违法而司法裁判却支持相应利益，则行政监管的意义将不复存在。这会导致很多人冒行政违规的风险去做司法裁决认可之事，长此以往，司法与行政的冲突将在所难免。因此，一些涉及金融与资本监管类的规章效力，本着维护金融秩序与金融安全的要求，应考虑参照行政法规的等级效力进行处理。尤其是涉及资本市场监管和上市公司监管的基本规则等，是为了证券行业的基本管理和基本秩序，并涉及广大不特定投资者的根本利益，相关规定更应得到严格遵循。上市公司股权代持明显扰乱了公司上市的基本监管要求与秩序，对此类行为更应从严约束与管制。[11] 该观点也得到一些司法实务案例的支持。如在“福州天策实业有限公司诉福建伟杰投资有限公司、君康人寿保险股份有限公司营业信托纠纷上诉案”[12]中，二审法院即认为，违反《保险公司股权管理办法》中有关禁止代持保险公司股权规定的行为，在规范目的、内容和危害后果上达到与直接违反《保险法》等法律、行政法规相似的程度，同时还将出现破坏国家金融管理秩序、损害包括众多保险法律关系主体在内的社会公共利益的危害后果，故而应认定为无效。

然而，也有持相反裁判观点的判例。在“上海保培投资有限公司诉雨润控股集团有限公司股权纠纷案”[13]中，保培公司与雨润公司签订股权代持协议，保培公司根据该协议要求确认雨润公司持有的利安保险公司的股权归其所有、雨润公司配合办理工商变更登记手续。审理法院对《保险公司股权管理办法》第 8 条属于立法法所规定的授权立法范畴提出反对意见，认为雨润公司以此主张股权代持协议违反国家强制性法律规定而无效不符合原《合同法》及其有关司法解释的规定。

可见，虽然本案中再审法院实质上认同了作为上市公司监管的部门规章之规定也能作为效力性规定的观点，但该观点并未获得司法实务界的普遍认可，存在同案不同判的情形。为解决该问题，最高人民法院在 2019 年 11 月发布的《九民纪要》第 31 条中规定：“违反规章一般情况下不影响合同效力，但该规章的内容涉及金融安全、市场秩序、国家宏观政策等公序良俗的，应当认定合同无效。人民法院在认定规章是否涉及公序良俗时，要在考察规范对象基础上，兼顾监管强度、交易安全保护以及社会影响等方面进行慎重考量，并在裁判文书中进行充分说理。”由此，明确了在涉及金融安全与金融市场秩序的事项上，部门规章也能作为效力性判断依据。

当然，仍有不少学者认为，“社会公共利益”是一个相对抽象的概念，《民法典》第 153 条采用的“公序良俗”（公共秩序与善良风俗）的表述亦是如此，以此为依据进行代持协议效力判断，可能会造成无效事由的扩大，违背鼓励合同尽量有效的立法理念。为此，有观点认为，法院在审理时应采用实质判断原则，以防止无限度地扩大合同无效的范围，只有因违反规章、监管政策同时导致违反公共秩序的才能认定合同无效。在认定是否违反公共秩序时，也应从规范内容、监管强度以及法律后果等方面进行综合考量。[14] 具体到上市公司股权代持中，对其效力不应进行“一刀切”式的否定，而是只有在因代持规避现有法律、行政法规规定以至于造成股东身份不适格、关联交易或者同业竞争无法充分披露等后果，或是通过隐名代持掩盖

〔11〕 参见徐佳咏：《上市公司股权代持及其纠纷之处理》，载《中国政法大学学报》2019 年第 3 期。
〔12〕 参见最高人民法院民事裁定书，（2017）最高法民终 529 号。
〔13〕 参见江苏省高级人民法院民事判决书，（2017）苏民终 66 号。
〔14〕 参见王毓莹：《隐名股东的身份认定及其显名路径——基于最高人民法院 76 份裁判文书的实证分析》，载《国家检察官学院学报》2021 年第 2 期。

了非法交易等目的时，才会触及监管秩序和社会公共利益。而单纯的股权代持，既不会影响金融监管秩序和投资者的合法权益，也不会影响公司股东决策及内部治理的管理架构，此时以“损害公共利益”否定其效力或有不妥。

具体到本案，并无证据表明杨金国的股东身份不适格或与该上市公司亚玛顿股份公司之间存在关联交易或者同业竞争之情形，也未存在隐名代持掩盖的非法交易目的，此时若仅因理论上“潜在的”对发行人乃至投资者利益的损害，进而认为损害公共利益并认定股权代持协议无效，难免会引发争议。对此，有学者就指出，虽然金融类公司或上市公司的股权代持协议可能因违反社会公共利益或公序良俗无效，但也应强调实质利益衡量，以认可协议的有效性为原则。[15] 总之，目前理论界和实务界对该问题的探讨还未结束，仍需深入思考。

（二）股权代持协议被认定无效后的利益分配

若股权代持协议被认定无效，则必然涉及相关权益如何分配的问题。本案中，再审法院根据原《合同法》第58条（合同无效的财产返还）之规定，结合具体案情，认为“本案中双方协议因涉及上市公司隐名持股而无效，但这并不意味着否认杨金国与林金坤之间委托投资关系的效力，更不意味着否认双方之间委托投资的事实；同样，也不意味着否认林金坤依法持有上市公司股权的效力，更不意味着否认林金坤与亚玛顿公司股东之间围绕公司上市及其运行所实施的一系列行为之效力”，据此，再审法院先是将委托投资协议认定为股权代持协议，进而否定其代持效力，但之后又承认该协议所蕴含的委托投资关系的效力，在逻辑上有前后矛盾之嫌。这或许也折射出了再审法院在该问题处理上的利益平衡，即若依据合同无效规则处理，会使代持股东因合同无效而获得差额收益，于隐名股东而言并不公平，故其认为委托投资关系依然有效，这可解释为虽然隐名股东无法取得股权，但依然能够根据委托投资关系的约定取得股权投资收益，同时，代持股东也能从投资收益中扣除受托管理的约定报酬。当然，在审判实践中，法院通常也会考量多种因素，比如名义股东在参与企业经营管理时是否已经从企业中获得了相应的报酬、隐名股东自己是否参与了管理、显名股东是否已从隐名股东处获得了相应报酬等，并将原投资额和投资收益在双方之间进行合理分配。

■ 法条链接

《公司法》第142条（本案适用2005年版，根据2018年修正版，该条款为第141条）

发起人持有的本公司股份，自公司成立之日起一年内不得转让。公司公开发

---

〔15〕 参见葛伟军：《股权代持的司法裁判与规范理念》，载《华东政法大学学报》2020年第6期。

行股份前已发行的股份，自公司股票在证券交易所上市交易之日起一年内不得转让。

公司董事、监事、高级管理人员应当向公司申报所持有的本公司的股份及其变动情况，在任职期间每年转让的股份不得超过其所持有本公司股份总数的百分之二十五；所持本公司股份自公司股票上市交易之日起一年内不得转让。上述人员离职后半年内，不得转让其所持有的本公司股份。公司章程可以对公司董事、监事、高级管理人员转让其所持有的本公司股份作出其他限制性规定。

《首次公开发行股票并上市管理办法》第13条

发行人的股权清晰，控股股东和受控股股东、实际控制人支配的股东持有的发行人股份不存在重大权属纠纷。

《上市公司信息披露管理办法》第3条（本案适用2007年版，根据2021年修订版，该条款为第4条且内容有变化）

发行人、上市公司的董事、监事、高级管理人员应当忠实、勤勉地履行职责，保证披露信息的真实、准确、完整、及时、公平。

《上市公司信息披露管理办法》（2021年修订）第4条

上市公司的董事、监事、高级管理人员应当忠实、勤勉地履行职责，保证披露信息的真实、准确、完整，信息披露及时、公平。

《合同法》（已废止）第52条

【合同无效的法定情形】有下列情形之一的，合同无效：

（一）一方以欺诈、胁迫的手段订立合同，损害国家利益；

（二）恶意串通，损害国家、集体或者第三人利益；

（三）以合法形式掩盖非法目的；

（四）损害社会公共利益；

（五）违反法律、行政法规的强制性规定。

《合同法》（已废止）第58条

【合同无效或被撤销的法律后果】合同无效或者被撤销后，因该合同取得的财产，应当予以返还；不能返还或者没有必要返还的，应当折价补偿。有过错的一方应当赔偿对方因此所受到的损失，双方都有过错的，应当各自承担相应的责任。

《民法典》第153条

违反法律、行政法规的强制性规定的民事法律行为无效。但是，该强制性规定不导致该民事法律行为无效的除外。

违背公序良俗的民事法律行为无效。

《最高人民法院关于适用〈中华人民共和国公司法〉若干问题的规定（三）》第24条

有限责任公司的实际出资人与名义出资人订立合同，约定由实际出资人出资并享有投资权益,以名义出资人为名义股东,实际出资人与名义股东对该合同效力发生争议的,如无法律规定的无效情形,人民法院应当认定该合同有效。

前款规定的实际出资人与名义股东因投资权益的归属发生争议,实际出资人以其实际履行了出资义务为由向名义股东主张权利的,人民法院应予支持。名义股东以公司股东名册记载、公司登记机关登记为由否认实际出资人权利的,人民法院不予支持。

实际出资人未经公司其他股东半数以上同意,请求公司变更股东、签发出资证明书、记载于股东名册、记载于公司章程并办理公司登记机关登记的,人民法院不予支持。

4.3 夫妻股权归属及单方处分行为的效力

■ 基本案情

艾梅、张新田系夫妻关系。2011 年 10 月 26 日,张新田与刘小平签订一份协议,协议约定:张新田自愿将其在陕西省榆林市榆阳区常乐工贸有限责任公司(以下简称工贸公司)的原始股份额 660 万元以 1.32 亿元转让刘小平,刘小平在签订本协议时支付定金 1000 万元;在工贸公司与刘小平签订正式合同、移交相关手续、变更工商登记后支付 50%;余款在刘小平进入榆林市常乐堡煤矿及移交财物、资产证件等手续时一次性付清。张新田保证其股份有绝对排他权利,否则按协议第 6 条承担责任。该协议第 6 条约定:“本协议签订后应诚实守信,不得违约,不得解除,不得主张无效。否则,协议价款如数归还,还应向对方赔偿经济损失,损失额为本协议价款的总额;若所转让的股份按市场交易价已超过协议价款总额的两倍时,执行市场价格超出总份额部分的标准予以赔偿。”该协议还对其他事项作了约定。刘小平按协议约定向张新田支付定金 1000 万元人民币,张新田向刘小平出具了 1000 万元的收条。

2011 年 12 月 16 日,双方签订一份股权转让协议,约定:张新田自愿将其在工贸公司的 500 万元原始股份转让给刘小平,转让价款为 18960 万元;刘小平在协议签订时先付张新田 1000 万元,待刘小平进入榆林市常乐堡煤矿,张新田将财务、财产等相关手续移交完毕后,刘小平再付 9000 万元;余款待刘小平变更为榆林市常乐堡矿业有限公司(以下简称常乐堡矿业公司)董事后一次性付清。张新田保证转让的股份权属清楚,无任何他项权利设定,若产生纠纷,由张新田负责处理,给刘小平造成的损失,张新田按该协议第 6 条的约定承担违约责任。该协议第 6 条的约定与 2011 年 10 月 26 日协议第 6 条的约定相同。此外,该协议还约定,在本协议签订后7日内，保证刘小平进入榆林市常乐堡煤矿，工贸公司的一切合法权益由刘小平享有。在签订该协议的当天，刘小平按协议约定向张新田支付1000万元人民币，张新田向刘小平出具了1000万元的收条。

签订上述两份股权转让协议后，刘小平共向张新田付款7600万元。张新田按刘小平的要求，将其在工贸公司的股权分别变更为：刘小平占14.28%，王鲜占10.99%，武沛雄占5.49%，张宏珍占10.99%，折奋刚占13.18%，总计变更在刘小平及4位第三人名下的股权为54.93%。同时，刘小平以20,277万元收购了工贸公司其他85位隐名股东的全部股权。

法院另查明：2004年12月22日，设立工贸公司的登记申请书载明的股东为：张新田、赵世有、张贵华、许国华、张和平。2011年12月19日，张新田按照协议约定，在榆林市工商行政管理局榆阳分局办理了股东变更登记。工贸公司的法定代表人张新田变更为刘小平，股东变更为刘小平、折奋刚、张宏珍、王鲜、武沛雄。

2011年12月26日，张新田将7600万元款项全部退回刘小平。2012年5月23日，艾梅、张新田向法院提起诉讼，以张新田未经艾梅同意无权处分夫妻共有的股权为由，请求判令：(1)确认张新田与刘小平签订的股权转让协议无效；(2)刘小平返还张新田在工贸公司持有的54.93%的股权。[16]

■ 法院裁判

对于张新田与艾梅要求确认张新田与刘小平签订的股权转让协议无效并要求刘小平返还在工贸公司持有的54.93%的主张，一审法院认为，根据《公司法》第72条、[17]《公司法解释二》第16条的规定，股东转让股权必须征得过半数股东的同意，并非必须征得其配偶的同意；即使有限责任公司的出资系夫妻共同财产，但非公司股东的配偶要成为公司股东，也须征得其他股东的同意，只有在其他股东明确表示放弃优先购买权的情况下，股东的配偶才可成为该公司股东，在过半数股东不同意转让，但愿意以同等价格购买该出资额的情况下，只能对转让出资所得财产进行分割。综上，股东转让股权必须征得过半数股东的同意，并非必须要征得其配偶的同意。此外，虽然涉案股权是由张新田与艾梅以共有财产进行投资，但《最高人民法院关于贯彻执行〈中华人民共和国民法通则〉若干问题的意见（试行）》（以下简称《民法通则意见》）第89条规定了在共同共有关系存续期间，部分共有人擅自处分共有财产的，一般认定无效，但该条“但书”又规定“第三人善意、有偿取得该财产的，应当维护第三人的合法权益，对其他共有人的损失，由擅自处分共有财产的人赔偿”。再者，《最高人民法院关于适用〈中华人民共和国婚姻法〉若干问题的

〔16〕 案例来源：民事裁判文书，(2014)最高法民终字第48号。

〔17〕 2013年《公司法》修订后改为第71条。

解释(一)》(以下简称《婚姻法司法解释(一)》)第 17 条第 1 款第 2 项规定:夫或妻非因日常生活需要对夫妻共同财产做重要处理决定,夫妻应当平等协商取得一致意见。他人有理由相信其为夫妻双方共同意思表示的,另一方不得以不同意或不知道为由对抗善意第三人。根据该条的立法本意,因夫妻之间存在特殊的身份关系,故夫妻之间相互享有家事代理权。本案中,两份股权转让协议的原始出资额为 1160 万元,但转让价款为 32,160 万元,是原始出资额的 27.7 倍,且被告刘小平已按约支付了 7600 万元的价款,并进行了工商变更登记,被告有理由相信两份股权转让协议系艾梅、张新田夫妇的共同意思表示。这也足以证明刘小平受让该股权符合善意取得的法律规定。且两份股权转让协议也不存在原《合同法》第 52 条规定的欺诈、胁迫,损害国家利益;恶意串通,损害国家、集体或者第三人利益;以合法形式掩盖非法目的;损害社会公共利益;违反法律、行政法规的强制性规定等无效情形,故而,对原告主张股权转让合同无效的请求不予支持,判决驳回。

艾梅、张新田夫妇不服一审判决,提起上诉。二审法院认为,股权作为一项特殊的财产权,除具有财产权益内容外,还具有与股东个人的社会属性及其特质、品格密不可分的人格权、身份权等内容。如无特别约定,对于自然人股东而言,股权仍属于商法规范内的私权范畴,其各项具体权能应由股东本人独立行使,不受他人干涉。在股权流转方面,我国《公司法》确认的合法转让主体也是股东本人,而不是其所在的家庭。本案中,张新田因转让其持有的工贸公司的股权事宜,与刘小平签订了股权转让协议,双方在该项民事交易活动中,民事主体适格,意思表示真实、明确,协议内容不违反我国原《合同法》、《公司法》的强制性规定,该股权转让协议应认定有效。故而判决驳回上诉,维持原判。

■ 裁判评析

本案的核心争议焦点为,以夫妻共同财产出资取得的股权登记在一方名下,登记一方未经配偶同意擅自将股权对外转让,其法律效力如何?围绕该争议焦点,一审法院主要从两方面进行论述:一方面,我国现行法律和行政法规没有关于配偶一方转让其在公司的股权须经另一方配偶同意的规定;另一方面,即使将登记在一方名下的股权视为夫妻共同财产,那么根据原《民法通则意见》和《婚姻法司法解释(一)》的相关规定,刘小平有理由相信股权转让协议是基于张新田与艾梅夫妻双方的共同意思作出,其受让股权亦符合善意取得的规定,转让行为合法有效。对于一审法院的第二论证角度,即以第三人对夫妻单方处分的财产的善意取得作为股权转让有效的论证基础,需要检讨。这是因为:(1)即使股权转让已经进行了变更登记,也不足以认为夫妻中股权未登记一方“应当知道”另一方对外转让了股权,因为通常情况下,若非准备离婚需要对共同财产进行确认,未登记为股东的夫或妻不会随时刻意去查阅登记在配偶名下的股权是否发生权属变化，因此，难以推定其对变更登记事项“应当知道”。(2)将转让股权中的合理对价作为支持第三人有理由相信股权转让系夫妻双方共同意思的证据也不准确。合理对价作为善意取得制度的构成要件之一，旨在证明第三人善意而非其对无权处分人产生合理信赖，仅以转让款远高于原始出资额不能说明夫妻存在共同转让意思，出让股份的夫或妻一方完全有可能瞒着配偶隐匿共同财产。(3)作为夫妻共同财产的股权转让，并非家庭日常生活支出或正常工作收入，不属于家事代理范畴，以家事代理权切入并非一个有力论证。

相较而言，二审法院的审判思路更加可取。二审法院未陷于夫妻一方转让共同财产的第三人善意取得制度的泥沼当中，而是从股权的特殊属性切入，以股权属于商法规范内的私权范畴、其各项具体权能应由股东本人独立行使的观点说明持有公司股权的夫或妻一方对外转让股权属于有权处分，无须征得配偶同意。

那么，对于夫妻股权的归属和处分究竟应如何理解和处理才为妥当？

(一)登记在夫妻一方名下的股权的权利归属分析

所谓夫妻财产制，是确认和调整有关夫妻婚前财产、特有财产和婚后所得财产的所有、使用、收益、处分以及夫妻债务的清偿、婚姻终止时财产的清算、分割等方面财产关系的法律制度。所谓夫妻股权，即指在婚姻关系存续期间以夫妻共同财产出资而登记在夫妻一方或者双方名下的股东权利。由于股权在商法上具有财产和人身的双重属性，故对于股权的归属学理和实务中存在较大争议。明确夫妻共同财产在公司法中的权利归属尤为重要，因为夫妻股权的归属是行使与处分效力的前提，是解决夫妻股权争议的逻辑起点。

由于夫妻是以共有财产向公司出资，完成股东登记取得公司股权，因而对该问题的讨论自然就出现了公司法与婚姻家庭法的领域交叉。因不同部门法的法政策目的不同，适用不同部门法将可能导向不同的裁判结论：选择适用婚姻家庭法的法官更倾向于主张夫妻股权为夫妻共同共有，登记一方若擅自处分属于无权处分；而选择适用公司法的法官则多主张夫妻股权应归登记一方所有，登记股东有权单独处分。由此也就形成了两种主要观点。

观点一：股权属于夫妻双方共同财产。夫妻股权为夫妻共同共有，无论股权登记在夫妻何人名下，股权所蕴含的一切权益，包括财产权益和身份权益，均属夫妻共同共有。持该观点的学者或者法官认为，夫妻关系存续期间，双方未进行财产分割，以夫妻共同共有财产出资，夫妻就应为共同共有人，对共有财产享有平等的占有、使用、收益和处分的权利。夫妻享有股权的平等处置权，未经夫妻双方同意，任何一方不得私自处分股权。

观点二：股权中的财产权利为夫妻双方共同财产。该观点认为，股权投资过程中，夫妻的共同财产形态发生了变化，股东权利具有人身属性，倘若承认股权夫妻共有,将突破《公司法》关于股东人数的限制,同时也必然要求交易相对人审查股东的婚姻状况,这将极大地增加商事交易成本,同时削弱商事登记的公示效力。因此,股东资格仅为登记股东所有,只有在所产生的收益从公司资产中分离时,才能进入夫妻共同财产范围,配偶作为共同共有人才可以分配或处置股权所形成的收益。该观点也得到了最高人民法院的支持。《最高人民法院第二巡回法庭2020年第三次法官会议纪要》就指出,"在婚姻存续期间以夫妻共同财产出资取得但登记在夫或妻一方名下的有限责任公司股权,仅得由登记方行使,而非夫妻共同共有,股权登记方对于该股权的处分系有权处分"。在"李泽波与罗敏等股权转让纠纷案"[18]中,审理法院也认为,"股权是一种复合型权利,包含人身权、财产权等。皑尔公司的46.20%股权所对应的财产权益虽然是原告与罗敏婚姻存续期间的夫妻共同财产,但系争股权具有人身属性的权益,因股权登记在罗敏名下,故仍归罗敏享有,罗敏对该股权享有独立处分的权利"。

除上述两种观点以外,也有公司法学者提出了股东权益的"分离说",认为身份权益和财产权益都是股权的内容,财产权益是股权的目的权利,身份权益则是股权的手段权利,两种权益均非独立权利,而属于股权的具体权能,二者有机结合形成股权。若以实际出资的事实认定股权为夫妻共同共有,则损害了公司法的外观主义原则,破坏了公司的人合性,增加了股权交易成本;而若依据股东名册记载或者工商登记认定股东权利归属一方享有,则忽视了事实基础,对于夫妻共有财产未登记一方造成财产损害,有违家庭财产法律关系的实质公正。在股东权益的"分离说"逻辑框架下,股权所蕴含的财产权益,适用婚姻家庭法律规则,为夫妻共同共有;股权所蕴含的身份权益,则适用公司法律规则,为登记股东享有;未登记一方为股权财产权益的共同共有人,配合默示委托理论下"正常生产经营活动范围"的限制,可使其获得物权性保护。[19] 该观点实际上与上述第二种观点有相似之处。

相比于观点一,观点二以及股东权益的"分离说"能更好地协调原《婚姻法》(现为《民法典》婚姻家庭编)与《公司法》的不同价值取向,兼顾夫妻共同体利益与企业组织体利益,值得认可。其中观点二在目前的实务界相对更为主流。

(二)夫妻一方转让登记在其名下的股权的效力

基于上述夫妻股权归属的分析,对于夫妻一方转让登记在自己名下的股权的效力,目前审判实务的主流观点认为只要股权转让行为符合民事法律行为的有效要件,也不违反公司法的规定,不存在合同撤销或者无效的情形,就应认定股权转让合同有效,第三人能够取得股权,至于是否是夫妻共同财产与此无涉;但因转让

〔18〕 参见(2019)沪0112民初31230号民事判决书。

〔19〕 参见赵玉:《夫妻股权归属及其单方处分效力的认定》,载《环球法律评论》2022年第3期。

所产生的财产性利益则归属于夫妻共同共有。对于财产权益的认定，学理与实务存在差异。一种观点认为，若以夫妻个人或他人财产出资，则不构成夫妻股权，该股权以及投资收益均不归夫妻共有；若以夫妻共同财产出资，则构成夫妻股权，相应的股权财产权益由夫妻共同共有；但另一种观点则认为，婚姻存续期间，无论是夫妻股权还是夫或妻的个人股权，股权产生的收益都应视为生产、经营、投资收益，归夫妻双方共同共有。上述两种观点中，相较而言，前者以“实际出资来源”判断财产权益是否属夫妻共同共有更为合理。

当然，需要说明的是，目前仍有部分法官坚持认为股权是夫妻双方的共同财产，故而，一方未经对方同意的转让行为属于无权处分他人财产，此时须适用的是无权处分和善意取得的法律制度，[20]这便与本案一审法院采取相同的论证路径，也有学者对此予以支持。[21]

（三）夫妻双方均持有公司股权的归属与处分

在司法实践中，尽管夫妻一人被登记为股东时，股权的归属与处分是夫妻股权纠纷最典型的类型，但实践中也存在夫妻二人均持有公司股权时产生的纷争，且从目前的案例整理来看，该类纠纷主要发生于人合性较强的有限公司中。对于后一情形，本书稍作探讨。首先，在夫妻二人同为有限公司股东时，因双方都是登记在册的股东，均享有财产权益与身份权益的完整权能，并无必要再对财产权益与身份权益进行区分。在二人面临财产分割时，股权分割与股权转让没有实质区别，为内部转让，直接依据关于股权对内转让的规定即可。其次，当夫妻一方对外转让自己名下的股权时，存在两种观点：一种观点认为，此时无须考虑《民法典》婚姻家庭编处分夫妻共同财产的特殊规则，而是径直适用有限公司股权对外转让时股东优先购买权规则即可；另一种观点则认为，此时仍需要适用《民法典》婚姻家庭编及其司法解释对于处分夫妻共同财产的特别规定，该单方转让行为属于无权处分，受让人只有满足善意取得的全部构成要件方能取得股权。比如在“孙秀兰等与宋波股权转让纠纷”案[22]中，二审法院就认为，该案中孙秀兰受让股权的行为不构成善意取得，且孙秀莉无法证明宋波就其以转让的方式处分涉案股权作出同意的明确意思表示，故而认定其对外转让股权行为无效。相较而言，前一观点更为合理，因为有限责任公司优先购买权使得股东在对外转让股权时，必须通知其他股东，其他股东显然处于明知状态，此时，为提高交易效率、维护交易安全，无须再要求处分股权的夫或妻的相对方明确同意。

---

〔20〕 参见（2018）沪0114民初1177号民事判决书。

〔21〕 参见王涌、旷涵潇：《夫妻共有股权行使的困境及其应对——兼论商法与婚姻法的关系》，载《法学评论》2020年第1期。

〔22〕 参见（2018）京02民终3743号民事判决书。

■ 法条链接

《公司法》第72条

人民法院依照法律规定的强制执行程序转让股东的股权时，应当通知公司及全体股东，其他股东在同等条件下有优先购买权。其他股东自人民法院通知之日起满二十日不行使优先购买权的，视为放弃优先购买权。

《最高人民法院关于贯彻执行〈中华人民共和国民法通则〉若干问题的意见（试行）》（废止）第89条

共同共有人对共有财产享有共同的权利，承担共同的义务。在共同共有关系存续期间，部分共有人擅自处分共有财产的，一般认定无效。但第三人善意、有偿取得该财产的，应当维护第三人的合法权益；对其他共有人的损失，由擅自处分共有财产的人赔偿。

《最高人民法院关于适用〈中华人民共和国婚姻法〉若干问题的解释（一）》（已废止）第17条

婚姻法第十七条关于"夫或妻对夫妻共同所有的财产，有平等的处理权"的规定，应当理解为：

（一）夫或妻在处理夫妻共同财产上的权利是平等的。因日常生活需要而处理夫妻共同财产的，任何一方均有权决定。

（二）夫或妻非因日常生活需要对夫妻共同财产做重要处理决定，夫妻双方应当平等协商，取得一致意见。他人有理由相信其为夫妻双方共同意思表示的，另一方不得以不同意或不知道为由对抗善意第三人。

《最高人民法院关于适用〈中华人民共和国婚姻法〉若干问题的解释（二）》（已废止）第16条

人民法院审理离婚案件，涉及分割夫妻共同财产中以一方名义在有限责任公司的出资额，另一方不是该公司股东的，按以下情形分别处理：

（一）夫妻双方协商一致将出资额部分或者全部转让给该股东的配偶，过半数股东同意、其他股东明确表示放弃优先购买权的，该股东的配偶可以成为该公司股东；

（二）夫妻双方就出资额转让份额和转让价格等事项协商一致后，过半数股东不同意转让，但愿意以同等价格购买该出资额的，人民法院可以对转让出资所得财产进行分割。过半数股东不同意转让，也不愿意以同等价格购买该出资额的，视为其同意转让，该股东的配偶可以成为该公司股东。

用于证明前款规定的过半数股东同意的证据，可以是股东会决议，也可以是当事人通过其他合法途径取得的股东的书面声明材料。

《合同法》(已废止)第 52 条

【合同无效的法定情形】有下列情形之一的,合同无效:

(一)一方以欺诈、胁迫的手段订立合同,损害国家利益;

(二)恶意串通,损害国家、集体或者第三人利益;

(三)以合法形式掩盖非法目的;

(四)损害社会公共利益;

(五)违反法律、行政法规的强制性规定。

4.4　股权转让中优先购买权行使要件与法律效果

■ 基本案情

三一重能有限公司(以下简称三一公司)、黄福明是金富盛公司的股东,其中三一公司持有 90% 的股权,黄福明持有 10% 的股权。金富盛公司《公司章程》第五章第 12 条规定:"公司的股东之间可以相互转让其全部或者部分股权。股东向股东以外的人转让股权,应当经其他股东过半数同意。股东应就其股权转让事项书面通知其他股东征求意见,其他股东自接到书面通知之日起满三十日未答复的,视为同意转让。其他股东半数以上不同意转让的,不同意的股东应当购买该转让的股权;不购买的,视为同意转让。经股东同意转让的股权,在同等条件下,其他股东有优先购买权。"

2018 年 3 月 27 日,三一公司发出《股权转让通知书》,通知内容为:"黄福明先生:一、本公司拟将持有的金富盛公司的 9000 万元人民币股权(占注册资本 90%)全部转让,拟定的转让价格为现金与采购订单,其中现金为 23,000 万元人民币,股权转让的付款方式为公司股权变更登记之日起七日内支付 70%,其他款项在项目竣工验收后支付完成;另外股权受让方提供了 13 万千瓦,4.7 亿元的风机采购订单。二、根据《公司法》和金富盛公司《公司章程》第 12 条有关规定,为保障公司股东优先购买权,请金富盛公司其他股东在收到本告知书之日起 30 日内书面答复是否同意本公司对外转让股权。如未在上述期限内书面答复的,视为同意本公司转让股权;如不同意转让的,不同意的股东应按前述第一条的同等条件购买该转让的股权;不购买的视为同意转让。"

2018 年 4 月 2 日,三一公司通过 EMS 中国邮政快递向黄福明邮寄《股权转让通知书》,该快递单显示因收件人拒收而退回。2018 年 4 月 24 日,三一公司员工李浩风通过微信向黄福明发送《股权转让告知书》截图及文档,告知其股权转让相关事项,并与黄福明电话沟通,黄福明未作出相应回复,亦未主张优先购买权。

2018 年 7 月 13 日,三一公司与国家电投集团江西电力有限公司(以下简称国电投江西公司)签订《股权转让协议》,三一公司将持有的金富盛公司 90% 的股权转让给国电投江西公司,双方约定:人民币 20,140.2 万元为评估基准日 2017 年 12 月 31 日的股权对价,股权评估净值及负债应根据评估基准日至交割日期间补充审计结果进行调整并确定最终收购价款,价款支付按双方约定执行。同日,三一公司和国电投江西公司向龙南县市场和质量监督管理局递交材料,申请变更金富盛公司股东及法定代表人。2018 年 7 月 27 日,金富盛公司工商登记股东变更为国电投江西公司持有 90% 的股权、黄福明持有 10% 的股权;法定代表人变更为蔡泽洪。随后,国电投江西公司及其控股公司按约支付了 70% 的股权转让款并签订了向三一公司购买 65 台风力发电机组及附属设备,总价款为 474,311,111 元的采购合同。

2019 年 6 月,黄福明以三一公司与国电投江西公司的股权转让侵害了其优先购买权为由,向法院提起诉讼,请求:(1)确认被告三一公司与国电投江西公司侵犯其优先购买权;(2)判令撤销被告三一公司与国电投江西公司签订的《股权转让协议》;(3)判令由原告按照工商部门备案的《股权转让协议》约定的 20,140.2 万元价格购买被告三一公司转让给被告国电投江西公司的全部股权,并要求被告三一公司和国电投江西公司配合完成工商变更登记。[23]

■ 法院裁判

一审法院认为,有限责任公司股东对外转让股权应符合《公司法》和公司章程规定的条件。三一公司在与国电投江西公司签订《股权转让协议》前,已将股权转让事项通过 EMS 中国邮政快递以及微信、电话等方式通知了黄福明,三一公司已就股权转让事项履行了合理通知和善良注意义务,不违反《公司法》和公司章程的规定;且三一公司与国电投江西公司签订的《股权转让协议》系当事人的真实意思表示,协议内容不违反法律、行政法规的强制性规定,应认定合法有效。依照金富盛公司《公司章程》中关于"其他股东自接到书面通知之日起满三十日未答复的,视为同意转让"的规定,黄福明在知悉三一公司将转让金富盛公司 90% 股权事项后,未在 30 天内提出书面异议并主张优先购买权,应视为放弃优先购买权,故判决三一公司与国电投江西公司签订的《股权转让协议》未侵犯黄福明的优先购买权。

黄福明不服一审判决,提出上诉。二审法院认为,在转让股东已将其与第三人达成的股权转让条件通知了其他股东的情况下,股东若主张行使优先购买权须具

〔23〕 案例来源:民事裁判文书,(2020)最高法民申字第 6230 号。

备两个要件:(1)在法定或者约定期限内明确表示购买转让股权;(2)以转让股东与第三人达成的股权转让的同等条件购买股权。本案中,三一公司已按股权转让条件积极为转让股权做好了履约准备,且在黄福明拒收寄发的股权转让通知书快递的情况下,通过微信、电话等合理方式通知其股权转让的意思及具体条件。三一公司已履行了合理、详尽、善意的通知义务。为督促股东尽快行使优先购买权,《公司法解释四》第21条第1款规定,股东应当自知道或应当知道行使优先购买权的同等条件之日起30日内主张优先购买权。金富盛公司的《公司章程》也明确规定了优先购买权的行权期限,黄福明直至2019年6月18日才通过诉讼方式主张优先购买权,已超过行权时效。对于黄福明提出的其并不知晓审计报告中转让股权所对应的资产评估净值,无法主张具体的股权对价,因而无法行使优先购买权的观点,因黄福明也是金富盛公司的股东,其对2017年12月31日至2018年7月27日金富盛公司的收益情况应有所了解,据此可以预估股权价格变动的幅度;即使其当时无法给出精确的股权转让对价,至少也应按照20,140.2万元的价格主张购买权,在此后确定股权转让最终价款时再以审计报告确定的资产净值予以增减,而非因价格不能精确确定就认为无法行使优先购买权。实际上,国电投江西公司也是据此条件至股权交割日方能确定股权转让的最终价格。此外,从维护交易安全的角度考量,有限责任公司的股权交易关涉诸多方面,特别是支付了巨额股权转让款,且已在工商部门登记变更了股权,受让人受让股权后已经参与公司的经营管理,如果不是国电投江西公司与三一公司恶意串通以损害公司和其他股东的利益,黄福明以已经丧失的优先购买权为由主张股权转让合同无效,将对公司经营管理产生不利影响。基于上述理由,二审法院判决驳回上诉、维持原判。

黄福明不服二审判决,申请再审。再审法院基本同意二审的裁判观点,认为黄福明未能在合理期限内行使优先购买权,原审判决认为其丧失优先购买权并无不妥。黄福明于2019年3月29日在工商登记处获悉了三一公司与国电投江西公司的《股权转让协议》,即黄福明自该日起30日内有权根据转让协议中约定的同等条件行使优先购买权。但是,黄福明在2019年6月18日才向法院提起诉讼要求行使优先购买权,已经超过30日。黄福明在再审申请中称,其在2019年3月29日并未取得股权价值的审计报告,因此不知道行使优先购买权的同等条件。但即便黄福明当时无法获取精确的股权转让对价,也应当在知悉工商登记信息后以20,140.2万元的转让对价主张行使优先购买权,之后可再根据审计报告的具体情况对转让对价进行调整,但黄福明并未主张。因而,黄福明的再审申请理由不能成立。

■ 裁判评析

本案涉及有限责任公司股权对外转让时的优先购买权问题,经一审、二审至再审，所要讨论的核心问题相对集中，即三一公司与国电投江西公司之间的股权转让行为是否侵害了黄福明作为有限责任公司股东的优先购买权。欲解决这个问题，须围绕股东优先购买权的行使要件展开。对此，无论是一审法院还是二审法院、再审法院皆明确，股东若要主张优先购买权须具备两个要件：第一，在法定或者约定期限内明确表示购买转让股权；第二，以转让股东与第三人达成的股权转让的同等条件购买股权。因此，本案的焦点问题可以转化为：(1)股东行使优先购买权的法定期限或者约定期限应如何起算？黄福明主张优先购买权是否已超过行权期限？(2)所谓的“同等条件”应当如何理解？本案中三一公司是否提供给了黄福明同等条件？

（一）股东优先购买权的内涵及其行使要件

所谓股东优先购买权，是指公司股东向股东以外的人转让股权时，其他股东在同等条件下优先购买的权利。通常该权利主要针对的是有限责任公司股东，目的是保护有限责任公司的人合性，我国《公司法》第71条对此进行了规定。由于优先购买权属于股东自益权，因此，法律允许股东通过公司章程或者股东协议对此进行特别约定。由于股份公司具有明显的资合性特点，因而并无法定的优先购买权，但是股东仍可通过公司章程或股东协议进行特别约定。

本案中，金福盛公司是有限责任公司，且在其《公司章程》第五章对优先购买权作出专门规定。根据《公司法》第71条和《公司法解释四》的相关规定，股东行使优先购买权的基本规则为：(1)转让股东应就其股权转让事项以书面或者其他能够确认收悉的合理方式通知其他股东征求同意。(2)其他股东自接到书面通知之日起满30日（也可由章程另行约定，但不得低于30日）未答复的，视为同意转让；其他股东半数以上不同意转让的，不同意的股东应当和转让股东磋商购买该转让的股权，如未磋商或磋商未成功，视为同意转让。(3)经股东同意转让的股权，在同等条件下，其他股东有优先购买权，但需在“优先购买通知期”（行权期间）内行权。(4)如果转让股东未通知其他股东，或者未以“其他能够确认收悉的合理方式”通知其他方，或者以欺诈、恶意串通等手段，损害其他股东优先购买权的，其他股东可向法院起诉要求按照同等条件购买该转让股权，行权期间为知道或者应当知道行使优先购买权的同等条件之日起30日内并且自该股权变更登记之日起一年内，但其他股东仅提出确认股权转让合同及股权变动效力等请求而不主张按照同等条件购买转让股权的，法院不予支持。在审判实践中，容易产生争议的主要在于行权期间的认定以及对于“同等条件”的理解，本案即为典型。

1. 行权期间的认定

股东优先权行使的法定期间应自其接到转让股东的书面通知之日起算，共计30日。该期间的长短可由公司章程或股东协议另作约定，但目前司法解释为有限公司股东设置了最低30日的考虑期，即约定期限不得低于30日，以免其他股东在仓促间无法作出理性决定。作为行权期间的起算点,“接到通知”并非要求当事人在事实层面一定知悉,而是包括规范意义上“应当知道”情形,即只要转让股东尽到了通知义务,即使其他股东在事实上并不知情,也应视为其知悉股权对外转让的事项。对于转让股东履行通知义务的标准,《公司法解释四》第17条第2款规定“转让股东应当向其以书面或者其他能够确认收悉的合理方式通知”,在审判实践中,法院须结合一般人的通常理解以及商事交易习惯进行综合判断。本案中,三一公司将股权转让的书面通知以EMS快递的方式发送至黄福明处,又通过微信、电话等合理方式告知,在一般人的认知中,均可认定三一公司已经用尽合理的通知手段,尽到了谨慎、合理的通知义务。此时,即使黄福明对股权转让的具体内容实际不知情,但根据规定也应推定其知悉转让事实并开始起算优先购买权行权时限。

不过,在本案中,由于三一公司通知黄福明的股权转让价格为现金23,000万元,而最终国电投江西公司的实际转让价格为20,140.2万元,数额相差较大,应当视为变更了价格条件。此时则须考虑《公司法解释四》第21条的适用空间。第21条规定,若有限责任公司的股东向股东以外的人转让股权,却未就其股权转让事项征求其他股东意见,则其他股东可以通过诉讼主张优先购买权,但自其知道或者应当知道行使优先购买权同等条件之日起超过30日或者自股权变更登记之日起超过1年未主张行权的除外。根据该条规定,其他股东应当“自知道或者应当知道行使优先购买权的同等条件之日起三十日内”主张权利。本案中,黄福明承认其知悉股权变动工商登记的事实,其所主张的未获审计报告而不知道具体价格并不能作为其主张自身不知道可以行使优先购买权的事实的合理理由,故而其最迟于2019年3月29日在工商登记处获悉案涉《股权转让协议》时起,开始起算行权期间。而黄福明在此后的30日内并未行使,直至2019年6月18日才通过诉讼的方式主张优先购买权,已经远超行权期限。

2.“同等条件”的认定

在司法审判实践中,对于“同等条件”的判定往往是最常出现的争议焦点。《公司法解释四》第18条规定:“人民法院在判断是否符合公司法第七十一条第三款及本规定所称的‘同等条件’时,应当考虑转让股权的数量、价格、支付方式及期限等因素。”该条虽为法院判断“同等条件”提供了参考,然而个案中需要考量的因素可能不限于此。除前述因素外,大致还有以下几种应纳入同等条件的考量范围:(1)出让股东与受让人约定的投资、业务合作、债务承担等条件。根据《上海市高级人民法院民二庭关于审理涉及有限责任公司股东优先购买权案件若干问题的意见》第3条的规定,其他股东主张优先购买权的同等条件,是指出让股东与股东以外的第三人之间合同确定的主要转让条件,出让股东与受让人约定的投资、业务合作、债务承担等条件,应认定为主要条件。(2)与公司股权有关的合理的附加条件,如保证对目标公司现有特定人员的薪酬待遇等条款、支付担保条款等。如在“涂杰与亿企赢网络科技有限公司、宋韬等股权转让纠纷案”〔24〕中,审理法院就认为与公司股权有关的合理的附加条件属于同等条件。(3)其他重要的对出让方股东有利或不利的条款,如违约条款等。比如在“丁祥明等诉瞿斐建优先认购权纠纷案”〔25〕中,一审法院认为“就丁祥明与曹某某的股权转让而言,虽然瞿斐建主张的转让价格等同于丁祥明与曹某某约定的转让价格,但付款期限、违约条款等交易条件明显低于丁祥明与曹某某约定的条件,不能视为其在‘同等条件’下行使优先购买权”。

对于有些因素,法院则会认为并非属于“同等条件”的范畴。从司法实践来看,包括但不限于以下几种情形:(1)如其他股东只针对转让股东的部分转让股权,或者针对部分转让股东的股权行使优先购买权的,视为提出了非同等条件。如在“浙江环益资源利用有限公司与陈某某股权转让纠纷案”〔26〕中,二审法院认为,其他股东仅针对部分股东的股权行使优先购买权不属于同等条件。(2)如其他股东要求对公司合规、经营、财务等方面的尽职调查,或者提出对股权转让价格的质疑、评估或重新定价,也视为提出了非同等条件。在“娄依共、郑国庆股权转让纠纷案”〔27〕中,二审法院认为,其他股东要求的“列清转让的详细清单(债权、债务),厘清转让前公司资产状况及转让股权所涉资产状况”等尽职调查事项系与公司管理有关的事项,已超出了“同等条件”的范围,证明其他股东在行使优先购买权时,向转让股东提出了更高的要求,不符合“同等条件”的因素。

具体到本案,转让股东和第三方约定了价格调整机制(双方在交易前的临近日期约定一个价格基准日,在交割前或者交割时将根据目标公司的财务状况对价格基准日确定的价格进行调整),其不仅适用于转让股东与第三方之间,同时也适用于其他股东。黄福明提出其不知晓审计报告中转让股权所对应的资产评估净值,无法主张具体的股权对价,要求查阅审计报告,符合上述第2种情形中的“提出对股权转让价格的质疑、评估或重新定价”,即视为提出了非同等条件。

(二)因优先购买权的行使而形成的“一股多卖”行为的效力

在本案中,由于一审、二审乃至再审法院均未支持黄福明主张,故而对于转让股东对外股权转让的行为未能产生实质影响,然而在其他案件中,倘若法院支持了其他股东行使优先购买权的主张,则必然面临因此而产生的“一股多卖”局面,须对转让股东签订的股权转让协议(负担行为)以及对于业已完成股东名册与工商登记变更的股权转让行为(处分行为)的效力进行重新审视。对该问题的认识,公

〔24〕 参见上海市浦东新区人民法院民事判决书,(2018)沪0115民初12817号。

〔25〕 参见最高人民法院民事判决书,(2012)民抗字第32号。

〔26〕 参见浙江省宁波市中级人民法院民事判决书,(2017)浙02民终1283号。

〔27〕 参见湖北省咸宁市中级人民法院民事判决书,(2019)鄂12民终293号。

司法学界存在多种观点，包括“无效说”“附法定生效条件说”“效力待定说”“可撤销说”“有效说”，等等。其中“有效说”获得了较为普遍的认可。该说认为，并不是只有撤销股权转让合同或否定转让合同效力才能保护其他股东的优先购买权，合同的效力是可以与权利变动的结果相区分的，法律可通过在权利变动领域施加控制以保护相关利害关系人的权益，而不必在合同效力领域加以干涉。优先权人行使优先购买权，使第三人与转让人的合同不能履行时，第三人可以寻求债务不履行的救济。[28] 该说在有限责任公司人合性的保护与交易安全、第三人的信赖利益的保护之间实现了较好的平衡，在学界逐渐成为主流学说，后来也为司法实践所广泛接受。《九民纪要》中明确规定：“为保护股东以外的股权受让人的合法权益，股权转让合同如无其他影响合同效力的事由，应当认定有效。其他股东行使优先购买权的，虽然股东以外的股权受让人关于继续履行股权转让合同的请求不能得到支持，但不影响其依约请求转让股东承担相应的违约责任。”由此，对于股东转让协议的效力的认识不再存有显著争议。

对于股权转让行为的效力，如果转让方未通知优先权人即将股权转让于第三人，优先权人主张优先权，在原则上能够对抗外部第三人，此时对外转让股权的行为归于无效，第三人须配合变更登记，实现股权回转，也有观点认为，在其他股东行使优先购买权的前提下，可直接变更登记至其名下。这属于股权回转的相关问题，在学理与实务中尚存一定争议，于此不予展开。然而，如果工商登记变更时间较长、企业已经接受新股东并在内部形成新的稳定关系，此时从交易安全以及公司人合性的角度考虑也可能例外地不使之无效，转而由转让股东与新股东赔偿其他股东因优先购买权丧失而产生的损失。正因如此，《公司法解释四》第21条第1款规定，自股权变更登记之日起超过一年的，不再支持其他股东的优先购买权主张。

综上，因有限公司其他股东行使优先购买权而形成的“一股多卖”局面，转让股东与第三人之间的股权转让协议有效，但双方的股权转让行为可能因其他股东主张优先购买而归于无效，此时，第三人可通过协议向转让股东主张债务不履行的违约责任。

■ 法条链接

《公司法》第71条

有限责任公司的股东之间可以相互转让其全部或者部分股权。

股东向股东以外的人转让股权，应当经其他股东过半数同意。股东应就其股

---

〔28〕 参见赵旭东：《股东优先购买权的性质和效力》，载《当代法学》2013年第5期。

权转让事项书面通知其他股东征求同意,其他股东自接到书面通知之日起满三十日未答复的,视为同意转让。其他股东半数以上不同意转让的,不同意的股东应当购买该转让的股权;不购买的,视为同意转让。

经股东同意转让的股权,在同等条件下,其他股东有优先购买权。两个以上股东主张行使优先购买权的,协商确定各自的购买比例;协商不成的,按照转让时各自的出资比例行使优先购买权。

公司章程对股权转让另有规定的,从其规定。

《最高人民法院关于适用〈中华人民共和国公司法〉若干问题的规定(四)》第17条

有限责任公司的股东向股东以外的人转让股权,应就其股权转让事项以书面或者其他能够确认收悉的合理方式通知其他股东征求同意。其他股东半数以上不同意转让,不同意的股东不购买的,人民法院应当认定视为同意转让。

经股东同意转让的股权,其他股东主张转让股东应当向其以书面或者其他能够确认收悉的合理方式通知转让股权的同等条件的,人民法院应当予以支持。

经股东同意转让的股权,在同等条件下,转让股东以外的其他股东主张优先购买的,人民法院应当予以支持,但转让股东依据本规定第二十条放弃转让的除外。

《最高人民法院关于适用〈中华人民共和国公司法〉若干问题的规定(四)》第18条

人民法院在判断是否符合公司法第七十一条第三款及本规定所称的"同等条件"时,应当考虑转让股权的数量、价格、支付方式及期限等因素。

《最高人民法院关于适用〈中华人民共和国公司法〉若干问题的规定(四)》第21条

有限责任公司的股东向股东以外的人转让股权,未就其股权转让事项征求其他股东意见,或者以欺诈、恶意串通等手段,损害其他股东优先购买权,其他股东主张按照同等条件购买该转让股权的,人民法院应当予以支持,但其他股东自知道或者应当知道行使优先购买权的同等条件之日起三十日内没有主张,或者自股权变更登记之日起超过一年的除外。

前款规定的其他股东仅提出确认股权转让合同及股权变动效力等请求,未同时主张按照同等条件购买转让股权的,人民法院不予支持,但其他股东非因自身原因导致无法行使优先购买权,请求损害赔偿的除外。

股东以外的股权受让人,因股东行使优先购买权而不能实现合同目的的,可以依法请求转让股东承担相应民事责任。

4.5 股权转让分期付款合同解除效力的判断

■ 基本案情

2013年4月3日,汤长龙与周士海签订《股权转让协议》,约定周士海将其持有的青岛变压器集团成都双星电器有限公司(以下简称双星公司)6.35%股权转让给汤长龙。同日,双方签订《股权转让资金分期付款协议》,约定周士海将其持有的前述股权转让给汤长龙,周士海有义务配合汤长龙办理有关股权转让手续,股权转让款合计710万元,一年内付清,其中2013年4月3日付150万元,2013年8月2日付150万元,2013年12月2日付200万元,2014年4月2日付210万元,此协议一式两份,双方签字生效,永不反悔。协议尾部附周士海的中国建设银行、中国农业银行账号,见证人处有周朝龙、南良明等人的签名。协议签订后,汤长龙于2013年4月3日向周士海支付第一期转让款150万元。

2013年10月11日,周士海以公证方式向汤长龙送达《关于解除协议的通知》,载明:因汤长龙未按《股权转让资金分期付款协议》付清第二笔股权转让款150万元,周士海在合理期限内多次提出履行义务的催告,而汤长龙仍未付清上述费用,且拒绝与周士海就协议履行问题会面协商,周士海根据原《合同法》第94条、第96条的规定,解除双方签订的《股权转让资金分期付款协议》,双方未履行的义务将不再履行。在此之前,周士海曾委托律师代为催收股权转让款,并有《授权委托书》以及律师事务所出具的《律师函》。

2013年10月12日,汤长龙向周士海转账支付150万元,并于当日起诉至原审法院,请求判令:(1)确认周士海解除双方签订的《股权转让资金分期付款协议》行为无效,该协议继续履行;(2)周士海限期配合汤长龙办理股权转让的工商变更登记手续……

2013年10月24日,周士海向汤长龙发出《通知函》,告知因双方签订的《股权转让资金分期付款协议》已经解除,周士海将退还汤长龙已支付的股权转让款300万元。同日,周士海向汤长龙转账支付300万元。

2013年11月7日,成都市蒲江县工商行政管理局受理双星公司提交的变更(备案)登记,其中包括将周士海持有的双星公司6.35%股权转让给汤长龙这一事项。案涉股权已变更登记至汤长龙名下。

2013年12月2日,汤长龙通过其中国建设银行账户转账支付500万元给周士海,该款项包括第一笔、第二笔、第三笔股权转让款,同日,周士海将上述款项如数退还给汤长龙。2014年3月28日,汤长龙通过其中国农业银行账户转账支付第四笔股权转让款 210 万元给周士海;2014 年 4 月 17 日,周士海退还该 210 万元给汤长龙。[29]

■ 法院裁判

本案一审法院认为,汤长龙与周士海签订的《股权转让协议》《股权转让资金分期付款协议》均系双方当事人的真实意思表示,且不违反法律、法规的禁止性规定,应属合法有效。其中《股权转让资金分期付款协议》明确约定了支付期限和支付方式,汤长龙未按《股权转让资金分期付款协议》约定的期限支付第二笔股权转让款 150 万元,迟延时间长达两个月,其逾期付款的行为是酿成本案纠纷的主要原因,构成根本违约,应承担违约责任。根据原《合同法》第 174 条规定"法律对其他有偿合同有规定的,依照其规定;没有规定的,参照买卖合同的有关规定",参照原《合同法》第 167 条"分期付款的买受人未支付到期价款的金额达到全部价款的五分之一的,出卖人可以要求买受人支付全部价款或者解除合同",汤长龙未支付的到期款项 150 万元已经超过全部价款 710 万元的 1/5,因此,周士海有权解除合同。自周士海 2013 年 10 月 11 日向汤长龙发出《关于解除协议的通知》时,《股权转让资金分期付款协议》已经解除。

汤长龙不服一审判决,提起上诉。二审法院认为,案涉股权转让分期付款协议非属分期付款买卖合同,周士海无权解除该协议。其主要理由是:原《合同法》第 167 条系关于买卖合同分期付款的规定,最根本的特征是标的物先行交付,即在出卖人交付货物、买受人实际控制货物后,出卖人收回款项的风险加大,法律赋予出卖人在一定情形下规避风险的措施,包括解除合同和要求一次性支付货款,立法目的在于平衡出卖人、买受人之间的利益。本案中双方签订的《股权转让资金分期付款协议》并未明确约定股权交付与分期付款的先后顺序,故本案《股权转让资金分期付款协议》不具备分期付款买卖合同中关于标的物先行交付的基本特征,不适用原《合同法》第 167 条的规定,周士海解除股权转让协议的行为无效。此外,由于本案中催缴《律师函》并无汤长龙签字确认,周士海提供的其他证据也不足以证明其已尽到合理催告义务,因而不符合原《合同法》第 94 条规定的情形,无权解除合同。二审法院最终撤销一审判决,确认周士海的解除行为无效。

二审判决后,周士海提出了再审申请。再审法院认为,本案不应适用原《合同法》第 167 条关于分期付款买卖中解除合同的规定。主要理由有 4 点:第一,分期付款买卖的主要特征为:(1)买受人向出卖人支付总价款分三次以上,出卖人交付

---

〔29〕 案件来源:民事裁判文书,(2015)最高法民申字第 2532 号。

标的物之后买受人分两次以上向出卖人支付价款;(2)分期付款买卖多发、常见于经营者和消费者之间,一般是买受人作为消费者为满足生活消费而发生的交易;(3)出卖人向买受人授予了一定信用,而作为授信人的出卖人在价款回收上存在一定风险,为保障出卖人剩余价款的回收,出卖人在一定条件下可以行使解除合同的权利。尽管本案中股权转让也是采取分期付款方式,但买卖的标的物是股权,具有与以消费为目的的一般买卖不同的特点,即受让人是为了参与公司经营管理并获取经济利益,并非满足生活消费;同时,出让人因分期回收股权转让款而承担的风险与一般以消费为目的分期付款买卖中出卖人的风险并不相同;双方解除股权转让合同也不存在向受让人要求支付标的物使用费的情况,因而,案涉股权转让分期付款合同不宜简单适用原《合同法》第 167 条。第二,本案中双方订立合同的目的能够实现,周士海所持有的 6.35% 股权已变更登记至汤长龙名下,同时除第二笔款项支付逾期外,汤长龙按约支付了剩余价款且在审理过程中明确表示愿意履行付款义务。第三,基于诚实信用的考虑,鉴于双方在股权转让合同中明确约定"此协议一式两份,双方签字生效,永不反悔",因此,即使周士海依据原《合同法》第 167 条的规定,也应首先选择要求汤长龙支付全部价款,而不是解除合同。第四,从维护交易安全角度看,有限责任公司的股权交易关涉诸多方面,例如,其他股东对受让人汤长龙的接受和信任(过半数同意股权对外转让),记载到股东名册和在工商部门登记股权,社会成本和影响已经倾注其中,如果汤长龙没有根本违约,动辄撤销合同可能会对公司经营管理的稳定性产生不利影响。基于上述理由,再审法院最终驳回了周士海的再审申请。

■ 裁判评析

本案的争议焦点为周士海是否有权解除案涉《股权转让资金分期付款协议》。一审法院适用分期付款买卖合同的法律规定认为周士海有权解除;二审法院则以案涉股权转让分期付款协议没有明确约定股权转让款支付和股权交付的先后顺序,并不具备分期付款买卖合同"标的物先行交付"的基本特征排除了原《合同法》第 167 条的适用;再审法院虽同样否定了周士海解除合同的正当性,但将理由归纳为:股权转让协议非属以消费为目的的分期付款买卖合同、解除合同有违诚实信用原则、案涉合同的目的能够实现、股权转让涉及诸多利益应当维护交易安全。

该判决作出后,引发了理论界和实务界对于股权转让分期付款协议究竟能否适用原《合同法》第 167 条(或者说股权转让合同的特殊性能否阻却该条款适用)以及以维护交易安全为由否定股权转让合同的解除是否妥当的广泛讨论。

(一)股权转让分期付款协议能否适用原《合同法》第167条?

原《合同法》第174条〔30〕规定:"法律对其他有偿合同有规定的,依照其规定;没有规定的,参照适用买卖合同的有关规定。"股份转让合同显然属于有偿合同,据此可以参照适用买卖合同的相关规定,那么原《合同法》第167条〔31〕分期付款买卖合同的规定根据合同法规则应当可以适用于股份转让合同。但本案中,再审法院却对此予以了否定,否定的理由值得检讨。

第一,该条是否仅限于消费目的?再审法院认为,分期付款买卖合同"多见、常发生于经营者和消费者之间",但并未表明分期付款买卖合同仅限于一般消费目的,而如果仅是"多见、常发生"或者说大概率是出现在生活消费中,那么,仅因股权转让交易非为消费目的就将其排除适用,在法律逻辑上显然不妥。有学者统计了截至2017年4月5日以原《合同法》第167条为裁判依据的案件,发现共有199件,其中生活消费目的的合同仅14件,生产经营目的的合同反而多达185件。〔32〕可见,实践中为了生产经营目的而签订分期付款合同比消费领域更为常见,因此,再审法院以生活消费为目的排除股权转让分期付款协议对原《合同法》第167条的适用说服力不够。还有学者通过对比法定解除权和分期付款买卖合同解除权的条件,认为同样是迟延履行的情形,前者需经出卖人催告后在合理期限内仍未履行而导致"合同目的不能实现",而后者仅需买受人未支付价款达到总价款的1/5,可以看出,后者条件更为宽松,对出卖人更有利。而若将该条款限制在消费目的内,则应采取消费者保护立场,但该规则在实然层面却更有利于出卖人,因此不应仅适用于消费合同。〔33〕故此,无论是从实践出发,抑或是从立法目的出发,该条似乎并不应局限于一般消费目的。

第二,股权交易中的回款风险是否不同于消费合同?分期付款买卖中,由于买受人已经实际控制标的物,因此出让方所面临的风险即为买受人不能如约支付所有价款。本案中,再审法院认为,周士海所持有股权一直存在于公司中,其风险与消费合同并不等同,其所表达的意思有二:一是股权并未交付;二是股权之存续、价值皆系于公司。就第一点而言,因合同生效之时并未就股权交付进行约定,因而有

〔30〕现为《民法典》第646条的规定:"法律对其他有偿合同有规定的,依照其规定;没有规定的,参照适用买卖合同的有关规定。"

〔31〕现为《民法典》第634条的规定:"分期付款的买受人未支付到期价款的数额达到全部价款的五分之一,经催告后在合理期限内仍未支付到期价款的,出卖人可以请求买受人支付全部价款或者解除合同。出卖人解除合同的,可以向买受人请求支付该标的物的使用费。"

〔32〕参见钱玉林:《分期付款股权转让合同的司法裁判——指导案例67号裁判规则质疑》,载《环球法律评论》2017年第4期。

〔33〕参见孙新宽:《分期付款买卖合同解除权的立法目的与行使限制——从最高人民法院指导案例67号切入》,载《法学》2017年第4期。

可能认为其不符合分期付款买卖合同的实质特征，这也是二审法院的观点。但就第二点而言，其与回款风险并无关系，因为该条目的在于分配买卖双方之间关于合同履行的风险，而股权本身之价值似乎与此无关。因此，对本案诉争协议，再审法院仅以模糊的“股权一直存在于公司”而论断其风险不同于消费合同，说理不够充分。就本案而言，即使法院认为不适用原《合同法》第167条，也并非股权转让协议这类合同本身不能适用，而是因为本案中的案涉协议未约定股权交付事项，进而不符合分期付款买卖的“标的物先行交付”的基本特征，进而不能适用。即二审法院的裁判思路相对更值得认可。当然，案涉股权究竟是在何时进行了“交付”，下文将详细分析。

第三，股权交易中是否不存在“标的物使用费”？本案中，再审法院将“双方解除股权转让合同，也不存在向受让人要求支付标的物使用费的情况”作为论证股权转让交易不同于分期付款买卖合同的理由之一，该观点值得商榷。原《合同法》第167条所称的“标的物使用费”从性质上看应属合同解除后的损失赔偿责任。原《合同法》第97条规定：“合同解除后，尚未履行的，终止履行；已经履行的，根据履行情况和合同性质，当事人可以请求恢复原状或者采取其他补救措施，并有权请求赔偿损失。”在分期付款的买卖中，由于买受人一方的原因而由出卖人解除合同时，标的物已经交付买受人，因此，买受人在占有标的物期间所获利益即是出卖人的一种损失，出卖人可据此要求买受人支付“标的物使用费”以作赔偿。[34] 而在股权转让合同中，这种“标的物使用费”可以理解为买受人因受让股权而取得的利益，同样可以要求买受人返还。本案再审法院对该问题的理解是对法条的机械适用，未能根据不同交易标的准确把握“标的物使用费”的内涵。[35]

总之，再审法院关于股权转让合同不能适用分期付款买卖合同的规定的说理不足，股权转让合同应有适用原《合同法》第167条之可能。

分析至此，本案的重点问题就转为，股权转让中何时发生股权变动效果以完成“交付”？这将涉及股权转让是否符合分期付款买卖合同“先交付后分期付款”的实质要件，进而判断是否应适用原《合同法》第167条之规定。这其实是关于股权变动的分析。在理论上，关于股权变动的模式主要有以下几种观点：第一，股权变动的债权形式主义，即股权转让应在股东名册变更或商事登记变更完成后始发生变动效果；第二，股权变动的纯粹意思主义，即股权转让合同生效时即发生股权变动效果；第三，股权变动的修正意思主义，即股权转让合同生效后需得到公司认可，受让人才能对公司主张行使权利。上述各观点中，司法实践倾向于将公司股东名

---

〔34〕 参见崔建远：《合同法》（第2版），北京大学出版社2013年版，第459页。

〔35〕 参见钱玉林：《分期付款股权转让合同的司法裁判——指导案例67号裁判规则质疑》，载《环球法律评论》2017年第4期。

册变更作为股权变更的一般规则。最高人民法院在《九民纪要》第 8 条[36]也采取的是该观点。具体到股权转让分期付款协议,虽然协议生效后在双方之间即产生拘束力,但此时股东名册并未修改,转让方仍可向公司主张股东权利,即股权仍受转让方的实际支配。正如本案二审法院所述,分期付款买卖合同的本质特征在于标的物交付后受到受让方的实际控制,转让方的回款风险加大,因此需要法律赋予转让方一定的风险规避措施。因而,股权应在处于受让方的实际控制时,即最早应在公司股东名册变更时方能视为"交付",也只有在此之后价款支付仍分为两期以上的,才可视为符合分期付款买卖合同的实质特征,可以参照适用原《合同法》第 167 条的规定。回到本案,从目前公开的判决内容来看,汤长龙在第二期付款违约时,双星公司的股东名册是否变更无法得知,若确未进行股东名册变更,应认为案涉股权未"交付",因而未成立分期付款买卖,周士海不能根据原《合同法》第 167 条解除合同。

(二)能否以维护交易安全为由否定股权转让合同的解除?

本案中,与一审、二审判决不同的是,再审法院在关于周士海不得解除合同的理由中加入了维护交易安全的考量,其认为有限责任公司的股权交易涉及诸多方面,任其解除合同的话"可能对公司经营管理的稳定产生不利影响"。这一思路深刻影响了各级法院在类案中的裁判标准。例如,在北方通和控股有限公司与内蒙古准兴重载高速公路有限责任公司、新疆首新交通业投资有限公司等股权转让纠纷案中,法院即以"公司股权本身兼具人合性、资合性,其价值具有浮动性等特点"为由,认为案涉合同不宜解除。[37]那么,这一裁判理由是否充分?

首先,关于公司内部信赖问题。正如本案再审法院所言,有限责任公司的股权交易涉及诸多方面,其中较为重要的即公司其他股东对股权转让因过半数同意而对受让人产生的信赖,甚至在有的案件中受让人已然有可能或者已经参与公司的经营管理,[38]所以基于有限责任公司人合性特征、为了维护公司股权结构的稳定,应尽力维护该交易。但实际上,在公司两权分离的治理机制下,股东参与公司实际经营管理并非常态,即使受让股东具有公司管理层身份,其股东身份的丧失也不导致其管理人员身份的丧失,并不会影响公司的经营管理。因此,股东参与公司经营管理并不能当然阻碍股份转让合同的解除。对于受让方股东因已登记于股东名册,且可能已参与了公司股东会会议并进行了表决的情形,于公司而言应为正当行使股东权利,所作决议应当有效,即使合同解除,股权回转也可以视为再次的股

---

[36] 《九民纪要》第 8 条规定:"当事人之间转让有限责任公司股权,受让人以其姓名或者名称已记载于股东名册为由主张其已经取得股权的,人民法院依法予以支持……"

[37] 参见(2017)京民终 250 号民事判决书。

[38] 参见(2017)琼民初 34 号民事判决书。

权变动，不会对在此之前的决议效果及相关交易的稳定产生影响。最高人民法院在相关的司法裁判中亦有相同观点。例如在“明达意航企业集团有限公司、抚顺银行股份有限公司股东名册记载纠纷案”〔39〕中，最高人民法院即认为“股权转让交易中，受让人通过受让股权继受取得股东资格后，即依法享有参与重大决策、选择管理者、监督公司经营以及获得分配等权利。……即便股权转让合同嗣后被解除，股权受让人在作为股东期间依法行使的各项权利通常仍应具有法律效力”。此外，需说明的是，解除股权转让合同其实并不影响有限公司的人合性。股权转让合同解除后，发生股份回转至转让方的效果，而转让方本就是有限公司原股东，与其他股东之间本就存在法律上的人合性，因而并未对其他股东造成不利影响。

其次，关于公示信用问题。再审法院认为，若股权转让已完成工商登记变更，则为维护第三人对商事登记的信赖，应拒绝解除合同。这一表述看似合理，但问题是，若商事登记是在其他情形下发生错误，是否也因为要维护公示信用而不得更正？显然不是。在商事登记制度中，对于登记错误，如果涉及善意第三人，那么不能以真实情况予以对抗，以维护商事登记的公示效力，但如果不涉及善意第三人，自然可以更正。就股权转让事项而言，在受让人无法支付对价的情况下，其持有股权本身就不具有正当性基础，应允许转让方解除合同、转回股权并进行相应的变更登记，当然若涉及善意第三人的信赖利益保护，自然应考虑公示信用以维护交易安全。但这是具体问题具体分析的问题，而非武断地一概不予准许。

综上，在股权转让交易中综合考虑有限责任公司的人合性、商事登记的公信力、股东对公司经营管理的影响等因素具有合理性，但这并非阻碍合同解除的根本原因，本案再审判决对该问题的裁判值得进一步思考。

■ 法条链接

《合同法》（已废止）第 97 条

合同解除后，尚未履行的，终止履行；已经履行的，根据履行情况和合同性质，当事人可以要求恢复原状、采取其他补救措施，并有权要求赔偿损失。

《合同法》（已废止）第 167 条

分期付款的买受人未支付到期价款的金额达到全部价款的五分之一的，出卖人可以要求买受人支付全部价款或者解除合同。

出卖人解除合同的，可以向买受人要求支付该标的物的使用费。

---

〔39〕 参见（2020）最高法民终 642 号民事判决书。

《合同法》(已废止)第174条

法律对其他有偿合同有规定的,依照其规定;没有规定的,参照买卖合同的有关规定。

4.6 股东查阅会计账簿的“不正当目的”判断

■ 基本案情

2006年9月20日,刘越与新加坡籍自然人XIEMINGXING、YAOMINGCHAO及荷兰籍法人MJFINVESTMENTSB. V.(以下简称MJF)共同出资100万美元设立了华瑞腾公司,企业类型为有限责任公司(外商合资),其中刘越出资20万美元,占20%股份。从公司设立到2011年9月5日,刘越一直担任华瑞腾公司董事长、总经理职务;2011年9月5日,刘越被华瑞腾公司股东会免去董事、董事长职务;2011年9月8日,被华瑞腾公司董事会免去总经理职务。

2011年11月7日,刘越出资设立鹭翔公司,并担任公司执行董事、总经理,且公司一般经营项目与华瑞腾公司相同。

自华瑞腾公司设立以来,刘越发现持有华瑞腾公司60%股权的大股东MJF及其派出的董事一直利用其设立的关联公司AIR FLOW INTERNATIONAL BV(以下简称AFI)和EIRLAND TRADING AND CONSUL TANCY LIMITED(以下简称ETC)与华瑞腾公司进行关联交易,经营相同业务并限制华瑞腾公司在市场上直接销售产品,剥夺了本应属于华瑞腾公司的商业机会,具体为:2010年度,与AFI发生销售金额为2,391,686.04美元,应收账款为255,029美元;2011年度,与AFI发生销售金额为1,188,675美元,应收账款为511,290.50美元;2012年度,与AFI发生销售金额为789,904.86美元,应收账款为486,629.50美元;与ETC发生销售金额为863,299.70美元,应收账款为609,899美元。另华瑞腾公司网站首页信息显示,华瑞腾在欧洲、非洲、中东、中南美洲和加拿大的销售需联系AFI公司销售人员。

刘越因此认为华瑞腾和AFI以及ETC间的交易损害了其作为股东的利益,为调查大股东MJF的关联交易行为及其委派的董事损害华瑞腾公司利益的行为,其于2012年3月22日委托律师向华瑞腾公司寄送了要求查阅其会计账簿及原始会计凭证的律师函,华瑞腾公司于2012年4月5日回函称刘越律师函中未说明查阅目的以及时间仓促难以安排其进行查阅。刘越于2012年4月8日再次委托律师发函明确了查阅目的,但华瑞腾公司未给予答复,也未安排其查阅相关会计账簿,刘越遂诉至法院。[40]

■ 法院裁判

本案一审法院认为,刘越对华瑞腾公司会计账簿、原始凭证行使知情权的目的兼具正当性和不正当性,应将其知情权的查阅范围限于正当目的的范围内。主要理由如下:第一,在对待股东可否查阅公司会计账簿以及可查阅范围的问题上,股东和公司处于对立状态,而当事人的主观目的又或多或少带有任意性,正当目的和不正当目的还有可能存在交织。因此,要通过举证责任的分配来平衡股东和公司的利益,对正当性目的的举证由股东完成,对不正当性的举证则由公司完成。本案中,刘越已举证证明华瑞腾公司与 AFI、ETC 存在大额关联交易,关联交易较一般交易更易产生不正当的利益输送,进而有可能损害公司及股东利益,股东有权对此予以监督,而监督的前提是要掌握公司的具体经营信息。同时,根据《公司法》的规定,只要公司有合理理由认为股东具有不正当目的、可能损害公司利益,即可拒绝提供查阅;且公司的此种认识状态只要具有一定的合理性即可,并不要求必然发生损害后果。本案中,刘越出资设立并担任执行董事、总经理的鹭翔公司与华瑞腾公司具有竞争关系,而华瑞腾公司的会计账簿和原始凭证中必然会涉及公司的商业秘密。现原告不仅是鹭翔公司股东,还是该公司的执行董事和总经理,其一旦掌握了被告的商业秘密,在经营过程中,极可能故意或过失地使用,从而损害被告公司的利益,因此,可认定原告行使账簿查阅权的目的具有不正当性。第二,股东查阅权的设立初衷是为了使股东更好地实现自身利益,然而,该权利的行使在一定程度上会与公司的商业秘密保护形成紧张关系,股东经查阅而获得了商业秘密信息后并不能保证其不泄露或不使用,也就是说股东查阅权的过度扩大可能导致公司商业秘密的泄露。因此,缓和这种紧张关系的关键在于如何控制知情的范围,从而实现股东与公司利益的平衡。股东只要证明了目的正当性,即应允许其行使查阅权,但查阅会计账簿和原始凭证将被限制在可以达到其表明的正当目的的必要范围内,并以不泄露公司商业秘密为限。本案中,刘越行使知情权的主要目的之一是调查关联交易是否损害公司利益,要满足该目的只要向其披露公司与 AFI、ETC 有关的会计账簿和原始凭证即可,而 AFI、ETC 与华瑞腾公司为同一投资方控制的关联公司,在此情况下,刘越不可能使用华瑞腾公司的商业秘密帮助鹭翔公司取得竞争优势,从而直接与 AFI、ETC 进行交易,亦不存在损害华瑞腾公司的可能。而其他会计账簿,如向原告披露,有可能会造成鹭翔公司使用被告商业秘密,直接从事与被告相竞争的业务,故不适合向原告作披露。

---

〔40〕 案例来源:民事裁判文书,(2013)苏中商外终字第 0007 号。

刘越不服一审判决,提出上诉。二审法院肯定了一审法院关于刘越对除华瑞腾和 AFI、ETC 之间关联交易之外的其他会计账簿、原始凭证无权查阅的认定。首先,所谓正当性目的是指股东查阅公司会计账簿时应是善意的,其所要查阅的资料和他的意图有直接联系。本案中,刘越行使知情权的主要目的在于调查华瑞腾公司与 AFI、ETC 公司间的关联交易是否损害华瑞腾公司的利益,并提交了相应的证据证明华瑞腾公司与上述两公司间持续存在数额较大的关联交易,在此基础上允许刘越查阅华瑞腾公司与该两公司交易的会计账簿和原始凭证属于依法保障刘越作为股东应当享有的正当权益,同时亦不会损害华瑞腾公司的合法利益。其次,除此之外公司其他会计账簿和原始凭证刘越无权查阅的理由在于:第一,公司会计账簿和原始凭证必然反映公司的重大经营信息,该类信息一旦泄露势必对公司的竞争产生不利影响;第二,刘越通过设立公司并实际经营与华瑞腾公司之间形成竞争关系,不能排除刘越一旦获知华瑞腾公司的相关经营信息后,在后续经营中不会利用该信息为鹭翔公司服务,进而损害华瑞腾公司的利益;第三,《公司法》有关股东查阅权设定的目的即在于平衡保护股东正当权益和维护公司合法利益间的关系,从该条款规定的文义来看,公司只要有合理根据认为股东查阅会计账簿有不正当目的,可能损害公司合法利益的,即可以拒绝提供查阅,但前提是公司应当对是否存在不正当目的进行举证。本案中,华瑞腾公司已举证证明刘越另行设立并经营与其有直接竞争关系的鹭翔公司,在此情况下,再允许刘越查阅含有公司重大经营信息的会计账簿和原始凭证有可能损害华瑞腾公司利益。因此,二审法院驳回上诉,维持原判。

■ 裁判评析

本案中的诉讼焦点为刘越作为华瑞腾公司股东是否可以查阅公司的会计账簿及原始凭证,实质上是辨别刘越要求行使查阅权的行为是否具有不正当目的,公司是否可以据此拒绝其查阅。针对该问题,一审法院与二审法院的裁判观点和思路基本相同,首先认为刘越行使查阅权的主要目的在于调查华瑞腾公司与关联公司之间的交易是否损害公司利益,这种查阅具有目的正当性,应予肯定;其次,因刘越设立和经营的新公司与华瑞腾公司之间存在竞争关系,会计账簿和原始凭证中包含了后者的经营信息,甚至有可能含有商业秘密,如果被刘越掌握而借此帮助新公司取得不应有的竞争优势,则有可能损害华瑞腾公司的利益,因此其查阅请求具有不正当目的。两相平衡下,法院认为应将刘越的查阅范围限定在正当目的范围内,其他会计账簿和原始凭证则不应披露。

在现代公司"两权分离"的治理结构下,股东查阅权作为知情权的一项重要内容是保障股东了解公司经营情况的基本路径。因此,《公司法》对有限责任公司和股份有限公司的股东查阅权均作了明确规定。不同的是,《公司法》规定股份公司的股东仅能查阅公司的财务会计报表,而有限责任公司的股东还可以查阅公司的会计账簿。股东要求查阅有限公司的会计账簿时,需向公司提出书面请求并说明目的,公司有合理理由认为股东查阅会计账簿有不正当目的、可能损害公司合法利益的,可以拒绝查阅,此时,股东可以请求人民法院要求公司提供查阅的相关资料。本案的纠纷即因此而起。从法理层面看,法律之所以对股东查阅权的行使加以"正当目的"限制,是为了平衡股东知情权和公司经营敏感信息保护以及商业效率之间的关系。

(一)"不正当目的"的判断标准

由于股东查阅公司会计账簿的关键条件之一是需要具有"正当目的",因而在司法实践中,如何判断股东查阅目的的正当性就成为该类案件审理的焦点。

我国现行《公司法》并未对股东查阅权的"正当目的"进行详细规定,而是允许公司提出"不正当目的"进行抗辩。由于"目的"正当与否的判断过于抽象,司法实践中经常出现不同法官的理解差异,进而引发同案不同判,因此《公司法解释四》第8条以"列举+兜底"的模式对此进行了细化。其中,列举的"不正当目的"的典型情形包括:(1)股东自营或者为他人经营与公司主营业务有实质性竞争关系业务的,但公司章程另有规定或者全体股东另有约定的除外;(2)股东为了向他人通报有关信息查阅公司会计账簿,可能损害公司合法利益的;(3)股东在向公司提出查阅请求之日前的三年内,曾通过查阅公司会计账簿,向他人通报有关信息损害公司合法利益的。

本案中所涉及的"不正当目的"的情形判断显然属于上述第一种情形,这也是实践中股东知情权纠纷最为常见的类型。那么,如何判断股东与公司构成实质性竞争关系业务?本案中,法院根据刘越所设立并担任执行董事的新公司与华瑞腾公司注册信息中的经营范围重合,认定二者之间存在实质性竞争关系,进而认为刘越具有不正当查阅目的。但仅凭经营范围重合来判断公司之间具有实质性竞争关系是否合理还值得进一步思考,因为经营范围重合并不代表二者间必然存在利益冲突。《公司法解释四》未对"实质性竞争关系"的认定作出明确规定,但考察其他法律中关于竞业的规定,其判断标准相对更为精细,值得参考。例如,《反垄断法》在考察经营者之间是否存在竞争关系时需界定"相关市场",此时,通常会考量三个因素:商品、地域和时间。首先,竞争关系应发生在相关产品市场内,即根据消费者的需求或生产者的供给能力,二者所提供的产品或服务具有可替代性;其次,应在考虑区域间交易障碍和产品特性的基础上,判断二者所处区域内产品或服务是否存在替代关系;最后,时间因素也应被考虑在内,包括产品生产周期、使用期限等的不同或变化。可见,是否存在竞争关系并非仅依靠公司登记的经营范围来简单判断。正因如此,司法实践中就有法院认为,不能仅凭经营范围重合来判断股东与公司之间具有实质性竞争关系，例如“浙江恒海投资集团有限公司与肖丽君股东知情权纠纷案”、[41]“湖南三泽投资管理有限公司与刘平高股东知情权纠纷案”、[42]“郭金林与金浦投资控股集团有限公司股东知情权纠纷案”[43]等均体现了这一裁判思想。故此，有学者提出可以参考竞争法关于地域市场、产品市场等规定来认定“实质性竞争关系”，并在实证分析的基础上认为，司法实践中法院也主要是从具体性和现实性两方面判断实质性竞争关系是否存在，前者要求公司提出更为具体的证据证明竞业关系之存在，不可泛泛而谈，后者则要求股东与公司之间的利益冲突须现实存在。[44] 总之，司法解释之所以将该种行为确定为“不正当目的”，即在于具有实质性竞争关系的公司之间需要争夺商业机会，一旦公司的商业秘密为竞争对手所知，极有可能丧失竞争优势，进而利益受损。所以，对“实质性竞争关系”的判断应回归到“可能损害公司合法利益”的实质性标准上来。回到本案，虽然刘越设立和经营的公司与华瑞腾公司的经营业务范围重合，但如要限制刘越的股东查阅权，华瑞腾公司还需进一步证明二者间具有现实的利益冲突。

（二）“不正当目的”对股东查阅范围的限缩

公司法之所以允许公司以“不正当目的”抗辩股东的查阅请求，就在于平衡股东和公司之间在查阅会计账簿这一事项上的利益冲突，该冲突在实践中必然反映为股东的查阅权能否行使以及查阅的范围确定。在这个过程中需要解决的核心问题是“损害公司利益”的可能是否就完全排除了股东的查阅权？若不能，应如何在二者之间寻求平衡？

首先，股东查阅的目的判断中正当与不正当并不是非此即彼的关系。固然存在股东以“正当目的”为理由欲行损害公司利益之行为，但在更多情况下，我们只能判断出其存在损害公司利益的“可能性”，仅以结果发生的或然性而全然否定股东所享有的知情权稍显绝对。同时，虽然公司和股东之间可能存在利益冲突，但二者也存在重合之可能性，比如公司只有在经营良好取得丰厚利润的情况下才可能给股东分红，因此，股东正当的查阅目的是值得保障的，法院不应仅凭其存在损害公司利益的可能性就驳回其全部的查阅请求。

其次，在股东所说明的目的范围内，法院应根据公司举证证明的“不正当目的”进行限缩，被限缩部分外的查阅请求应被支持。正如本案一审法院所论述的“刘越行使知情权的主要目的之一为调查关联交易是否损害公司利益，要满足该

---

[41] 参见（2017）浙02民终3812号民事判决书。

[42] 参见（2017）湘01民终10233号民事判决书。

[43] 参见（2017）苏01民终7197号民事裁定书。

[44] 参见李建伟：《竞业股东查阅会计账簿的目的限制研究——〈公司法解释（四）〉第8条第1项的法教义学分析》，载《北方法学》2020年第5期。

目的只要向其披露与AFI、ETC有关的会计账簿和原始凭证即可……而其他会计账簿，如向原告披露，有可能会造成鹭翔公司使用被告商业秘密，直接从事与被告相竞争的业务，故不适合向原告作披露"，尤其是本案中，华瑞腾公司与AFI、ETC是同一实际控制人，刘越不可能抢夺其交易机会。可见，只要最终不会发生损害公司利益（不正当目的）的效果，即使股东要求查阅的会计账簿中可能含有公司的商业秘密，法院也会支持该正当目的范围内的查阅请求。因此，有学者提到，只要股东履行前置程序、说明具体的目的，其目的就被推定为正当，除非公司能够证明不正当；公司在多大范围内证明不正当，就相应阻止股东多大范围的查阅对象。[45]这里还需特别指出的是，股东查阅权案件中举证责任的分配问题，因为举证责任的配置关系到股东与公司之间的利益平衡。我国《公司法》虽对该问题未明确规定，但细察《公司法》第33条第3款的规定，其仅要求股东"说明目的"，而对于公司提出的"不正当目的"抗辩，法律规定其需"有合理根据"，可见法律认为，应由公司承担股东目的不正当的证明责任；换言之，股东只要说明其查阅目的，就应推定为正当。

综上，法院对股东查阅范围的判断路径总体上可归纳为：股东查阅的正当目的决定了其查阅范围，其应首先说明查阅目的，如公司认为目的不正当，则应负举证责任；法院在审理案件时将对股东查阅是否具有损害公司合理利益进行审查，与查阅目的无关的、不具有正当性的查阅范围，法院将不予支持。

（三）关于查阅原始凭证的思考

司法实践中涉及股东查阅范围的另一项重要问题是股东是否可以要求查阅公司的原始会计凭证。目前，《公司法》第33条仅规定股东可以要求查阅会计账簿和会计报告，但对原始凭证是否可以查阅并未明确，由此也就引发了司法裁判中的分歧。在"富巴投资有限公司、海融博信国际融资租赁有限公司股东知情权纠纷案"[46]中，最高人民法院认为，根据相关会计制度的法律规定，会计账簿不包括原始凭证和记账凭证，因股东知情权和公司利益的保护需要平衡，故不应当随意超越法律的规定扩张解释股东知情权的范畴，因此，否认了股东可以查阅公司的原始会计凭证。但最高人民法院对该问题的态度并非一致。在最高人民法院2019年第2期公报案例"上海佳华企业发展有限公司诉上海佳华教育进修学院股东知情权纠纷案"[47]中，法院支持了股东可以查阅原始会计凭证，并认为公司的具体经营活动只有通过查阅原始凭证才能知晓，不查阅原始凭证，中小股东可能就无法准确了

---

〔45〕 参见李建伟：《股东查阅会计账簿的"不正当目的"抗辩研究——〈公司法〉第33条第2款的法教义学分析》，载《当代法学》2021年第1期。

〔46〕 参见（2019）最高法民申6815号民事裁定书。

〔47〕 参见（2016）沪01民终4642号民事判决书。

解公司真正的经营状况,因此,查阅权行使的范围应当包括会计账簿(含总账、明细账、日记账和其他辅助性账簿)和会计凭证(含记账凭证、相关原始凭证及作为原始凭证附件入账备查的有关资料)。对这一问题理论界和实务界还未形成统一观点,仍待进一步思考。

■ 法条链接

《公司法》第33条

股东有权查阅、复制公司章程、股东会会议记录、董事会会议决议、监事会会议决议和财务会计报告。

股东可以要求查阅公司会计账簿。股东要求查阅公司会计账簿的,应当向公司提出书面请求,说明目的。公司有合理根据认为股东查阅会计账簿有不正当目的,可能损害公司合法利益的,可以拒绝提供查阅,并应当自股东提出书面请求之日起十五日内书面答复股东并说明理由。公司拒绝提供查阅的,股东可以请求人民法院要求公司提供查阅。

《最高人民法院关于适用〈中华人民共和国公司法〉若干问题的规定(四)》第8条

有限责任公司有证据证明股东存在下列情形之一的,人民法院应当认定股东有公司法第三十三条第二款规定的“不正当目的”:

(一)股东自营或者为他人经营与公司主营业务有实质性竞争关系业务的,但公司章程另有规定或者全体股东另有约定的除外;

(二)股东为了向他人通报有关信息查阅公司会计账簿,可能损害公司合法利益的;

(三)股东在向公司提出查阅请求之日前的三年内,曾通过查阅公司会计账簿,向他人通报有关信息损害公司合法利益的;

(四)股东有不正当目的的其他情形。

4.7 公司股份转让的章程限制条款效力

■ 基本案情

梦兰星河公司系一家股份有限公司,于2010年7月14日发起设立。2018年1月,该公司股东为梦兰集团、天狼星公司、风范公司、梦星投资、孙文,其中,梦兰集团持股比例为28.97%。梦兰星河公司设立时,公司章程第24条规定:“股东持有的股份可以依法转让。”2015年12月修订版公司章程第24条规定:“股东持有的股份可以依法转让。股东向股东之外第三方转让股份的,应事先取得其他股东一致同意。各股东一致同意,任何涉及以公司股份为标的之股东(一位股东或几位股东)与第三方之间的交易中,其他股东对交易标的股份在同等条件下享有优先受让权。各股东一致同意,任何涉及以公司股份为标的之股东(一位股东或几位股东)与第三方之间的交易中,若不行使前款优先受让权的其他股东(一方或几方)有权但无义务将其持有的公司股份优先共同出售给第三方。"

2018年4月28日,梦兰集团向天狼星公司、风范公司、梦星投资发出《股权转让通知》,内容均为:"梦兰集团是梦兰星河公司股东之一,持有20,276.5万股的股份。我司已与沙钢集团达成股份转让意向,拟以每股人民币3元的价格转让我司持有的3000万股梦兰星河公司股份,支付方式为银行转账支付。请贵方知悉并同意。如果贵方有意向受让并拟行使优先受让权等梦兰星河公司《章程》第24条规定权利的,贵方应于收到本通知之日起5个工作日之内(最晚不迟于2018年5月6日)书面通知我司。贵方逾期反馈的,视为贵方同意本次转让并放弃《章程》第24条项下的全部权利。"2018年5月7日,梦兰集团与千兴投资(沙钢集团委托千兴投资受让上述股份)签订《股权转让协议》,约定梦兰集团将其持有梦兰星河公司4.29%的股份转让给千兴投资,转让价格为9000万元。协议第6条"协议生效"约定,本股权转让协议的生效应全部满足下列条件:目标公司股东会同意本协议项下的目标股权转让的决议或者其他股东放弃优先受让权;千兴投资股东会同意本协议项下的目标股权受让的决议;本协议经双方共同签字并盖章。同日,千兴投资通过银行转账付清了股权转让款,梦兰集团出具了书面收据。

2018年5月24日,梦兰星河公司、天狼星公司、风范公司发函给梦兰集团指出,梦兰集团作为梦兰星河公司的股东,于2015年5月27日与梦兰星河公司签订了《理财借款协议》,向梦兰星河公司借款2300万元(实为其向梦兰星河公司应出资款项),借款期限至2015年12月31日,但截至此次发函时,梦兰集团仅累计偿还借款本金700万元,尚欠借款本金1600万元及相应利息,共计不低于2030万元;而依据梦兰星河公司2017年第3次临时股东大会会议决议内容,梦兰集团承诺在完成相关股份转让工作后偿还上述股东借款,其已于2018年1月4日完成了股份转让(将其持有的梦兰星河公司3.369%的股份转让给孙文),且已收到转让款项,但至今仍未履行承诺予以归还,已严重影响梦兰星河公司的正常运营及其他股东的利益;同时,天狼星公司和风范公司进一步指出,梦兰集团在未清偿上述股东借款前,不应进行股份转让,并应尽快归还上述股东借款,逾期应根据目前公司的净资产减少其在梦兰星河公司的相应股份数额;并强调,在梦兰集团偿还上述股东借款本息后,天狼星公司和风范公司再行研究是否行使优先受让权(并明确该函件并不代表两公司已放弃优先受让权)或按照梦兰星河公司章程第24条之规定行使同售权,并召开梦兰星河公司股东大会进行表决。

因其他股东最终不同意股份转让，梦兰星河公司无法形成股东会决议，造成无法办理工商变更手续。故千兴投资起诉至法院，要求确认其是梦兰星河公司的股东，并办理股东变更登记手续。[48]

■ 法院裁判

本案一审法院认为，案涉《股权转让协议》违反梦兰星河公司章程，未对梦兰星河公司发生法律效力。主要理由为，梦兰星河公司修订后的章程对股东向第三方转让股份作出限制性规定，即应事先取得其他股东一致同意及其他条件。尽管修订后的公司章程未在工商档案中备案，但因梦兰星河公司时任各股东均已盖章确认，故在公司内部对各股东具有约束力。梦兰星河公司股东在对外转让股份时，应遵守章程的相关规定。千兴投资公司与梦兰集团所签《股权转让协议》中约定的合同生效条件之一便是目标公司股东会同意目标股份转让的决议或者其他股东放弃优先受让权，这说明双方在签订《股权转让协议》时知晓案涉股份转让并非合同双方达成合意即可发生法律效力，还需征得相关方同意。千兴投资公司虽称梦兰集团已将案涉股份转让事宜通知了梦兰星河公司及各股东，但梦兰星河公司及天狼星公司、风范公司均未表示同意转让，亦未明确表示放弃优先受让权等相关权利，故案涉《股份转让协议》对梦兰星河公司并未发生法律效力。

千兴投资公司不服一审判决，提出上诉。二审法院同样认为案涉股权转让行为不符合梦兰星河公司章程的规定。主要理由是，公司章程第24条共有4款，第1款规定了股份可以转让，前提为“依法”；第2款规定了股东对外转让股份，应取得其他股东同意，且为“事先”“一致”；第3款规定了其他股东享有“优先受让权”，即《公司法》规定的“优先购买权”；第4款规定了其他股东享有“同售权”。根据以上章程规定，梦兰集团对外转让股份应保障其他股东“优先购买权”“同售权”行使，且应无法定限制或被其他股东否定。具体到本案，梦兰集团在对外转让股份前并未事先与其他股东充分协商，虽然向其他股东发出的《股权转让通知》明确了股份转让主体，但并未商讨行使优先购买权或同售权，形式不完备，而且无证据显示梦兰集团已实质通知小股东孙文，因而不符合章程中关于股权转让的“一致”同意要求。据此，二审法院维持了原判。

■ 裁判评析

本案所涉焦点问题形式上是千兴投资公司与梦兰集团之间的股份转让条件是否已成就，但实质是公司章程中的股权转让限制性条款的效力如何。一审法院从

[48] 案例来源：民事裁判文书，(2020)最高法民终字第1224号。

公司章程的性质出发,认为章程的自治规则以及契约属性决定了其对公司和股东都有约束力,因此,案涉股权转让行为应遵守公司章程的相关规定,即应满足章程中关于股权转让的限制性条件。二审法院也认为,只有在充分履行章程要求后,方可视为转让条件成就;换言之,本案司法审判机关均认可了公司章程对股份转让设置限制性条款的效力。

基于股份的财产属性,股东依法享有自由处分其股份的权利,但对于公司而言,股权结构的变化会对公司治理结构的稳定以及可持续发展带来重要影响,因而各国公司立法也对股份转让进行了相应限制。从限制的权力来源看,可分为法定限制与意定限制,前者来自《公司法》、《证券法》等法律的规定,后者则是源于对公司自治的尊重,由公司章程或股东协议对股东的股份转让加以限制。本案即为意定限制的代表。在司法实践中,欲转让股份的股东及受让方与公司之间很可能因为章程的限制条款而产生纠纷,前者多认为公司章程对股份转让施加了不合理限制,请求法院对章程中的限制性条款效力予以否定。

(一)基于公司自治,应允许公司章程对股权转让进行限制

从我国现行《公司法》的规定来看,对于有限责任公司,第 71 条规定了股权转让的限制规则,即其他股东的同意权和优先购买权,但该条第 4 款允许公司章程对股权转让另行约定,即公司股东可根据自己意志,凭借章程创设新的、适用于公司内部的股份转让行为规范,体现了公司法对有限公司内部事务及股东间意思自治的尊重;但对于股份公司,现行《公司法》并未进行专门规定,也未明确公司章程是否可对股份转让作出限制性规定,相反,《公司法》第 137 条规定“股东持有的股份可以依法转让”,这就引发了对股份公司章程可否限制股东转让股份的争议。由于我国现行《公司法》对股份公司的规定,未区分公众型股份公司与非公众型股份公司,而事实上二者差异明显,非公众型股份公司不得在资本市场公开融资,也不得在二级市场公开转让股份,本质上与有限责任公司相似,均具有明显的“封闭性”,故而,对于公众型股份公司应当强调股份的自由流转,除非法律法规对其进行限制;而对于非公众型股份公司则与有限公司一样,因具有封闭性和契约性,应更大程度上尊重公司自治,允许公司章程进行限制。

(二)章程限制股权转让的范围与限度

在尊重公司自治的同时,立法机关和司法机关不能忽视股东对自身权利处分的自由。公司章程在限制股份转让的同时需平衡股东的利益需求。这里需明确两点:第一,章程可以从哪些方面对股份转让进行限制;第二,章程可以限制的程度,即其对股权转让限制的底线如何设定。就实践层面而言,公司章程对股份转让的限制主要涉及两方面:一是对股份转让设置公司内部的前置性程序,如增加股份转让的股东会决议;二是限制股份转让对象,如将股份受让方限制在公司内部,甚至可能禁止股份转让。

首先,对于程序性限定的效力分析。公司章程对股份转让设置的程序性规定属公司对内部事务的自主安排,只要该安排不会损害交易安全及社会秩序,法律应尽可能予以尊重,原则上认定其有效。如本案中,梦兰星河集团的公司章程第24就规定,股东对外转让股份应取得其他股东的事先一致同意、其他股东享有“优先受让权”“同售权”。比照《公司法》第71条的规定,案涉公司章程将股东对外转让股份时股东同意数从“一半”调整为“一致”,同时增加了其他股东的“同售权”,从程序上看显然增加了难度。但一审法院和二审法院均从章程对公司及股东的约束力出发认可了该条款的效力,认为千兴投资公司(受让方)应在梦兰星河集团章程规定的程序满足后方可主张权利。

其次,对于处分权限制的效力分析。在实践中,这主要有两种情形:一是强制转让条款;二是禁止对外转让条款。

1.关于强制转让条款问题。对于该类条款,法院倾向于认为,只要股东在含有该类条款的章程中签字,即受章程约束,章程条款对其发生效力。强制转让条款在实践中多表现为“人走股留”,往往是通过公司章程规定职工股东在离职时必须将所持股份转让给指定对象,如公司或公司内部人(如公司职工持股会)。如在最高人民法院第96号指导性案例——“宋文军诉西安市大华餐饮有限公司股东资格确认纠纷案”〔49〕中,法院即认为基于有限责任公司封闭性和人合性的特点,由公司章程对公司股东转让股权作出某些限制性规定,系公司自治的体现,大华公司章程不存在侵害宋文军股权转让权利的情形;且宋文军在公司章程上签章,章程对其具有约束力。此外,还有一种情形是,章程可能不直接规定股东的股份在特定条件下应强制性转让,但是将这一判断的权力授予公司股东会,此时,章程中的该类条款同样有效。在《浙江省高级人民法院民二庭关于印发〈商事审判若干疑难问题理解〉的通知》(浙法民二〔2010〕15号)对问题11(有限责任公司章程规定股东会有权以股东会决议形式对股东的股权进行强制转让,该规定效力如何?)的回答中,浙江省高级人民法院即认为:首先,尊重公司法人意思自治,对于没有违反法律强制性规定的章程规定事项不宜否认其效力;其次,股东的股权作为一种固有权,非经股东本人授权或司法裁决一般不得处分;最后,股东签署含有“股东会有权以股东会决议形式对股东的股权进行强制转让”条款的章程,可视为股东对股份处分权的一种让渡与授权,没有违反法律强制性规定,司法一般不予干预。

2.关于禁止对外转让条款问题。在我国的司法实践中,禁止股份对外转让的条款可能被法院认定为无效,尤其是如果公司章程在禁止股东对外转让股份的同时拒绝为其提供救济途径,实质上剥夺了其转让股权的可能性时,法院的否定性态度比较明显。例如,在“赵阳、昆明仟龙营养食品科研开发有限公司公司决议效力

---

〔49〕 参见(2014)陕民二申字第00215号。

确认纠纷案”[50]中，仟龙公司在2011年将其章程第21条内容调整为：“公司的股东之间可相互转让其全部或者部分股权；本公司股东持有的股权不允许对外转让，对外转让行为无效，但经本公司持有股权100%比例同意的除外；《公司法》第71条第2、3款的规定不适用于本公司，即不对本公司股权转让发生法律效力。”对此法院认为，仟龙公司章程中关于除非公司100%股东同意，否则禁止公司股东对外转让股权的规定对无法达到100%股东同意的条件下，禁止股东对外转让股权的情况未提供任何救济途径，严重损害了股东就其股份对应财产权的基本处分权，进而认定该条款无效。当然，对于这种章程实质性剥夺股东对外转让股权的条款的效力，理论界和实务界也一直存在争议，也有学者认为，只要股东在章程上签字认可，那么就应对其有效。

（三）章程性质对限制条款效力的影响

章程作为公司的行为准则及股东之间的“契约”，当然地对公司及股东具有约束力，这也是章程可以对股份转让进行限制的基础所在。从性质上看，公司章程可分为初始章程和修订章程，初始章程由全体股东或发起人共同制定，是其一致意志的体现；修订章程则采取资本多数决原则，并不要求所有股东一致同意，因而很可能出现以多数股东意志代替少数股东意志的情况，进而影响少数股东的利益。尤其是涉及对股东的股份转让权的意定限制时，股东对章程条款的自愿同意是对其发生效力不可或缺的要件。因此，基于不同的制定原则，需要分别讨论初始章程和修订章程中的限制条款效力。

于初始章程而言，其制定之时已经获得了全体制定者（股东或发起人）的一致同意，即使是在初始章程制定后加入的新股东，只要其获得股东身份就代表已经自愿接受章程对其产生的约束力。因此，针对初始章程中的限制，司法实践一般认为，除禁止或实质性剥夺股东对外转让股份条款应归于无效外，无论是对股权转让设置严格的程序，还是对其处分权施加限制，均因全体股东的同意而有效。

但在修改章程以限制股权转让的情形中，仅靠资本多数决修改章程并不符合对股东利益保护的现实需求。因对股权处分权的限制涉及股东的自益权，因而需要充分考虑股东的自愿性因素。修订章程又不具有如同初始章程般的合同机制的基础，容易出现多数股东依靠资本多数决形成对少数股东的排挤和压迫。因此，若想修订公司章程以对股权处分加以限制或修改初始章程中对股权处分的规定，应当获得股东的个别同意。若未经全体股东的一致同意，则不得对公司章程进行修改，施加或增强任何转让限制，以保护少数股东的切身利益。在前文所提到的“赵阳、昆明仟龙营养食品科研开发有限公司公司决议效力确认纠纷案”[51]中，法院

---

[50] 参见(2017)云01民终2233号。

[51] 参见(2017)云01民终2233号。

即认为,因赵阳未被通知参加修改公司章程的股东会且事后未予追认,章程中的股权转让限制条款不发生效力。

■ 法条链接

《公司法》第71条

有限责任公司的股东之间可以相互转让其全部或者部分股权。

股东向股东以外的人转让股权,应当经其他股东过半数同意。股东应就其股权转让事项书面通知其他股东征求同意,其他股东自接到书面通知之日起满三十日未答复的,视为同意转让。其他股东半数以上不同意转让的,不同意的股东应当购买该转让的股权;不购买的,视为同意转让。

经股东同意转让的股权,在同等条件下,其他股东有优先购买权。两个以上股东主张行使优先购买权的,协商确定各自的购买比例;协商不成的,按照转让时各自的出资比例行使优先购买权。

公司章程对股权转让另有规定的,从其规定。

《公司法》第137条

股东持有的股份可以依法转让。

4.8 股东代表诉讼前置程序的豁免

■ 基本案情

湖南汉业公司于2002年在湖南省工商行政管理局注册成立,注册资本为1000万元,股东为周长春、范小汉(两人系夫妻关系)。2004年经湖南省人民政府批准,湖南汉业公司变更为有限责任公司(台港澳与境内合资),公司的注册资本增加至人民币2500万元。其中周长春出资人民币250万元,持股比例10%;新时代投资有限公司出资人民币2250万元,持股比例90%。湖南汉业公司董事会由李世慰(董事长)、彭振杰、庄学农、李美心、周长春组成。同时,李美心、彭振杰、李世慰也担任庄士中国投资有限公司(以下简称庄士中国公司)董事,庄学农担任庄士中国公司的高级管理人员。

2006年11月28日,庄士中国公司、李世慰和彭振杰利用庄士中国公司的全资子公司庄士发展(湖南)有限公司顶替湖南汉业公司参加长沙县国土局举行的486亩土地招拍挂,由其取得原本由湖南汉业公司申请的二期项目建设用地的使用权,谋取了属于湖南汉业公司的商业机会。

2005年9~10月,庄士中国公司、李世慰、彭振杰利用其对湖南汉业公司的控制和管理地位，将湖南汉业公司的7,408,250元人民币分4次转入中国有色金属进出口广东公司账户，将10万元转入佛山市东盈贸易有限公司账户；上述款项最终被分4次汇入庄士中国公司实际控制的新时代公司。新时代公司收到上述款项后，向湖南汉业公司发传真确认收到湖南汉业公司通过第三方汇入的7,100,000.68港元，并承诺2005年10月10日转回，但新时代公司并未转回上述款项。

2012年7月16日，湖南汉业公司与庄士中国公司的全资子公司庄士发展(惠阳)房地产有限公司(以下简称惠阳庄士)签署《债权债务确认书》：确认惠阳庄士在2010年7月对湖南星大工程建设股份有限公司支付的446万元，系代湖南汉业公司支付的工程款，湖南汉业公司确认上述代付款行为，并承诺在签署确认书后向惠阳庄士清偿借款本息。同日，湖南汉业公司与被告庄士中国公司的全资子公司东莞庄士房地产开发有限公司(以下简称东莞庄士)签署同样内容的《债权债务确认书》，确认东莞庄士向第三方支付的27,750,138.92元，全部系代湖南汉业公司支付的款项，湖南汉业公司承诺在上述《债权债务确认书》签署后连本带息进行清偿。2012年8月，惠阳庄士和东莞庄士分别依据上述《债权债务确认书》对湖南汉业公司提起诉讼，法院最终判定湖南汉业公司向惠阳庄士清偿446万元本金、向东莞庄士清偿27,750,138.92元本金及银行同期贷款利率等相关费用。

2016年，李世慰代表湖南汉业公司与庄士中国公司的全资子公司东莞庄士和广州恒阳投资咨询服务有限公司签署《债权转让协议》和《以房抵债协议》。确认湖南汉业公司在2013～2016年向东莞庄士借款5,568,902.67元，截至2016年9月9日，本息合计6,107,472.48元；同时确认东莞庄士将上述对湖南汉业公司的债权转让给广州恒阳投资咨询服务有限公司后，湖南汉业公司用持有的"比华利山"小区的5套房产抵偿上述欠款本息，房屋总价值为12,134,020元。

周长春作为湖南汉业公司股东，认为庄士中国公司、李世慰、彭振杰作为湖南汉业公司的实际控制人和高级管理人员，利用关联关系和管理人地位，实施了损害湖南汉业公司财产及其他利益的行为。周长春认为其已经书面向湖南汉业公司监事周益科提起诉讼请求并被其拒绝，已履行了股东代表诉讼的前置程序，并据此提起股东代表诉讼，要求以上三主体承担赔偿责任。但需说明的是，周益科担任公司监事系2010年11月18日湖南汉业公司《董事会决议》的内容，涉及湖南汉业公司其他案件的生效判决已对该份《董事会决议》的真实性予以否认。[52]

■ 法院裁判

一审法院认为，周长春未履行法律规定的股东代表诉讼的前置程序，无权提起

〔52〕 案例来源：民事裁判文书，(2019)最高法民终字第1679号。

诉讼。主要理由是,《公司法》第151条规定:“董事、高级管理人员有本法第一百四十九条规定的情形的,有限责任公司的股东、股份有限公司连续一百八十日以上单独或者合计持有公司百分之一以上股份的股东,可以书面请求监事会或者不设监事会的有限责任公司的监事向人民法院提起诉讼;监事有本法第一百四十九条规定的情形的,前述股东可以书面请求董事会或者不设董事会的有限责任公司的执行董事向人民法院提起诉讼。监事会、不设监事会的有限责任公司的监事,或者董事会、执行董事收到前款规定的股东书面请求后拒绝提起诉讼,或者自收到请求之日起三十日内未提起诉讼,或者情况紧急、不立即提起诉讼将会使公司利益受到难以弥补的损害的,前款规定的股东有权为了公司的利益以自己的名义直接向人民法院提起诉讼。他人侵犯公司合法权益,给公司造成损失的,本条第一款规定的股东可以依照前两款的规定向人民法院提起诉讼。”一审法院据此认为,本案中周长春代表湖南汉业公司提起诉讼,应先履行《公司法》第151条有关股东代表诉讼的前置程序。首先,现有证据不能证明湖南汉业公司存在监事,所以周长春所主张的周益科实为湖南汉业公司监事,自己向其提出书面请求且被拒即证明自己履行了股东代表诉讼前置程序的理由不能成立。其次,湖南汉业公司董事会共有董事5人,即李世慰、李美心、彭振杰、庄学农、周长春,周长春作为本案原告起诉其中两名董事李世慰、彭振杰,董事会仍有可能形成多数表决意见提起诉讼;更何况周长春不但起诉了湖南汉业公司两名董事李世慰、彭振杰,还起诉了庄士中国公司,根据《公司法》第151第3款的规定,周长春也可通过书面请求湖南汉业公司董事会来提起诉讼。故此,法院认为,只有在董事会拒绝提起诉讼或30日内未提起诉讼,周长春方可提起本案股东代表诉讼;同时,本案客观上也不具备“情况紧急、损失难以弥补”的法定情形,周长春不得依据上述规定提出股东代表诉讼。

周长春不服一审裁定,提出上诉。二审法院否定了一审法院的观点,认为周长春可以不经前置程序直接提起股东代表诉讼。二审判决的主要理由为,股东先书面请求公司有关机关向人民法院提起诉讼,是股东提起代表诉讼的前置程序。一般情况下,股东没有履行前置程序的,应当驳回起诉。但是,该项前置程序针对的是公司治理的一般情况,即在股东向公司有关机关提出书面申请之时,存在公司有关机关提起诉讼的可能性。如果不存在这种可能性,则不应以原告未履行前置程序为由驳回起诉。本案中,李世慰、彭振杰为湖南汉业公司董事,周长春以李世慰、彭振杰为被告提起股东代表诉讼,应当先书面请求湖南汉业公司监事会或者监事提起诉讼,但是本案证据无法证明湖南汉业公司设立了监事会或监事,周长春对该公司董事李世慰、彭振杰提起股东代表诉讼的前置程序客观上无法完成;同时,因湖南汉业公司未设监事会或者监事,周长春针对非为公司董事和高管的庄士中国公司提起代表诉讼的前置程序应当向湖南汉业公司董事会提出。然而,根据查明的事实,湖南汉业公司董事会除周长春以外其他4名董事会成员均为庄士中国公司董事或高层管理人员，与庄士中国公司具有利害关系，基本不存在湖南汉业公司董事会对庄士中国公司提起诉讼的可能性，此时，再要求周长春完成对庄士中国公司提起股东代表诉讼的前置程序已无必要。故而，周长春主张可以不经股东代表诉讼前置程序直接提起本案诉讼的上诉理由成立。

■ 裁判评析

本案的争议焦点为周长春是否能够提起股东代表诉讼，核心在于判断周长春在提起代表诉讼前是否已经履行了前置程序，抑或本案可否豁免适用前置程序。对此，二审法院与一审法院的观点明显不同。

股东代表诉讼又称为股东派生诉讼，是指当公司的董事、监事、高级管理人员或其他人损害公司合法利益，但公司却怠于追究其责任时，符合法定条件的股东以自己名义代表公司提起诉讼。我国《公司法》第151条对此进行了明确规定，并确立了提起股东代表诉讼的相关要件：(1)原告需要适格，尤其是股份公司股东有持股时间和持股比例要求；(2)需完成前置程序，仅在“情况紧急、不立即提起诉讼将会使公司利益受到难以弥补的损害的”情况下方可豁免前置程序要求。

本案即为股东代表诉讼的前置程序纠纷，在司法实践中属于常见纠纷类型。若股东未履行前置程序即提起代表诉讼，除非有豁免情形，否则法院将裁定驳回起诉。之所以在股东代表诉讼中设置前置程序，即穷尽公司的内部救济，是因为在该类案件中，利益受到侵害的主体毕竟是公司，胜诉利益也是归于公司，而非股东，尽管公司的财务状况、经营状况与股东利益密切相关，但在法律关系上，二者毕竟相互独立；而且，股东毕竟不是公司内部人，可能从未参与甚至了解公司的经营管理，由于其获取完整、真实的公司经营信息具有滞后性或难度较大，难以对公司具体的经营活动是否符合公司利益进行准确判断，因而，如出现公司利益受到侵害的情形，应首先尽可能由公司自身启动救济程序，这也体现了法律对公司自治的尊重。此外，因实践中常会出现一些对维护公司利益并无价值的诉讼，甚而有股东为了干扰公司的经营恶意提起诉讼，形成滥诉，因此，在赋予股东代表公司诉讼权利的同时，也需要通过设置必要的前置程序，对股东的代表诉讼行为加以限制以降低滥诉风险。可见，前置程序的制度功能即在于力图最大化发挥公司内部治理机制的功能，仅在穷尽公司的内部救济程序后，仍无法有效维护公司利益的情况下，方可由股东代表公司诉讼。从这个意义说，股东代表诉讼实质上是原告股东通过前置程序取得了代表公司进行诉讼的权利。

当然，这一程序并非绝对。其虽然可以最大限度尊重公司自治、防止股东滥诉，但设立股东代表诉讼制度的目的仍在于维护股东的实体权利，即制度设计不能偏离维护公司乃至股东利益的初衷。所以在特殊情况下，在前置程序可能成为保护公司利益的障碍时,应允许股东越过该程序,直接提起诉讼。在具体的豁免事由上,可以主要分为两类。

一是《公司法》第151条规定的法定豁免情形,即“情况紧急”,此时,不立即代表公司起诉,公司利益将受到难以弥补的损害。对于这种“情况紧急”的判断,司法实践中多集中于两点:时间上的紧迫性和不利影响的深刻性。其中,时间的紧迫性应结合具体案情判断,而不是简单地看期间长短。

二是公司内部救济机制无启动的可能。“紧急情况”的豁免主要是因为股东提起诉讼的时间较为紧迫,履行前置程序对维护公司利益可能已然来不及;而无内部救济机制启动的可能,则与时间紧迫性无关,是公司内部组织结构造成了客观上不可能由公司自觉发起诉讼。我国《公司法》对此并无明确规定。但因司法实践中该种纠纷类型日益增多,有的法官坚持无论公司内部治理机制如何,股东均应严格遵循前置程序方可代表公司诉讼,而有的法官则从实质功能出发,认为此种情形下,应当豁免前置程序,由此引发了实践中的同案不同判。为统一司法裁判,《九民纪要》第25条规定,“一般情况下,股东没有履行该前置程序的,应当驳回起诉。但是,该项前置程序针对的是公司治理的一般情况,即在股东向公司有关机关提出书面申请之时,存在公司有关机关提起诉讼的可能性。如果查明的相关事实表明,根本不存在该种可能性的,人民法院不应当以原告未履行前置程序为由驳回起诉”。这一规定值得肯定。

在司法实践中,不具备前置程序履行可能性的情形主要包括两种:(1)公司治理结构缺陷。根据现行《公司法》对股东代表诉讼前置程序的要求,董事、高级管理人员有违法行为的,股东应首先书面请求监事会或者监事提起诉讼;监事有违法行为的,股东应首先书面请求董事会或者执行董事提起诉讼。这就要求公司必须有完整的治理机构,以此作为股东得以履行前置程序的基础,如果公司自身不具备完整的治理结构,显然无法强求股东履行程序。本案即为典型体现。因本案并无证据表明湖南汉业公司设有监事,那么,就无法要求股东对于董事的违法行为首先书面请求监事起诉,豁免对其前置程序的要求正当合理。实践中,还有的公司虽然设立了监事会,但无法切实履职,同样会被法院认为应当豁免前置程序要求。例如,在“大连智睿汇投资管理合伙企业(有限合伙)与安士辉等损害股东利益责任纠纷案”[53]中,法院就依据“瑞金麟公司虽设有监事会,但智睿汇向公司住所地寄送给监事会的书面申请无人签收,亦无证据显示瑞金麟公司当时有实际的经营地点,瑞金麟公司在本案诉讼中亦未能说明监事会成员的收件地址”的事实认为“现有证据无法显示在智睿汇起诉本案时监事会成员仍在履职,存在代表公司提起诉讼的可能性”,进而支持了股东有关豁免前置程序的主张。(2)公司内部人和侵权

〔53〕 参见(2020)京0108民初17394号民事判决书。

人具有利害关系。前置程序虽为防止滥诉目的而存在,但其前提在于监事、监事会、董事会以及执行董事等存在提起诉讼的可能性,若有证据表明其不可能存在该种可能性,就无须再要求股东为无意义的行为。尤其是在公司内部人和侵权人具有利害关系的情况下,公司内部人甚至可能受制于侵权人并成为其"帮凶",此时内部人应股东请求而提起诉讼的可能性微乎其微。犹如本案,湖南汉业公司除周长春外的董事均由公司实控人庄士中国指派,与其具有直接利害关系,甚至损害公司利益的各项交易也多通过前述董事完成,二审法院据此就认为,此时再要求周长春完成股东代表诉讼的前置程序已无必要。再如,在"陈二与何栢强、罗顺兴等损害公司利益责任纠纷案"〔54〕中,法院同样认为股东同时与公司监事和执行董事产生损害公司利益行为的争议,此时若股东就相关事实分别请求执行董事和监事提起诉讼,二者也必然会拒绝,因此,不存在履行前置程序的可能性,公司的内部救济途径已经穷尽,股东可直接提起代表诉讼。

此外,需引申思考的一个实践问题是,如果监事和股东同为一人,应如何适用前置程序?对此,同样需区分情况:一是公司设有监事会,此时,因股东仅为其中一名监事,并不能代表监事会整体作出决策,是否起诉仍应根据监事会的会议程序进行决议,不得豁免前置程序;二是公司仅设有监事,是否起诉完全由该名监事决策,因而,在股东担任公司监事时,如欲追究损害公司利益者的责任,则无须通过股东代表诉讼,而是可以由监事直接代表公司,以公司为原告提起直接诉讼。在"邓拨群、文敏珍损害公司利益责任纠纷案"〔55〕"芮国祥诉李文金等公司利益责任纠纷案"〔56〕中,法院均认为在股东身份与监事身份重合时,股东提出代表诉讼无任何意义,应由监事直接以公司为原告提起诉讼。

■ 法条链接

《公司法》第 151 条

董事、高级管理人员有本法第一百四十九条规定的情形的,有限责任公司的股东、股份有限公司连续一百八十日以上单独或者合计持有公司百分之一以上股份的股东,可以书面请求监事会或者不设监事会的有限责任公司的监事向人民法院提起诉讼;监事有本法第一百四十九条规定的情形的,前述股东可以书面请求董事会或者不设董事会的有限责任公司的执行董事向人民法院提起诉讼。

监事会、不设监事会的有限责任公司的监事,或者董事会、执行董事收到前款规定的股东书面请求后拒绝提起诉讼,或者自收到请求之日起三十日内未提起诉

---

〔54〕 参见(2015)民提字第 230 号民事裁定书。

〔55〕 参见(2020)湘 12 民终 1984 号民事裁定书。

〔56〕 参见(2017)苏 0117 民初 5234 号民事判决书。

讼,或者情况紧急、不立即提起诉讼将会使公司利益受到难以弥补的损害的,前款规定的股东有权为了公司的利益以自己的名义直接向人民法院提起诉讼。

他人侵犯公司合法权益,给公司造成损失的,本条第一款规定的股东可以依照前两款的规定向人民法院提起诉讼。

第五章　公 司 治 理

5.1　公司董事长、法定代表人可否委托他人行使职权?

■ 基本案情

物资储备公司于 2009 年 4 月 16 日成立,企业性质为有限责任公司,其股东为物资集团公司(占股 32%)、金伍岳公司(占股 22%)、贵阳康恒贸易有限公司(占股 19%)、广西成通贸易有限公司(占股 18%)、广西南宁市瀚庐商贸有限公司(占股 9%)。

物资储备公司董事长、法定代表人袁建伟因涉嫌受贿罪,先后被监视居住和逮捕,其在监视居住期间出具《授权委托书》,委托物资储备公司董事丁海顺代其行使公司董事长、法定代表人职权,保管公司公章印鉴并依法开展公司的经营活动。2016 年 12 月 27 日,丁海顺、监事唐征带领部分人员,将原保管于物资储备公司的公章强行占有。2017 年 1 月 18 日,丁海顺持公章与物资集团公司签订《债权转让合同》,合同约定:因物资集团公司已经以保证人身份替物资储备公司支付部分银行借款,或其可能需要承担物资储备公司部分银行债务的责任,物资储备公司将其对鑫悦煤炭公司 27,410.57 万元债权权利转让给物资集团公司。该《债权转让合同》签订后,物资集团公司向鑫悦煤炭公司发出《债权转让通知书》。

此外,袁建伟和丁海顺均为物资集团公司选派至物资储备公司的董事。

金伍岳公司提起以下诉讼请求:(1)确认物资储备公司与物资集团公司于 2017 年 1 月 18 日签订的《债权转让合同》无效;(2)确认物资集团公司于 2017 年 1 月 18 日签发的《债权转让通知书》无效;(3)由物资储备公司和物资集团公司承担诉讼费用。[1]

---

〔1〕 案例来源:民事裁判文书,(2019)最高法民再 35 号。

■ 法院裁判

本案的争议焦点在于物资集团公司与物资储备公司签订的《债权转让合同》是否有效。

一审法院认为,物资储备公司的法定代表人袁建伟被公安机关采取限制人身自由的措施后,已经无法行使其物资储备公司的法定代表人职责,其在该种情况下委托他人代其行使物资储备公司法定代表人的职责,并没有违反法律、法规强制性规定。金伍岳公司主张袁建伟出具的《授权委托书》不是其真实意思表示,理由仅为袁建伟是在被限制人身自由的情况下出具该委托书的。袁建伟具有完全民事行为能力,而金伍岳公司未能提供证据证明袁建伟在出具上述《授权委托书》时存在受欺诈、受胁迫或其他意思表示不真实的情形。袁建伟的授权委托行为是其真实意思表示,不违反法律或者社会公共利益,为有效行为。丁海顺占有、使用公章,与物资集团公司签订《债权转让合同》,均在袁建伟的授权范围内,该行为视为袁建伟本人的行为,丁海顺的代理后果亦由袁建伟承担。丁海顺代为履行袁建伟物资储备公司法定代表人的职权,与物资集团公司签订《债权转让合同》,其意思表示即代表物资储备公司的意思表示。因此物资储备公司与物资集团公司签订的《债权转让合同》,为双方当事人的真实意思表示,不违反法律、法规强制性规定,合法有效。金伍岳公司主张上述合同为原《民法通则》第58条第4项规定〔2〕的"恶意串通损害第三人利益"的合同,并主张恶意串通的双方为丁海顺、物资集团公司,第三人为物资储备公司及物资储备公司的股东,但该条中规定的"恶意串通"的主体只能是缔约的双方当事人,第三人指的是合同当事人之外的第三人,金伍岳公司该主张明显与上述法条不符。

金伍岳公司上诉主张袁建伟的《授权委托书》是侦查机关对袁建伟讯问时让其签署的,不具有民事授权的意思表示。二审法院认为,首先,国家机关依法对公民限制人身自由并不限制其真实的意思表达;其次,意思表示错误或者非真实需由行为人本人主张撤销。本案袁建伟本人没有撤销其授权的行为,金伍岳公司也未能举证证明袁建伟有撤销其授权的意思表示,故金伍岳公司主张《授权委托书》不是袁建伟的真实意思表示,没有法律依据。本案金伍岳公司一直主张是丁海顺与物资集团公司恶意串通,损害了物资储备公司的合法权益,进而损害了物资储备公司其他股东的权利,但其诉请却是请求确认物资储备公司与物资集团公司签订的《债权转让合同》无效,金伍岳公司的诉讼请求与其诉讼主张的事实和理由明显不一致。本案《债权转让合同》已分别由物资储备公司、物资集团公司加盖公章予以确认,且已通知了相关债务人,物资储备公司对其转让的权利一直未提出异议。因

---

〔2〕 现为《民法典》第154条。

此物资储备公司与物资集团公司签订的《债权转让合同》,为双方当事人的真实意思表示,不违反法律、法规强制性规定,合法有效。

再审法院认为,《公司法》第40条第1款规定:“有限责任公司设立董事会的,股东会会议由董事会召集,董事长主持;董事长不能履行职务或者不履行职务的,由副董事长主持;副董事长不能履行职务或者不履行职务的,由半数以上董事共同推举一名董事主持。”其第44条第3款规定:“董事会设董事长一人,可以设副董事长。董事长、副董事长的产生办法由公司章程规定。”其第47条规定:“董事会会议由董事长召集和主持;董事长不能履行职务或者不履行职务的,由副董事长召集和主持;副董事长不能履行或者不履行职务的,由半数以上董事共同推举一名董事召集和主持。”董事长作为董事会的负责人,对公司的总体发展、生产经营等承担重要的职责,因此,参照《公司法》上述条文的规定,董事长因故不能履职时,理应通过法定程序让渡权力或者进行改选,而不能通过个人总体概括授权的方式让渡董事长职权。本案中,袁建伟因被采取监视居住而不能正常履行其董事长及法定代表人的职务时,其在未经公司股东会或董事会决议的情况下,向丁海顺出具《授权委托书》,委托其“代为行使物资储备公司董事长和法定代表人职权、保管公司公章印鉴并依法开展公司的经营活动”,系将其公司董事长、法定代表人的职权概括授权给丁海顺,违背了《公司法》的上述条文规定,丁海顺不能因此获得物资储备公司法定代表人及董事长的权限,其代表物资储备公司与物资集团公司签订《债权转让合同》的行为属无权代表,而非物资储备公司的真实意思表示。根据本案查明的事实,物资集团公司作为物资储备公司的股东及选派袁建伟、丁海顺至物资储备公司担任董事的派出单位,对于上述情形应属明知,其并非《债权转让合同》的善意相对方,无权主张原《民法总则》第61条第3款[3]规定的善意相对人的权利。判断合同是否有效应以合同成立为前提,在无权代表的情况下,如果不构成表见代表,被代表方亦不予追认,合同则未在被代表方和相对人之间成立,不存在合同产生效力的前提。概言之,本案丁海顺无权代表物资储备公司履行董事长职权,其签订的《债权转让合同》不能代表物资储备公司的真实意思,应认定为无效。

再审法院进一步指出,根据本案事实,《债权转让合同》构成关联交易,所涉资产对于物资储备公司而言属于重大资产,却未经公司股东会或董事会表决,而且,物资集团公司所支付的对价明显不合理,严重损害了物资储备公司及其除物资集团公司之外的其他股东的利益。在此情形下,《债权转让合同》的效力实难以获得认可。

---

〔3〕 现为《民法典》第61条第3款。

■ 裁判评析

作为法律拟制的人，公司自身无法直接行为，必须依赖自然人管理公司事务。这些受公司委托、管理公司事务的自然人，依其职责，分别是公司的董事、监事与高级管理人员，他们与公司之间形成信义关系，对公司负有信义义务。《公司法》第147条规定，董事、监事、高级管理人员对公司负有忠实义务和勤勉义务。前者要求董事、监事、高管忠诚于公司，仅为公司的最佳利益行使职权，不得以职权为自身或第三人谋取利益；后者要求董事、监事、高管执行职务时应当为公司的最大利益尽到管理者通常应有的合理注意。简言之，公司职权乃“公器”，必须用于促进公司利益，不得“私用”，亦不得“懒政、怠政”。

既为“公器”，公司职权便不得私相授受。比如，针对董事、监事、高管人选的选任，《公司法》明确规定：由股东会选举和更换非由职工代表担任的董事、监事（第37条），董事会与监事会中的职工代表由公司职工通过职工代表大会、职工大会或者其他形式民主选举产生（第44条第2款、第51条第2款）；由董事会决定聘任或者解聘公司经理，并根据经理的提名决定聘任或者解聘公司副经理、财务负责人（第46条第9项）；由经理决定聘任或者解聘除应由董事会决定聘任或者解聘以外的负责管理人员（第49条第1款）。另外，《公司法》第13条规定，法定代表人依照公司章程的规定，由董事长、执行董事或者经理担任；第44条第3款规定，董事会设董事长一人，可以设副董事长，董事长、副董事长的产生办法由公司章程规定。因此，现任董事、监事、高管——包括董事长与法定代表人——若私自将职位转让于他人，其行为无效。

本案的案情并非公司董事长、法定代表人袁建伟将其职位私自转让，而是将其职权概括委托给公司的另一名董事丁海顺行使。尽管如此，基于“公司职权不得私自转让”之法理，这一行为同样不应获得法律之认可。值得注意的是，《公司法》第112条第1款规定：董事会会议，应由董事本人出席；董事因故不能出席，可以书面委托其他董事代为出席，委托书中应载明授权范围。尽管本条处于《公司法》“股份有限公司的设立和组织机构”一章，应可类推适用于有限责任公司。本条针对董事委托他人行使职权规定了严格的前提条件：(1)该董事因故无法出席董事会会议；(2)受托人须为公司其他董事；(3)书面委托；(4)委托书须载明授权范围。而且，本条规定仅适用于董事有关董事会会议的职权，并非允许董事将全部职权委托出去。因此，本条规定并不违背“公司职权不得私自转让”之法理，反而恰恰反映了，董事委托他人行使职权，必须严格按照法律和公司章程的规定进行。

本案一审、二审法院均聚焦于袁建伟所出具的《委托授权书》是否为其真实的意思表示，并对此问题展开了详尽分析，但这一裁判思路从起点上就是错误的——公司董事长、法定代表人的职权的行使在一般意义上应属于法律规定不得代理的事项。再审法院则敏锐观察到了《公司法》第 40 条第 1 款、第 44 条第 3 款、第 47 条关于董事长的产生及职权让渡的规定,进而得出了以下正确结论:董事长因故不能履职时,理应通过法定程序让渡权力或者进行改选,而不能通过个人总体概括授权的方式让渡董事长职权。因此,袁建伟将董事长的职权概括委托给丁海顺行使,此行为不产生法律效力。然而,依其文义,《公司法》第 40 条第 1 款、第 44 条第 3 款、第 47 条之规定仅适用于董事长,并不适用于法定代表人。再审法院仅依据上述规定便认定袁建伟委托丁海顺行使法定代表人职权的行为亦不生法律效力,这在论证说理上存在重大瑕疵。

关于法定代表人职权的委托行使,《公司法》未作任何具体规定。立法者未对此予以规定的理由可能是法定代表人的选任与变更依法应当登记。而且,法定代表人的职责是代表公司对外从事民事活动,若未登记、公示,将对其职权的行使造成极大不便。因此,通常情况下,法定代表人将职权委托他人行使,而相关登记并未变更,这不会对公司产生实质影响。但值得注意的是,法定代表人的登记仅具有对抗力和公信力,并不具有设权的效力。如果公司的法定代表人已由张三替换为李四,这一事实为公司的交易相对方所实际知悉,那么,即便公司尚未进行变更登记,这丝毫不影响李四代表公司与相对方所签署合同之效力。从这个意义上讲,立法者应当对法定代表人职权的委托行使进行规定,但实际上未设规定,这构成法律漏洞,法官裁判时应当予以填补。〔4〕 就本案而言,基于“公司职权不得私自转让”之法理,袁建伟委托丁海顺行使法定代表人职权的行为不应产生法律效力;在具体的方法论上,选择类推适用较为合适:根据《公司法》第 40 条第 1 款、第 44 条第 3 款、第 47 条之文义,可以得出“公司董事长不得私自将其职权委托他人行使”的结论,基于董事长与法定代表人共同的受信人地位、〔5〕二者职位上的牵连性、二者职权对公司的重要性,上述结论可类推适用于法定代表人,从而得出“法定代表人不得私自将其职权委托他人行使”的结论。必须指出的是,漏洞填补的实质乃“法官造法”,法官进行漏洞填补作业时,应当对其作业过程进行详细充分的论证,以免过度减损法之安定性。本案的再审法院显然未尽到其论证义务。

结合以上论述,从实务角度而言,在法定代表人因故不能履行职务时,应当根据法律和公司章程的规定,由公司有权机关进行改选,并依法变更登记;如果公司章程针对此类情况作出了具体安排,只要其不与法律的强制性规定相抵触,可以依此种安排进行处理。

此外,丁海顺作为物资集团公司选派至物资储备公司的董事,与物资集团公司

---

〔4〕 关于法律漏洞的填补,参见杨仁寿:《法学方法论》,中国政法大学出版社 2013 年版,第 191 ~ 207 页。

〔5〕 董事长与法定代表人均同公司存在信义关系,对公司负有信义义务,是公司的受信人。

具有关联关系，其在未经物资储备公司有权机关批准的情况下，代表物资储备公司与物资集团公司签订《债权转让合同》，违反了其对物资储备公司所负有的忠实义务。而且，该关联交易严重损害了物资储备公司的利益，物资储备公司有权请求丁海顺赔偿其损失。依常理推断，丁海顺所为乃受物资集团公司指使，这恐怕也是本案原告一再主张《债权转让合同》乃"恶意串通损害第三人利益"的合同的原因。但诚如本案一审、二审法院所言，"恶意串通损害他人合法权益的合同无效"这一规定并不适用于本案案情。若原告能举证证明丁海顺与物资集团公司之间的意思联络，其可以采取以下诉讼思路：追究丁海顺对物资储备公司的侵权责任，并根据案情将物资集团公司列为共同加害人、教唆人或帮助人，使其承担连带责任。[6]

另须注意的是，公司内部治理的瑕疵并不当然影响公司对外民事行为的效力。针对相关问题的判断必须回到《民法典》的相关规定上来。就本案而言，丁海顺在未合法获得物资储备公司董事长、法定代表人的权限的情况下，代表物资储备公司与物资集团公司签订《债权转让合同》，该行为是无权代表，而物资集团公司亦非善意相对人，因此，该合同不能约束物资储备公司。关于这部分内容，本案再审法院已经作出了详细分析。

■ 法条链接

《公司法》第13条

公司法定代表人依照公司章程的规定，由董事长、执行董事或者经理担任，并依法登记。公司法定代表人变更，应当办理变更登记。

《公司法》第21条

公司的控股股东、实际控制人、董事、监事、高级管理人员不得利用其关联关系损害公司利益。

违反前款规定，给公司造成损失的，应当承担赔偿责任。

《公司法》第40条第1款

有限责任公司设立董事会的，股东会会议由董事会召集，董事长主持；董事长不能履行职务或者不履行职务的，由副董事长主持；副董事长不能履行职务或者不履行职务的，由半数以上董事共同推举一名董事主持。

《公司法》第44条第3款

董事会设董事长一人，可以设副董事长。董事长、副董事长的产生办法由公司章程规定。

---

〔6〕《民法典》第1168条、第1169条。

《公司法》第47条

董事会会议由董事长召集和主持;董事长不能履行职务或者不履行职务的,由副董事长召集和主持;副董事长不能履行职务或者不履行职务的,由半数以上董事共同推举一名董事召集和主持。

《民法典》第61条第3款

法人章程或者法人权力机构对法定代表人代表权的限制,不得对抗善意相对人。

《民法典》第171条第1款

行为人没有代理权、超越代理权或者代理权终止后,仍然实施代理行为,未经被代理人追认的,对被代理人不发生效力。

《民法典》第172条

行为人没有代理权、超越代理权或者代理权终止后,仍然实施代理行为,相对人有理由相信行为人有代理权的,代理行为有效。

5.2　董事、高管的忠实义务——以竞业禁止为例

■ 基本案情

2005年1月24日,福建亚通与辽宁福耀汽车玻璃实业有限公司、伟升(香港)有限公司共同出资成立宝通公司,宝通公司的经营范围为生产销售PE双壁波纹管、PVC/PE塑钢复合缠绕管及带材等,辽宁福耀汽车玻璃实业有限公司委派被告刘道敏在宝通公司任董事长,黄珊珊任董事,公司未设监事或监事会。2005年7月27日,三方股东签订关于宝通公司合资协议的补充协议,约定:各股东或股东代表及其直系亲属在本公司业务区域内不得从事与本公司有竞争性产品的生产和销售事务,否则对本公司所造成的一切损失,都将从该股东在本公司的权益中扣减,并加以2.5倍的损失额赔偿处罚。2005年12月26日,宝通公司召开股东会,决定终止三方合作,公司进行清算。在实际履行中清算组没有成立,公司没有正式进行清算。

2005年7月26日,黄珊珊与沈阳福敏实业有限公司共同组建富裕管业,黄珊珊被任命为富裕管业的经理,该公司的经营范围为生产销售双壁波纹管、塑钢复合缠绕管及带材、净水管网等。2005年9月,刘道敏以房产投资400万元,成为富裕管业股东,至2005年11月25日,刘道敏的出资额占37%,黄珊珊的出资额占15%,刘道敏为该公司执行董事,黄珊珊为监事。2005年12月23日,富裕管业决定免去刘道敏执行董事职务,2006年1月,富裕管业的产品埋地钢肋复合缠绕排

水管材获得新产品鉴定证书。

在本案的审理过程中,被告刘道敏、黄珊珊均辞去在宝通公司的董事职务。

福建亚通提起以下诉讼请求:(1)被告刘道敏、黄珊珊不得经营富裕管业;(2)刘道敏、黄珊珊在富裕管业的股份应转让给他人,并办理变更登记;(3)刘道敏、黄珊珊违法收入1元归宝通公司所有;富裕管业对刘道敏、黄珊珊的违法收入1元归宝通公司所有承担连带返还责任。

■ 法院裁判

法院认为,《公司法》规定了公司董事、经理的忠实义务,而忠实义务的最典型体现为竞业禁止义务。《公司法》(2005年修订)第149条第1款第5项[7]规定,董事、高级管理人员不得未经股东会或者股东大会同意,利用职务便利为自己或他人谋取属于公司的商业机会,自营或者为他人经营与所任职公司同类的业务。法院认为,构成该项义务之违背的条件为,董事、高级管理人员所从事的营业与任职公司是同类的营业,构成相互竞争关系,而且这种竞业不仅包括以自己的名义从事与公司业务相同的经营活动,也包括非以自己的名义但从事竞业的经济效果归属于自己。本案富裕管业生产的产品与宝通公司相同,属同类经营。在宝通公司尚未歇业时,被告刘道敏即成为富裕管业的股东,其直接目的是从该公司中取得收益,追求经济利益,实质为一种间接经营,黄珊珊不仅为该公司股东,且担任监事一职,直接参与富裕管业的经营活动,所以,刘道敏、黄珊珊的行为已违背法律规定的董事竞业禁止义务。对于原告要求刘道敏、黄珊珊将违法收入1元钱归宝通公司所有的主张,法院予以支持。

但是,对于原告提出的要求被告刘道敏、黄珊珊停止侵权,将其在富裕管业的股份转让他人的主张,法院未予支持,具体理由如下。首先,在不违反法律的情况下,当事人有权选择经营的主体和谋取经济利益的方式,本案在审理过程中,被告刘道敏、黄珊珊均表示辞去宝通公司董事的职务,即意味着侵权行为已经停止。其次,宝通公司已经处于歇业状态,各股东之间也已达成清算协议,即竞业的对象已不存在,因此法院没有必要再责令刘道敏、黄珊珊通过转让其在富裕管业的股份形式停止侵权。

最后,法院认为,富裕管业并未给宝通公司造成损失,富裕管业是否获利与宝通公司没有直接的法律关系,因此其不应对刘道敏、黄珊珊的违法收入承担连带返还责任。[8]

---

〔7〕 现为《公司法》(2018年修正)第148条第1款第5项。

〔8〕 案例来源:民事裁判文书,(2006)沈中民四权初字第1号。

■ 裁判评析

公司董事、监事、高级管理人员受公司委托、管理公司事务,他们与公司之间存在信义关系,对公司负有信义义务。信义义务的核心是忠实义务,其要求董事、监事、高管忠诚于公司,为公司的最佳利益管理公司事务,不得借职权为自己或第三人谋取利益。由于法官无法直接探知公司官员的主观心态,在实践中,判断忠实义务是否被违反的主要标准是公司官员自身(或其关联方)的利益与其职责之间是否存在冲突。基于人之天性,利益冲突的存在往往会诱使公司官员的思想偏离为公司最佳利益服务的轨道。公司官员未获公司有权机关的知情同意而从事利益冲突行为,其便违反了忠实义务。尽管"利益冲突"概念的引入使法官找到了一条判定忠实义务违反的客观化路径,但"利益冲突"概念本身亦无明确的判定标准,系不确定法律概念,需由法官于个案中结合具体案情进行价值补充后方能具体化。

《公司法》(2018 年修正)第 148 条第 1 款对董事、高管违反忠实义务的行为进行了细化列举,其第 5 项禁止董事、高管"未经股东会或者股东大会同意,利用职务便利为自己或者他人谋取属于公司的商业机会,自营或者为他人经营与所任职公司同类的业务"。尽管此项规定的文义颇为宽泛,但依法理而言,是否构成《公司法》所禁止的竞业行为取决于该行为中是否存在利益冲突,这也为我们准确理解此项规定提供了指引。

(一)如何认定"自营或者为他人经营"?

自营或为他人经营究竟应当理解为是以自己名义经营或者以他人名义经营;还是为自己获得经济利益或为他人获取经济利益,至于以何名义则在所不问?前者以经营行为的主体为标准,后者则以经济效果的归属为标准,前者的囊括范围相比后者更为狭窄。国内学者多认为应以经济效果的归属为标准,笔者亦赞同此观点。这是因为,无论竞业经营活动是以谁的名义进行的,只要其经济效果归属于公司董事、高管(或其关联方),其便与公司之间产生利益冲突,因而违反忠实义务。在实践中,我们经常会遇到董事、高管以其亲属或其他利害关系人的名义进行竞业行为,董事、高管对竞业公司并不直接出面,但掌握着竞业公司的实际经营权利。如果董事、高管以自己的名义进行竞业经营活动是适用竞业禁止义务的必要条件,那么必将导致董事、高管以隐名经营或辞去在竞业公司的职务等方式来逃避此项义务,令其形同虚设。所以,对《公司法》(2018 年修正)第 148 条第 1 款第 5 项中的"自营""经营"二词宜作扩张解释。从比较法上看,德国和韩国的公司法均采用利益归属说,强调只要竞业行为是为自己或第三人实施,所产生的权利义务及其损益归属于自己或第三人,则该种竞业行为即应被禁止。本案被告刘道敏在抗辩时提出,其虽为富裕管业的股东,但并未参与实际经营,因此不符合竞业禁止义务的适用条件;法院则采用利益归属说,认定被告成为该公司股东、从其经营中获取收益，实质为一种间接经营。

（二）如何认定“与所任职公司同类的业务”？

“同类”是一个非常模糊的概念，其外延可大可小，理论界有一种观点认为“同类的业务”指公司章程和营业执照所载明的经营范围内的业务，而该业务是否实际经营则在所不问。笔者不认同此观点。以经营范围限定商主体权利能力的做法早已不合时宜。早在1999年，最高人民法院颁布了原《合同法解释一》，其第10条规定，当事人超越经营范围订立合同，人民法院不因此认定合同无效。《民法典》第505条重申了这一规则：“当事人超越经营范围订立的合同的效力……不得仅以超越经营范围确认合同无效。”亦即，合同效力问题由《民法典》中的相关规定进行调整，是否超越经营范围并非判定合同效力的因素。因此，在实践中，一家公司可能从事超出其章程所载明之经营范围的业务。如果该公司之董事、高管私自经营同类业务，构成与公司之间的利益冲突，则其违反忠实义务，此时，显然不应允许董事、高管以公司章程所载之经营范围未包括该项业务为由逃避相应的法律责任。同时，一家公司实际从事之业务也可能小于其章程所载明之经营范围。如果公司董事、高管经营某项包含于公司章程所载之经营范围但公司未实际经营之业务，未与公司产生利益冲突，此时，亦不应仅依公司章程所载之经营范围判定董事、高管违反了忠实义务。实践中也可能出现公司尚未经营某项业务，但该业务已在公司商业计划内，此时，公司董事、高管经营同类业务也可能构成利益冲突，违反忠实义务。从以上论述可知，判定“同类的业务”，需要对公司的经营内容进行实质审查。尽管如此，公司章程和营业执照所记载的经营范围依然有其参考价值。具体而言，此项记载可以作为证明公司所从事业务的一项证据，认为公司实际的业务范围不同于章程记载的一方有义务举证推翻章程记载的业务范围。

依其文义，“同类的业务”既包括完全相同的商品或服务，也包括同种或者类似的商品或服务。本案属于前一种情况，宝通公司与富裕管业均生产销售双壁波纹管、塑钢复合缠绕管及带材，二者经营同类业务并无异议。在对后一种情况进行判定时，法官需要考察涉案董事、高管所经营的产品或服务与其所任职公司的产品或服务是否具有替代关系。实践中经常会出现两方生产的产品虽具有一定的关联性，但不存在替代关系的情况，如一方生产塑料，另一方生产塑料玩具，两种产品不相同也不同类，这往往不构成竞业行为。此外，法官还需考察涉案董事、高管经营相关业务是否存在抢夺所任职公司的市场份额的可能性。如果不存在此可能性——比如，尽管双方公司生产同类产品，但面向的销售对象不同、销售区域相距遥远，则涉案董事、高管与所任职公司之间不产生利益冲突，前者亦不违反忠实义务。

（三）董事、高管离任后，是否对原任职公司依旧负有竞业禁止义务？

信义义务存在于信义关系中，自然应随着信义关系的终止而终止。因此，董事、高管从公司离任后，不再对公司负有竞业禁止义务，除非存在特殊情形，比如，聘任合同规定离任后的某一段时间内不得从事与公司同类的业务。这一规则的背后亦存在促进就业自由、市场竞争自由等公共政策的考量。不过，董事、高管在任时违反信义义务的行为，辞职并不能免除其责任。实践中常见的一类情形是，董事、高管代表公司与客户洽谈，却私下与客户达成协议，而后从公司辞职，自行组建企业与该客户进行交易，而公司则丧失了这一交易机会。尽管正式的交易发生于该董事、高管辞职后，但这不影响其承担褫夺公司商业机会的法律责任，因为这一违反忠实义务的行为发生于其在任期间。在本案中，尽管被告刘道敏、黄珊珊在案件审理期间辞去了在宝通公司的董事职务，但法院依然判令其承担竞业所得的归入责任；不过，被告的辞职意味着其违反竞业禁止义务的行为已经停止。另需注意的是，《民法典》第 558 条规定，债权债务终止后，当事人应当遵循诚信等原则，根据交易习惯履行通知、协助、保密、旧物回收等义务。因此，在董事、高管与公司之间的委任合同关系终止后，前者仍应根据《民法典》合同编的规定承担后合同义务。不过，除非当事人之间有明确约定，不应扩大对后合同义务的理解，将竞业禁止义务囊括其中。

（四）所任职公司处于何种经营状态时，董事、高管负有竞业禁止义务？

毫无疑问，在公司处于持续经营状态时，董事、高管不得从事竞业行为，否则将违反其忠实义务。但若将竞业禁止义务的适用范围局限于公司处于持续经营状态之时，则过于狭窄，难以完全实现《公司法》设立竞业禁止义务的目的，而且，司法实践中对“持续”的判断亦将面临重重困难。因此，竞业禁止义务的适用范围还应包括公司处于开业准备阶段、暂时休业阶段或者断断续续、一次性生产交易状态等情形。在这些情形中，董事、高管的竞业行为亦将使其自身利益与公司利益之间产生冲突，从而违反其忠实义务。但是，在公司处于解散、清算或长期歇业的状态时，董事、高管不应负有竞业禁止义务，因为，此时董事、高管所经营的同类业务事实上不会与所任职公司产生竞争，董事、高管与公司之间也就不存在利益冲突。如此时仍禁止董事、高管经营同类业务，就会过度限制董事、高管的执业自由以及市场的自由竞争，最终减损社会的整体利益。因此，竞业禁止义务的适用范围并非贯穿公司法律人格存续的全部阶段，而是取决于董事、高管与公司之间是否存在利益冲突。在本案中，被告刘道敏、黄珊珊在宝通公司存续过程中经营富裕管业，违反了竞业禁止义务，但在宝通公司歇业清算后，其行为便不再构成对竞业禁止义务的违反。

（五）董事、高管违反忠实义务所需承担的法律责任

《公司法》（2018 年修正）第 148 条第 2 款规定，董事、高管违反忠实义务所得的收入应当归公司所有；第 149 条规定，董事、监事、高管执行公司职务时违反法律、行政法规或者公司章程的规定，给公司造成损失的，应当承担赔偿责任。第

148条第2款所规定者被称为公司的归入权,但其文义上的适用范围过于狭窄,应类推适用至公司监事违反忠实义务的场合。在违反忠实义务的案件中——如董事、高管实施竞业行为——公司所遭受的实际损失往往难以量化、证明,而违信人获得的收益较为明确,因此,法律赋予公司归入权以阻遏可能发生的违信行为,并使公司就实际发生的违信行为获得赔偿。值得注意的是,即使公司的实际损失小于违信人获得的收益,公司依然可以针对后者的全部收益行使归入权,以实现归入权的阻遏目标。不过,归入财产的范围是违信行为所产生的"收入",即违信人净资产的增加,并不包括违信人原有之资产。比如,甲公司董事张三设立乙公司并实施竞业行为,则甲公司行使归入权的范围通常包括乙公司支付给张三的报酬、分红以及张三所持乙公司股权的价值增额,但甲公司不能要求没收张三所持有的乙公司股权(其价值包含张三向乙公司的出资)。

尽管《公司法》针对忠实义务的违反仅规定了两类法律责任的承担方式,国内学者多认为违信责任属于侵权责任的范畴,〔9〕因而可以适用《民法典》有关侵权责任的规定。《民法典》第179条第1款规定了11种民事责任的承担方式,其中有8种属于侵权责任的承担方式,即停止侵害、排除妨碍、消除危险、返还财产、恢复原状、赔偿损失、赔礼道歉、消除影响、恢复名誉。公司可以根据具体案情,主张违信人按上述一种或数种方式承担违信责任。在本案中,原告主张被告刘道敏、黄珊珊不得经营富裕管业,此即请求停止侵害,只不过由于刘道敏、黄珊珊均已辞去在宝通公司的董事职务,其侵权行为业已停止,因此原告的此项主张已无实益。

(六)董事、高管违反竞业禁止义务时第三人的法律责任

在本案中,被告刘道敏、黄珊珊因经营富裕管业而违反了对宝通公司的竞业禁止义务,那么,富裕管业是否需要向宝通公司承担相应的法律责任呢?首先需要明确的是,富裕管业与宝通公司是两个独立的商主体,彼此之间不存在信义关系,前者与后者展开竞争这一行为本身是正常的市场行为,并不为法律所禁止。但是,若在刘道敏、黄珊珊违反竞业禁止义务这一侵权行为中,富裕管业与他们存在意思联络,承担了共同加害人、教唆人或帮助人的角色,则富裕管业应与他们一起向富通公司承担连带责任。〔10〕相关的举证责任应由本案原告承担。〔11〕由于本案中原告并未提出相应证据,其请求富裕管业承担连带责任的主张未获法院支持。

---

〔9〕但要注意违信责任是一种特殊的侵权责任,其构成要件与一般的侵权责任有所不同。参见施天涛:《公司法论》(第3版),法律出版社2014年版,第407~409页。

〔10〕《民法典》第1168条、第1169条。

〔11〕参见程啸:《侵权责任法》,法律出版社2021年版,第377页。

■ 法条链接

《公司法》第148条

董事、高级管理人员不得有下列行为:

……

(五)未经股东会或者股东大会同意,利用职务便利为自己或者他人谋取属于公司的商业机会,自营或者为他人经营与所任职公司同类的业务;

……

董事、高级管理人员违反前款规定所得的收入应当归公司所有。

《公司法》第149条

董事、监事、高级管理人员执行公司职务时违反法律、行政法规或者公司章程的规定,给公司造成损失的,应当承担赔偿责任。

5.3 董事、高管的勤勉义务与商业判断规则

■ 基本案情

慧能公司由沙明军等多位股东共同出资,于2010年7月7日依法注册成立。同年10月27日慧能公司增资时,甘洛县慧能科技洗选建材厂以其价值人民币830万元的机器设备、构筑物等实物出资,认购慧能公司股份,成为慧能公司股东,其实物出资中包含案涉被拆除的浮选设备,该设备当时评估价值为人民币2,322,805.60元。[12]

慧能公司的《公司章程》第24条规定:"公司受让、转让重大资产或者对外提供担保等事项,必须经股东大会作出决议,董事会应当及时召集股东大会会议,由股东大会就上述事实进行表决,必须经出席会议的股东所持表决权的四分之三以上通过。"第29条规定:"董事会对股东大会负责,行使下列职权:……(十一)重大资产的购置、处置决定。"

为恢复慧能公司的正常经营,公司总经理办公室于2012年9月20日向董事会提交"关于解决慧能公司资金紧张的方案"等议题。慧能公司于2012年9月28日召开第三次临时董事会会议,并作出《临时董事会决议》,决议内容之一为"为了盘活公司资产,解决公司资金存在的困难,处置公司闲置的设备、设施及交通工具"。此次会议,应到董事包括邱康、李世全、龚祥福、刘文明、沙明军、杜勇、阳力,实到5位董事,沙明军、阳力未参会,但阳力委托邱康代为行使表决权。

〔12〕 案例来源:民事裁判文书,(2014)川民终字第667号。

2012 年 12 月 23 日，慧能公司总经理办公室根据《临时董事会决议》，就处置慧能公司洗选建材厂洗选车间的废旧闲置设备向慧能公司董事会作了报告。报告经时任董事长邱康签署后，案涉浮选设备于 2013 年 1 月 3 日被拆除。

2013 年 1 月 21 日，慧能公司召开临时股东大会，股东发生变更，同时变更董事会与监事会的组成人数和人员。

2014 年 1 月 9 日，慧能公司诉至法院，以李世全、邱康、龚祥福、杜勇、刘文明、阳力 6 人擅自拆除案涉浮选设备为由，请求上述 6 人赔偿损失 2,322,805.60 元。

■ 法院裁判

一审法院认为，慧能公司原董事会为恢复公司的正常经营，针对公司总经理办公室 2012 年 9 月 20 日提交的“关于解决慧能公司资金紧张的方案”等议题，于 2012 年 9 月 28 日召开第三次临时董事会，并作出《临时董事会决议》，此次会议召开的程序与决议的内容均未违反法律、行政法规与公司章程的规定。同时，慧能公司的其他股东也未依据《公司法》第 22 条之规定，在法定时限内请求撤销《临时董事会决议》。慧能公司总经理办公室根据《临时董事会决议》，经报告后拆除案涉浮选设备的行为，是代表公司的合法行为，李世全等 6 人不应承担向慧能公司赔偿上述设备损失的责任。一审法院遂驳回慧能公司的诉讼请求。

二审法院首先肯定了《临时董事会决议》的有效性，同时指出，《临时董事会决议》的主要内容之一系“为了盘活公司资产，解决公司资金存在的困难，处置公司闲置的设备、设施及交通工具”，其针对的是公司闲置的设备、设施及交通工具的处置，而非重大资产的处置，该决议的内容和权限并未违反《公司章程》第 24 条关于“公司受让、转让重大资产或者对外提供担保等事项，必须经股东大会作出决议，董事会应当及时召集股东大会会议，由股东大会就上述事实进行表决，必须经出席会议的股东所持表决权的四分之三以上通过”的规定，被告董事系在《公司章程》规定的董事会权限范围内行使权力。

二审法院认为，案涉浮选设备是否属于慧能公司的闲置设备，属于公司董事会的商业判断范畴，需要慧能公司董事会根据公司的运营情况、负债情况等事项，进行综合考量并做出判断。从本案的案情来看，处理案涉被拆除的浮选设备系基于解决慧能公司资金困难，结清公司债权债务，维持慧能公司正常经营的目的，本案既无证据显示作出案涉浮选设备系公司闲置设备这一商业判断的时任董事与拆除案涉浮选设备之间存在利害关系，也无证据显示时任董事做出上述判断时存在主观恶意或重大过失。综合本案现有证据，慧能公司时任董事根据所掌握的公司的实际运营情况、公司未来运营计划及负债情况等信息，做出案涉浮选设备系公司闲置设备这一判断并未背离一般经营者的通常决策水平，不存在明显的不合理，未违反董事的忠实义务和勤勉义务。二审法院遂判决驳回上诉、维持原判。

■ 裁判评析

公司董事、监事、高级管理人员受公司委托、管理公司事务，他们与公司之间存在信义关系，对公司负有信义义务。通说认为，信义义务包括忠实义务与勤勉义务。忠实义务要求董事、监事、高管忠诚于公司，全心全意为公司的最佳利益服务，不得与公司产生利益冲突，这实质上是针对董事、监事、高管履职时主观心态的要求。勤勉义务要求董事、监事、高管勤勉尽责、恪尽职守，处理公司事务时达到一个普通理性人在类似情形中的注意、审慎与技能。从比较法上看，如果某一董事、监事、高管具有特殊的专业知识或技能，则其勤勉义务的标准会相应提高。〔13〕勤勉义务实质上为董事、监事、高管履职时的勤勉程度划定了一条底线，若实际的勤勉程度低于这条线，则董事、监事、高管须赔偿公司因此而遭受的损失。

《公司法》第147条第1款规定，董事、监事、高级管理人员应当遵守法律、行政法规和公司章程，对公司负有忠实义务和勤勉义务。可惜的是，《公司法》并未明确判断勤勉义务是否被违反的具体标准。这就需要法官在裁判时，结合法理与具体案情，对"勤勉义务"这一概念进行价值补充。

勤勉义务是董事、监事、高管履行职责的行为标准，因而其范围与董事、监事、高管的职责范围相一致。就董事而言，《公司法》第46条规定："董事会对股东会负责，行使下列职权：(一)召集股东会会议，并向股东会报告工作；(二)执行股东会的决议；(三)决定公司的经营计划和投资方案；(四)制订公司的年度财务预算方案、决算方案；(五)制订公司的利润分配方案和弥补亏损方案；(六)制订公司增加或者减少注册资本以及发行公司债券的方案；(七)制订公司合并、分立、解散或者变更公司形式的方案；(八)决定公司内部管理机构的设置；(九)决定聘任或者解聘公司经理及其报酬事项，并根据经理的提名决定聘任或者解聘公司副经理、财务负责人及其报酬事项；(十)制定公司的基本管理制度；(十一)公司章程规定的其他职权。"显然，其中的多项职权涉及对公司商业事务的决策。如果董事决策时未尽到合理的勤勉与注意义务，使公司遭受损失，则董事须承担赔偿责任。不过，在董事进行商业决策的场景中，对"合理的勤勉与注意"的评判应当按照商业判断规则进行。商业判断规则起源于美国公司法，我国《公司法》尚未明确采纳该规则，但相关法理已在我国司法实践中获得较广泛的认可，本案即为一例。

根据商业判断规则，董事、高管基于善意诚信、合理信息及正当程序作出的决定，即使事后被确认为不正确乃至损害公司利益，该决定依然受法律保护，作出该

---

〔13〕 2006年《英国公司法》第174条。

决定的董事、高管也无须向公司承担赔偿责任;而且,董事、高管的决定被推定为符合上述标准。在司法实践中,一旦满足商业判断规则的适用条件,法院即拒绝对案涉商业判断的妥当与否进行实质审查。可以说,商业判断规则为董事、高管的商业决策提供了一个安全港。法律之所以作出此等安排,是因为商业世界充满风险和机遇,为了社会经济的发展,法律应当鼓励商人进入新的市场、开发新的产品、不断创新、积极进取,而这也意味着商人要承担大量的风险,即便其所作决定本身无可指摘,也可能最终失败,并造成大量损失。法官并非商业专家,应当尊重董事、高管这些内行的商业判断,若仅因公司遭受损失这一事实本身便责令作出相关决策的董事、高管承担赔偿责任,这是极不公平的。此外,商业决策者往往面临信息不对称的困境,需要对未来的市场发展形势作出预估,同时,商机稍纵即逝,常常需要迅捷地作出判断,这些因素糅合在一起造就了商业判断极强的独特性——即使一项决策会被大部分公司的董事、高管给予消极的评价,也并不意味着这项决策是错误的,商业实践中"真理掌握在少数人手中"的情形并不罕见。因此,在商业决策领域内,法官无法将所谓的"同行意见"作为评判某项商业判断实质合理性的标准。基于以上原因,如果法院坚持对所有造成公司损失的商业判断进行"事后诸葛亮"式的实质审查,这必然会令许多积极追求公司最佳利益、但不幸造成公司损失的董事、高管承担巨额的赔偿责任,而此种前景会迫使董事、高管在事前就以"不求有功、但求无过"的态度处理公司事务,拒绝创新、拒绝承担风险,这显然不利于公司的长远利益,也会使整个社会和经济成为一潭死水、毫无生气。简言之,过于严苛的责任规则会打击董事、高管的履职积极性,商业判断规则所提供的安全港则可以让董事、高管放开手脚、放心大胆地干事业,虽然该规则会让一些确实犯了错误的董事、高管也受到庇护,但相对而言,它是更为合理的政策选择。

商业判断规则是良善董事、高管的安全港,但不应当成为董事、高管不当行为的保护伞。面对商业决策中的不当行为,控诉方可以通过举证证明以下三方面的其中之一来推翻商业判断规则对董事、高管的保护。

第一,在案涉商业判断的事项上,董事、高管与公司之间存在利益冲突。商业判断规则不保护董事、高管违反忠实义务的行为,一旦出现利益冲突情事,商业判断规则便不再适用,法院将以忠实义务标准审查案涉董事、高管作出的决策。关于忠实义务,本书第5.2节已经做了详细的介绍,这里不再赘述。

第二,案涉商业判断的作出并未基于合理信息或遵循正当程序。受商业判断规则保护的决定必须是董事、高管在知情基础上作出的决定。如果董事、高管不知情而盲目做出决定,则违反勤勉义务,不再受商业判断规则的保护。所谓"知情"是指董事、高管作出决定时要合理收集对作出决定具有重要意义的信息。所谓"重要意义"要结合具体案情进行综合评判,但法律不要求董事、高管对决策所涉事务有面面俱到、事无巨细的了解。所谓"合理收集"是指收集该项信息的成本相对于其重要性是值得的,如果某项信息的收集成本不是很高,对于决策又是重要的,董事、高管不了解该项信息而作出决策,则违反勤勉义务。董事有权信赖经理层和专业第三方所提供的信息,但必须对信息来源的可靠性作出独立判断。如果信息提供方本身对相关事项缺乏知情基础、与相关事项之间有利害关系或者相关事项超出了信息提供方的专业能力范围,董事盲目信赖相关信息,亦构成对勤勉义务的违反。如果董事对所提供的信息存有疑问,应当进一步追问,否则亦违反勤勉义务。此外,董事、高管有义务遵循法律与公司章程所规定的决策程序作出决策,对决策程序的违反既可能导致相关公司决议的效力瑕疵(可撤销),也可能导致对勤勉义务的违反。

简言之,在商业判断规则之下,勤勉义务演变成了一种有关信息收集和决策作出的程序性义务——法院在审查董事、高管所作决定是否违反勤勉义务时,法院的评判标准是董事、高管作出决定的程序是否合理,而非所作决定的实质内容是否合理。对前者的司法审查旨在防范董事、高管懈怠职责,对后者的司法谦抑则体现了为董事、高管的商业决策提供安全港的政策目标。

第三,案涉商业判断不服务于任何正当的商业目标。在出现此种情形时,无论案涉董事、高管如何主张其作出决定时的主观心态,无论其作出决定的程序多么完善,其决定显然不可能是为了公司最佳利益而作出的,商业判断规则不会向此类董事、高管提供保护。需要注意的是,"不服务于任何正当的商业目标"是一个极其严苛的标准,只有极端恶劣的决策质量才能满足这一标准。在美国特拉华州公司法上,这一标准被形象地称为对公司财产的"浪费",即"转让公司财产的对价太小,超出了任何理性人可能愿意交易的范围。这种转让实际上是一种赠与"。[14]我国《公司法》并未就此标准作出规定,本案法院所采取的表述是"明显的不合理"。[15] 但是,仅从文义来看,相比"不服务于任何正当的商业目标"或"对公司财产的浪费","明显的不合理"这一表述给予法院介入商业判断的空间显然更大,这不符合商业判断规则的政策目标,笔者建议我国法院在司法实践中要从严把控自身介入商业判断的空间。

公司法中的勤勉义务与侵权法中的注意义务在法理上是相通的,因此,侵权法上的过错责任原则亦可指导勤勉义务的适用。在侵权法上,行为人的一般过失即可构成对注意义务的违反,但在商业决策领域,基于其风险性、独特性,董事、高管的一般过失很难为法官所精准识别,在事实上会被商业判断规则所包容。董事、高

---

〔14〕 Lewis v. Vogelstein, 699 A. 2d 327, 336 (Del. Ch. 1997).

〔15〕 判词原文是:"综合本案现有证据,慧能公司时任董事根据所掌握的公司的实际运营情况、公司未来运营计划及负债情况等信息,作出案涉浮选设备系公司闲置设备这一判断并未背离一般经营者的通常决策水平,不存在明显的不合理。"

管的重大过失乃至主观恶意则足以推翻商业判断规则对他们的保护。因此，从侵权法的视角来考察商业判断案件，其所适用的过错标准并非一般过失，而是重大过失。这就是本案法院考察被告董事是否存在重大过失的原因。[16]

基于商业判断规则的政策目标，在董事、高管作出一项商业决策时，其被推定受到商业判断规则的保护，该决策的挑战方需要提出证据来推翻这一推定，即举证证明上文所述三方面的其中之一，否则便要承担未尽举证责任的不利后果。在本案中，《临时董事会决议》的内容初步说明，被告董事拆除案涉浮选设备是出于商业目的，而原告公司未能提出任何实质性证据来推翻商业判断规则对被告董事的保护，因而败诉。

■ 法条链接

《公司法》第 46 条

董事会对股东会负责，行使下列职权：

（一）召集股东会会议，并向股东会报告工作；

（二）执行股东会的决议；

（三）决定公司的经营计划和投资方案；

（四）制订公司的年度财务预算方案、决算方案；

（五）制订公司的利润分配方案和弥补亏损方案；

（六）制订公司增加或者减少注册资本以及发行公司债券的方案；

（七）制订公司合并、分立、解散或者变更公司形式的方案；

（八）决定公司内部管理机构的设置；

（九）决定聘任或者解聘公司经理及其报酬事项，并根据经理的提名决定聘任或者解聘公司副经理、财务负责人及其报酬事项；

（十）制定公司的基本管理制度；

（十一）公司章程规定的其他职权。

《公司法》第 147 条第 1 款

董事、监事、高级管理人员应当遵守法律、行政法规和公司章程，对公司负有忠实义务和勤勉义务。

《公司法》第 149 条

董事、监事、高级管理人员执行公司职务时违反法律、行政法规或者公司章程的规定，给公司造成损失的，应当承担赔偿责任。

---

〔16〕 判词原文是："本案既无证据显示作出案涉浮选设备系公司闲置设备这一商业判断的时任董事与拆除案涉浮选设备之间存在利害关系，也无证据显示时任董事作出上述判断存在主观恶意或重大过失。"

5.4　非商业决策领域内的董事、高管勤勉义务

■ 基本案情

2004年1月13日，东方公司依法注册成立，公司法定代表人为唐晖，财务负责人为何咏泽。

2015年9月11日上午，东方公司自该公司银行账户通过银行汇款的方式，分三笔先后向深圳市鹏胜瑞达贸易有限公司（以下简称鹏胜公司）的银行账户内汇入款项合计200万元。同日下午，东方公司内部通过工作邮箱向何咏泽等人发送一份紧急通知，其内容为："近日，发现有人以唐晖董事长'电脑还原没备份好'的名义给同事发邮件索要通讯录等资料，经查实属于诈骗行为……无论是以公司各级领导还是同事的名义，通过电话、QQ、电子邮件、短信、微信或微博等方式，要求办理各类事项，例如：借钱汇款、对公付款或提供公司重要文件资料等行为，必须在第一时间与事件本人当面进行确认……"

在诉讼中，何咏泽称，其个人微信中已将东方公司法定代表人唐晖加为微信联系人，原微信联系人的名称即为"唐晖"。此后，何咏泽于2015年9月11日早上7时又添加了一个名称为"唐晖"的微信联系人。诉讼中，何咏泽当庭出示了其本人手机的微信聊天界面，上述两个微信联系人的名称与微信头像经比对完全一致。同时，微信聊天记录显示，新微信联系人自称为唐晖本人，并指示何咏泽向鹏胜公司的银行账户内，以实时到账方式支付200万元款项。同时，新微信联系人要求何咏泽立即办理汇款事项，并表示手续过后再补签。此后，何咏泽将相应汇款凭单的截图出示给该微信联系人。此外，通过对上述两个微信联系人在微信中备注的详细资料进行点击查阅，可以发现前者的微信号为"×××"，后者与此并不一致。

在诉讼中，何咏泽称，新的名称为"唐晖"的微信联系人系由其于2015年9月11日早上7时添加，本来其想上班后核实是否确为唐晖本人，但后来上班时其系使用电脑版微信聊天工具，故唐晖向其发起对话要求付款时，其并无法判断是新加的微信联系人还是原有的微信联系人，后来其因为工作忙也忘记对此进行核实。此外，何咏泽另向一审法院提交有东方公司数份财务凭证的照片打印件，用于证明该公司内部存在总经理、副总经理通过电话、短信、微信、电子邮件等方式作出付款指示的情形，可见该公司财务审批制度并不健全。对于该部分证据，东方公司对其真实性并未予以认可，但称该公司法定代表人确系曾通过微信方式进行过付款指示，然而即便如此，具体付款流程也需要业务经办人员发出付款申请，再由出纳制

作付款单据，然后财务主管审批，最终才报董事长审批。对此，何咏泽称，由于涉诉付款行为是由东方公司法定代表人本身直接发起的，故当时并不涉及该公司其他业务部门的参与问题。另外，唐晖与何咏泽的办公室仅一墙之隔，但何咏泽在汇款时并未找唐晖当面核实。

在诉讼中，经一审法院与公安机关相关办案刑警联系后获悉，何咏泽关于其因被诈骗而将东方公司200万元转出的刑事报案事项，目前已经由公安机关开始立案侦查，相关刑事诉讼程序正在进行当中。

东方公司诉请法院判令何咏泽向东方公司赔偿经济损失200万元以及相应利息损失。[17]

■ 法院裁判

一审法院认为，本案中，东方公司系以该公司高级管理人员何咏泽未能履行其勤勉义务，导致该公司遭受经济损失为由，起诉要求何咏泽承担相应之损失赔偿责任。对此，该院结合双方当事人的各方面诉辩意见，综合双方在本案中的相应举证情况，分别从以下几个方面发表评述意见。

第一，从本案现有证据来看，何咏泽作为东方公司的财务总监，确系因受第三人之误导而实施有将该公司资金转出的行为。换言之，何咏泽对于第三人假借东方公司法定代表人之名义发出的付款指示，未能作出有效识别，最终导致本案纠纷的发生。对此，该院认为，何咏泽虽基于自身职责负有勤勉义务，但对其勤勉义务履行状况的判断，仍需结合第三方实施欺骗行为的手段与方法加以分析。原因在于，在并无任何证据显示何咏泽本身属于恶意行事的情况下，如不结合第三人之行为对此加以判断，尚无法对何咏泽的过错程度作出客观认定。目前，针对第三方的刑事诉讼程序虽已启动，但在确定之追诉结果未能形成之前，该院对上述情形之判断应属于依据不足。

第二，关于第三方通过何咏泽之汇款行为所取得之东方公司资金，其性质应属非法所得，故东方公司有权按法定程序予以追回。从本案现有证据来看，何咏泽本身并非东方公司上述资金的非法占有主体，故东方公司对自有资金能否追回以及能够在何种范围内追回资金，亦应取决于另案刑事诉讼程序的最终追诉结果。由此看来，无论何咏泽对于东方公司所主张之损失是否确有可归责之处，东方公司实际损失的具体数额目前并未确定。此种情况下，该院认为，东方公司能否直接要求何咏泽就全部被转出之资金承担赔偿责任，亦缺乏充足的判断依据。

第三，本案中，东方公司虽依据该公司的财务审批制度等，主张何咏泽未按照

---

〔17〕 案例来源：民事裁判文书，(2016)京01民终5551号。

规定流程办理汇款手续。但如上所述,导致本案纠纷发生的根本原因,并非何咏泽是否履行上述流程,而系第三方实施了以何咏泽为对象的欺骗行为。在前述两方面问题均能够确定的情况下,何咏泽是否存在东方公司所主张的财务违规行为,确有可能构成对其责任进行判断的依据之一,但却并非界定何咏泽实际责任范围的根本性依据。因此,在前述两方面问题判断依据不足的情况下,东方公司的上述诉讼主张,亦不足以作为支持该公司所诉请内容的充足依据。

综上,一审法院认为,东方公司在本案中的诉讼请求,证据尚属不足,故该院无法予以支持。

二审法院认为,本案的争议焦点为,何咏泽是否违反公司高级管理人员的勤勉义务,从而应向东方公司承担赔偿责任。进一步的问题在于,高级管理人员勤勉义务是否包括识别网络诈骗,该问题需综合本案多方面的情况进行考虑。

第一,应考虑何咏泽依据唐晖的微信指示付款是否符合东方公司的财务制度。由于东方公司认可唐晖确曾通过微信方式进行过付款指示,二审法院认为,如果确系唐晖本人真实的微信向何咏泽发出付款指示,何咏泽据此付款符合东方公司的财务制度。东方公司同时指出,唐晖付款指示的前提是需要用款申请人和部门负责人出具用款申请表。何咏泽主张本案中,唐晖本人系用款申请人、部门负责人和审批人三者身份合一,故唐晖一人的微信指示即可。考虑到唐晖法定代表人的身份及其之前微信发出付款指示的事实,二审法院对何咏泽的主张予以采信,即如果真实的唐晖通过微信直接向何咏泽发出付款指示,何咏泽之后的转账行为符合东方公司的财务制度。

第二,应考虑是否何咏泽一人的受骗导致案涉款项的损失。本案中,纵观整个款项丢失过程,东方公司法定代表人的姓名、何咏泽的微信号、职务等几项重要信息均被犯罪分子掌握,结合东方公司发现有人以邮件方式向员工索要通讯录的事实,应认定犯罪分子系针对东方公司多项泄露信息而实施的诈骗行为,其诈骗的对象系东方公司。现有证据亦不能认定是何咏泽导致了上述信息的泄露,故东方公司案涉款项丢失责任不应归于何咏泽一人。

第三,应考虑高级管理人员勤勉义务是否包括了要求何咏泽分辨唐晖的微信真假,识别网络诈骗。一般来讲,对董事、高级管理人员的勤勉义务应理解为上述人员在管理公司、经营业务时,不得有疏忽大意或者重大过失,并尽合理的谨慎、注意和技能,履行自己的职能。二审法院认为,董事、高级管理人员的勤勉义务应指向执行公司职务等专业性行为层面,应判断上述人员在自己的专业范畴内是否存在过错及重大过失,而不应包括识别网络诈骗。何咏泽并非网络诈骗识别专家,其在面对诈骗时,并不具有比通常人更多的经验和辨别能力,何咏泽并未主动追求或放任网络诈骗的发生,此时,仅应考虑其在履行职务行为层面是否有过错及重大过失,而不应将受骗完全认定为何咏泽的责任。如前所述,若唐晖真实微信指示何咏泽付款,此时何咏泽系正常履职行为,二审法院因而认定,本案中,何咏泽未违反高级管理人员的勤勉义务。

综上,二审法院认为,东方公司主张何咏泽违反勤勉义务,并据此要求何咏泽赔偿利息损失的诉讼请求,缺乏事实及法律依据,不予支持。

■ 裁判评析

我国《公司法》仅有一处提及勤勉义务——第 147 条第 1 款规定,董事、监事、高级管理人员应当遵守法律、行政法规和公司章程,对公司负有忠实义务和勤勉义务。《公司法》并未给出判定勤勉义务是否被违反的明确标准,这使法院审理相关案件时面临巨大的困惑。在董事、高管作出商业决策的案件中,法院应当运用商业判断规则审查董事、高管的决策行为,在该规则下,勤勉义务演变成为有关信息收集和决策作出的程序性义务,尽管对董事、高管决策时知情程度的评判依然有赖于对总体案情的综合分析而存在很大的模糊性,但至少此时勤勉义务的内涵是相对明晰的,也为法院形成裁判思路提供了较为清晰的指引。关于商业判断规则,本书第 5.3 节已经作了详细的介绍,这里不再赘述。在此需要强调的是,商业判断规则仅适用于董事、高管作出商业判断的场合。然而,董事、高管的职责并不局限于为公司作出商业判断,比如,董事的职责还包括监督公司经理层和信息系统的正常运行,而高管负责执行公司的各项具体事务,其商业决策之外的职责更是不胜枚举,本案所涉及的财务负责人的汇款职责就是一例。董事、高管没有履行好这些职责而令公司遭受损失时,法院将适用一般意义上的勤勉义务标准来审查董事、高管的行为。总体而言,此类案件中法院对董事、监事、高管行为的介入深度会比商业判断案件中更深。

从学理上讲,勤勉义务要求董事、监事、高管勤勉尽责、恪尽职守,处理公司事务时达到一个普通理性人在类似情形中的注意、审慎与技能;如果某一董事、监事、高管具有特殊的专业知识或技能,则其勤勉义务的标准会相应提高。应当注意的是,勤勉义务是过程义务,而非结果义务,其并不要求董事、监事、高管保证某一客观结果的实现,该义务之履行表现为尽到合理之注意、审慎与技能,其展现于过程之中。此外,勤勉义务所代表的是董事、监事、高管履职时尽责程度的底线要求,若实际的尽责程度低于这条底线,则董事、监事、高管须承担相应的法律责任。

从裁判思路上讲,法官适用勤勉义务时,须首先在内心建构一个普通理性人的形象,而后确定案涉董事、监事、高管的行为背景,进而推演该普通理性人在该背景下会如何行为,并以此为标准评判案涉董事、监事、高管实际作出的行为是否合理。

普通理性人建构的核心问题是对其知识和能力的确定,[18]法官应当结合案涉人员的职位、具体职责、公司的规模、业务性质等因素,考虑在类似公司居于类似地位的人员可被合理期待所具有的知识和能力,并以此为基础进一步考虑案涉人员实际具有的知识和能力。如果后者高于前者,则普通理性人所具有的知识和能力要相应提高,但如果后者低于前者,普通理性人所具有的知识和能力不能降低,以此保护公司及其股东对公司官员的合理期待。在行为背景的确定上,法官应当考虑案涉人员所面对的行为环境、行为对象、行为场所等因素。从以上论述可以看出,勤勉义务是高度"情境化"的义务,须由法官综合考量个案中的一切相关情事方能具体化。

在本案中,何咏泽系东方公司财务负责人,受第三人诈骗而汇款,造成公司重大损失。作为公司财务负责人的普通理性人应当具备该职位所需的知识和能力,在汇款时遵守公司的财务制度,但未必具有识别网络诈骗的能力。在识别网络诈骗方面,一个普通理性的财务负责人与通常人之间并无实质性的能力差异。本案中,诈骗人所使用的微信名称、微信头像与公司董事长唐晖的完全一致,其通过微信要求何咏泽汇款的做法亦符合公司以往的实践,何咏泽依据唐晖的微信指示付款这一行为本身并不违反东方公司的财务制度,而何咏泽本人并不具有识别网络诈骗的特殊经历或技能。同时,在整个事件中并未出现足以引起普通理性人合理怀疑之处,因此,何咏泽未就付款指示找唐晖当面核实,这亦无可归责之处。值得注意的是,何咏泽受骗汇款发生在2015年9月11日上午,而同日下午东方公司发布提醒诈骗行为的紧急通知。如果东方公司发布通知在前,一个普通理性人应当会对本案诈骗人的微信付款指示产生怀疑,何咏泽不加核实即付款的行为将偏离普通理性人的行为标准,从而构成对勤勉义务的违反。

本案二审法院认为,董事、高管的勤勉义务应当指向执行公司职务等专业性行为层面,不包括识别网络诈骗。笔者不赞同这一观点。勤勉义务是董事、监事、高管履行职责的行为标准,因而其范围与董事、监事、高管的职责范围相一致。就本案而言,何咏泽作为公司的财务负责人,依据董事长的指示汇款是其职责,这一职责当然包含识别指示主体、安全汇款等内容,因而防范可能的网络诈骗属于何咏泽勤勉义务的范围。只不过,防范网络诈骗并不关联公司财务负责人这一职位所需的专业知识和能力,因此,在防范网络诈骗方面,何咏泽应当采取的注意标准与通常人无异。从何咏泽在本案中的行为来看,其已经尽到了相应的勤勉义务,没有达到阻却网络诈骗的目标并不影响这一判定。勤勉义务是过程义务,而非结果义务。

勤勉义务之违反,需要董事具有一般过失即可还是需要具有重大过失,在比较法上存在不同的立法模式。概括而言,英国与美国采取重大过失标准,德国与法国

---

〔18〕 参见叶金强:《董事违反勤勉义务判断标准的具体化》,载《比较法研究》2018年第6期。

采取一般过失标准,日本则采取折中标准——一般过失即构成勤勉义务之违反,但公司可以免除董事的赔偿责任,重大过失则不可免除。[19] 我国公司法对此问题的态度并不明确。仅从《公司法》第149条之规定[20]的文义来看,我国采取的应该是一般过失标准,但在司法实践中,我国法院表现出采用重大过失标准的倾向。本案二审法院在判词中的三处表述("不得有疏忽大意或者重大过失""应判断上述人员在自己的专业范畴内是否存在过错及重大过失""仅应考虑其在履行职务行为层面是否有过错及重大过失")正体现出了立法上的模糊性与司法实践中的倾向性。笔者认为,在商业决策领域,商业判断规则事实上会包容决策者的一般过失,但通常无法包容重大过失,由于公司官员的其他职责通常具有相似的专业性与风险性,对其他领域内的勤勉义务之违反通常亦应采用重大过失标准;但若某一行为并不指向公司职务的专业性层面——如本案中的识别网络诈骗——则应采取一般过失标准。但如上述,在本案中,何咏泽并无过失。

违反勤勉义务的法律责任在性质上属于侵权责任,其构成要件包括违反义务的行为、行为人的主观过错、损害的存在以及义务违反与损害事实之间的因果关系。因果关系要件要求原告证明义务违反是损害事实的近因。本案二审法院准确地指出,东方公司案涉款项的损失并非由何咏泽一人的受骗所导致,而是犯罪分子对整个公司实施诈骗的结果。因此,即便东方公司能够证明何咏泽违反了勤勉义务,其也需要进一步证明何咏泽之行为对公司损失的原因力大小,进而确定何咏泽的赔偿责任范围。本案一审法院驳回东方公司诉讼请求的主要原因也在于,在当前案情下,无法清晰判断东方公司的实际损失及其与何咏泽行为之间的因果关系。

■ 法条链接

《公司法》第147条第1款

董事、监事、高级管理人员应当遵守法律、行政法规和公司章程,对公司负有忠实义务和勤勉义务。

《公司法》第149条

董事、监事、高级管理人员执行公司职务时违反法律、行政法规或者公司章程的规定,给公司造成损失的,应当承担赔偿责任。

---

[19]　参见任自力:《公司董事的勤勉义务标准研究》,载《中国法学》2008年第6期。

[20]　《公司法》第149条规定:"董事、监事、高级管理人员执行公司职务时违反法律、行政法规或者公司章程的规定,给公司造成损失的,应当承担赔偿责任。"

5.5　独立董事的职权与义务

■ 基本案情

康美药业股份有限公司（以下简称康美药业）作为一家上市公司在上海证券交易所网站和巨潮资讯网及中国证监会指定报纸上先后披露了《2016 年年度报告》《2017 年年度报告》《2018 年半年度报告》。康美药业独立董事江镇平、李定安、张弘于 2016 年、2017 年年报审议中，在董事会投出赞成票，独立董事江镇平、郭崇慧、张平于 2018 年半年报审议中，在董事会投出赞成票。2018 年 10 月 15 日开始，陆续有报道指出康美药业可能存在财务造假等问题。随后康美药业发布公告称由于涉嫌信息披露违规收到了中国证监会的立案调查通知书。2019 年康美药业公告称公司相关当事人收到了中国证监会《行政处罚及市场禁入事先告知书》，该告知书对康美药业的虚假陈述相关事实进行了确认。经查明，康美药业披露的财报中存在虚增营业收入、货币资金等情况，正中珠江会计师事务所出具的审计报告存在虚假记载。经专业机构评估，扣除系统风险后投资者的实际损失为 24.59 亿元。

2020 年 12 月 31 日，顾华骏、刘淑君经 11 名原告共同推选为拟任代表人，就康美药业证券虚假陈述责任纠纷提起普通代表人诉讼，要求康美药业、马兴田、许冬瑾等 22 名被告赔偿其投资损失。2021 年 4 月 8 日，中证中小投资者服务中心有限责任公司（以下简称投服中心）受 56 名投资者的特别授权，申请作为代表人参加诉讼。经最高人民法院指定管辖，广东省广州市中级人民法院适用特别代表人诉讼程序审理该案。原告投服中心认为《行政处罚决定书》已经证明包括独立董事在内的相关高管未尽勤勉尽责义务，因此诉请包括独立董事在内的相关责任人承担连带赔偿责任。[21]

■ 法院裁判

审理本案的法院首先对本案康美药业实施虚假陈述的行为事实进行了确认，指出康美药业作为上市公司披露的《2016 年年度报告》《2017 年年度报告》《2018 年半年度报告》中存在虚假记载，虚增营业收入、利息收入及营业利润，虚增货币资金；披露的《2016 年年度报告》《2017 年年度报告》中存在重大遗漏，未按规定披露控股股东及其关联方非经营性占用资金的关联交易情况，依据《证券法》（2014

---

〔21〕 案例来源：民事裁判文书，（2020）粤 01 民初 2171 号。

年修正)第69条之规定,康美药业对案涉投资者的损失承担赔偿责任。公司董事长、总经理和实控人组织安排虚假陈述行为,副董事长、副总经理、会计工作负责人(同时是实控人之一)知悉虚假陈述行为且共同组织安排,承担100%的连带责任,公司4名董监高人员参与实施虚假陈述行为,且明知相关定期报告系属虚假陈述仍然签字确认其真实、准确、完整,故应承担100%的连带责任。

关于独立董事的责任承担,尽管独立董事江镇平、李定安、张弘、郭崇慧、张平辩称已尽勤勉尽责义务并且并未在虚假陈述违法行为中获益,然而法院并没有采纳该观点。法院认为,康美药业公司财务造假持续时间长,涉及会计科目众多,金额特别巨大,被告作为独立董事如尽勤勉义务,即使仅分管部分业务,也不可能完全不发现端倪。因此,尽管独立董事并未直接参与财务造假,却未勤勉尽责,存在较大过失,且均在案涉定期财务报告中签字,保证财务报告真实、准确、完整,所以前述独立董事是康美药业信息披露违法行为的其他直接责任人员。依据原《证券法》第69条的规定,独立董事应当承担与其过错程度相适应的赔偿责任,江镇平、李定安、张弘为兼职的独立董事,不参与康美药业的日常经营管理,过失相对较小,酌情判令其在投资者损失的10%范围内承担连带赔偿责任;郭崇慧、张平为兼职的独立董事,过失相对较小,且仅在《2018年半年度报告》中签字,法院酌情判令其在投资者损失的5%范围内承担连带赔偿责任。

■ 裁判评析

(一)独立董事制度的源起与发展

独立董事制度起源于1940年的美国《投资公司法》,《投资公司法》尽管没有直接使用"独立董事"的概念,但是通过"附属性"的阐释反向勾勒出了独立董事的框架,该法律第10条a款规定"投资公司的董事任职中与公司有利益关联的人不能超过60%"。2001年《投资公司法》在修订中针对独立董事的占比进行了扩张,要求独立董事的比例超过50%,并且新担任的独立董事应当由现有独立董事进行选举。彼时,由于美国投资公司中公司董事会并不直接参与决策,公司投资决策的具体权力掌握在投资顾问手中,因此独立董事的主要职责是制衡投资顾问的权力。然而经理层的监督职责缺位,董事会不作为,以致引发"宾夕法尼亚州中央车站破产案""水门事件"等一系列严重后果之后,董事会的监督职能开始受到关注。[22]在此背景下著名的公司法学者艾森伯格教授在其名著《公司的结构:一个法律分析的视角》中强调了"董事应当独立于公司的经理层"。在该理论的指引下,美国开始在上市公司中聘任独立董事。随后,美国特拉华州的法院也在一系列公司并

〔22〕 参见王涌:《独立董事的当责与苛责》,载《中国法律评论》2022年第3期。

购案件的判决中推动了独立董事制度的进一步发展。美国最高法院也在判决中承认了独立董事的作用,强调独立董事是资本市场中的看门人。从制度源起上看,强调独立董事独立性的主要目的是阻断董事与上市公司、控股股东以及实际控制人之间的利益关联,在不存在利益冲突的基础上以其专业知识进行独立判断从而优化上市公司的治理生态,杜绝内部人控制,实现内嵌式监督。在上市公司治理当中,独立董事应当积极履行董事职责,针对上市公司治理中的重要事项发表专业独立意见,从而发挥其作为管理者和监督者的作用。在全球化浪潮中,独立董事也逐渐成为世界各国上市公司治理中权力监督的标准答案,各国在本国的法律体系改革中纷纷借鉴独立董事的制度设计理念进行改革。然而在2008年金融危机之后,独立董事制度也受到了各方的质疑,部分学者认为立法者和监管机构过分高估了独立董事的作用。

从宏观上看,我国上市公司治理中的独董制度是我国资本市场国际化、市场化以及法治化改革的产物。[23] 独立董事制度在中国经历了从"可选项"到"必选项"的制度演进。1997年颁布的《上市公司章程指引》首次引入了"独立董事"概念,在第112条规定"公司根据需要可以设独立董事",然而1998年出台的《证券法》并未对独立董事制度进行具体的成文法化阐释。直到2001年证监会颁布了《关于在上市公司建立独立董事制度的指导意见》之后,独立董事才正式成为上市公司董事会组建当中的必选项。作为独立董事承担巨额赔偿责任的第一案,本案的判决直接影响了我国资本市场中独立董事履职的整体生态,许多上市公司纷纷传出独立董事辞任的消息。为了明确独立董事在公司治理中的权责边界,2022年1月证监会颁布了更为详细的《上市公司独立董事规则》,根据其定义,"独立董事是指不在上市公司担任除董事外的其他职务,并与其所受聘的上市公司及其主要股东不存在可能妨碍其进行独立客观判断的关系的董事",总结可以得出独立董事具备外部性、专业性以及独立性三大特征。全国人大常委会在2021年12月公布的《公司法(修订草案)》一读审议稿中在第140条也针对独立董事的独立性进行了立法回应。

(二)独立董事的职权

尽管法律强调了独立董事的独立性,但在其他方面,法律并未将独立董事与公司内部的普通董事进行截然区分。我国《公司法》(2018年修正)第121条作了原则性阐述,即"上市公司设立独立董事,具体办法由国务院进行规定",《证券法》(2019年修订)第90条也规定,独立董事可以作为征集人,自行或者委托证券公司、证券服务机构,公开请求上市公司股东委托其代为出席股东大会,并代为行使

---

〔23〕 参见刘俊海:《上市公司独立董事制度的反思和重构——康美药业案中独董巨额连带赔偿责任的法律思考》,载《法学杂志》2022年第3期。

提案权、表决权等股东权利。除此之外两法并未在其他条款中将独立董事与公司内部普通董事的权力与责任进行区分。

证监会颁布的《上市公司独立董事规则》第22条就独立董事的职权进行了进一步界定，强调独立董事在具有《公司法》和其他相关法律、法规赋予董事的职权外，上市公司还应当赋予独立董事以下特别职权，具体包括：(1)重大关联交易需要得到独立董事的事前认可；(2)向董事会提议聘用或解聘会计师事务所；(3)向董事会提请召开临时股东大会；(4)提议召开董事会；(5)在股东大会召开前公开向股东征集投票权；(6)独立聘请外部审计机构和咨询机构，对公司的具体事项进行审计和咨询。独立董事行使前两项职权应当取得全体独立董事的1/2以上同意；行使第(6)项职权，应当经全体独立董事同意。前两款事项应由1/2以上独立董事同意后，方可提交董事会讨论。从职权上看，相比于一般董事，独立董事拥有更多的从外部监督展开的程序性权利。

尽管如此，独立董事与普通董事在上市公司经营管理职权上存在内部一致性，在法律地位以及责任承担上也并不存在明显差异，独立董事的责任认定并不因其独立性而享受成文法上的法律豁免，例如，《公司法》在第147条明确规定了董事对公司负有忠实义务和勤勉义务，《上市公司独立董事规则》在第5条明确了该条款对独立董事的适用效果；《公司法》第149条与第152条所勾勒的董事违规中的损害赔偿责任也未对普通董事与独立董事进行区分。综上，独立董事在进行虚假陈述责任承担时往往与普通董事处于同一法律归责框架之内。

(三)本案中独立董事的归责逻辑

本案中的独立董事归责逻辑包含两个方面：(1)虚假陈述侵权责任造成投资者损失的逻辑链条成立；(2)独立董事是否违反了勤勉义务。从案件事实认定上看，康美药业多次受到证监会的行政处罚，其虚假陈述行为已被生效的行政处罚所认定，本案中法院要求独立董事承担责任的说理也聚焦于独立董事是否勤勉尽责。勤勉尽责义务源于《公司法》(2018年修正)第147条的规定，该规定要求独立董事在履职过程中尽到合理注意。在我国的法律体系中勤勉尽责的认定标准一直是一个模糊的概念，成文法中没有进行明确规定因此往往在个案中进行单独的裁判认定。部分学者认为，由于独立董事往往由具备一定专业技能的人群担任，因此在认定是否勤勉尽责时应当采用“专家标准”，既要考虑其专业背景知识能力同时要承认其并非全能，存在能力边界。本案中，根据《证券法》(2019年修订)和《关于审理证券市场虚假陈述侵权民事赔偿案件的若干规定》(以下简称《证券虚假陈述司法解释》)的相关规定，在证券虚假陈述责任纠纷案件中上市公司的独立董事承担民事赔偿责任的归责原则为过错推定原则。即对于上市公司的董监高，推定其对于上市公司的虚假陈述行为给投资者造成的损失存在过错，但其能证明自身无过错的除外。本案法院在判决中认为，在公司长时间且复杂严重的财务造假过程中，没有发现造假行为,这本身就是未勤勉尽责的表现,独立董事是具有过错的。这可以看作对康美药业独立董事在公司信息披露违法行为中的过错推定,这种过错推定是结合独立董事的职能和职责做出的,具有合理性。基于此,康美药业的5位涉案独立董事被认定存在过错并承担赔偿责任具备了法理依据。法院在判断能否减轻独立董事承担的责任时,通常会根据职责分工、专业技能、客观行为及主观心理状况等综合因素,具体案件具体分析。在康美药业案中,独立董事并未承担完全的连带赔偿责任,而是根据过失程度的不同,被判按不同比例承担连带赔偿责任,这说明法官支持了独立董事的部分答辩意见。法官认为,本案的5位独立董事为兼职独立董事,不参与康美药业的日常经营管理,不是康美药业信息披露违法的直接责任人员,过失相对较小。根据5位独立董事对案涉信息披露违法的年度和半年度报告不同的签字情况,酌情判令对投资者损失的10%和5%范围内承担连带赔偿责任。

(四)独立董事承担部分连带责任的法理探讨

根据《证券法》(2019年修订)第85条之规定,上市公司实施虚假陈述,应当对投资者承担赔偿责任,相关责任人员承担连带责任。《民法典》第519条第1款规定:连带债务人之间的份额难以确定的,视为份额相同。该条明确了共同侵权连带责任份额的承担以份额承担为原则,以平均承担为例外。在虚假陈述共同侵权责任的承担中,确定共同加害人责任份额的基本要求,是各共同行为人主观过错程度和行为的原因力,将这两个因素综合判断,进而确定各共同加害人各自的份额。需要注意的是,在证券虚假陈述责任纠纷案中要区分中介机构与独立董事的承担责任不同的法律考量。本案中,在与上市公司或发行人不存在意思联络的情况下,要求中介机构承担连带责任更多是政策考量的结果,属于建构型的部分连带责任效果。而独立董事承担的部分连带责任形式,更多出于时间先后介入型,部分损害形式可区分;和部分事实因果关系重叠型的一般类型化的部分连带责任效果。从《证券虚假陈述司法解释》的法律指引看,在证券虚假陈述纠纷中,已经对独立董事是否要承担侵权责任,责任成立的因果关系,责任范围的因果关系阐述得非常精细。但从本案的判决书看,对独立董事在康美药业连带赔偿责任内酌定部分比例的赔偿数额,未给出详尽的裁判说理。由此,需要引入部分连带责任的理论进行深入论证。

我国独立董事制度的实践中,独立董事由大股东控制的董事会提名产生,多由经济学家、会计专家、法律专家、大学教授等兼任,他们对于上市公司的日常经营并不了解,且独立董事的薪酬也是由上市公司发放。这就必然导致独立董事在经济上、在实际中无法真正独立地发表意见。所以从实际的地位和作用看,独立董事发挥的作用有限,在该背景下独立董事在上市公司治理当中的整体参与度有限,导致独立董事在虚假陈述侵权案件中大多数责任类型属于无意思联络的数人侵权。本案中,法院要求独立董事承担比例连带责任,在法律论证之外也有出于强化投资者保护的内在考量。因为独立董事是公司治理的重要一环,而且《证券法》(2019 年修订)的出台旨在加大对投资者权益的保护。比例连带赔偿责任的裁判功能在于:一为补偿功能,即以独立董事之财产补偿投资者损失,二为威慑和预防功能,即以严格的法律责任约束独立董事之行为,以督促其勤勉尽责。从立法指引也可以看到,随着注册制的深入推进,我国司法部门全面提高违法违规成本、从严打击证券违法的决心和力度已逐步显现:《证券法》(2019 年修订)专门设立了"投资者保护"一章,明确规定建立代表人诉讼制度,成为中国版集体诉讼的纲领性法律法规。要求独立董事承担比例连带责任也是法院在裁判中出于利益平衡的需要。从实践来看,独立董事大多属于中产阶级的专业技术人士,并不具有实际承担巨额连带赔偿责任的执行能力。在上市公司也是领取较低的固定薪酬,其既未从上市公司虚假陈述行为中获益,个人也并无多少财力。在规范我国证券市场,和充分考量保护独立董事的权益之间,法院提出的"部分连带责任"解释技术就有充足的空间。部分连带责任,其功能在于克服求偿不能风险分摊机制的不足,这与商事领域中证券虚假陈述纠纷的侵权赔偿分配实质相同,可实现数人侵权责任分担的分配正义。部分连带责任属于传统的连带责任的下位概念,也是司法实践新近确立的一种裁判解释技术。部分连带责任,是指在数人侵权情形中,部分行为人对全部损害承担责任,部分行为人仅对部分损害承担连带责任。其基础构造为:(1)中间责任上,以损害部分或者因果关系份额为基准,受害人可以选择向任意行为人请求或主张承担全部责任或者与其损害相当的部分赔偿责任,任何一行为人都有义务承担相应的赔偿责任,实现形式上的连带;(2)最终责任上,行为人各自依据份额承担责任,此与连带责任无区别;(3)追偿权上,承担中间责任超过自己份额的行为人有权向最终责任人追偿。(但目前司法实践中,根据"不告不理"原则,在投资者为原告起诉的证券虚假陈述纠纷案中,法院未主动对被告内部的赔偿追偿份额进行分配)在未来更多的司法实践中,当证券虚假陈述出现以下情形:(1)只有部分行为的因果关系贡献度达到百分之百,而其他部分仅为微弱的因果关系时;(2)作为侵权和不作为侵权并存的案型;(3)部分叠加型的数人侵权行为;(4)因果关系差异显著型的数人侵权行为;(5)介入时间先后型且部分损害可区分。这些情形都可以考虑引入部分连带责任。

(五)独立董事侵权责任的新发展

在本案判决之后,2022 年 1 月最高人民法院发布了新修订的《关于审理证券市场虚假陈述侵权民事赔偿案件的若干规定》。这是经过多年酝酿、论证后对 2003 年《证券虚假陈述司法解释》的一轮大修。在我国证券市场监管政策高度强调中小投资者保护的同时,社会舆论也高度关注该领域的立法发展及司法实践。本次修订主要包括以下几个方面。

1. 针对因果关系的认定进行了优化。《证券虚假陈述司法解释》是针对一类特殊侵权案件审理的专门司法解释，兼具程序和实体规定。实体方面，《证券虚假陈述司法解释》保持了上一版司法解释中大体按照侵权责任构成要件划分章节的整体逻辑，但同时作出了两点重要改变：一是将“重大性及交易因果关系”单列一章，二是将原“归责与免责事由”章节修改为“过错认定”章节，体现了最高人民法院对此类案件认识的进一步加深。其中，“重大性及交易因果关系”，实质系强调对此类侵权纠纷中“定性层面因果关系”的考量，对于判断原告的侵权诉请是否成立具有至关重要的意义，理应与“虚假陈述的认定”（侵权行为的认定）等问题并列设章，由此凸显其作为侵权责任构成要件的法律地位，提示人民法院应当重视对该问题的判断。同时，相较于“归责与免责事由”“过错认定”的说法更加精准，展现了最高人民法院对细微之处的关注。

2. 针对独立董事的责任认定进行了细化说明。证券虚假陈述侵权案件项下相关主体的责任认定是一个依托于个案情况作出个别判断的问题，成文司法解释在技术上或许只能尽量详细地描述判断标准，而很难起到直接“公式化”导出结果的效果。《证券虚假陈述司法解释》新增第 13 条，对“过错”的含义提出了原则性判断标准。该条将证券虚假陈述侵权中的“过错”区分为故意和过失，且规定构成“过失”的前提为“严重”违反注意义务。在明确过错类型的基础上，相关责任主体的过错程度仍需要结合其在不同情境下的勤勉义务标准予以理解，并有赖于人民法院基于个案情况进行精细考量。针对相关问题，《证券虚假陈述司法解释》第 14～16 条作出了专门规定。这不仅为人民法院提供了相应的裁判规范，亦为独立董事的担责提供了指引。最高人民法院发布的《全国法院审理债券纠纷案件座谈会纪要》第 28 条规定：“发行人内部人的过错认定。对发行人的执行董事、非执行董事、独立董事、监事、职工监事、高级管理人员或者履行同等职责的人员，以及参与信息披露文件制作的责任人员所提出的其主观上没有过错的抗辩理由，人民法院应当根据前述人员在公司中所处的实际地位、在信息披露文件的制作中所起的作用、取得和了解相关信息的渠道及其为核验相关信息所做的努力等实际情况，审查、认定其是否存在过错。”

3. 强调了独立董事的责任承担中的免责事由。《证券虚假陈述司法解释》单列第 16 条予以特别规定：“独立董事能够证明下列情形之一的，人民法院应当认定其没有过错：（一）在签署相关信息披露文件之前，对不属于自身专业领域的相关具体问题，借助会计、法律等专门职业的帮助仍然未能发现问题的；（二）在揭露日或更正日之前，发现虚假陈述后及时向发行人提出异议并监督整改或者向证券交易场所、监管部门书面报告的；（三）在独立意见中对虚假陈述事项发表保留意见、反对意见或者无法表示意见并说明具体理由的，但在审议、审核相关文件时投赞成票的除外；（四）因发行人拒绝、阻碍其履行职责，导致无法对相关信息披露文件是否存在虚假陈述作出判断,并及时向证券交易场所、监管部门书面报告的;(五)能够证明勤勉尽责的其他情形。独立董事提交证据证明其在履职期间能够按照法律、监管部门制定的规章和规范性文件以及公司章程的要求履行职责的,或者在虚假陈述被揭露后及时督促发行人整改且效果较为明显的,人民法院可以结合案件事实综合判断其过错情况。"上述第3项免责事由系行使异议权,这与其他董监高的免责事由差异不大。第2项免责事由系要求前述董监事在发现虚假陈述行为后及时制止、揭露违法行为、消除违法后果,且其中的"向监管机构及时报告"这一免责事由在证监会《信息披露违法行为行政责任认定规则》中也有同样规定。第1项免责事由实质系督促独立董事充分利用既有法定职权以发现虚假陈述行为。现有制度设计要求独立董事具有独立性、外部性。由此,独立董事原则上不直接参与公司治理、不在公司长期工作,相对欠缺发现虚假陈述的能力。相应地,为增强独立董事的履职能力,证监会《上市公司独立董事规则》明确赋予了独立董事自行聘请外部专业人士协助调查的职权,相关费用应由公司承担。但进一步,上述免责事由可能会面临一定的适用困境,即独立董事有可能很难获得发行人的配合与支持以聘请外部专业人士;即使独立董事"自掏腰包"聘请外部专业人士,也有可能受到相关主体的阻挠而难以获得基础材料。实践中,曾有上市公司独立董事质疑公司财务数据的真实性并聘请会计师事务所进行审计,但该等履职行为一度受到干扰,后来在舆论及监管压力之下才得以成行。在此情况下,上述第4项免责事由为解决该等难题提供了答案,也即,如独立董事因受到阻挠而确实无法有效履职,其可以通过"向监管机构书面报告"的履职方式予以免责。

■ 法条链接

《证券法》(2019年修订)第85条

信息披露义务人未按照规定披露信息,或者公告的证券发行文件、定期报告、临时报告及其他信息披露资料存在虚假记载、误导性陈述或者重大遗漏,致使投资者在证券交易中遭受损失的,信息披露义务人应当承担赔偿责任;发行人的控股股东、实际控制人、董事、监事、高级管理人员和其他直接责任人员以及保荐人、承销的证券公司及其直接责任人员,应当与发行人承担连带赔偿责任,但是能够证明自己没有过错的除外。

《公司法》第122条

上市公司设独立董事,具体办法由国务院规定。

《公司法》第147条第1款

董事、监事、高级管理人员应当遵守法律、行政法规和公司章程,对公司负有忠实义务和勤勉义务。

《关于审理证券市场虚假陈述侵权民事赔偿案件的若干规定》第16条

独立董事能够证明下列情形之一的，人民法院应当认定其没有过错：

（一）在签署相关信息披露文件之前，对不属于自身专业领域的相关具体问题，借助会计、法律等专门职业的帮助仍然未能发现问题的；

（二）在揭露日或更正日之前，发现虚假陈述后及时向发行人提出异议并监督整改或者向证券交易场所、监管部门书面报告的；

（三）在独立意见中对虚假陈述事项发表保留意见、反对意见或者无法表示意见并说明具体理由的，但在审议、审核相关文件时投赞成票的除外；

（四）因发行人拒绝、阻碍其履行职责，导致无法对相关信息披露文件是否存在虚假陈述作出判断，并及时向证券交易场所、监管部门书面报告的；

（五）能够证明勤勉尽责的其他情形。

独立董事提交证据证明其在履职期间能够按照法律、监管部门制定的规章和规范性文件以及公司章程的要求履行职责的，或者在虚假陈述被揭露后及时督促发行人整改且效果较为明显的，人民法院可以结合案件事实综合判断其过错情况。

《上市公司独立董事规则》第22条

为了充分发挥独立董事的作用，独立董事除应当具有《公司法》和其他相关法律、法规赋予董事的职权外，上市公司还应当赋予独立董事以下特别职权：

（一）重大关联交易（指上市公司拟与关联人达成的总额高于300万元或高于上市公司最近经审计净资产值的5%的关联交易）应由独立董事事前认可；独立董事作出判断前，可以聘请中介机构出具独立财务顾问报告，作为其判断的依据；

（二）向董事会提议聘用或解聘会计师事务所；

（三）向董事会提请召开临时股东大会；

（四）提议召开董事会；

（五）在股东大会召开前公开向股东征集投票权；

（六）独立聘请外部审计机构和咨询机构，对公司的具体事项进行审计和咨询。

独立董事行使前款第（一）项至第（五）项职权，应当取得全体独立董事的二分之一以上同意；行使前款第（六）项职权，应当经全体独立董事同意。

第（一）（二）项事项应由二分之一以上独立董事同意后，方可提交董事会讨论。

如本条第一款所列提议未被采纳或上述职权不能正常行使，上市公司应将有关情况予以披露。

法律、行政法规及中国证监会另有规定的，从其规定。

5.6 股东表决权委托协议的效力

■ 基本案情

被告张威系金沙公司股东，持有金沙公司44.33%的股份。2020年2月27日，原告黄某某平与被告港汇公司、张威签订《表决权委托协议书》，协议中第2条约定："为了方便公司表决权的行使，现乙方（被告港汇公司）、丙方（被告张威）将其拥有的公司全部44.33%股份表决权委托给甲方（原告黄某某平）行使，乙方、丙方不可撤销授权委托并授予甲方行使乙方、丙方持有的公司的44.33%股份（以下简称目标股份）对应的表决权，此项委托自本协议签订之日起至公司名下开发的项目结束之日止。非经各方协商一致并采取书面形式不得变更。"第3条约定："乙方、丙方同意全权委托甲方作为唯一的、排他的代理人，按照公司章程（含各项内部制度）和相关法律法规的规定，在公司股东会上行使目标股份的表决权。委托后，乙方、丙方不得再就目标股份行使表决权，不得委托除甲方之外的任何其他方行使目标股份的表决权。乙方、丙方对甲方就目标股份行使投票表决权的投票事项结果均予以认可并同意。若乙方、丙方在股东会上就目标股份要求实际投票表决且表决内容与甲方表决内容不一致的，则按甲方的表决内容为准并计票。"第5条约定："甲方、乙方商定，甲方融入资金不低于10,000,000元，同时必须根据项目所需及时继续融资。如甲方未按本条款约定履行，则本协议自动解除，对各方不产生任何约束力。"第8条约定："本协议自各方在协议上签字盖章之日起生效，各方在协议期限内应完全履行协议义务。"

原告黄某某平与两被告就原告的融资行为是否符合《表决权委托协议书》第5条的要求产生争议。两被告认为黄某某平未按约定履行融资义务，遂在金沙公司召开股东会议时，未将案涉44.33%股份的表决权交给黄某某平行使；原告黄某某平则认为其已按照《表决权委托协议书》履行自己的义务，因此案涉44.33%股份的表决权应由其代理行使。

原告黄某某平向法院起诉，请求判令原告与两被告于2020年2月27日签订的《表决权委托协议书》合法有效、继续履行。被告港汇公司、张威提起反诉，请求法院判令《表决权委托协议书》已自动解除。[24]

---

〔24〕 案例来源：民事裁判文书，(2021)赣06民终375号。

■ 法院裁判

一审法院认为，原告、被告签订的《表决权委托协议书》系当事人的真实意思表示，且不违反法律法规的禁止性规定，合法有效。本案的争议焦点为原告黄某某平是否按照《表决权委托协议书》履行了融资义务。一审法院对相关案情进行综合分析后，认为原告黄某某平的融资行为符合《表决权委托协议书》的要求。因此，《表决权委托协议书》继续有效，对原告黄某某平有关继续履行协议的诉讼请求，予以支持。

二审法院认为，本案的争议焦点为港汇公司、张威是否有权解除《表决权委托协议书》。第一，黄某某平与港汇公司、张威签订的《表决权委托协议书》系当事人的真实意思表示，不违反法律法规的禁止性规定，合法有效。该协议书明确约定港汇公司、张威将拥有的金沙公司全部44.33%的股份表决权不可撤销地授权委托黄某某平行使，委托时间自协议签订之日起至公司名下开发的项目结束之日。因此，委托人港汇公司、张威无权随时解除委托合同。第二，《表决权委托协议书》系双务合同，双方当事人互相承担责任、履行义务。被上诉人黄某某平的融资已超过10,000,000元，达到《表决权委托协议书》约定的融资数额，履行了《表决权委托协议书》约定的义务，上诉人港汇公司、张威不能单方面要求解除《表决权委托协议书》。第三，上诉人港汇公司、张威认为被上诉人黄某某平未根据项目所需及时继续融资，已自动解除该协议书，并提供了一系列证据证明金沙公司面临诉讼，缺少资金。因需不需要融资、融资金额多少，属于由股东会决策的公司行为，在黄某某平的融资符合有关股东会会议决议的情况下，港汇公司、张威并没有提供证据证明在这些股东会会议之外公司作出了其他关于继续融资的决议，因此，黄某某平不属于未根据项目所需及时继续融资，并未违反《表决权委托协议书》。综上，二审法院认为，一审判决认定事实清楚，适用法律正确，应予维持。

■ 裁判评析

公司这一商事组织形式以所有权与控制权的分离为其根本特征之一，即股东作为经济意义上的公司所有者并不直接参与公司的经营管理，此项工作由董事、监事、高管负责。此种安排的正面意义在于深化社会分工、提高经济效率，但这也产生了公司管理者滥用职权、损害公司及其股东利益的风险。为缓解此种风险，各国公司法均赋予股东重大权利以约束公司管理层，其中至关重要的一部分即股东在股东会上进行表决，形成股东会决议。我国《公司法》第37条第1款规定："股东会行使下列职权：(一)决定公司的经营方针和投资计划；(二)选举和更换非由职工代表担任的董事、监事，决定有关董事、监事的报酬事项；(三)审议批准董事会的报告；(四)审议批准监事会或者监事的报告；(五)审议批准公司的年度财务预算方案、决算方案；（六）审议批准公司的利润分配方案和弥补亏损方案；（七）对公司增加或者减少注册资本作出决议；（八）对发行公司债券作出决议；（九）对公司合并、分立、解散、清算或者变更公司形式作出决议；（十）修改公司章程；（十一）公司章程规定的其他职权。”可以说，公司的良善治理离不开股东表决权的正确行使。

根据资本多数决原则，股东在公司中所持有的表决权比例应当与其对公司的出资比例一致。如此一来，股东在公司中的话语权与其在公司中的经济利益成正比，在多数情况下，这对公司和全体股东是最有利的表决权分配安排。然而，商场纷繁复杂、市场变动不居，真实世界中的公司，情况各不相同、需求多种多样，“一股一权”对某一特定公司而言未必是最优的表决权分配安排。此外，股东所持表决权来源于其对公司的出资，在性质上属于股东的私权利，而非公司之“公器”，根据意思自治原则，若股东之间达成合意，采用不同于“一股一权”的表决权分配安排，则法律不应过度干预。

公司和股东可以采用多种方法突破“一股一权”原则。笔者举两例以作说明。其一，公司可以发行两类普通股，不同类别的普通股每股包含不同数量的表决权，比如，A 类股每股有一份表决权，B 类股每股有 10 份表决权。这种股权结构在学理上被称为双重股权结构，在我国法律体系中被称为表决权差异安排，采用此类股权结构的公司需要在其章程中作出相应规定。其二，股东可以与他人达成协议，将自己所持有的表决权委托该人行使，则受托人所能行使的表决权比例大于其持股比例。本案即属于此类情况。这种协议被称为股东表决权委托协议，与双重股权结构不同，其并非公司正式制度的一部分，甚至可能不为公司所知。

我国《公司法》第 42 条规定，股东会会议由股东按照出资比例行使表决权，但是，公司章程另有规定的除外；第 103 条第 1 款规定，股东出席股东大会会议，所持每一股份有一表决权。前者是针对有限责任公司的条文，后者则针对股份有限公司。通过对这两个条文进行法律解释，可以得出以下结论。

第一，有限责任公司股东表决权的默认分配方案是“一股一权”，但公司章程可以作出不同规定，采取其他表决权分配方案。那么，股东协议可否突破“一股一权”原则呢？答案应当是肯定的。公司章程与股东协议在本质上均为股东之间达成的合意，除法律规定的章程与合同之间的不同之处外，没有理由对二者区别对待。此外，《公司法》第 42 条显然系任意性规范，并无否决合同条款之效力。

第二，股份有限公司股东表决权的分配方案是“一股一权”，而且这是法律的强制性规定，公司不得作出不同安排。如果股份有限公司采用双重股权结构，则该结构会因违反法律的强制性规范而无效。[25] 但是,股东表决权委托协议不宜被认定为违反《公司法》第 103 条第 1 款之规定。股东表决权委托协议并不影响公司采用"一股一权"结构,其在形式上并无违反《公司法》第 103 条第 1 款之处。此外,股东将其表决权委托他人行使,属于股东意思自治的范畴,法律不应多加干预。

因此,当法官须就股东表决权委托协议之效力作出判断时,其应当回到《民法典》有关法律行为与合同之效力的规定[26]上来,如果不存在这些规定所言之合同无效情事,则应当判定股东表决权委托协议有效;"一股一权"原则的突破与否与合同效力的判定并无关系。本案一审、二审法院均肯定《表决权委托协议书》合法、有效,这是正确的。

股东表决权委托协议在性质上属于委托合同。《民法典》第 933 条规定,委托人或者受托人可以随时解除委托合同。这是因为,委托合同的基础在于委托人与受托人彼此之间的高度信任,一旦一方丧失了对另一方的信赖,合同基础便不复存在了。因此,委托合同双方均有对合同的任意解除权。但是,股东表决权委托协议的根本目的通常是对公司原先的表决权分配安排作出灵活且长期的变动,协议中往往约定表决权委托在某一时间段内是"不可撤销"的。本案中的《表决权委托协议书》即包含"不可撤销"条款。当然,此处的"撤销"实质上指法律上的合同"解除"。那么,股东表决权委托协议中的"不可撤销"条款是否因违反《民法典》第 933 条之规定而无效呢?

从《民法典》第 933 条之文义来看,即使委托合同中包含"不可撤销"条款,这不影响合同一方行使第 933 条中的任意解除权。但是,在学理上,委托合同被分为民事委托合同与商事委托合同,前者大多为无偿、单务、不要式合同,被委托的事项相对简单,此时合同一方解除合同,通常不会对另一方产生大的影响。然而,商事委托合同是有偿、双务、要式合同,被委托的事项相对复杂,此时合同一方解除合同,通常会对另一方产生极大影响。如本案中,原告黄某某平受托行使案涉表决权是以其履行融资义务为对价的,而被告解除合同的行为显然会打乱原告的商业计划。在原告妥善履行自身义务的情况下,被告若行使任意解除权,显然违背了诚实信用原则。因此,在案件涉及《民法典》第 933 条之规定时,法官应对此条文

---

〔25〕 值得注意的是,《公司法》第 131 条授权国务院"可以对公司发行本法规定以外的其他种类的股份,另行作出规定"。为了推进创新驱动发展战略,国务院行使了此项权力,允许科技创新企业发行具有特别表决权的类别股份,每一特别表决权股份拥有的表决权数量大于每一普通表决权股份,其他股东权利与普通表决权股份相同。参见《国务院关于推动创新创业高质量发展打造"双创"升级版的意见》(国发〔2018〕32 号)第二十六段、《关于在上海证券交易所设立科创板并试点注册制的实施意见》(证监会公告〔2019〕2 号)第五段。因此,具有科创属性的股份有限公司可以采用符合上述要求的双重股权结构。

〔26〕 这些规定主要包括《民法典》第 144 条、第 146 条、第 153 条、第 154 条、第 506 条等。

进行法律解释作业，限缩其适用范围。本案二审法院认为，委托人港汇公司、张威无权随时解除《表决权委托协议书》，这一观点是正确的，但在法律论证上是不充分的。

最后需要注意的是，股东表决权委托协议并不影响相关股权在法律上的归属，而且，基于合同相对性原理，表决权委托协议不能约束协议外的第三人。在"深圳前海全新好金融控股投资有限公司诉广州汽车博览中心、练春华等案外人执行异议之诉案"[27]中，表决权委托协议的委托方因自身债务问题，所持公司股权被法院冻结并准备拍卖，受托方提起执行异议之诉，法院认为，受托方基于协议约定仅能代为行使涉案股权对应的表决权，并不因此改变涉案股份的权利归属，更不足以排除他人对涉案股权的强制执行措施。

■ 法条链接

《公司法》第37条第1款

股东会行使下列职权：

（一）决定公司的经营方针和投资计划；

（二）选举和更换非由职工代表担任的董事、监事，决定有关董事、监事的报酬事项；

（三）审议批准董事会的报告；

（四）审议批准监事会或者监事的报告；

（五）审议批准公司的年度财务预算方案、决算方案；

（六）审议批准公司的利润分配方案和弥补亏损方案；

（七）对公司增加或者减少注册资本作出决议；

（八）对发行公司债券作出决议；

（九）对公司合并、分立、解散、清算或者变更公司形式作出决议；

（十）修改公司章程；

（十一）公司章程规定的其他职权。

《公司法》第42条

股东会会议由股东按照出资比例行使表决权；但是，公司章程另有规定的除外。

《公司法》第103条第1款

股东出席股东大会会议，所持每一股份有一表决权。但是，公司持有的本公司股份没有表决权。

---

〔27〕 参见广东省广州市中级人民法院民事判决书，(2016)粤01民初257号。

《民法典》第933条

委托人或者受托人可以随时解除委托合同。因解除合同造成对方损失的，除不可归责于该当事人的事由外，无偿委托合同的解除方应当赔偿因解除时间不当造成的直接损失，有偿委托合同的解除方应当赔偿对方的直接损失和合同履行后可以获得的利益。

第六章　公司财务会计制度

6.1　违法分配利润的认定及其法律后果

■ 基本案情

特安呐公司于1998年10月13日成立，公司类型为股份有限公司（非上市）。公司共有8名股东，分别为云南三七科技有限公司、文山三七房地产开发有限公司、唐修文、陈奕先、瞿坚、唐修武、唐继荣、郑传云。2017年7月20日，特安呐公司第一届股东会第三次临时会议同意第一届董事会第十次临时会议制定的股利分配方案，特安呐公司应向唐修文分配股利4,046,090.75元，按20%的税率代扣代缴个人所得税809,218.15元后，实际分配金额为3,236,872.6元，特安呐公司于2017年8月3日扣除个人所得税后向唐修文支付2016年度股利分配款3,236,872.6元。2018年4月25日，特安呐公司第一届股东会第二次会议决议通过特安呐公司2017年年度利润分配方案，特安呐公司应向唐修文分配股利1,692,671.07元，代扣个人所得税338,534.21元，实际分配金额为1,354,136.86元，特安呐公司分别于2018年6月3日和7月11日，扣除个人所得税后合计向唐修文支付2017年度股利分配款1,354,136.86元。

2019年9月30日，特安呐公司第一届股东会第十六次临时会议决议，因上述2016年、2017年股利分配违反《关于印发〈中央企业国有资本收益收取管理办法〉的通知》文件精神，决议取消2016年、2017年年度的利润分配，要求已收到股利的股东在决议生效后的10个工作日内退回已收股利。但唐修文未退回股利。

另查明：

1. 特安呐公司属三级公司，其母公司为云南三七科技有限公司（属二级公司），集团公司为云南省城市建设投资集团有限公司，最终控制方为云南省国有资产监督管理委员会。特安呐公司拥有云南特安呐三七产业股份有限公司、文山特安呐房地产开发有限公司、广南特安呐酒店有限公司、文山三七房地产开发有限公司4家子公司。

2. 大华会计师事务所云南分所出具的大华审字〔2017〕200194号、〔2018〕200372号特安呐公司审计报告显示，2016年、2017年公司未分配利润分别为

-25,561,400 元、-32,414,300 元。未分配利润指弥补亏损和提取公积金后所余税后利润,分配股利前的未分配利润为负即亏损,不得向股东进行分配。

3. 云南三七科技有限公司纪检检察领导小组作出监察决定书(三七科技检察〔2019〕1 号),内容为特安呐公司于 2019 年 12 月 1 日前追回 2017 年、2018 年违规发放给个人股东唐修文的股利分红 5,738,761.82 元(实际分配 4,591,009.46 元+已代扣个税 1,147,752.36 元),追回款项退还至云南城投集团监管的特安呐公司账户。云南省监委驻云南省城市建设投资集团有限公司监察专员办公室作出《监察建议书》(云城投监察〔2019〕2 号),监察建议书认为特安呐公司在未达到股利分配条件的情况分配股利,2016 年、2017 年特安呐未分配利润分别为-25,561,400 元、-32,414,300 元,为亏损状态,未能达到股利分配的条件,但公司董事长仍然于 2017 年 7 月 20 日、2018 年 4 月 25 日主持召开特安呐公司临时股东会,决定对特安呐公司 2016 年、2017 年实施股利分配,分配股利共计 28,989,500 元;违反经国务院同意、财政部印发的《关于印发〈中央企业国有资本收益收取管理办法〉的通知》(财资〔2016〕32 号)第 14 条"中央企业国有资本收益区别以下情况核定:(一)应交利润,根据中央企业经依法审计的年度合并财务会计报告反映的归属于母公司所有者的净利润和规定的上交比例核定……"及《公司法》第 166 条"……公司弥补亏损和提取公积金所余的税后利润,……股份有限公司按照股东持有的股份比例分配"的规定,要求特安呐公司全面清理并收回违规发放股利,同时对相关财务进行调整。[1]

■ 法院裁判

2020 年,特安呐公司向一审法院起诉请求:(1)唐修文向特安呐公司支付 4,591,009.46 元,并支付该款自 2019 年 10 月 21 日起至欠款实际付清之日止按人民银行同期同类贷款利率计算的利息(暂计至起诉之日为 15,320.40 元);(2)唐修文承担案件受理费、保全费、保全担保费。

一审法院认为,特安呐公司 2019 年 9 月 30 日第一届股东会第十六次临时会议决议从程序上看,特安呐公司共有 8 名股东,实际参会的仅有 4 名股东,会议决议最后一页注"股东唐修文、瞿坚因事请假",唐修文因涉嫌单位行贿罪被监察委留置审查,特安呐公司未提交按程序通知到 8 名股东参会的证据,会议决议涉及股东唐修文的经济利益,在唐修文不知晓且不能参会的情况下召开,程序上存在重大瑕疵;会议决议从内容上看,《关于印发〈中央企业国有资本收益收取管理办法〉的通知》(财资〔2016〕32 号)不属于法律,系规范性文件。故特安呐公司会议决议取

〔1〕 案例来源:民事裁判文书,(2021)云 26 民终 600 号。

消2016年及2017年年度的股权利润分配无法律依据。唐修文依据特安呐公司第一届股东会第三次临时会议决议(股临决[2017]01号)及特安呐公司第一届股东会第二次会议决议(股东决[2018]01号),收取2016年及2017年年度的股权利润分配的行为不构成不当得利。特安呐公司主张4,591,009.46元为唐修文取得的不当得利证据不充分,理由不充足,不予支持其诉讼请求。特安呐公司因本案产生的相关费用不予支持。依照原《民法通则》第92条、《民事诉讼法》第64条和《最高人民法院关于适用〈中华人民共和国民事诉讼法〉的解释》第90条规定,判决:驳回特安呐公司的诉讼请求。案件受理费43,650元,由特安呐公司负担。

特安呐公司不服一审判决提起了上诉,要求撤销一审判决,改判支持其全部诉请。

二审法院认为,本案为不当得利纠纷,争议焦点为:唐修文是否应退还特安呐公司分配的利润4,591,009.46元。特安呐公司2016年、2017年未分配利润分别为-25,561,400元、-32,414,300元,已亏损,未弥补亏损按持股比例给股东分配利润违反《公司法》第166条第4款"公司弥补亏损和提取公积金后所余税后利润,有限责任公司依照本法第三十四条的规定分配;股份有限公司按照股东持有的股份比例分配,但股份有限公司章程规定不按持股比例分配的除外"的规定。特安呐公司根据《公司法》第99条"本法第三十七条第一款关于有限责任公司股东会职权的规定,适用于股份有限公司股东大会"、第166条第5款"股东会、股东大会或者董事会违反前款规定,在公司弥补亏损和提取法定公积金之前向股东分配利润的,股东必须将违反规定分配的利润退还公司"的规定,取消2016年、2017年股权分配利润,要求已收到股利的股东退回股利决议,纠正2017年、2018年股东会分配股利决议,唐修文取得2016年、2017年的股利无法律规定和缺乏基础的法律关系(分配利润的基础为公司盈余),唐修文取得利润使特安呐公司财产利益的总额减少,损害了国家利益,唐修文应当按照[2019]10号特安呐公司第一届股东会第十六次临时会议决议退回股利。特安呐公司提交的证据能够反映案件真实情况、与待证事实相关联,来源和形式符合法律规定,法院予以采信,特安呐公司要求唐修文返还分配的利润4,591,009.46元,法院予以支持;唐修文主张取得的涉案款项为合法取得的股权利益,要求驳回特安呐公司上诉请求,法院不予支持。

■ 裁判评析

(一)公司向股东分配利润的要件

公司是否向股东分配利润、如何向股东分配利润,涉及公司利益、股东利益以及公司债权人利益之间的平衡。我国公司法就利润分配规定了相应的实体要件和程序要件。

1. 实体要件。根据《公司法》第 166 条之规定，公司向股东分配利润的前提是公司具有可分配利润，也即公司有净利润(税后利润)，且弥补了以前年度的亏损，并提取了公积金。

2. 程序要件。根据《公司法》第 37 条、第 46 条之规定，公司若要向股东分配利润，应由董事会制定利润分配方案，并经股东会审议批准。该决议为普通决议，表决权的简单多数即可通过。倘若股东未提交载明具体分配方案的股东会决议，请求法院判令公司分配利润，法院应当驳回其诉讼请求，但违反法律规定滥用股东权利导致公司不分配利润，给其他股东造成损失的除外。

(二)本案的法律适用

1. 公司是否具有可分配利润的举证责任。公司具有可分配利润，是公司向股东分配利润的实体要件。实务中容易引发争议的一个问题是，在股东与公司就利润分配发生纠纷产生诉讼时，究竟是由股东举证证明公司具有可分配利润，还是由公司举证证明公司无可分配的利润？本案中，特安呐公司分别在 2017 年、2018 年作出了向股东分配利润的股东会决议，并已经将相关款项支付给了股东。现公司起诉股东以公司不具有可分配利润为由要求股东退还已收取的款项，根据“谁主张，谁举证”的基本规则，应由公司举证证明公司作出股东会决议之时并无可分配的利润，根本不具备向股东分配利润的法定条件。此外，公司是独立的企业法人，掌握自身的全部会计资料，对自身的财务状况十分清楚，而股东尽管享有一定的知情权，但并不直接掌握公司的会计资料，因此，由公司而不是股东就公司是否具有可分配利润承担举证责任是一种比较妥当的作法。

2. 公司如何证明不具有可分配的利润。根据《公司法》第 164 条的规定，公司应当在每一会计年度终了时编制财务会计报告(包括资产负债表、利润表、现金流量表等内容)，并依法经会计师事务所审计。经会计师事务所审计的财务会计报告能够反映公司相应年度的利润状况，若公司向法院提交了该等财务会计报告，可以认为公司已经完成了初步的举证责任。当然，在我国现阶段，许多企业(尤其是一些中小企业)的财务制度不规范、不健全，甚至存在财务数据造假的情况，而一些会计师事务所在工作中未能勤勉尽责，甚至与公司相互串通，这就导致公司提交的财务会计报告未必能够全面、真实地反映公司的财务状况。为此，即便公司提交了经会计师事务所审计的财务会计报告，若股东能够举证证明该财务会计报告不真实，那么公司应当进一步举证。司法实务中，若遇到这种情形，比较通行的作法是在法院的组织下进行司法审计，通过司法审计的方式查明公司真实的财务状况。本案中，特安呐公司提交了大华会计师事务所云南分所出具的大华审字〔2017〕200194 号特安呐公司审计报告以及大华审字〔2018〕200372 号特安呐公司审计报告，两份审计报告显示，2016 年、2017 年特安呐公司未分配利润分别为 -25,561,400 元、-32,414,300 元，也即公司在 2016 年、2017 年均处于亏损状态。

庭审中,股东并未就这两份审计报告提出有力的反驳证据,因此,二审法院对这两份审计报告予以采信,认定特安呐公司2016年、2017年均处于亏损状态,公司不具有可分配的利润。

3. 公司不具有可分配利润,但公司作出分配利润的决议的效力。本案中,特安呐公司2016年处于亏损状态,但公司2017年7月20日作出股东会决议,通过了公司2016年度利润分配方案,决定向股东唐修文分配股利4,046,090.75元;公司2017年同样处于亏损状态,但公司2018年4月25日作出股东会决议,通过了公司2017年度利润分配方案,决定向股东唐修文分配股利1,692,671.07元。公司这两份股东会决议的内容均违反了《公司法》第166条之规定,属于无效的股东会决议。

4. 公司无可分配的利润却向股东分配利润的法律后果。《公司法》第166条第5款明确规定:"股东会、股东大会或者董事会违反前款规定,在公司弥补亏损和提取法定公积金之前向股东分配利润的,股东必须将违反规定分配的利润退还公司。"本案中,特安呐公司基于2017年7月20日的股东会决议,于2017年8月3日扣除个人所得税后向唐修文支付2016年度股利分配款3,236,872.6元;另外,公司基于2018年4月25日的股东会决议,分别于2018年6月3日和7月11日,扣除个人所得税后合计向唐修文支付2017年度股利分配款1,354,136.86元。由于特安呐公司2016年、2017年均处于亏损状态,根本不具有可分配的利润,因此,特安呐公司有权要求股东唐修文将收取的款项全部返还给公司。不过,考虑到唐修文为公司小股东,且并非恶意(不知道、不应知道收取公司支付的分红款违反了法律的强制性规定),二审法院并未支持公司要求唐修文承担利息的诉请。

5. 2019年9月30日股东会决议的效力对本案的影响。2019年9月30日,特安呐公司作出股东会决议,决议取消2016年、2017年年度的利润分配,要求已收到股利的股东在决议生效后的10个工作日内退回已收股利。一审法院认为该决议在程序和内容上均存在瑕疵,二审法院认为本案不属于公司决议纠纷,对特安呐公司该决议不予审查。本案中,特安呐公司2017年7月20日、2018年4月25日作出的两份股东会决议,其内容均违反了《公司法》第166条之规定,属于无效的股东会决议。由于特安呐公司2016年、2017年均处于亏损状态,根本不具有可分配的利润,因此,特安呐公司有权要求股东唐修文将收取的分红款全部返还给公司。无论2019年9月20日公司股东会决议是否合法有效,均不影响法院支持公司要求唐修文返还相关款项的诉请。

(三)公司作出分配利润的股东会决议后财务状况发生变化

实务中经常会发生这样一种情形,股东会通过了分配利润的决议,但公司实际向股东分配利润之前,公司的财务状况发生变化,公司以此为由拒绝向股东分配利润。例如,公司2020年盈利800万元,公司2021年3月召开股东会,作出决议将利润中的300万元按照各股东实缴出资比例予以分配，然而，股东会决议作出后，公司经营状况发生很大的变化，连续几个季度发生大额亏损，已经无力按照股东会的决议向股东支付分红款。在这种情况下，若股东诉至法院，要求法院判决公司按照股东会的决议向其分配利润，法院应如何处理呢？对此，我们倾向于认为，股东会审议通过了利润分配方案后，股东的抽象的利润分配请求权就成为了具体的利润分配请求权，股东对公司享有要求支付相应款项的合法的债权。即便决议通过后公司的财务状况发生变化，无力向股东支付分红款，法院也仍然应判决股东胜诉，至于该判决生效后能否得到执行则是另一个问题了。

同理，股东会已经通过了分配利润的决议，但公司实际向股东分配利润之前，公司又作出新的股东会决议取消了此前的分配利润的决议，此时仍然不影响股东按照前一份股东会决议要求公司向其分配利润。

■ 法条链接

《公司法》第37条

股东会行使下列职权：……（六）审议批准公司的利润分配方案和弥补亏损方案……

《公司法》第22条第1款

公司股东会或者股东大会、董事会的决议内容违反法律、行政法规的无效。

《公司法》第164条

公司应当在每一会计年度终了时编制财务会计报告，并依法经会计师事务所审计。

财务会计报告应当依照法律、行政法规和国务院财政部门的规定制作。

《公司法》第166条

公司分配当年税后利润时，应当提取利润的百分之十列入公司法定公积金。公司法定公积金累计额为公司注册资本的百分之五十以上的，可以不再提取。

公司的法定公积金不足以弥补以前年度亏损的，在依照前款规定提取法定公积金之前，应当先用当年利润弥补亏损。

公司从税后利润中提取法定公积金后，经股东会或者股东大会决议，还可以从税后利润中提取任意公积金。

公司弥补亏损和提取公积金后所余税后利润，有限责任公司依照本法第三十四条的规定分配；股份有限公司按照股东持有的股份比例分配，但股份有限公司章程规定不按持股比例分配的除外。

股东会、股东大会或者董事会违反前款规定，在公司弥补亏损和提取法定公积金之前向股东分配利润的，股东必须将违反规定分配的利润退还公司。

公司持有的本公司股份不得分配利润。

《最高人民法院关于适用〈中华人民共和国公司法〉若干问题的规定(四)》第14条

股东提交载明具体分配方案的股东会或者股东大会的有效决议,请求公司分配利润,公司拒绝分配利润且其关于无法执行决议的抗辩理由不成立的,人民法院应当判决公司按照决议载明的具体分配方案向股东分配利润。

《最高人民法院关于适用〈中华人民共和国公司法〉若干问题的规定(四)》第15条

股东未提交载明具体分配方案的股东会或者股东大会决议,请求公司分配利润的,人民法院应当驳回其诉讼请求,但违反法律规定滥用股东权利导致公司不分配利润,给其他股东造成损失的除外。

6.2 无股东会决议时法院能否介入公司的利润分配

■ 基本案情

2006年3月,李昕军和张海龙二人设立太一热力公司,经营范围为:热能供给、管道安装维修,公司注册资本1000万元,李昕均出资650万元,占股65%,张海龙出资350万元,占股35%。

2007年4月,居立门业公司受让张海龙所持有的太一热力公司350万元的股权。

2007年5月,太一工贸公司受让李昕军所持有的600万元太一热力公司的股权,居立门业公司受让李昕军所持有的50万元太一热力公司的股权。至此,太一热力公司的股东为太一工贸公司(占股60%)、居立门业公司(占股40%),上述股权转让已完成工商变更登记。

2009年9月,庆阳市人民政府决定整体收购太一热力公司的资产和土地,包括已建和在建的房屋、供热设备、管道及相应的配套系统等资产以及热源厂占地的36.6亩土地。收购价格除去政府已拨付的支持资金和太一热力公司已收取的城市供热配套费(共计3234.72万元)外,再支付7000万元。太一热力公司名下剩余的32.7亩仍由太一热力公司开发。

2009年10月,庆阳市西峰区人民政府与太一热力公司签订《庆阳市西峰区新区集中供热站工程回购合同》。至2010年7月,太一热力公司名下的32.7亩土地性质已转换为商业、住宅用地,并已收到《回购合同》约定的全部款项。

在庆阳市人民政府收购太一热力公司的主要资产后，太一热力公司未开展其他经营活动，也未进行清算，公司账面上存留有巨额未分配利润。李昕军作为太一热力公司的执行董事与法定代表人，在未经过股东会决策同意，将资产转让所得的巨额款项中的5600余万元转入其所开办的兴盛建安公司。居立门业公司曾要求太一热力公司分配盈余，但却因无法召开股东会形成公司盈余分配决议。

居立门业公司基于分配太一热力公司盈余的目的向法院起诉，要求太一热力公司分配盈余7000余万元和32.7亩的土地，同时要求李昕军对前述盈余分配承担连带责任。

一审审理期间，甘肃省高级人民法院同意居立门业公司的申请，委托甘肃茂源会计师事务所进行审计。甘肃茂源会计师事务有限公司出具甘茂会审字〔2015〕第52号《审计报告》，审计结论为：截至2014年10月31日，太一热力公司未分配利润为7597.34万元。

一审法院判决支持了居立门业公司的诉请，太一热力公司应向居立门业公司分配2046.62万元的公司利润，并给付自2010年7月11日起至实际付清之日的利息，李昕军对太一热力公司应向居立门业公司分配的利润以及利息承担补充责任。太一热力公司和李昕军不服甘肃省高级人民法院的一审判决，认为一审法院的判决无法律依据且剥夺了股东会的权力，遂上诉至最高人民法院。最高人民法院经过二审审理，撤销一审判决，改判太一热力公司向居立门业公司分配1631.34万元的公司利润，并由李昕军对1631.34万元的利润不能支付的部分承担补充责任。[2]

■ 法院裁判

一审法院判决：太一热力公司于判决生效后10日内支付居立门业公司盈余分配款20,466,276.4元；太一热力公司按中国人民银行同期贷款利率向居立门业公司支付20,466,276.4元自2010年7月11日起至实际付清之日止的利息；如太一热力公司到期不能履行上述一、二项给付，由李昕军承担赔偿责任。

裁判理由：根据《公司法》第37条第1款的规定，股东会行使审议批准公司的利润分配方案和弥补亏损方案的职权，即公司股利分配属于公司股东会的决议事项，依据本案事实，居立门业公司2007年受让取得股权成为太一热力公司的股东，2009年太一热力公司的全部资产被庆阳市人民政府整体收购，至本案诉讼前，太一热力公司两股东未形成任何公司股利分配方案或者作出决定。太一热力公司存在可供分配的利润，但长期不向股东分配，严重损害了股东的合法权益。根据《公

〔2〕 案例来源：民事裁判文书，(2016)最高法民终528号。

司法》第34条、第166条第4款的规定，太一热力公司章程约定，应当按照股东的出资比例向股东分配红利。并因太一热力公司长期占用居立门业公司应分配利润，应当按照中国人民银行同期贷款利率支付资金占有期间的利息。

因太一热力公司的主要营业已经被市政府收购，并已经办理了移交手续。在营业转让之后，未开展经营活动、未进行财务清算，同时居立门业公司虽然诉请分配盈余，但是未能提供具体的盈余数额，一审法院同意居立门业公司的申请，委托甘肃茂源会计师事务所有限公司予以审计，根据《审计报告》结论，太一热力公司的清算净收益为7597.34万元。另根据《审计报告》所附说明、太一热力公司和居立门业公司对《审计报告》的质证意见，一审法院对此直接予以调整，最终计算太一热力公司截至2014年10月31日的可分配利润为5116.56万元。因居立门业公司持有公司40%的股权，按此比例计算得到居立门业公司应当分得2046.62万元。

二审法院判决：撤销甘肃省高级人民法院(2013)甘民二初字第8号民事判决；庆阳市太一热力有限公司于本判决生效后10日内给付甘肃居立门业有限责任公司盈余分配款16,313,436.72元；庆阳市太一热力有限公司到期不能履行上述给付义务，由李昕军承担赔偿责任；驳回甘肃居立门业有限责任公司的其他诉讼请求。

裁判理由：公司在经营中存在可分配的税后利润时，有的股东希望将盈余留作公司经营以期待获取更多收益，有的股东则希望及时分配利润实现投资利益，一般而言，即使股东会或股东大会未形成盈余分配的决议，对希望分配利润股东的利益不会发生根本损害，因此，原则上这种冲突的解决属于公司自治范畴，是否进行公司盈余分配及分配多少，应当由股东会作出公司盈余分配的具体方案。但是，在部分股东变相分配利润、隐瞒或转移公司利润时，则会损害其他股东的实体利益，已非公司自治所能解决，此时若司法不加以适度干预则不能制止权利滥用，亦有违司法正义。虽目前有股权回购、公司解散、代位诉讼等法定救济路径，但不同的救济路径对股东的权利保护有实质区别，故需司法解释对股东的盈余分配请求权进一步予以明确。为此，《公司法解释四》第15条规定，“股东未提交载明具体分配方案的股东会或者股东大会决议，请求公司分配利润的，人民法院应当驳回其诉讼请求，但违反法律规定滥用股东权利导致公司不分配利润，给其他股东造成损失的除外。”在本案中，首先，太一热力公司的全部资产被整体收购后公司再没有其他经营活动，一审法院委托司法审计的结论显示，太一热力公司清算净收益为75,973,413.08元，即使扣除双方有争议的款项，太一热力公司也有巨额的可分配利润，具备公司进行盈余分配的前提条件；其次，李昕军同为太一热力公司及其控股股东太一工贸公司的法定代表人，未经公司另一股东居立门业公司同意，没有合理事由将5600万余元的公司资产转让款转入兴盛建安公司的账户，转移公司利润，给居立门业公司造成损失，属于太一工贸公司滥用股东权利，符合《公司法解释四》第15条但书条款规定的应进行强制盈余分配的实质要件。因此，一审判决关于太一热力公司应当进行盈余分配的认定有事实和法律依据，太一热力公司、李昕军关于没有股东会决议不应进行公司盈余分配的上诉主张不能成立。因在司法强制干预分配公司盈余之前，公司并没有法定给付义务，故不应给付利息。

在未对盈余分配方案形成股东会或股东大会决议的情况下由司法介入盈余分配纠纷，系因控制公司的股东滥用权利损害其他股东利益，在确定盈余分配数额时，要严格公司举证责任以保护弱势小股东的利益，但还要注意优先保护公司外部关系中债权人、债务人等的利益。本案中，首先，太一热力公司、李昕军虽上诉主张审计材料存在未质证问题，但并未明确指出哪些材料未经质证，故二审法院对该上诉理由不予支持。其次，对于太一热力公司能否收取诉争的1038.21万元入网"接口费"问题，双方当事人各执一词，因该款项涉及案外人的实体权益，应当依法另案解决，一审判决未予扣减不当，二审法院予以纠正。最后，太一热力公司、李昕军上诉主张的《审计报告》其他5项具体问题，均属事实问题，其在二审中并未提交充分证据证明一审判决的相关认定有误，故二审法院不予调整。因此，居立门业公司应分得的盈余数额，以一审判决认定的太一热力公司截至2014年10月31日可分配利润51,165,691.8元为基数，扣减存在争议的入网"接口费"1038.21万元，再按居立门业公司40%的股权比例计算，计1631.34万元。

■ 裁判评析

（一）本案涉及抽象的利润分配请求权的积极行使

股东的利润分配请求权可分为抽象的利润分配请求权与具体的利润分配请求权。前者是指股东基于其作为公司股东的资格和地位而享有的一种股权权能；后者是指公司存有可资分红的利润时，股东根据股东会分派股利的决议而享有的请求公司按其持股类别和比例向其支付特定股利金额的权利。[3]

抽象的利润分配请求权是附着于股东资格和地位的股东权权能，在公司获得盈余但未作出分配前，股东享有的股利请求权仅具"期待权"性质，且该权利一般不得个别地积极行使。原告居立门业公司在无股东会决议的基础上提起了抽象股利分配之诉，属于对该抽象的利润分配请求权的积极行使。

（二）公司盈余分配原则上属公司自治范围

本案涉及的核心问题为：在无股东会决议的背景下，司法能否介入强制分配公司利润，以及由此衍生的强制分配利润的数额确定、能否请求支付利息等。公司利润分配属于具专业性、个别性、时效性的商业判断，司法机关难谓其有足够的专业

〔3〕 参见刘俊海：《现代公司法》（上册），法律出版社2015年版，第375页。

能力合理地划定利润分配的比例，因此公司是否分配利润以及分配多少、如何分配，从尊重公司商业判断和司法的被动性角度出发，原则上属于公司的内部自治事务。

我国《公司法》第37条之规定，将利润分配的审议和批准权交于股东会。股东在公司未形成具体的利润分配的股东会议决议之前，一般来说无权直接要求公司分配股利。法院在处理股东提起的抽象股利分配之诉时，通常情况下应当依据《公司法解释四》第15条第1句之规定驳回其诉请。前述法律及司法解释的规定均表明公司通过内部机制决定公司利润分配是常态，公司的利润分配决定是司法机关通常不会介入的公司自治范围。

（三）一审法院的论证角度及其不足

由于一审法院在审理本案时，《公司法解释四》尚未颁布，无法找到作为强制盈余分配的法律依据，一审法院的裁判便从广义的侵权角度着眼，论证了股东享有主张盈余分配的权利以及公司对该权利的侵害。

首先，一审法院以《公司法》第34条“股东按照实缴的出资比例分取红利；公司新增资本时，股东有权优先按照实缴的出资比例认缴出资。但是，全体股东约定不按照出资比例分取红利或者不按照出资比例优先认缴出资的除外”和第166条第4款“公司弥补亏损和提取公积金后所与税后利润，有限责任公司按照本法第三十四条的规定分配”为依据，并结合太一热力公司的章程“股东按照出资比例分取红利”的规定，论证了居立门业公司作为太一热力公司股东享有主张分取公司利润的权利。其次，太一热力公司在营业被整体收购后，长期未继续开展经营活动，且长期未进行利润分配，公司无正当理由而积存巨额的利润既不利用也不分配的行为明显损害了股东的合法权益，因此证成司法介入公司盈余分配的合法性与合理性。

一审法院在无明确法律依据的背景下能够通过论证原告股东的权利受到侵害，从而判决被告公司强制分配利润，仅就裁判结果而言，值得赞同，但是论证中仍存有可商榷之处。其一，公司未能作出利润分配的决议，可能因董事会未制定方案、控股股东未将提案纳入股东会议审议、控股股东投反对票等。衡诸类似的情形，《公司法》第74条设定股份回购请求权的目的是对控股股东的滥用股东权利侵害中小股东的权益予以救济。从形式上看是公司未作出盈余分配的决议，而实质是控股股东滥用股东权利。就本案而言，太一热力公司未能作出相应的盈余分配方案也是作为控股股东的太一工贸公司滥用股东权利，因此在论证司法作出强制分配盈余的正当性时，应该将关注的重点放在作为股东的太一工贸公司的滥用股东权利的行为。其二，由于李昕军是法人股东太一工贸公司派驻到太一热力公司的董事，李昕军的转移公司盈余的行为能否推定为股东太一工贸公司的行为，一审法院对此问题缺乏必要的说明。

此外，在公司盈余数额的确定问题上，一审法院采信案件审理中委托的会计师事务所出具的《审计报告》中可分配利润的数额，对于双方争议的项目径行予以调整等做法似乎欠缺考量。首先，对《审计报告》中双方均认可的部分，由于未涉及第三方主体，法院采信该部分的事实并无异议，但是对涉及第三方主体且双方存疑的部分，如本案所涉的“接口费”问题，法院未经调查取证，仅以“政府有收费标准”为由，径行调整未分配利润的数额，未免速断。其次，公司有独立的法人资格，在分配利润之前，该部分盈余仍然属于公司所有，因资金积余而产生的利息也应归于公司，属于公司盈余。一审判决对公司占有属于其所有的资金需要支付利息，在逻辑上和在情理上均难以认同。

（四）二审法院的论证角度及其不足

在二审法院审理期间，《公司法解释四》已颁布施行，其中第15条规定：“股东未提交载明具体分配方案的股东会决议或者股东大会决议，请求公司分配利润的，人民法院应当驳回其诉讼请求，但违反法律规定滥用股东权利导致公司不分配利润，给其他股东造成损失的除外。”因司法解释解决了强制盈余分配无规范基础的问题，因此二审法院无须拘泥于一审法院的论证路径，转而将论证重心落在了对《公司法解释四》第15条但书部分的解释和适用。

首先，二审法院强调盈余分配属于公司自治的范畴，但随后笔锋一转，认为司法若对股东“变相分配利润、隐瞒或转移公司利润”三种属于“滥用股东权利”的行为袖手旁观，则有违司法正义。在论证强制盈余分配的正当性时，二审法院先是重申“无盈余不分配”的原则，太一热力公司在营业转让后未开展其他经营活动，存留巨额利润，满足盈余分配的前提条件。其次，二审法院认为李昕军作为太一热力公司和太一工贸公司的法定代表人，转移太一热力公司的利润，其行为视为太一工贸公司的行为，因此太一工贸公司存在前述滥用股东权利的行为，导致太一热力公司不分配利润，并给居立门业公司造成了损失，符合了《公司法解释四》第15条但书部分的规定，司法权介入予以救济有正当性。二审法院意识到股东滥用权利是公司未能作出盈余分配的决议的关键，列举了三类行为，从而认定太一工贸公司属于转移公司利润的行为，构成了滥用股东权利。但此处论证仍存有不足：李昕军作为太一热力公司、太一工贸公司的法定代表人以及太一热力公司的执行董事和实际控制人，二审法院虽未指明，但通过其表述可以得出其依据的是原《民法总则》第61条第2款（《民法典》第61条第2款）的规定，将李昕军的行为视同太一工贸公司的行为，但能否借助原《民法总则》第61条第2款将李昕军的行为视同太一公司的行为不无疑问。

在盈余数额的确定上，二审法院认为对涉及第三方的有争议的债权债务不应视为能够分配的盈余，因此能够分配的盈余中予以扣减，同时司法强制分配盈余与公司自主决定分配盈余不同，其债权债务的形成是在法院裁判作出之时，因此无须对此支付利息。应当说二审法院对于有争议的盈余予以回避,较之一审法院的径行调整更突出了司法在公司盈余分配问题上的谦抑性,值得赞同。

本案的裁判是对《公司法解释四》第15条但书部分的有力实践,为司法介入强制公司盈余分配提供了重要的参考样本。然而,本案的特殊性也导致其无法简单地推而广之。第一,本案无须过多考虑公司的存续与经营问题。太一热力公司在被收购之后未开展其他营业活动,因此在法院强制公司盈余分配之时无须顾忌公司能否存续、是否会损害公司债权人的利益。但对于大部分的案例而言,公司的存续和经营是法院不得不考虑的因素,这也是司法尊重公司自治的缘由。第二,本案中公司留存有巨额的现金盈余,在分配时无须考虑资产价格变动问题。太一热力公司的营业被整体收购,因此公司的资产主要以现金的方式留存,而实践中公司资产中现金占比如此之高的公司仍为少数,若以实物资产予以分配则必然涉及处分价值低于账面价值的问题。第三,法院对已经确定的盈余采取了全额分配的方式,实质上表明了法院在裁判时是将名存实亡的太一热力公司视为处于清算状态,因而采取了全额分配的方式,但全额分配的适用显然不具有普遍性。

■ 法条链接

《公司法》第4条

公司股东依法享有资产收益、参与重大决策和选择管理者等权利。

《最高人民法院关于适用〈中华人民共和国公司法〉若干问题的规定(四)》第14条

股东提交载明具体分配方案的股东会或者股东大会的有效决议,请求公司分配利润,公司拒绝分配利润且其关于无法执行决议的抗辩理由不成立的,人民法院应当判决公司按照决议载明的具体分配方案向股东分配利润。

《最高人民法院关于适用〈中华人民共和国公司法〉若干问题的规定(四)》第15条

股东未提交载明具体分配方案的股东会或者股东大会决议,请求公司分配利润的,人民法院应当驳回其诉讼请求,但违反法律规定滥用股东权利导致公司不分配利润,给其他股东造成损失的除外。

6.3　与目标公司签订的对赌协议的效力及其履行

■ 基本案情

2011年7月6日,江苏华工创业投资有限公司(以下简称华工公司)与扬州锻压机床集团有限公司(2011 年 12 月 29 日变更为扬州锻压机床股份有限公司,以下简称扬锻公司)等共同签订《增资扩股协议》,约定以公司 2011 年预测净利润 9350 万元为基础,按 10.12 倍 PE 估值,以增资后的注册资本 8600 万元计算,华工公司以现金 2200 万元人民币对公司增资。同日,扬锻公司与华工公司签订《补充协议》,其中约定:若扬锻公司在 2014 年 12 月 31 日前未能在境内资本市场上市或主营业务、实际控制人、董事会成员发生重大变化,华工公司有权要求扬锻公司回购其所持有的全部扬锻公司的股份,扬锻公司应以现金形式收购。2011 年 7 月 20 日,华工公司向扬锻公司新增出资 2200 万元。

2011 年 11 月 20 日,扬锻公司召开创立大会并通过新的公司章程,其中第 21 条规定:"公司在下列情况下可以依照法律、行政法规、部门规章和本章程的规定回购本公司的股份:(一)减少公司注册资本;(二)与持有本公司股份的其他公司合并;(三)将股份奖励给本公司职工;(四)股东因对股东会作出的公司分立、合并决议持异议,要求公司回购其股份。除上述情形外,公司不进行买卖本公司股份的活动。"2014 年 11 月 25 日,华工公司以书面形式向扬锻公司提出回购请求:鉴于扬锻公司在 2014 年 12 月 31 日前不能在境内资本市场上市,现要求扬锻公司以现金形式回购华工公司持有的全部公司股份,回购股权价格同《补充协议》的约定。截至 2015 年 7 月 19 日,华工公司应获得的股权回购价款为:本金 2200 万元、利息 626 万元。

华工公司向一审法院起诉请求判令扬锻公司等共同回购华工公司持有的扬锻公司股份,并支付股权回购款本金 2200 万元及利息。[4]

■ 法院裁判

本案的争议焦点为案涉股权回购约定的效力应如何认定,如果有效能否履行。

一审法院认为,案涉股权回购约定因违反《公司法》的禁止性规定且违背公司资本维持和法人独立财产原则而无效。在公司有效存续期间,股东基于其投资可以从公司获得财产的途径只能是从公司分配利润或者通过减资程序退出公司,而公司回购股东的股权必须基于法定情形并经法定程序。首先,《公司法》第 142 条对于 4 种法定情形外公司不得收购本公司股份作出了明确规定。案涉《补充协议》关于公司应以现金形式回购股权的约定不符合上述法定情形、违反了上述禁止性规定。其次,该约定实际是让华工公司作为股东在不具备法定回购情形以及不需要法定程序的情况下,直接由公司支付对价而抛出股权,使股东可以脱离公司经营业绩、不承担公司经营风险即获得约定收益,损害了公司、公司其他股东和公

---

〔4〕 案例来源:民事裁判文书,(2019)苏民再 62 号。

司债权人的权益，与《公司法》第20条资本维持、法人独立财产原则相悖。同时，扬锻公司2011年新章程对公司回购股份情形的约定系各股东的真实意思表示，对华工公司具有约束力。2011年11月20日，扬锻公司的新公司章程第21条对公司回购股份的情形作了重新约定，并规定除上述情形外，公司不进行买卖本公司股份的活动，该规定符合《公司法》第142条股份有限公司不得收购本公司股份的规定。

华工公司不服一审判决，提起上诉，请求撤销原判，改判支持其全部诉讼请求。二审法院认为，华工公司请求判令扬锻公司及11位原股东共同回购华工公司所持有的股份，需确定回购约定的效力。相关法律和扬锻公司章程均明确公司不能从事该回购事宜，否则明显有悖公司资本维持这一基本原则和法律有关规定，故一审认定回购约定无效依据充分。一审判决驳回华工公司的诉讼请求，未涉及华工公司所称赔偿和返还投资款的问题，一审法院的处理未实质影响华工公司可能的权益。二审法院驳回上诉，维持原判。

华工公司不服二审判决，向江苏省高级人民法院申请再审。再审法院认为，首先，案涉对赌协议的效力应认定有效。案涉协议签订时扬锻公司系有限责任公司，且该公司全体股东均在对赌协议中签字并承诺履行协议。该协议约定扬锻公司及其原全体股东应在华工公司书面提出回购要求之日起30日内完成回购股权等事项。上述约定表明，扬锻公司及全部股东对股权回购应当履行的法律程序及法律后果是清楚的，即扬锻公司及股东在股权回购条款激活后，该公司应当履行法定程序办理工商变更登记，该公司的全体股东负有履行协助义务及履行结果上的保证责任。我国《公司法》并不禁止有限责任公司回购本公司股份，有限责任公司在履行法定程序后回购本公司的股份，不会损害公司股东及债权人利益，亦不会违反资本维持原则。案涉对赌协议中关于股份回购的条款内容，属于缔约过程中当事人对投资合作商业风险的安排，系各方当事人的真实意思表示。股份回购条款中关于回购价款的约定虽为相对固定收益，但与同期企业融资成本相比并不明显过高，不存在脱离目标公司正常经营下所应负担的经营成本及所能获得的经营业绩的企业正常经营规律。华工公司、扬锻公司关于华工公司上述投资收益的约定，不违反国家法律、行政法规的禁止性规定，不存在原《合同法》第52条规定的合同无效的情形，亦不属于合同法所规定的格式合同或者格式条款，不存在显失公平的问题。在案涉对赌条款激活后，扬锻公司应按照协议约定履行股份回购义务。

其次，案涉对赌协议具备履行可能性。2011年11月20日，扬锻公司股东表决，明确公司为股份有限公司，不同于原扬锻集团。故华工公司诉请扬锻公司履行股份回购义务，尚需具备法律上及事实上的履行可能。关于股份有限公司股份回购，《公司法》第142条第1款规定："公司不得收购本公司股份。但是，有下列情形之一的除外：（一）减少公司注册资本；（二）与持有本公司股份的其他公司合并……”第2款规定,公司因前款第1项至第3项规定的情形收购本公司股份的,应当经股东大会决议;第3款规定,公司依照前款规定收购本公司股份后,属于第1项情形的,应当自收购之日起10日内注销。根据上述规定可知,《公司法》原则上禁止股份有限公司回购本公司股份,但同时亦规定了例外情形。本案中,扬锻公司章程亦对回购本公司股份的例外情形作出了类似的规定,该规定对扬锻公司及全体股东均有法律上的约束力。《公司法》第37条、第46条、第177条、第179条已明确规定了股份有限公司可通过减少注册资本回购本公司股份的合法途径。扬锻公司履行法定程序,支付股份回购款项,并不违反公司法的强制性规定,亦不会损害公司股东及债权人的利益。投资方投入资金后,具有目标公司股东和公司债权人的身份。投资方基于公司股东的身份,应当遵守公司法的强制性规定,非依法定程序履行减资手续后退出,不能违法抽逃出资。而其基于公司债权人的身份,有权依据对赌协议的约定主张权利。《公司法》亦未禁止公司回购股东对资本公积享有的份额,案涉对赌协议对于注资部分的回购约定具备法律上的履行可能。扬锻公司在投资方注资后,其资产得以增长,而且在事实上持续对股东分红,其债务承担能力相较于投资方注资之前得到明显提高。参考华工公司在扬锻公司所占股权比例及扬锻公司的历年分红情况,案涉对赌协议约定的股份回购款项的支付不会导致扬锻公司资产的减损,亦不会损害扬锻公司对其他债务人的清偿能力,不会因该义务的履行构成对其他债权人债权实现的障碍。华工公司在向扬锻公司注资后,同时具备该公司股东及公司债权人的双重身份,如允许扬锻公司及股东违反对赌协议的约定拒绝履行股份回购义务,不仅损害华工公司作为债权人应享有的合法权益,亦会对华工公司股东及该公司债权人的利益造成侵害,有违商事活动的诚实信用原则及公平原则。案涉对赌协议约定的股份回购条款具备事实上的履行可能。

■ 裁判评析

本案涉及的问题是投资方与目标公司签订的对赌协议的效力问题以及如何判断与目标公司的对赌协议能否履行的问题。

在本案中,再审法院和一审、二审法院作出了截然相反的判决。一审法院从《公司法》第142条关于股份回购的强制性规定出发,认为案涉对赌协议中的回购约定因违反了上述条款应属无效。此外,一审法院基于公司资本规制的视角,认为该约定使得同时具备股东身份的投资方可以在不符合回购条件以及法定程序的情况下直接抛售股权,在不承担经营风险的基础上获得公司支付的对价,这亦会损害公司以及股东、债权人的利益,违反了《公司法》第20条公司财产独立以及资本维持原则的规定。由此,一审法院认定对赌协议无效,且华工公司要求履行对赌协议的请求缺乏事实和法律依据而未予支持。二审法院在一审判决的基础上,同样认为因《公司法》以及扬锻公司章程均明确公司不能进行协议中约定的回购事项,否则亦会违反公司资本维持原则,从而维持了一审判决。

再审法院则是从《公司法》规则的体系定位以及规范意旨的角度,认为现行《公司法》并未禁止有限责任公司回购本公司股份。首先从体系定位来看,《公司法》第 142 条是在第五章"股份有限公司的股份发行与转让"项下作出的规定。而案涉对赌协议签订时,扬锻公司系有限责任公司,因此对于其回购自身股份的行为不受上述规则所约束,在现行规范体系未予禁止的情况下,其合法性与正当性应当得到认可。其次从规范意旨来看,《公司法》之所以严格限制股份有限公司回购本公司股份,仅以列举的方式允许了部分情形,是基于公司与股东各自财产的独立性。若股份有限公司回购本公司股份,则意味着其需以自有资金作为股权价款的支付对价,这会减少公司的自有资金,有悖于公司资本维持原则,并可能会影响债权人利益的实现。而对于有限责任公司,再审法院认为其在履行法定程序后的回购行为,不会损害股东及债权人利益,亦不会违反资本维持原则。此外,从对赌协议的内容来看,其中股份回购条款的约定系当事人对商事交易风险的自主安排,是相对方的真实意思表示,且内容并不违反法律、法规的禁止性规定,不存在原《合同法》中合同无效或显失公平的情形。综上所述,案涉对赌协议系属有效。

关于案涉对赌协议的履行问题,再审法院从法律和事实两个方面展开分析。在法律方面,基于《公司法》及扬锻公司章程中关于回购本公司股份的例外规定,扬锻公司履行对赌协议具有法律上的正当性。《公司法》第 37 条、第 46 条、第 177 条、第 179 条,亦明确了股份有限公司可通过减资回购本公司股份的合法性。华工公司作为对赌协议的投资方,在回购条件触发时有权依照约定主张权利。在事实方面,从公司资本充实度出发,扬锻公司因华工公司的投资而得以增加自身资产,债务承担能力也得到提升。结合华工公司在扬锻公司所占股权比例以及扬锻公司的历年分红,可以判断案涉对赌协议的履行不会减损扬锻公司资产。如果不允许履行,则会影响华工公司作为债权人应当享有的利益。从实质层面出发,结合公司的财务会计情况(如资产负债表等),该履行亦不会影响扬锻公司对其他债权人的债务清偿以及自身的偿债能力,即不会对公司的清偿能力和资本充实造成影响。综上可知,案涉对赌协议兼具法律和事实上的可履行性。

对赌协议,又称估值调整协议,是指投资方与融资方在达成股权性融资协议时,为解决交易双方对目标公司未来发展的不确定性、信息不对称以及代理成本而设计的，包含股权回购、金钱补偿等对未来不确定的目标公司的估值进行调整的协议。[5] 对赌协议作为投融资领域的交易安排，已经普遍得到认可。对赌协议依主体的不同，可以分为与股东对赌和与目标公司对赌，以及与股东和目标公司同时对赌；依对赌内容的不同，可以分为股权回购型对赌和金钱补偿型对赌。在《九民纪要》出台之前，我国关于对赌协议的立法尚付阙如，而是经由司法判例得以调整，主要的争议则集中在对赌协议的效力和履行方面。

被称作“对赌协议第一案”的“海富案”，[6]开启了公司对赌领域的审判先河。依据该案的审判思路，其认可了投资方与目标公司股东对赌有效、与目标公司对赌无效的立场。但该案的审理终结并非意味着问题的结束，而是随之引发了理论界一系列的争议。如有观点认为，目前我国法律法规在对赌领域并没有强制性的规定。依据“法无明文禁止即合法”的基本原理，在法律未对对赌协议明确禁止的情况下，投融资双方依据意思自治而签订的对赌协议应属合法有效。[7] 有观点基于域外研究的视角，认为在法官专业化的基础上，通过对公司财务状况的具体分析来判断对赌协议履行的可能性才应当是司法裁判的核心。[8] 与“海富案”相比，“华工案”则体现了司法裁判的演进与探索。在本案中，司法机关采取了区分对赌协议的效力及履行的方法论，并分别展开分析。一方面，不再顺承既往裁判一概否认协议无效的立场，而是基于股权投融资领域对交易风险的自主约定和分配，尊重了商事领域的交易自由；另一方面，再审法院将规制重心转移到了对赌协议的履行问题上，并从法律和事实两个维度进行论述。在法律层面，因对赌协议本身作为协议，经由当事人双方意思自治而达成，因此需要受到原《合同法》的调整。对赌协议中的投资方基于向目标公司的注资而成为公司股东，此时其具有目标公司债权人和股东的双重身份，因此在处理此类案件时亦需运用《公司法》分析对赌协议的履行对公司内部及外部的影响。在事实层面，主要是考虑到回购协议的履行不会影响公司的偿债能力以及资本维持原则。应当承认的是，再审法院的审理思路体现了一定程度上的进步与创新。循此逻辑，对赌协议在一般情况下是有效的，但协议有效并非意味着其当然能够得到履行，在判断时需要结合公司的具体情况，这实质上为对赌协议的履行设置了新的门槛。资本维持原则作为公司“法定资本

---

〔5〕 参见最高人民法院民二庭编：《〈全国法院民商事审判工作会议纪要〉理解与适用》，人民法院出版社 2019 年版，第 114 页。

〔6〕 参见苏州工业园区海富投资有限公司与甘肃世恒有色资源再利用有限公司、香港迪亚有限公司、陆波增资纠纷再审案［最高人民法院（2012）最高院民提字第 11 号民事判决书］。

〔7〕 参见杨明宇：《私募股权投资中对赌协议性质与合法性探析——兼评海富投资案》，载《证券市场导报》2014 年第 2 期。

〔8〕 参见刘燕：《对赌协议与公司法资本管制：美国实践及其启示》，载《环球法律评论》2016 年第 3 期。

制”的三大原则之一，其虽未直接见于现行立法，但其价值在《公司法》中有着诸多体现，如关于公司减资、利润分配、股份回购等方面的规定。就股份回购本身而言，其在比较法上是被认作与利润分配具有相同的经济实质，而统一规范在公司分配的规则框架之下。〔9〕循此逻辑，目标公司在履行对赌协议时需要遵循资本维持原则项下的利润分配要求。

2019年出台的《九民纪要》，对司法领域的对赌协议纠纷作出了回应。其中的规定认可了对赌协议原则上有效，除非存在某些法定无效事由，即使对赌协议是在有效的前提下，亦需判断其是否具有履行的可能。在履行问题的判断上，《九民纪要》依据对赌内容类型的不同而作了区分。对于回购股权型对赌，需审查目标公司是否完成了减资程序以及遵循资本维持原则；对于金钱补偿型对赌，则需审查目标公司的利润是否足以补偿投资方。就“华工案”而言，其应属于回购股权型对赌。《九民纪要》在“华工案”的基础上，增加了“是否完成减资程序”这一情形，即目标公司只有完成了减资行为才具有履行回购协议的可能。因为从《公司法》第142条的条文来看，在投资方请求目标公司回购其股份的场合，仅有“减少公司注册资本”这一条款符合条件。但也有观点认为，这一规定实际上是否认了回购制度的功能，混淆了其与减资的前后顺位关系。〔10〕其理由在于，投资方以高溢价作为投资时，其在目标公司中所占的股权比例无法达到减资要求的代表2/3以上表决权，此时目标公司若未通过减资决议则对赌协议在客观上依旧无法履行，目标公司也不具备自主减资的意愿。而且，启动减资程序需履行的债权人保护程序又增加了对赌协议的履行成本及不确定性。

综合《九民纪要》出台之后的案例来看，多数法院认可了对赌协议的效力，除非具备法定无效事由。如在(2020)鲁14民终2840号民事判决书中，法院认定对赌协议中存在当事人恶意串通损害第三人利益的行为，故案涉对赌协议无效。在对赌协议的履行问题上，则是依据回购股权或金钱补偿类型的不同区分审查。对于股权回购型对赌，目标公司若未完成减资程序，则法院不支持实质履行。根据上文的分析，对赌协议在履行过程中面临着目标公司的客观障碍。故也有观点认为，《九民纪要》中的规定或许是给投资方“画了一个饼”。但对赌协议作为一种商事安排，亦是当事方对于交易风险的自愿分配，当事方亦可结合预期合理地调整自己的商事行动。《九民纪要》就对赌协议纠纷的影响程度为何，仍需司法实践进一步的检验。

---

〔9〕 参见潘林：《股份回购中资本规制的展开——基于董事会中心主义的考察》，载《法商研究》2020年第4期。

〔10〕 参见刘燕：《“对赌协议”的裁判路径及政策选择——基于PE/VC与公司对赌场景的分析》，载《法学研究》2020年第2期。

■ 法条链接

《公司法》第74条第1款

有下列情形之一的，对股东会该项决议投反对票的股东可以请求公司按照合理的价格收购其股权：

（一）公司连续五年不向股东分配利润，而公司该五年连续盈利，并且符合本法规定的分配利润条件的；

（二）公司合并、分立、转让主要财产的；

（三）公司章程规定的营业期限届满或者章程规定的其他解散事由出现，股东会会议通过决议修改章程使公司存续的。

《公司法》第142条第1款

公司不得收购本公司股份。但是，有下列情形之一的除外：

（一）减少公司注册资本；

（二）与持有本公司股份的其他公司合并；

（三）将股份用于员工持股计划或者股权激励；

（四）股东因对股东大会作出的公司合并、分立决议持异议，要求公司收购其股份；

（五）将股份用于转换上市公司发行的可转换为股票的公司债券；

（六）上市公司为维护公司价值及股东权益所必需。

《公司法》第177条

公司需要减少注册资本时，必须编制资产负债表及财产清单。

公司应当自作出减少注册资本决议之日起十日内通知债权人，并于三十日内在报纸上公告。债权人自接到通知书之日起三十日内，未接到通知书的自公告之日起四十五日内，有权要求公司清偿债务或者提供相应的担保。

6.4　股东是否有权查阅公司的会计凭证

■ 基本案情

海融博信公司于2015年2月27日设立，公司类型为有限责任公司（台港澳与境内合资），注册资本为3000万美元，股东为北京海融博信管理咨询有限公司（以下简称海融博信公司）和富巴公司。

2018年3月27日，北京市国乐律师事务所律师李德伟代表富巴公司向海融博信公司、贾红爽发出《律师函》，载明：海融博信公司成立至今已近三年时间，但富巴公司至今不了解其经营状况及财务状况。为准确了解海融博信公司真正的经营管理状况和财务状况，现富巴公司依据我国公司法及有关规定，特委托律师以本律师函方式对海融博信公司提出书面请求，要求海融博信公司将自公司成立以来的全部公司章程、股东会会议记录、董事会会议决议、监事会会议决议、财务会计报告、公司会计账簿（含总账、明细账、日记账、其他辅助性账簿）和会计凭证（含记账凭证、相关原始凭证及作为原始凭证附件入账备查的合同等有关资料）的原件完整备置于海融博信公司的住所地以供富巴公司律师查阅和复制，并向其完整提供上述材料的纸质复印件。

海融博信公司于2018年3月28日收到该《律师函》后至今未答复。

2018年，富巴公司向北京市第四中级人民法院起诉请求：(1)判令海融博信公司将其成立以来的公司章程、股东会会议记录、董事会会议决议、监事会会议决议、财务会计报告的原件完整备置于其住所地以供富巴公司查阅和复制，并向富巴公司完整提供上述材料的纸质复印件；(2)判令海融博信公司将其成立以来的公司会计账簿（含总账、明细账、日记账、其他辅助性账簿）和会计凭证（含记账凭证、相关原始凭证及作为原始凭证附件入账备查的有关资料）的原件完整备置于其住所地以供富巴公司查阅。[11]

■ 法院裁判

本案的一个争议焦点为：股东是否有权查阅公司的会计凭证。

一审法院认为：首先，《公司法》第33条规定："股东有权查阅、复制公司章程、股东会会议记录、董事会会议决议、监事会会议决议和财务会计报告。股东可以要求查阅公司会计账簿。股东要求查阅公司会计账簿的，应当向公司提出书面请求，说明目的。公司有合理根据认为股东查阅会计账簿有不正当目的，可能损害公司合法利益的，可以拒绝提供查询，并应当自股东提出书面请求之日起十五日内书面答复股东并说明理由。公司拒绝提供查阅的，股东可以请求人民法院要求公司提供查阅。"本案中，富巴公司系海融博信公司的登记股东，故根据《公司法》的上述规定，富巴公司依法享有并有权行使其股东知情权的相关权利。其次，《会计法》第15条第1款规定，会计账簿包括总账、明细账、日记账和其他辅助性账簿。有限责任公司的会计凭证和原始凭证是形成公司会计账簿的重要资料，且会计账簿的真实性和完整性是通过原始凭证反映的，股东通过查阅会计凭证和原始凭证可以充分保障其自身合法权益，故富巴公司要求查阅海融博信公司会计凭证、原始凭证等资料的诉请应当得到支持。

海融博信公司上诉主张，海融博信公司提供原始凭证供富巴公司查阅没有任

---

〔11〕 案例来源：民事裁判文书，(2019)最高法民申6815号。

何法律依据。二审法院认为,我国公司法规定股东有查阅公司会计账簿的权利,但未将制作公司会计账簿涉及的有关凭证列入股东可以行使该项股东知情权的范围,故富巴公司的诉讼请求中有关查阅的范围和方式超出我国公司法规定的部分,其诉请不应得到支持。

富巴公司申请再审称,根据《会计法》第9条关于"各单位必须根据实际发生的经济业务事项进行会计核算,填制会计凭证,登记会计账簿,编制财务会计报告"、第14条关于"会计凭证包括原始凭证和记账凭证。办理本法第十条所列的各项经济业务事务,必须填制或者取得原始凭证并及时送交会计机构……记账凭证应当根据经过审核的原始凭证及有关资料编制"的规定以及《北京市高级人民法院关于审理公司纠纷案件若干问题的指导意见》第19条"有限责任公司股东有权查阅的公司会计账簿包括记账凭证和原始凭证"的规定,有限责任公司的会计原始凭证是形成公司会计账簿的重要资料,会计账簿的真实性和完整性是通过原始凭证反映的,富巴公司有权查阅公司的原始凭证,只有通过查阅原始会计凭证才能了解公司的经营及财务状况,充分保障其自身合法权益。再审法院认为,会计账簿不包括原始凭证和记账凭证。股东知情权和公司利益的保护需要平衡,故不应当随意超越法律的规定扩张解释股东知情权的范畴。《公司法》仅将股东可查阅财会资料的范围限定为财务会计报告与会计账簿,没有涉及原始凭证。

再审法院认为,《会计法》第13条第1款规定:"会计凭证、会计账簿、财务会计报告和其他会计资料,必须符合国家统一的会计制度的规定。"第14条第1款规定:"会计凭证包括原始凭证和记账凭证。"根据前述法律规定,会计账簿不包括原始凭证和记账凭证。股东知情权和公司利益的保护需要平衡,故不应当随意超越法律的规定扩张解释股东知情权的范畴。《公司法》仅将股东可查阅财会资料的范围限定为财务会计报告与会计账簿,没有涉及原始凭证,二审判决未支持富巴公司查阅海融博信公司原始凭证的请求,并无不当。《会计法》第9条未赋予股东查阅公司原始凭证的权利,北京市高级人民法院的指导意见不具有司法解释的效力,富巴公司依据以上规定请求再审本案之主张,不能成立。

■ 裁判评析

会计凭证是会计账簿填写的依据,根据《会计法》的规定,会计账簿不包括原始凭证和记账凭证。《公司法》未明确规定行使股东知情权时可以查阅会计凭证,对于股东知情权的查阅对象是否包括会计凭证,存在不同的观点。一种观点认为,公司应当向股东提供充分的信息以使股东更好地了解公司的运营情况,因此需要对《公司法》第33条之规定进行扩张解释,将会计凭证纳入股东可查阅的范围之中。本案中,在一审法院看来,会计账簿的真实性和完整性是通过原始凭证反映的，虽然《公司法》第33条只规定股东可以要求查阅公司的会计凭证，但为了更好地保护股东的知情权，使股东更充分地了解公司的真实经营状况，应当允许股东查阅公司的会计凭证。可以看出，一审法院采取的就是这种观点。股东知情权的设立目的之一是保障股东对公司经营状况的了解，实践中，不少公司可能存在会计账簿造假以隐瞒真实财务信息的情况，如果不允许股东查阅公司的原始会计凭证，则公司可能拿出一份虚假的会计账簿来欺骗中小股东，那么股东的合法权益将不能得到保障。虽然会计账簿和会计凭证的概念不同，会计账簿本身并不包括会计凭证，但会计账簿是以会计凭证为基础和依据进行登记的，只有确保会计凭证的真实才能确保会计账簿的真实性，因此会计凭证应当包含在股东知情权的范畴内。

另一种观点从对法规进行文义解释的角度出发，得出股东无权查阅会计凭证的结论。本案二审法院就持该观点，其认为，《公司法》第33条仅将股东可查阅财会资料的范围限定为财务会计报告与会计账簿，没有涉及原始凭证，因此股东查阅权的范围自然就不能包括会计凭证。

再审法院支持二审法院的观点，认为不应随意扩大股东知情权的范围，在此基础上其注重考量股东的知情权和公司利益保护之间的平衡。公司法虽赋予股东对公司经营情况的知情权，但股东必须在公司法规定的范围内行使其权利，即权利不可滥用。公司法规定股东有权要求查阅公司的会计账簿，但并未明文规定股东是否可以要求查阅公司的会计凭证。按照我国《会计法》的规定，会计账簿、会计凭证虽然联系密切，但并非完全相同，因此，股东虽然可以查阅会计账簿但并不代表就可以查阅会计凭证。公司的会计凭证体现了公司的经营细节，甚至关系到公司的商业秘密，若允许股东查阅会计凭证，可能造成公司商业秘密的泄露。在处理个案时，法院应当平衡双方的利益，既需要保障中小股东的知情权，也需要维护公司的正常经营秩序，因此，再审法院否定了股东查阅公司会计凭证的权利。

公司会计资料主要包括会计凭证、会计账簿和财务会计报告三个部分。根据《会计法》第9条、第14条、第15条的规定，会计凭证包括原始凭证和记账凭证，会计账簿包括总账、明细账、日记账和其他辅助性账簿。会计凭证是指记录经济业务发生或者完成情况的书面证明，是登记账簿的依据。会计账簿是以会计凭证为依据，对全部经济业务进行全面、系统、连续、分类记录和核算的簿籍，是由专门格式并以一定形式联结在一起的账页所组成的，是全面反映企事业单位经济业务事项的会计簿籍。根据《公司法》第33条第1款的规定，股东有权查阅、复制公司财务会计报告；根据该条第2款的规定，股东有权查阅公司会计账簿；但对于股东能否查阅公司会计凭证，《公司法》第33条并未明确规定。由此便产生了一个颇具争议的问题，股东行使知情权的范围是否包括查阅公司会计凭证。

当前，对于股东是否可以查阅会计凭证这一问题，理论界存在两种对立的学术观点，分别是"狭义说"和"广义说"。"狭义说"严格坚持文义解释，认为会计凭证不属股东行使查阅权的范畴，与其相对的是“广义说”，其认为股东查阅权的对象应当包含会计凭证，为了更好地实现股东知情权的立法目的，保障股东获取真实的公司经营信息的渠道，应当赋予股东查阅公司会计凭证的权利。

最高人民法院起草的《公司法司法解释（四）》（征求意见稿）第 16 条规定：“有限责任公司的股东起诉请求查阅公司会计账簿及与会计账簿记载内容有关的记账凭证或者原始凭证等材料的，应当依法受理。公司提供证据证明股东查阅记账凭证或者原始凭证等有不正当目的，可能损害公司合法利益的，应当驳回诉讼请求。”根据该规定，股东除享有查阅公司会计账簿的权利外，还有权要求查阅与其相关的会计凭证。然而，《公司法解释四》最终删除了这一规定。对于股东是否有权查阅会计凭证，立法者的态度是较为谨慎的，这也造成该类案件在司法实践中仍存在不同法院裁判不一致的现象。对此，最高人民法院杜万华法官主编的《最高人民法院公司法司法解释（四）理解与适用》（第 189 页）指出：“在起草司法解释的过程中，对股东查阅范围是否应包括会计原始凭证，存在较大争议。在最终通过的版本中，删去了关于股东可以查阅原始会计凭证的规定，而留待司法实践继续探索。”

虽然最高人民法院的态度十分鲜明坚决，即股东无权查阅公司原始会计凭证，但我国并非判例法国家，最高人民法院所裁判的案件（除指导性案例以外）对下级法院的裁判并没有强制约束力。虽然《公司法》未明确规定查阅会计凭证属于股东知情权的范畴，但不同个案中法院所作出的裁判也各不相同。例如，在鲍俐倩与温州市瓯海中油慈湖加油站股东知情权纠纷一案［浙江省高院（2019）浙民再 362 号民事判决］中，虽然一方当事人辩称：“《公司法》第 33 条第 2 款规定对股东知情权查阅对象表述得很清楚，仅为会计账簿。会计账簿并不必然包括会计凭证及记账凭证、附件。《公司法》第 97 条规定，公司股东可以查阅财务会计报告。故股东无权直接查阅会计凭证，其要求查阅会计凭证没有依据。”但浙江省高级人民法院最终肯定了股东查阅会计凭证的权利，其在判决书中写道：“依照《公司法》第 33 条的规定，股东有权查阅、复制公司财务会计报告，可以查阅公司会计账簿。公司有合理根据认为股东查阅会计账簿有不正当目的，可能损害公司合法利益的，可以拒绝提供。《会计法》第 15 条第 1 款和第 14 条第 1 款分别规定‘会计账簿登记，必须以经过审核的会计凭证为依据，并符合有关法律、行政法规和国家统一的会计制度规定。会计账簿包括总账、明细账、日记账和其他辅助性账簿’，‘会计凭证包括原始凭证和记账凭证’。会计账簿和会计凭证系两个概念，会计账簿本身并不包括会计凭证。但会计账簿是以会计凭证为基础和依据进行登记，在确保会计凭证真实的情况下，才能确保会计账簿的真实性，因此会计凭证应当包含在股东知情权的范畴。”

尽管目前尚未有法律、行政法规明确地规定股东可以查阅会计凭证，但在司法实践中，不同案件当事人要求查阅会计凭证的目的各不相同，且公司拒绝股东查阅会计凭证的理由也各不相同。一方面,由会计凭证的概念可知,会计凭证原始记录记载着公司的财务信息,反映了公司真实的经营状况,且涉及公司的核心商业秘密,若允许股东直接查阅会计凭证,可能会造成公司商业秘密的泄露,损害公司的整体利益,进而影响公司全体股东的利益。另一方面,考虑到会计凭证的原始性特点与填制方式,查阅会计凭证会耗费一定的时间、人力、物力,这将为公司造成额外成本及工作量的负担,进而可能妨碍公司业务的正常运转。然而,当下我国不少公司(尤其是有限责任公司)尚未建立健全、科学的财务制度,且可能存在作假账、隐瞒真实财务信息的现象,在这种情况下,公司的财务会计报告和会计账簿就无法全面、真实、客观地反映公司的财务状况。若以"一刀切"的方式完全否定股东查阅公司会计凭证的权利,单单凭借公司财务会计报告和会计账簿,股东可能难以真正了解公司的经营情况和财务状况,其利益也将无法得到有效保障。因此,在个别股东的知情权与公司的整体利益产生冲突时,如何既实现股东知情权的立法目的又维护公司的整体利益,可能需要立法者对股东查阅范围进一步明确界定,或是法院在裁判时进行综合考量。

综上,尽管本案中最高人民法院的最终裁判反映了其对股东查阅公司原始会计凭证的反对态度,但是鉴于我国有限责任公司财务制度的现状,笔者认为,法院可以根据个案的实际情况,综合各方,包括股东查阅会计凭证的目的、查阅的时间及范围、公司与股东先前是否存在纠纷、彼此间的信任基础是否缺乏等多方面因素,权衡股东知情权和公司利益,在不损害公司利益的前提下保障股东对公司经营情况的知情权,在此基础上决定股东是否可以查阅会计凭证。当然,更优的方案是,为规范法官自由裁量权,避免不同法院法官滥用利益衡量的方法对股东查阅范围进行扩张而作出裁判从而造成公司整体利益的损害,由立法机关对公司法进行修改或由最高人民法院出台公司法司法解释,对股东是否可以查阅会计凭证进行明确规定,若允许其查阅,还需考虑到保护公司的商业秘密、查阅会计凭证的成本等,对查阅权的具体行使方式、时间及地点进行进一步约束。

■ 法条链接

《公司法》第33条

股东有权查阅、复制公司章程、股东会会议记录、董事会会议决议、监事会会议决议和财务会计报告。

股东可以要求查阅公司会计账簿。股东要求查阅公司会计账簿的,应当向公司提出书面请求,说明目的。公司有合理根据认为股东查阅会计账簿有不正当目的,可能损害公司合法利益的,可以拒绝提供查阅,并应当自股东提出书面请求之日起十五日内书面答复股东并说明理由。公司拒绝提供查阅的,股东可以请求人民法院要求公司提供查阅。

《会计法》第 9 条

各单位必须根据实际发生的经济业务事项进行会计核算，填制会计凭证，登记会计账簿，编制财务会计报告。

《会计法》第 13 条第 1 款

会计凭证、会计账簿、财务会计报告和其他会计资料，必须符合国家统一的会计制度的规定。

《会计法》第 14 条第 1 款

会计凭证包括原始凭证和记账凭证。

《会计法》第 15 条第 1 款

会计账簿登记，必须以经过审核的会计凭证为依据，并符合有关法律、行政法规和国家统一的会计制度的规定。会计账簿包括总账、明细账、日记账和其他辅助性账簿。

《会计法》第 20 条

财务会计报告应当根据经过审核的会计账簿记录和有关资料编制，并符合本法和国家统一的会计制度关于财务会计报告的编制要求、提供对象和提供期限的规定；其他法律、行政法规另有规定的，从其规定。

财务会计报告由会计报表、会计报表附注和财务情况说明书组成。……

6.5　公积金的用途

■ 基本案情

红富士公司 2003 年 6 月成立时初始注册资本 500 万元。至 2006 年 9 月 8 日，股东为董服龙（持股 60%）、苏玲（持股 40%）。

从 2006 年 9 月至 2008 年 12 月，董服龙及苏玲将其持有的红富士公司的部分股权转让给案外人，受让股权的股东将股权价款分别汇入红富士公司的账户，红富士公司的账簿将这些款项记载为对董服龙、苏玲的应付款。

此外，红富士公司受让董服龙及苏玲持有的德威公司的股权，在红富士公司会计账簿上记载为对董服龙、苏玲的应付款。

2007 年 6 月，红富士公司将对董服龙、苏玲的应付款 1020.4 万元和 733.4 万元转入资本公积项，该笔款项成为 2012 年转增注册资本的来源。2007 年 12 月，红富士公司又将对董服龙、苏玲的应付款 1113 万元和 997 万元转入资本公积项。

2014 年 10 月，董服龙、苏玲将前述转入资本公积项的款项转回应付款项，并补计利息后将债权转让给董世杰、王敏云、董苏也。2015 年 12 月，董服龙、苏玲将转让给董世杰、董苏也的债权转回两人名下。

在此期间，红富士公司的注册资本从 500 万元增加至 7283 万元。

2019 年 3 月，红富士公司召开股东会。董服龙、苏玲以多次催要转让款无果为由解除与红富士公司关于德威公司的股权转让合同，红富士公司资本公积项下金额相应冲回减计。

红富士公司向一审法院起诉请求：确认董服龙、苏玲将 4 笔资本公积擅自减少的行为为侵权行为，董服龙、苏玲将资本公积减少的 38,640,081.80 元予以转回，转回方式为另行开立银行账户，将款项打入该账户中。[12]

■ 法院裁判

一审法院认为，资本公积是投资者或者他人投入到企业、所有权归属于投资者，并且金额上超过法定资本部分的资本或者财产。资本公积从形成来源上看，它不是由企业实现的利润转化而来的，从本质上讲应属于投入资本范畴，因此，它与留存收益有根本区别，因为后者是由企业实现的利润转化而来的。《财政部关于做好执行会计准则企业 2008 年年报工作的通知》规定，企业接受的捐赠和债务豁免，按照会计准则规定符合确认条件的，通常应当确认为当期收益。如果接受控股股东或控股股东的子公司直接或间接的捐赠，从经济实质上判断属于控股股东对企业的资本性投入，应作为权益性交易，相关利得计入所有者权益（资本公积）。本案中，董服龙、苏玲将对红富士公司的应收款（债权）转为资本公积，系董服龙、苏玲行使债务豁免，不违反当时的法律以及行政法规的规定。因此，已经转入的资本公积金属于红富士公司所有，是公司资产的构成部分。至于能否再转出，首先，需要符合公司法、会计法的规定，以不损害公司利益以及公司债权人利益为前提；其次，涉案资本公积金数额巨大，属于红富士公司的重大资产，流程上需要公司董事会或股东会的会议决议。现公司对涉案资本公积金的财务处理，不仅程序上存在瑕疵，而且实体上不符合会计法的规定，因为该笔资本公积金的增厚，不是企业资产计价变动，不属于“可进可出”的“资本公积—其他资本公积”，而是《企业会计准则》中的权益性交易形成的“资本公积—资本溢价”，属于“只进不出”的情形。

回归红富士公司的第三项诉讼请求的具体内容，关于“确认董服龙、苏玲将资本公积金擅自减少的行为为侵权行为”，依据民事诉讼法理论，一审法院认为，确认之诉的客体一般是争议的民事实体法律关系或民事实体权利。而侵权行为是一种事实行为，如果不符合诉讼标的应同时具有诉讼内容和实体内容的情形，则不构

〔12〕 案例来源：民事裁判文书，(2020)沪民再 1 号。

成诉讼。另外，关于“董服龙、苏玲将资本公积减少的38,640,081.80元予以转回，转回方式为另行开立银行账户，将该笔款项打入该账户中”的诉讼请求内容，因客观上涉案资本公积金减少仅是公司进行的账务处理，系在科目上予以调整，红富士公司没有举证已发生自公司处流失38,640,081.80元款项或者对应资产的侵害结果。故此，红富士公司要求董服龙、苏玲将款项38,640,081.80元汇入另开账户的请求权，请求内容不适当，无基础事实。一审法院对该项诉讼请求，难以支持。

红富士公司上诉主张一审法院适用法律错误。二审法院认同一审法院的裁判理由，驳回红富士公司的上诉，维持原判。

再审法院认为：首先，从资本公积的法律性质和用途来看。资本公积是企业收到的投资者超出其在企业注册资本所占份额部分的资金，以及直接计入所有者权益的利得和损失等。资本公积与企业收益无关而与资本相关，资本公积的所有权归属于投资者，是所有者权益的有机组成部分，它通常会直接导致企业净资产的增加，因此，资本公积信息对于投资者、债权人等会计信息使用者的决策十分重要。《公司法》第168条规定，公司的公积金用于弥补公司的亏损、扩大公司生产经营或者转为增加公司资本。但是资本公积金不得用于弥补公司亏损。因此，资本公积金的用途仅限于扩大公司的生产经营或者转为增加公司资本。本案所涉4笔款项于2014年10月31日从资本公积项下调出后，并非用于扩大红富士公司的生产经营，也未用于增加红富士公司的注册资本，而是重新记回董服龙、苏玲名下，成为红富士公司对董服龙、苏玲的应付款，造成红富士公司的债务增加，违反了《公司法》对资本公积用途的规定。反观红富士公司2010年与2012年的两次增资行为，其注册资本数额的增加均等于公司资本公积的减少。法院再审中另查明的董服龙2014年8月21日签字的《审计反馈意见说明》，注册资金7283万元的构成即包含新股东的投资款。据此，法院认定2010年与2012年两次增资款均源于当年的资本公积。该两次增资行为完全符合《公司法》对资本公积转增公司注册资本这一用途的规定，且董服龙、苏玲完全知晓。

其次，从相关会计准则对资本公积的规定来看。本案所涉4笔资本公积转入时间为2007年6月和12月，转出时间为2014年10月，因此应以行为当时的会计准则进行评价。根据财政部发布的相关会计准则可知无论是控股股东还是非控股股东，其对公司作出的捐赠或债务豁免，从经济实质上如果可以认定为对公司的资本性投入，那么就应当将相关利得计入资本公积。本案中，董服龙、苏玲系红富士公司的控股股东，其于2007年将案涉4笔资金调入资本公积项下后，红富士公司相应的应付款减少而净资产增加，意味着红富士公司的资产负债比例发生重大变化，资本公积的增加即为资本性投入在财务账面的具体体现，该行为本身即可认定为控股股东对公司的债务豁免，即使没有相关股东会决议或债务豁免文件，也不影响控股股东对公司债务豁免这一行为性质的认定。

再次,从案涉资本公积的形成和发展过程来看,董服龙、苏玲豁免相关债务系其真实意思表示。对于该债务豁免行为,有以下事实予以印证:一是董服龙、苏玲始终认为将相关债务调入资本公积系出于红富士公司上市目的,优化财务报表,进而降低负债、增加资产。二是根据其他股东对公司的估值和汇入公司的投资款来看,董服龙、苏玲豁免其对红富士公司的相关债务并计入资本公积的行为,从实质上使其对红富士公司的投入与新股东比例相当,也与其在红富士公司中所占股权比例相当,更加符合公平、等价原则。三是董服龙、苏玲作为红富士公司的控股股东、实际控制人,明知 2007 ~ 2013 年 7 年的审计报告均确认了该调账结果,又已将审计报告向工商行政管理机关报备并向小股东公示,产生商事外观效果,不得随意反悔。

最后,该转出行为已经实际损害公司利益。案涉 4 笔款项重新转回为红富士公司对董服龙、苏玲的应付款,红富士公司的债务相应增加,该新增债务即红富士公司的损失。此外董服龙、苏玲系红富士公司的控股股东、实际控制人、董事、高级管理人员,其未回避与本人有利害关系的计息决议合法性存疑。董服龙、苏玲在 2019 年 3 月以红富士公司未履行付款义务为由将红富士公司名下的德威公司股权再次变更登记至董服龙、苏玲名下的行为,使得红富士公司有进一步丧失德威公司股权的可能,同样损害了红富士公司的利益。事实上,在红富士公司登记为德威公司股东且董服龙、苏玲将红富士公司对其应当支付的股权转让款记载于红富士公司应付款项下时,该股权转让协议已经履行完毕。

综上所述,董服龙、苏玲将计入资本公积科目的资金调出的行为系控股股东、董事、高级管理人员损害公司利益的行为,应当根据法律规定承担返还财产、恢复原状、赔偿损失等责任。原审判决认为该调出行为仅是公司进行的账务处理,并未给公司造成实际损害,事实认定和法律适用均有不当,再审法院判决更正会计核算,恢复资本公积科目。

■ 裁判评析

公积金,又称储备金,是指公司为了增强自身财力,扩大业务范围,预防意外亏损,依照法律和公司章程的规定以及股东会决议从公司税后利润中提取的累积资金。[13] 我国《公司法》将公积金分为法定公积金和任意公积金。法定公积金又可分为法定盈余公积金和资本公积金两种,前者依照法定比例从公司的税后利润中提取,后者则源于公司非营业活动所产生的收益,主要包括资本(股本)溢价、资产重估溢价、接受捐赠、处置收入等。公积金能为公司提供抵御风险和扩大经营的缓

〔13〕 参见范健、王建文:《公司法》(第 5 版),法律出版社 2018 年版,第 384 页。

冲地和资金池，从抵御风险的角度而言，在公司盈利之时将“水”蓄入公积金的池子中，在公司因亏损资金不足之时“取水”弥补，平抑市场波动给公司经营带来的负面影响；从扩大经营的角度而言，使用公积金无须历经冗长和不确定的融资程序，就能够为公司提供一定的低成本、高效的后备资金。

我国《公司法》从“进”和“出”两个方面对公积金提取和使用予以规范，是资本维持原则在公司经营与存续中的体现。《公司法》第 166 条规定在公司存有税后利润之时，应当按照“弥补累积亏损、提取税后利润的百分之十的法定公积金、提取任意公积金、股利分配”的顺序分配，对股东违反顺序获得股利分配的，需要将分得的股利返还公司。《公司法》将提取法定公积金设定为一项强制性义务，以维持公司的资本，避免股东过度分配，从而将公司的风险都转移给债权人。从公积金的使用层面，公积金既不是股东能够分配的利润，也不能作为直接清偿债权人的资金。第 168 条明确规定了公积金仅能用于“弥补公司亏损、扩大公司生产经营或者转为增加公司资本”。超出法律规定的用途使用公司的公积金，该行为将被视为无效。此外，公司在使用法定公积转增资本时，仍要依法留存部分法定公积金，而不能全部掏空，在一定程度上起到控制公司冒进的作用。

资本公积是企业收到的投资者超出其在企业注册资本所占份额部分的资金，以及直接计入所有者权益的利得和损失等。与其他类型的公积金不同，资本公积来源于公司的非营业性收入，属于公司所有，但无法作为股东参与决策和利润分配的依据。正因为在来源上的不同，因此法律规定资本公积在使用上只能用于公司扩大生产经营和转增资本，而不能用于弥补公司的亏损。实务中，资本公积的重要性在上市公司的融资中可见一斑，依据《公司法》第 167 条的规定，上市公司在一级市场上融得的大部分资金都要先计入资本公积，再经过相应的决议程序提取资本公积用于扩大公司的生产经营和增加公司资本。公司通过资本公积这个接口实现了从融资到投资的转换。

本案中，董服龙、苏玲将股权转让款记载为红富士公司对他们的应付款，并将部分的应付款调入资本公积，就该行为而言，一审法院、二审法院、再审法院依据《财政部关于做好执行会计准则企业 2008 年年报工作的通知》的规定，从经济实质上判断属于控股股东对企业的资本性投入，均认为构成对红富士公司的债务豁免。一审法院和二审法院以存在程序瑕疵和违反实体法律两个层面认定董服龙和苏玲将资本公积调回应付款的行为违法。但因原告的诉讼请求亦无实体法律依据，一审、二审法院虽在对董服龙和苏玲的行为评价上符合原告的主张，但其认为该行为客观上是账目调整行为，未对红富士公司造成实际损害，判决驳回原告的诉请。

意思表示的瑕疵可能引致法律行为的可撤销或者无效，一审、二审法院对这一细节的评价不足。再审法院则意识到：债务豁免需出于权利人的真实意思表示，并从三个方面予以补充阐述。第一，董服龙、苏玲承认出于红富士公司上市的目的进行相应的债权调入资本公积的操作，以优化红富士公司的报表，侧面说明董服龙和苏玲自始至终对该调入行为不存在重大误解，是出于其真实的意思表示，其动机与此调入行为无涉；第二，从公平、等价的原则出发，结合其他股东汇入的投资款和董服龙、苏玲的持股比例，其安排相应的调入操作符合商事理性，不存在受欺诈和受胁迫；第三，董服龙和苏玲作为红富士公司的控股股东、实际控制人、董事以及高管，公司的财务会计报告均由他们参与制作，并将报告向工商行政机关报送备案以及提供给其他股东，对于该调入行为有充分的认识，基于董事和高级管理人员的职责，董服龙和苏玲应对财务会计报告所载内容的真实性、准确性和完整性予以保证。因此，董服龙和苏玲对该调入行为不存在受欺诈、受胁迫、重大误解，而且该行为并不违反法律和行政法规的效力性强制性规定，董服龙和苏玲具有"债务豁免"的真实意思表示，无主张基于法律行为的无效而回复的余地。

对董服龙和苏玲的调回行为，一审和二审法院均认为仅为账目调整行为，未对红富士公司构成实际损害。笔者认为，一审法院和二审法院未能保持评价逻辑的一致性。在调入行为部分，一审和二审法院均认为归属于债务豁免，资本公积归属于公司。董服龙和苏玲的调回行为应评价为董事和高级管理人员损害公司利益。一审法院和二审法院既已认可调入行为的法律效力，又将调回行为评价为未构成实际侵害，将使前后部分的评价未能保持一致性。显然再审法院发现了一审和二审法院在行为评价上的问题，保持了评价逻辑的一致性，认定董服龙和苏玲将资本公积调回应付款的行为构成对红富士公司的损害，使红富士公司的债务相应地增加，最终判决更正会计核算，既兼顾了原告诉请，又符合通行的商事规则。

综上，股东将公司对其的应付款调入资本公积，则从经济实质上来说，是对公司的资本性投入，属于对公司的"债务豁免"，该转入资本公积的部分已经属于公司所有。股东既不能要求将调回对其的应付款，也不能主张分配该部分的资本公积。公司使用资本公积需要符合法律以及相关会计准则的规定，既不能随意调入其他科目，也不能将资本公积直接用作其他支付。在本案中，即使被告以股东会决议的方式将资本公积调回应付款，该行为仍然违反了《公司法》对资本公积使用途径的限制，相关的调账行为仍为无效。应注意的是，资本公积的使用相较于其他公积金更为严格，作为公积金其可以用于扩大生产经营和转增股本，但是却无法用于弥补亏损，因此公司若用资本公积弥补亏损，则该行为也违反《公司法》的规定。

■ 法条链接

《公司法》第 166 条

公司分配当年税后利润时，应当提取利润的百分之十列入公司法定公积金。

公司法定公积金累计额为公司注册资本的百分之五十以上的,可以不再提取。

公司的法定公积金不足以弥补以前年度亏损的,在依照前款规定提取法定公积金之前,应当先用当年利润弥补亏损。

公司从税后利润中提取法定公积金后,经股东会或者股东大会决议,还可以从税后利润中提取任意公积金。

公司弥补亏损和提取公积金后所余税后利润,有限责任公司依照本法第三十四条的规定分配;股份有限公司按照股东持有的股份比例分配,但股份有限公司章程规定不按持股比例分配的除外。

股东会、股东大会或者董事会违反前款规定,在公司弥补亏损和提取法定公积金之前向股东分配利润的,股东必须将违反规定分配的利润退还公司。

公司持有的本公司股份不得分配利润。

《公司法》第167条

股份有限公司以超过股票票面金额的发行价格发行股份所得的溢价款以及国务院财政部门规定列入资本公积金的其他收入,应当列为公司资本公积金。

《公司法》第168条

公司的公积金用于弥补公司的亏损、扩大公司生产经营或者转为增加公司资本。但是,资本公积金不得用于弥补公司的亏损。

法定公积金转为资本时,所留存的该项公积金不得少于转增前公司注册资本的百分之二十五。

6.6　公司减资未通知债权人的法律后果

■ 基本案情

江苏博恩公司注册成立于2011年3月8日,注册资本为2亿元。2011年3月29日,德力西公司与江苏博恩公司签订《电气电工产品买卖合同》,合同约定江苏博恩公司向德力西公司购买若干电气设备,合同总金额为111万元。合同签订生效后,德力西公司按合同约定向江苏博恩公司交付全部电气设备后,江苏博恩公司仍欠货款777,000元。2012年8月10日,江苏博恩公司股东上海博恩公司、冯军、陈芹燕召开股东会,通过减资决议将公司注册资本由2亿元减为1000万元,其中冯军减少19,000万元(认缴额2700万元,实缴额16,300万元),随后于《江苏经济报》上发布减资公告并办理了工商变更登记。

因江苏博恩公司在减资前未向其债权人德力西公司清偿前述债务,为维护其合法权益,德力西公司提起以下诉讼请求:(1)判令江苏博恩公司向德力西公司支付货款人民币 777,000 元;(2)判令上海博恩公司、冯军在 19,000 万元减资范围内对江苏博恩公司应向德力西公司支付的货款共同承担补充赔偿责任。[14]

■ 法院裁判

本案的争议焦点在于上海博恩公司是否应当在减资范围内对江苏博恩公司的债务承担补充赔偿责任。

一审法院认为,德力西公司与江苏博恩公司之间的买卖合同关系符合有关法律规定,合法有效,应受到法律保护,双方均应全面履行合同义务。德力西公司已按约完成了供货义务,江苏博恩公司应当按约及时支付货款。现江苏博恩公司拖欠不付的行为已经构成违约,应承担金钱债务的实际履行责任,故德力西公司要求支付剩余货款的诉请于法无悖,应予支持。江苏博恩公司未能在减资时对德力西公司之债权进行清偿或提供担保,现德力西公司要求其股东冯军在减资范围内对江苏博恩公司的债务承担补充赔偿责任,并无不当,亦应予支持。但德力西公司要求上海博恩公司在减资范围内对被告江苏博恩公司未付清债务承担补充赔偿责任,缺乏事实和法律依据,不予支持。

德力西公司不服一审判决,上诉请求改判上海博恩公司在 19,000 万元减资范围内对江苏博恩公司应向德力西公司支付的货款承担连带责任。

二审法院认为,公司减资本质上属于公司内部行为,理应由公司股东根据公司的经营状况通过内部决议自主决定,以促进资本的有效利用,但应根据《公司法》第 177 条第 2 项的规定,直接通知和公告通知债权人,以避免因公司减资产生损及债权人债权的结果。从德力西公司与被上诉人江苏博恩公司在合同中约定的交货、验收、付款条款以及实际履行情况看,江苏博恩公司与德力西公司的债权债务在江苏博恩公司减资之前已经形成。德力西公司在订立的合同中已经留下联系地址及电话信息,且就现有证据不存在江苏博恩公司无法联系德力西公司的情形,故应推定德力西公司系江苏博恩公司能够有效联系的已知债权人。虽然江苏博恩公司在《江苏经济报》上发布了减资公告,但并未就减资事项直接通知德力西公司,故该通知方式不符合减资的法定程序,也使德力西公司丧失了在江苏博恩公司减资前要求其清偿债务或提供担保的权利。

二审法院进一步认为,根据现行《公司法》之规定,股东负有按照公司章程切实履行全面出资的义务,同时负有维持公司注册资本充实的责任。尽管公司法规定公司减资时的通知义务人是公司,但公司是否减资系股东会决议的结果,是否减资以及如何进行减资完全取决于股东的意志,股东对公司减资的法定程序及后果

〔14〕 案例来源:民事裁判文书,(2016)沪 02 民终 10330 号。

亦属明知;同时,公司办理减资手续需股东配合,对于公司通知义务的履行,股东亦应当尽到合理的注意义务。被上诉人江苏博恩公司的股东就公司减资事项先后在2012年8月10日和9月27日形成股东会决议,此时上诉人德力西公司的债权早已形成,作为江苏博恩公司的股东,被上诉人上海博恩公司和冯军应当明知。但是在此情况下,上海博恩公司和冯军仍然通过股东会决议同意冯军的减资请求,并且未直接通知德力西公司,既损害了江苏博恩公司的清偿能力,又侵害了德力西公司的债权,应当对江苏博恩公司的债务承担相应的法律责任。公司未对已知债权人进行减资通知时,该情形与股东违法抽逃出资的实质以及对债权人利益受损的影响,在本质上并无不同。因此,尽管我国法律未具体规定公司不履行减资法定程序导致债权人利益受损时股东的责任,但可比照公司法相关原则和规定加以认定。由于江苏博恩公司减资行为存在瑕疵,致使减资前形成的公司债权在减资之后清偿不能的,上海博恩公司和冯军作为江苏博恩公司股东应在公司减资数额范围内对江苏博恩公司债务不能清偿部分承担补充赔偿责任。

■ 裁判评析

公司注册资本在公司运营过程中具有重要意义,反映公司以自身资产承担责任的能力。公司资本既是公司自身获得独立人格的法律基础,同时是公司获得外部交易相对人信任的基础,公司注册资本的增加、减少和增减的幅度,对公司、股东和交易相对人都有着重要影响。我国公司法立法也较为严格地遵循了大陆法系的公司资本三原则,即“资本确定原则、资本维持原则、资本不变原则”。与此同时,为根据公司运营情况最大限度地利用公司资本,需要对资本维持原则进行适当突破,允许公司减少注册资本。然而,公司的减资自由应当以不损害债权人的利益为基础,法律应当对公司减资进行严格的限制以保护债权人的信赖利益以及寻求多方利益的平衡,并应当为公司债权人提供可以化解风险的法律维权途径。

我国《公司法》及相关法规对于减资的规定较为简单和原则化,主要是《公司法》第177条对减资的程序作出规定,“公司需要减少注册资本时,必须编制资产负债表及财产清单。公司应当自作出减少注册资本决议之日起十日内通知债权人,并于三十日内在报纸上公告。债权人自接到通知书之日起三十日内,未接到通知书的自公告之日起四十五日内,有权要求公司清偿债务或者提供相应的担保”。然而,《公司法》对公司减资事由和条件、减资程序瑕疵时减资的效力、“通知债权人”与“公告”两种方式的关系为何、瑕疵减资中的责任承担主体以及应当承担何种责任等重要问题并未作出规定,这使得为逃避债务而恶意减资的行为频繁发生,商事交易的安全性受到影响。公司法将注册资本制度由实缴改为认缴后,公司减资损害债权人利益的行为更是多见,债权人的权益得不到充分保护。

本案中,江苏博恩公司及其股东未向债权人履行减资通知义务,仅以登报公告的形式替代通知义务,即为实践中频繁发生的瑕疵减资行为,导致德力西公司无法主张清偿或者要求提供担保,其债权不能实现的风险增加。由于我国《公司法》对于减资相关的规定语焉不详,法院在面对此类纠纷时没有法条可以援引,往往依据自由裁量权作出判决。本案中,二审法院即认为江苏博恩公司股东上海博恩公司、冯军的行为可类推适用抽逃出资的规定,由公司股东在减资数额范围内就债务不能清偿的部分承担补充赔偿责任,这一裁判思路得到最高人民法院的肯定,给后续类似案件的审判提供了参考和示范作用。该法院判决以结果为导向,的确在一定程度上弥补了债权人的受损利益,增加了公司债权人债权实现的可能性,但其在回答公司减资未通知债权人的法律后果这一问题上,仍然存在欠妥之处。

首先,法院对江苏博恩公司直接在《江苏经济报》上发布减资公告而未通知债权人的行为进行了否定,法院认为不能以减资公告来代替公司减资通知义务的履行,减资公告只能作为一种拟制通知的方式,属于对公司减资直接通知债权人这一形式的一种补充做法,在公司的债权人难以直接通知到时才可以采用公告方式,否则不符合现行公司法关于减资规制的内涵和本质要求。并且,由于法律对于公告的平台规定不明,减资公告往往刊登在地方不知名、小众的报纸上,起不到公告通知本应当产生的作用,债权人难以通过公告获取公司减资的相关信息,进而难以要求公司提供清偿或者担保。

其次,公司减资未通知债权人的情况下,该减资行为是否仍然有效?本案中法院认定江苏博恩公司未通知德力西公司而仅仅发布减资公告的行为不符合减资的法定程序,但是并未对减资的效力进行说明,也并未判决减资无效。此种判决似乎在一定程度上助长了公司的任意减资之风,瑕疵减资行为并不会因为债权人提起诉讼而归于无效,公司和股东只需承担赔偿责任即可。事实上,瑕疵减资的效力问题也一直是学术界的争论焦点,通知和公告债权人这一程序性要求,属于公司减资的生效要件还是对抗要件,目前存在无效说、效力待定说和部分无效说。无效说认为,《公司法》第177条属于法律的强制性规定,公司违反强制性规定应当认定为无效,否则,公司减资制度将沦为任意性规范,丧失该规则制定和设计的价值,失去存在的意义。效力待定说认为,债权人可以通过行使减资无效请求权使公司的减资行为经过法院的判决而归于无效。部分无效说则主张违反减资程序的减资并非当然无效,而是对债权人而言是相对无效,债权人不能诉请确认减资行为无效。

最后,股东是否应当对公司瑕疵减资的后果承担责任,将公司的瑕疵减资行为类推为股东出逃出资行为是否恰当?本案中法院认为虽然公司减资时通知义务人是公司,但是减资决议是由股东会做出的,是否减资以及如何减资完全取决于股东的意志，股东对于公司的通知义务负有合理的注意义务，江苏博恩公司瑕疵减资降低了公司的对外偿债能力，该行为在法律评价以及对债权人利益的影响层面上，与抽逃出资行为本质上并没有什么区别，因此可以类推适用抽逃出资的相关规定要求股东承担补充赔偿责任。这种裁判思路，虽然在实质上可以对债权人损失的利益进行弥补，但在形式上与公司财产独立于股东财产的基本理念是相违背的，在法理上两行为从行为主体、行为客体、是否有履行法定程序等方面也存在本质区别。并且，若类推适用抽逃出资的规定，会导致债权人的债权不平等受偿的现象，对未起诉的债权人显然不公，也易引导公司做出以规避债务为目的减资决议，而故意不通知债权人的不正当行为。这种做法虽然可以在实质上对债权人的损失予以一定的弥补，但是在形式上却违反了公司创设的基本理念，因此将公司减资不通知债权人的行为类比抽逃出资行为在合理性上仍然存在一定的疑问。此外，目前多数关于公司减资未通知债权人的判决中，绝大部分判决并未要求公司的董事、高管就瑕疵减资承担责任。事实上董事会负责制定公司的减资方案，减资决议由董事会负责执行，董事的执行行为也应包含对公司减资的通知和公告程序的履行。[15] 公司减资行为与董事、高管密切相关，应当使董事、高管对于公司瑕疵减资行为承担一定责任，以督促董事、高管履行通知义务，保障债权人的合法权益。

■ 法条链接

《公司法》第177条

公司需要减少注册资本时，必须编制资产负债表及财产清单。

公司应当自作出减少注册资本决议之日起十日内通知债权人，并于三十日内在报纸上公告。债权人自接到通知书之日起三十日内，未接到通知书的自公告之日起四十五日内，有权要求公司清偿债务或者提供相应的担保。

《公司法》第204条

公司在合并、分立、减少注册资本或者进行清算时，不依照本法规定通知或者公告债权人的，由公司登记机关责令改正，对公司处以一万元以上十万元以下的罚款。

公司在进行清算时，隐匿财产，对资产负债表或者财产清单作虚假记载或者在未清偿债务前分配公司财产的，由公司登记机关责令改正，对公司处以隐匿财产或者未清偿债务前分配公司财产金额百分之五以上百分之十以下的罚款；对直接负责的主管人员和其他直接责任人员处以一万元以上十万元以下的罚款。

---

〔15〕 参见肖雄：《股东自己责任抑或替代责任？——以“德力西案”与“十三冶案”为切入点》，载《安徽大学学报（哲学社会科学版）》2019年第6期。

《最高人民法院关于适用〈中华人民共和国公司法〉若干问题的规定(三)》第14条

股东抽逃出资,公司或者其他股东请求其向公司返还出资本息、协助抽逃出资的其他股东、董事、高级管理人员或者实际控制人对此承担连带责任的,人民法院应予支持。

公司债权人请求抽逃出资的股东在抽逃出资本息范围内对公司债务不能清偿的部分承担补充赔偿责任、协助抽逃出资的其他股东、董事、高级管理人员或者实际控制人对此承担连带责任的,人民法院应予支持;抽逃出资的股东已经承担上述责任,其他债权人提出相同请求的,人民法院不予支持。

《最高人民法院关于适用〈中华人民共和国公司法〉若干问题的规定(三)》第19条

公司股东未履行或者未全面履行出资义务或者抽逃出资,公司或者其他股东请求其向公司全面履行出资义务或者返还出资,被告股东以诉讼时效为由进行抗辩的,人民法院不予支持。

公司债权人的债权未过诉讼时效期间,其依照本规定第十三条第二款、第十四条第二款的规定请求未履行或者未全面履行出资义务或者抽逃出资的股东承担赔偿责任,被告股东以出资义务或者返还出资义务超过诉讼时效期间为由进行抗辩的,人民法院不予支持。

第七章　公司合并、分立与组织变更

7.1　公司吸收合并后股东的资本充实责任

■ 基本案情

2009 年 5 月 27 日，甲方高新国资委与乙方丰大公司签订《吸收合并暨增资扩股协议》1 份。协议约定：鉴于甲方所属的济南开发区科信担保服务中心（以下简称科信担保中心）与乙方丰大公司于 2008 年 11 月 7 日签署了合作意向书，对科信担保中心吸收合并丰大公司、增资扩股后变更设立"科信丰大投资担保有限公司"事宜达成了初步意向，双方经友好协商，就本次吸收合并暨增资扩股事宜一致达成如下协议。其中，第 2 条第 1 款约定，各方同意，科信担保中心以本协议约定的条件和方式吸收合并丰大公司，合并完成后科信担保中心存续，丰大公司解散，丰大公司的全部资产、负债和权益由合并后公司承继。第 2 款约定，科信担保中心在吸收合并丰大公司的同时增资扩股，改制设立科信丰大公司。第 3 款约定，各方同意，作为本次吸收合并的对价，丰大公司股东持有的丰大公司股权转换为其各自对新公司的股权，转换完成后各方持有新公司的股权比例分别为：高新国资委占 51%、森特医院占 34.30%、永大房地产公司占 9.80%、山水集团公司占 2.94%、经济技术投资公司占 1.96%。第 4 条第 1 款约定，本次吸收合并完成后，新公司承继丰大公司的全部担保业务；第 2 款约定，本次吸收合并完成后，新公司承继丰大公司的全部债权债务（以对丰大公司的鲁天元同泰审字 2009 第 1193 号审计报告载明的债权债务为准）。丰大公司共同承诺并保证：截至合并交割日，上述 1193 号审计报告载明的丰大公司全部应收账款和其他债权、上述 1193 号审计报告基准日至本协议签署日新发生的应收账款和债权全部收回，并保证自上述 1193 号审计报告基准日至合并交割完成前不再产生新的债务。第 10 条第 2 款第 3 项约定，因本次合并交割完成前丰大公司的担保业务、其他业务及丰大公司本身所存在的债务、风险、责任、或有负债等造成新公司损失的，由丰大公司股东连带赔偿新公司损失。该协议另有 5 个附件，其中，附件二为鲁天元同泰审字（2009）第 1193 号审计报告、附件四为丰大公司股东会决议、附件五为丰大公司股东授权委托书。该协议由甲方高新国资委盖章、授权代表人李建照签字，乙方由丰大公司盖章、授权代表人范恩军签字。

2012年6月19日,科信丰大公司收到山东省能源环境管理中心有限公司(该公司系山东嘉豪集团有限公司变更名称而来,以下简称能源环境公司)的起诉材料。在该案件审理中,科信丰大公司了解到,该案系因丰大公司在吸收合并前为济南森特医院的债务提供连带责任担保所致,但该业务并未体现在(2009)第1193号审计报告中。该案件先后经济南市中级人民法院、山东省高级人民法院审理,分别作出(2012)济商初字第73号和(2013)鲁商终字第67号民事判决,判令科信丰大公司对济南森特医院的欠款本金、利息、违约金等承担连带清偿责任。2013年5月27日,济南市中级人民法院依据上述判决扣划原告账户内资金12,545,070.75元。同时,科信丰大公司在此两次诉讼中还支付了诉讼费、律师费等其他诉讼费用,给原告造成极大的经济损失。另外,丰大公司吸收合并前的股东分别为森特医院、永大房地产公司、山水集团公司、经济技术投资公司,即本案四被告。原告科信丰大公司认为,因吸收合并前丰大公司的业务给原告造成重大经济损失,根据《吸收合并暨增资扩股协议》的约定,丰大公司的原股东应对上述损失承担连带赔偿责任。为此,特诉至法院,请求依法判令:(1)各被告连带赔偿原告经济损失计12,545,070.75元;(2)各被告连带赔偿原告利息损失(以12,545,070.75元为基数,按中国人民银行同期贷款利率自2013年5月27日计算至判决生效之日);(3)本案诉讼费用、律师代理费由各被告承担。经法院释明,原告高新国资委明确,其所主张的上述损失及利息由各被告向另一原告科信丰大公司支付。[1]

■ 法院裁判

一审法院判决如下:(1)被告森特医院、被告永大房地产公司、被告山水集团公司、被告经济技术投资公司于本判决生效后10日内连带赔偿原告科信丰大投资担保有限公司12,545,070.75元及利息(以12,545,070.75元为基数,自2013年5月27日起计至本判决生效之日止,按人民银行同期贷款利率计算);(2)驳回原告济南高新技术产业开发区管理委员会国有资产监督管理委员会办公室的其他诉讼请求;(3)驳回原告科信丰大投资担保有限公司的其他诉讼请求。案件受理费97,070元,财产保全费5000元,共计102,070元,由被告森特医院、永大房地产公司、山水集团公司、经济技术投资公司共同承担。

二审法院认为,原审认定事实清楚,适用法律正确,应予维持,上诉人山水集团公司的上诉理由不能成立,予以驳回。故判决驳回上诉,维持原判。

---

〔1〕 案例来源:民事裁判文书,(2014)鲁商终字第180号。

■ 裁判评析

一审法院认为,本案争议的焦点有五个。二审法院则将本案争议的焦点问题归纳为:一是被上诉人高新国资委和科信丰大公司是否为本案适格的原告;二是《吸收合并暨增资扩股协议》对上诉人山水集团公司是否有拘束力;三是一审法院适用法律是否正确。

关于第一个焦点问题,根据已经查明的事实,2009 年 8 月 18 日,科信担保中心向工商行政管理部门提交非公司企业法人改制申请,由高新国资委与山水集团公司及原审被告作为公司发起人,以科信担保中心改制的方式,设立科信丰大公司。高新国资委与上诉人山水集团公司及原审被告都是科信丰大公司的发起人和股东,在科信丰大公司依据(2013)鲁商终字第 67 号判决承担了丰大公司的债务后,科信丰大公司的净资产总额相应减少,在原来持股比例不变的情况下,高新国资委在科信丰大公司的权益随之相应减少,显然损害了高新国资委的利益。因此,高新国资委是本案适格的原告。在科信丰大公司承担了本来应由丰大公司承担的债务后,科信丰大公司的净资产额相应减少的情况下,科信丰大公司的股东及上诉人及原审被告通过置换所持有的科信丰大公司的股权,是依据原丰大公司净资本总额确定的总的持股比例,在此基础上分别确定原来丰大公司各个股东的持股比例。因此,上诉人及原审被告的持股比例系由丰大公司的净资本总额决定的。在科信丰大公司的净资产额减少、各个股东持股比例不变的情况下,应认定丰大公司的原股东包括上诉人山水集团公司需要履行对新设公司科信丰大公司的补足出资义务,科信丰大公司有权要求上诉人山水集团公司及原审被告赔偿损失,因此也是本案适格的原告。

关于第二个焦点问题,丰大公司的股东会决议及授权委托书,证实包括上诉人山水集团公司及原审被告在内的四股东均授权范恩军签署《吸收合并暨增资扩股协议》,范恩军也在《吸收合并暨增资扩股协议》签了字,该协议已经签署生效并实际履行,上诉人山水集团公司及原审被告已经成为科信丰大公司的股东。因此,上诉人山水集团公司关于范恩军并未代表各被告签署合同、吸收合并暨增资扩股协议第 10 条第 2 款第 3 项对其没有拘束力的主张不能成立。按照该协议,上诉人山水集团公司应该承担赔偿责任。无论公司以何种方式设立,公司的股东都要履行出资义务。本案的上诉人山水集团公司通过股权置换的方式持有的科信丰大公司的股权,也是在确定原丰大公司净资本额的基础上,分别确定各自的持股比例的,本质上还是以出资确定股权。因此,上诉人山水集团公司和原审被告承担的是出资瑕疵股东对公司的资本充实责任,不是担保责任,原审对此认定并无不当。而且,上诉人山水集团公司承担赔偿责任后,无权向科信丰大公司进行追偿。

关于第三个焦点问题，根据高新国资委和科信丰大公司的诉讼请求及查明的事实，原审法院正确认定了《吸收合并暨增资扩股协议》第10条第2款第3项约定的性质，进而参照《公司法》第31条、《公司法解释三》第13条之规定，处理本案并无不妥。

本案中，二审法院认定公司吸收合并后股东负有资本充实责任，值得赞同。(1)公司合并是两个以上公司订立合并协议，不经清算程序，而依法直接归并为一个公司的法律行为。吸收合并，系公司合并的方式之一，亦称兼并，是一个公司吸收其他公司，而被吸收的公司解散的情形。本案为科信担保中心吸收合并丰大公司，合并完成后科信担保中心存续，丰大公司解散。(2)在程序上，公司合并应当由合并各方签订合并协议，并编制资产负债表及财产清单。公司应当自作出合并决议之日起10日内通知债权人，并于30日内在报纸上公告。债权人自接到通知书之日起30日内，未接到通知书的自公告之日起45日内，可以要求公司清偿债务或者提供相应的担保。(3)公司合并时，合并各方的债权、债务，应当由合并后存续的公司或者新设的公司承继。所以，丰大公司的全部资产、负债和权益应由合并后存续的公司科信担保中心承继。另外，根据《公司法解释三》第13条，股东未履行或者未全面履行出资义务，公司或者其他股东请求其向公司依法全面履行出资义务的，人民法院应予支持；股东在公司设立时未履行或者未全面履行出资义务，依照前款提起诉讼的原告，请求公司的发起人与被告股东承担连带责任的，人民法院应予支持；公司的发起人承担责任后，可以向被告股东追偿。可见，出资义务是股东的基本义务。其中，请求权的主体是公司或者其他已经全面履行出资义务的股东；请求权的相对人是未履行或者未全面履行出资义务的股东。而未履行或者未全面履行出资义务的数个股东之间，因有相关的约定，其资本充实义务在性质上为连带债务。

另外，公司合并的方式还有新设合并，此为两个以上公司合并设立一个新的公司，而合并各方解散的情形。公司合并的法律效果，除权利义务概括继受外，还在于需要办理相关的登记手续：公司合并，登记事项发生变更的，应当依法向公司登记机关办理变更登记；公司解散的，应当依法办理公司注销登记；设立新公司的，应当依法办理公司设立登记。

■ 法条链接

《公司法》第31条

有限责任公司成立后，应当向股东签发出资证明书。

出资证明书应当载明下列事项：

(一)公司名称；

（二）公司成立日期；

（三）公司注册资本；

（四）股东的姓名或者名称、缴纳的出资额和出资日期；

（五）出资证明书的编号和核发日期。

出资证明书由公司盖章。

《公司法》第 172 条

公司合并可以采取吸收合并或者新设合并。

一个公司吸收其他公司为吸收合并，被吸收的公司解散。两个以上公司合并设立一个新的公司为新设合并，合并各方解散。

《公司法》第 173 条

公司合并，应当由合并各方签订合并协议，并编制资产负债表及财产清单。公司应当自作出合并决议之日起十日内通知债权人，并于三十日内在报纸上公告。债权人自接到通知书之日起三十日内，未接到通知书的自公告之日起四十五日内，可以要求公司清偿债务或者提供相应的担保。

《公司法》第 174 条

公司合并时，合并各方的债权、债务，应当由合并后存续的公司或者新设的公司承继。

《最高人民法院关于适用〈中华人民共和国公司法〉若干问题的规定（三）》第 13 条

股东未履行或者未全面履行出资义务，公司或者其他股东请求其向公司依法全面履行出资义务的，人民法院应予支持。

公司债权人请求未履行或者未全面履行出资义务的股东在未出资本息范围内对公司债务不能清偿的部分承担补充赔偿责任的，人民法院应予支持；未履行或者未全面履行出资义务的股东已经承担上述责任，其他债权人提出相同请求的，人民法院不予支持。

股东在公司设立时未履行或者未全面履行出资义务，依照本条第一款或者第二款提起诉讼的原告，请求公司的发起人与被告股东承担连带责任的，人民法院应予支持；公司的发起人承担责任后，可以向被告股东追偿。

股东在公司增资时未履行或者未全面履行出资义务，依照本条第一款或者第二款提起诉讼的原告，请求未尽公司法第一百四十七条第一款规定的义务而使出资未缴足的董事、高级管理人员承担相应责任的，人民法院应予支持；董事、高级管理人员承担责任后，可以向被告股东追偿。

7.2 公司派生分立后合同的解除与损失赔偿

■ 基本案情

2006年9月14日，深圳市横岗保安股份合作公司新坡塘分公司（甲方，以下简称新坡塘分公司）与深圳市中孚泰文化建筑建设股份有限公司（乙方，以下简称中孚泰建筑公司）签订《合作开发协议书》，约定将位于深圳市龙岗区横岗镇新坡塘村占地面积18万平方米的地块规划建设为大型中高档住宅小区，具体规划建筑面积以深圳市规划与国土资源局龙岗分局批准的红线图及实际测量数据为准。计划用3～5年的时间完成全部开发建设工作，改造范围内涉及的一条规划市政道路将同步进行拆迁，该市政道路占本项目用地2.5万平方米，具体规划建筑面积以深圳市规划与国土资源局龙岗分局批准的经济技术数据为准；合同约定了双方责任，其中，甲方负责与乙方共同组建拆迁小组，并负责组织与本项目范围内的各业主进行拆迁补偿安置协议的洽谈工作，协助乙方与被拆迁户签订拆迁安置协议，负责协助乙方落实本项目的深圳市城中村改造地价标准并在此基础上争取更大优惠，负责协助乙方办理本项目实施过程中的手续申报、审批工作，乙方在拿到政府批文后，甲方不再另行招商，乙方独自开发；乙方负责该项目范围内各业主拆迁补偿安置协议中安置补偿条款的按时落实，并负责项目的规划、设计、报建、报批、建设、验收等工作，负责该项目的销售及物业管理工作，负责该项目改造实施过程中的所有费用，包括补缴地价、设计、施工、监理以及报批报建等费用，负责该项目改造进度的按计划完成，负责该项目的全部经济责任，并享有该项目的全部经济收益。合同同时约定了甲方履行本方责任的前提下，乙方负责在3个月内准备好乙方公司及与本项目相关的资料并向政府相关部门进行项目审批工作，且于报审资料上交后12个月内办理好审批手续。如果由于政府审批时限原因需延长时间的，按政府的办文时间顺延，否则视为乙方放弃本项目的开发，本协议签署后，乙方保证不得将本项目的开发权转让给第三方企业进行开发，否则视为乙方放弃本项目的开发，甲方收回其开发权利。

2007年6月11日，双方就上述协议签订的《补充合同》约定，乙方向甲方支付本项目的补偿款1300万元，此补偿款系指乙方对甲方公共道路、设施的补偿（甲方集体所有的楼房及旧瓦房补偿另行协商）；双方自签订该《补充合同》并且甲方组织新坡塘村居民及业主完成签订同意进行旧改的补偿协议后，二年内乙方必须启动开发；二年届满，乙方仍未启动第一期开发，则甲方可以与乙方协商收回开发权；乙方享有单独开发权利，未经乙方同意，甲方不得另行招商或转让开发权利；未经甲方同意,乙方不得将本城中村改造项目的开发权转让给任何第三方,否则甲方有权收回本项目的开发权。

签约后,中孚泰建筑公司开始履行合同并推进改造项目工作。但新坡塘分公司分别于2012年2月22日、2013年3月20日和2013年10月19日召开股东大会对上述协议书及补充合同约定的改造项目进行审议、表决并形成一致意见,即中孚泰建筑公司至今未具体实施合同约定,严重违反了协议约定,新坡塘分公司全体股东不愿与中孚泰建筑公司协商签订拆迁补偿协议及配合任何改造事宜,同意采取法律途径或依照政府有关规定,解除与中孚泰建筑公司签订的合作开发协议,取消其开发权。

另外,原深圳市中孚泰实业有限公司于2007年8月3日变更企业名称为深圳市中孚泰实业股份有限公司,2011年3月10日变更企业名称为深圳市中孚泰文化建筑建设股份有限公司,2013年5月28日变更企业名称为深圳市中孚泰文化建筑建设有限公司。深圳市中孚泰地产投资开发有限公司于2009年8月27日成立,系从深圳市中孚泰实业股份有限公司分立,经营业务包含房地产投资、开发、经营及经纪,2013年2月5日变更企业名称为深圳市中孚泰文化地产集团有限公司(以下简称中孚泰地产公司)。

新坡塘分公司于2013年11月向深圳市龙岗区人民法院提起诉讼,请求解除其与中孚泰建筑公司签订的《合作开发协议书》及《补充合同》,深圳市龙岗区人民法院作出(2013)深龙法民三初字第914号民事判决,判令解除该两份合同。

2015年7月6日,中孚泰建筑公司、中孚泰地产公司向一审法院提起诉讼,请求:(1)新坡塘分公司赔偿原告因履行合同所产生的实际支出人民币43,159,109.14元;(2)新坡塘分公司赔偿原告可得利益损失6000万元(暂计)。[2]

■ 法院裁判

一审法院于2016年4月18日作出一审民事判决:(1)新坡塘分公司应于判决生效之日起10日内向中孚泰建筑公司、中孚泰地产公司赔偿损失1,066,200元;(2)驳回中孚泰建筑公司、中孚泰地产公司的其他诉讼请求。但中孚泰建筑公司、中孚泰地产公司和新坡塘分公司均不服原审判决,向二审法院提起上诉。

二审法院认为,原审判决认定事实虽有瑕疵,但处理结果并无不当。中孚泰建筑公司、中孚泰地产公司及新坡塘分公司的上诉主张均无事实与法律依据,对其上诉主张,法院均不予支持,故判决驳回上诉,维持原判。

---

〔2〕 案例来源:民事裁判文书,(2016)粤民终1116号。

■ 裁判评析

一审法院认为,本案争议的焦点问题有二:一为新坡塘分公司应否向原告赔偿损失的问题,即原告是否构成根本违约;二为原告可向新坡塘分公司主张赔偿的金额问题。但二审法院认为,案涉《合作开发协议书》及《补充合同》已经被生效判决解除,根据双方当事人的诉辩意见,本案争议的焦点问题是案涉协议及合同解除的法律后果应由谁承担。应该说,二审法院对本案的争点归纳更为合理、准确,具体分析如下。

(一)关于合同的履行主体问题

案涉《合作开发协议书》及《补充合同》实际上是在城市更新的过程中双方围绕案涉项目的落实而签订的一揽子协议,包括多种合同关系,其中既包括委托合同关系,也包括拆迁安置补偿合同关系,还包括单一市场主体(市场主体与所有业主签订搬迁补偿安置协议后形成单一主体)与集体经济组织继受单位之间的改造合作合同关系以及房地产开发经营合同关系等各种法律关系。有的合同关系如委托合同关系已经履行完毕,不存在解除合同的问题。新坡塘分公司主张中孚泰建筑公司存在私自转让项目的行为,但中孚泰地产公司系从中孚泰建筑公司分立而来,中孚泰地产公司部分承接案涉合同的履行,是公司分立的结果,中孚泰地产公司与中孚泰建筑公司之间并不存在项目转让合同关系,中孚泰地产公司未向中孚泰建筑公司支付任何合同对价,中孚泰建筑公司也未从中谋取利益,故一审、二审判决均未支持新坡塘分公司的该项主张。

(二)关于合同约定的开发期限和各自的权利义务问题

案涉《合作开发协议书》约定计划用3~5年的时间完成项目的全部开发建设工作,案涉《补充合同》约定项目应自该合同签订且新坡塘分公司组织业主和村民完成签订同意进行旧改的补偿协议后2年内必须启动开发。案涉《补充合同》的期限约定并非独立或割裂的期限约定,而是对案涉《合作开发协议书》所约定的"计划用3~5年的时间完成项目全部开发建设工作"这一期限的具体化。案涉《补充合同》约定的只是步骤安排,并未改变案涉《合作开发协议书》关于"计划用3~5年的时间完成项目全部开发建设工作"的约定。案涉《合作开发协议书》约定中孚泰建筑公司负责办理本项目实施过程中的手续申报、审批工作,负责该项目范围内各业主拆迁补偿安置协议中安置补偿条款的按时落实,并负责项目的规划、设计、报建、报批、建设、验收等工作,负责该项目的销售及物业管理工作,负责该项目改造实施过程中的所有费用,包括补缴地价、设计、施工、监理以及报批报建等费用,负责该项目改造进度的按计划完成,负责该项目的全部经济责任。而案涉《合作开发协议书》所约定的新坡塘分公司的合同义务均系协助义务,这就意味着中孚泰建筑公司应当负责城市更新单元计划申报手续的递交与跟踪落实,负责项目的规划、设计、报建、报批、建设、验收等工作，确保案涉项目在合同约定的3～5年时间内完成全部开发建设工作。在案涉《合作开发协议书》与《补充合同》被另案生效判决解除以前，中孚泰建筑公司明显未在合同约定的期限内完成全部开发建设工作，而只与少量业主签订了拆迁安置补偿合同，根本就无法形成单一市场主体，更无法以单一市场主体的身份与集体经济组织继受单位进一步签订改造合作协议，新坡塘分公司主张解除案涉《合作开发协议书》与《补充合同》，具有合同与法律上的依据。故而，原审判决所认定的事实错误，二审法院对此予以纠正。

（三）关于可得利益损失赔偿问题

中孚泰建筑公司、中孚泰地产公司主张其因《合作开发协议书》及《补充合同》而享有开发权。原审判决认为，原告能否成为城市更新单元的实施主体，并不在于新坡塘分公司的授权或同意，而必须由业主自主选择。在原告与新坡塘分公司签订《合作开发协议书》及《补充合同》之时，其并未取得涉案项目的开发权，故并不能因《合作开发协议书》及《补充合同》而享有开发收益。二审法院维持了一审法院对中孚泰建筑公司、中孚泰地产公司可得利益的主张不予认可之判决立场。当然，原告主张的赔偿数额包含两个部分，一为原告的实际支出损失，二为原告的可得利益损失。其主张的实际支出损失之赔偿，获得了一审法院和二审法院的支持。

本案中，二审法院认定公司派生分立后，在合同的履行过程中，一方当事人依法解除合同的，须赔偿对方当事人的实际支出损失而非可得利益损失，值得赞同。(1)公司分立是一个公司通过签订协议，不经清算程序，而分为两个以上公司的法律行为。派生分立，系公司分立的方式之一，亦称存续分立，是一个公司分离成两个以上公司，而该原公司继续存在，同时设立一个以上新公司的情形。本案为中孚泰地产公司系从更名后的中孚泰建筑公司分立出来。(2)在程序上，公司分立的，其财产作相应的分割。公司分立，应当编制资产负债表及财产清单。公司应当自作出分立决议之日起10日内通知债权人，并于30日内在报纸上公告。(3)公司分立前的债务由分立后的公司承担连带责任，但公司在分立前与债权人就债务清偿达成的书面协议另有约定的除外。因新坡塘分公司依法解除案涉《合作开发协议书》与《补充合同》，故其须向中孚泰建筑公司、中孚泰地产公司赔偿实际支出损失。

另外，公司分立的方式还有新设分立，此为一个公司分解成两个以上公司，而该原公司解散，同时设立两个以上新公司的情形。公司分立的法律效果，除权利义务概括继受外，还在于需要办理相关的登记手续：公司分立，登记事项发生变更的，应当依法向公司登记机关办理变更登记；公司解散的，应当依法办理公司注销登记；设立新公司的，应当依法办理公司设立登记。

■ 法条链接

《公司法》第 175 条

公司分立,其财产作相应的分割。

公司分立,应当编制资产负债表及财产清单。公司应当自作出分立决议之日起十日内通知债权人,并于三十日内在报纸上公告。

《公司法》第 176 条

公司分立前的债务由分立后的公司承担连带责任。但是,公司在分立前与债权人就债务清偿达成的书面协议另有约定的除外。

《合同法》第 90 条(已废止)

当事人订立合同后合并的,由合并后的法人或者其他组织行使合同权利,履行合同义务。当事人订立合同后分立的,除债权人和债务人另有约定的以外,由分立的法人或者其他组织对合同的权利和义务享有连带债权,承担连带债务。

7.3　公司组织变更的效力

■ 基本案情

2016 年 4 月 10 日,田耕硕与亿源股份公司的前身亿源公司签订《借款合同》。该《借款合同》中约定:亿源公司向田耕硕借款 70 万元,从事生产经营,借款利息为月息 2%,期限为三年。王慎富、王钰为借款提供连带责任担保。借款使用期间,亿源公司按约定支付给田耕硕利息至 2016 年 9 月 7 日。2016 年 9 月 7 日之后,亿源公司更名为亿源股份公司。由于亿源股份公司未按《借款合同》约定支付利息,构成违约,且由于资金不足等原因于 2016 年 12 月歇业至今,故田耕硕至法院起诉。

经查,王慎富、王钰、王芹于 2000 年 8 月 16 日设立并成立滕州市金润煤炭运销有限责任公司,公司注册资本 700 万元;2006 年 7 月 13 日王慎富、王钰设立并成立亿源公司,公司注册资本 360 万元。2010 年 4 月滕州市金润煤炭运销有限责任公司与亿源公司合并,合并后的亿源公司实收资本变更为 1060 万元,其中王慎富持股 690 万元,王钰持股 350 万元,王芹持股 20 万元。2016 年 1 月 4 日王慎富个人增加对亿源公司出资 2000 万元,承诺 2025 年 12 月 31 日前认缴,亿源公司的注册资本变更为 3060 万元,其公司的实收资本仍为 1060 万元,股东王慎富没有实际出资。2016 年 4 月 25 日,亿源公司又增加康凌、张克学、刘俊峰、高岩、张红、闵剑、刘涛、狄瑞云、李庆梅、张宝秀、唐玉峰、郑光跃为新股东,公司新增注册资本 168.55 万元。上述新增股东的出资 168.55 万元,于 2016 年 5 月 13 日之前足额缴纳。

2016 年 5 月 16 日，北京中逸信诚会计师事务所有限公司对王慎富、康凌、张克学、刘俊峰、高岩、张红、闵剑、刘涛、狄瑞云、李庆梅、张宝秀、唐玉峰、郑光跃向亿源公司的新增出资资金出具《验资报告》。只有王慎富本次没有实际出资。2016 年 4 月 27 日亿源公司的企业注册资本变更为 3228.55 万元，由于王慎富承诺的 2000 万元货币出资没有实际到位，公司的实收资本仅为 1228.55 万元。2016 年 12 月 28 日亿源公司召开股东大会，商议设立股份有限公司，同日王慎富、王钰、王芹、康凌、张克学、刘俊峰、高岩、张红、闵剑、刘涛、狄瑞云、李庆梅、张宝秀、唐玉峰、郑光跃共同制定亿源股份公司章程，并签字确认。该公司章程第 16 条明确规定，公司是由亿源公司按经审计的截至 2016 年 5 月 31 日止的账面净资产资产值折股整体变更的方式发起设立，各发起人以其持有的亿源公司股权对应的净资产出资认购公司设立时的全部股份。而此时王慎富认缴的 2000 万元货币出资，2016 年 5 月 31 日前根本没有实际到位。此后亿源公司聘请天恒会计事务所无锡分所为公司整体变更为股份公司对公司资产进行审计。天恒会计事务所无锡分所为亿源公司出具[00221]号《审计报告》，确认截至 2016 年 5 月 31 日公司的账面净资产为 5247.66 万元，按 1.63:1 的比例折合公司股本 3228.55 万元。后王慎富等到枣庄市工商行政管理局办理亿源公司的变更登记。2017 年 1 月 19 日经枣庄市工商行政管理局核准，亿源公司变更亿源股份公司，变更后股份公司的注册资本为 3228.55万元，股东（发起人）对全部注册资本足额认缴。

另查明，亿源公司 2014 年度对外公示的企业资产状况信息，显示公司资产总额 3975 万元、负债 4264 万元、利润 -542 万元，此后亿源公司未再对外公示企业的资产信息。2017 年 1 月 19 日亿源公司整体变更为亿源股份公司。同时，亿昌源公司系王慎富、王钰、王芹于 2014 年 2 月注册设立，王慎富出资 600 万元，王钰出资 200 万元，王芹出资 200 万元，公司注册资本 1000 万元。亿昌源公司于 2014 年 3 月形成股东会决议，同意增加亿源公司为公司的新股东，王慎富、王钰、王芹将股份全部转让给亿源公司，亿源公司持有山东亿昌源石化科技有限公司的全部股权，因此使亿昌源公司成为亿源公司的法人独资企业。

根据再审查明事实，亿源股份公司 2016 年 4 月 27 日及 2017 年 1 月 19 日的变更登记（其中包括上述人员作为股东发起人的变更登记）已被撤销，且刘涛、张红、康凌、闵剑、高岩的出资行为已被生效的刑事判决认定为非法吸收公众存款。

田耕硕向一审法院起诉的请求事项为：（1）判令亿源股份公司偿还借款 70 万元，支付借款逾期利息（按照借款本金月利率 3% 计算，从 2016 年 9 月 8 日起计算至判决履行之日止），承担借款金额 20% 的违约金；（2）判令亿昌源公司、王慎富、梁殿英、王钰、王芹、康凌、张克学、高岩、张红、闵剑、刘涛、狄瑞云、李庆梅、张宝秀、唐玉峰、郑光跃承担连带偿还责任;(3)本案的诉讼费用由被告承担。[3]

■ 法院裁判

一审法院基于田耕硕的起诉、查明及认定的事实,判决如下:(1)亿源股份公司归还田耕硕借款70万元;(2)亿源股份公司支付使用、占有田耕硕借款期间的利息,以70万元借款本金为基数,从2016年9月8日起,按年利率24%计算到判决确定给付之日止;(3)亿源股份公司赔偿田耕硕已支付的财产保全费5000元;(4)王慎富、王钰对上述(1)(2)(3)项亿源股份公司向田耕硕给付款项承担连带清偿责任;(5)王芹、康凌、张克学、刘俊峰、高岩、闵剑、狄瑞云、李庆梅、郑光跃对王慎富在虚假出资2000万元及利息的范围内、对上述(1)(2)(3)项亿源股份公司向田耕硕给付款项承担连带补充赔偿责任;(6)驳回田耕硕其他诉讼请求。

二审法院认为,康凌的上诉请求部分成立,故予以部分支持。并判决如下:(1)撤销一审判决第(5)(6)判项;(2)维持一审判决第(1)(2)(3)(4)判项;(3)驳回田耕硕的其他诉讼请求。

再审法院认为,田耕硕的再审理由均不能成立,其再审请求应予驳回。亿源股份公司、亿昌源公司、王慎富、梁殿英、王钰、王芹、刘俊峰、高岩、张红、闵剑、刘涛、狄瑞云、李庆梅、张宝秀、唐玉峰、郑光跃经传票传唤无正当理由拒不到庭,本案依法缺席判决。再审法院维持对该案的二审判决。

■ 裁判评析

本案的争议焦点在于,田耕硕有权向何人主张何种性质的责任?

1. 本案《借款合同》系田耕硕与亿源公司的真实意思表示,且不违反法律及行政法规的强制性规定,合法有效。根据借款合同的约定,结合亿源公司于2015年4月6日向田耕硕出具的借款借据及相关银行账户流水明细,能够认定田耕硕已经完成了向亿源公司交付涉案款项的义务。因亿源公司变更为亿源股份公司,故亿源股份公司应向田耕硕偿还借款本息,亦即田耕硕有权向亿源股份公司主张还本付息的借款责任。

2. 王慎富和王钰作为连带责任保证人,按照约定应当承担该项借款本息的连带清偿责任。

3.《公司法解释三》第13条第2款规定:公司债权人请求未履行或者未全面履行出资义务的股东在未出资范围内对公司债务不能清偿的部分承担补充赔偿责任的,人民法院应予支持。根据上述条款之规定,本案中王慎富作为亿源股份公司的

[3] 案例来源:民事裁判文书,(2020)鲁04民再22号。

发起人，其承诺出资2000万元但未实际出资，故应在未出资范围内对本案债务中亿源股份公司不能清偿的部分承担补充赔偿责任。再审判决认为，因王慎富同时为本案债务的担保人，二审判决其承担担保责任，故无必要再判决其承担补充赔偿责任。由于作为连带保证人的连带清偿责任，与作为出资人因出资不实而承担的补充赔偿责任，在责任主体定位、责任性质、责任范围等方面有很大差异，故再审判决的此种见解尚有待商榷。两种责任之间，为并存关系抑或排斥关系，或可推敲。

4.《公司法解释三》第13条第3款规定：股东在公司设立时未履行或者未全面履行出资义务，依照本条第2款提起诉讼的原告，请求公司的发起人与被告股东承担连带责任的，人民法院应予支持。田耕硕根据上述条款之规定，要求康凌、张克学、刘俊峰、高岩、张红、闵剑、刘涛、狄瑞云、李庆梅、张宝秀、唐玉峰、郑光跃作为亿源股份公司的发起人在王慎富未履行发起人出资义务的范围内对本案借款承担连带赔偿责任的诉请，其前提条件是上述人员能够认定为亿源股份公司的发起人。但根据再审查明的事实，亿源股份公司2016年4月27日及2017年1月19日的变更登记（其中包括上述人员作为股东发起人的变更登记）已被撤销，且刘涛、张红、康凌、闵剑、高岩的出资行为已被生效的刑事判决认定为非法吸收公众存款，相关款项追缴后应返还集资参与人。因此，现有证据不足以证明康凌、张克学、刘俊峰、高岩、张红、闵剑、刘涛、狄瑞云、李庆梅、张宝秀、唐玉峰、郑光跃系亿源股份公司的发起人。故再审判决、二审判决对该项诉讼请求均未予支持，此点值得赞同。

公司的变更是指公司设立登记的相关事项之变化。公司的组织变更，则为公司变更之一种。关于公司的组织变更的条件和效力，《公司法》第9条规定："有限责任公司变更为股份有限公司，应当符合本法规定的股份有限公司的条件。股份有限公司变更为有限责任公司，应当符合本法规定的有限责任公司的条件。有限责任公司变更为股份有限公司的，或者股份有限公司变更为有限责任公司的，公司变更前的债权、债务由变更后的公司承继。"《公司法》第95条规定："有限责任公司变更为股份有限公司时，折合的实收股本总额不得高于公司净资产额。有限责任公司变更为股份有限公司，为增加资本公开发行股份时，应当依法办理。"我国法重点规范的公司的组织变更，主要是从有限责任公司变更为股份有限公司的情形。本案所涉公司变更的复杂之处在于，既有滕州市金润煤炭运销有限责任公司与亿源公司的吸收合并，又有亿源公司的组织形式变更为亿源股份公司，还有亿源股份公司的发起人变更及其注册资本变更是否合法等问题，不过，其中涉案的关键、重要环节是公司的组织变更。

另外，公司从普通的有限责任公司变更为一人有限责任公司，虽然确属公司的组织变更之一种，但并不在《公司法》第9条或第95条的适用范围之列。此时，债权人不得依据《公司法》第9条或第95条追究公司的责任，而仅得依据《公司法》第63条依法追究公司及其股东的连带责任。

■ 法条链接

《公司法》第9条

有限责任公司变更为股份有限公司,应当符合本法规定的股份有限公司的条件。股份有限公司变更为有限责任公司,应当符合本法规定的有限责任公司的条件。

有限责任公司变更为股份有限公司的,或者股份有限公司变更为有限责任公司的,公司变更前的债权、债务由变更后的公司承继。

《公司法》第63条

一人有限责任公司的股东不能证明公司财产独立于股东自己的财产的,应当对公司债务承担连带责任。

《公司法》第95条

有限责任公司变更为股份有限公司时,折合的实收股本总额不得高于公司净资产额。有限责任公司变更为股份有限公司,为增加资本公开发行股份时,应当依法办理。

《最高人民法院关于适用〈中华人民共和国公司法〉若干问题的规定(三)》第13条

股东未履行或者未全面履行出资义务,公司或者其他股东请求其向公司依法全面履行出资义务的,人民法院应予支持。

公司债权人请求未履行或者未全面履行出资义务的股东在未出资本息范围内对公司债务不能清偿的部分承担补充赔偿责任的,人民法院应予支持;未履行或者未全面履行出资义务的股东已经承担上述责任,其他债权人提出相同请求的,人民法院不予支持。

股东在公司设立时未履行或者未全面履行出资义务,依照本条第一款或者第二款提起诉讼的原告,请求公司的发起人与被告股东承担连带责任的,人民法院应予支持;公司的发起人承担责任后,可以向被告股东追偿。

股东在公司增资时未履行或者未全面履行出资义务,依照本条第一款或者第二款提起诉讼的原告,请求未尽公司法第一百四十七条第一款规定的义务而使出资未缴足的董事、高级管理人员承担相应责任的,人民法院应予支持;董事、高级管理人员承担责任后,可以向被告股东追偿。

7.4　企业改制与债务承担

■ 基本案情

2001年6月4日,南京育丰化工有限责任公司(以下简称育丰公司)与农行大厂支行签订《0007 号借款合同》，约定育丰公司向农行大厂支行申请短期流动资金贷款 90 万元用于资金周转，借款时间为 2001 年 6 月 4 日，还款时间为 2002 年 6 月 2 日，同时约定借款年利率为 6.435% 等。2001 年 10 月 8 日，育丰公司与农行大厂支行签订《19 号借款合同》，约定育丰公司向农行大厂支行申请短期流动资金贷款 70 万元用于资金周转，借款时间为 2001 年 10 月 9 日，还款时间为 2002 年 9 月 25 日，同时约定借款年利率为 6.435%，以及借款人不按本合同约定的期限归还贷款本金的，贷款人有权对逾期贷款根据逾期天数按日利率 2.1‰计收逾期利息等。

上述两份合同签订后，农行大厂支行分别于 2001 年 6 月 4 日、2001 年 10 月 9 日向育丰公司发放贷款 90 万元、70 万元。育丰公司分别于 2004 年 9 月 30 日、2006 年 4 月 10 日向农行大厂支行归还《0007 号借款合同》项下借款本金 23,400 元、55,108 元。

2001 年 5 月 30 日，农行大厂支行与南京市大厂区石化综合利用厂（以下简称大厂区利用厂）签订《最高额保证合同》，约定大厂区利用厂作为育丰公司的保证人为其向农行大厂支行提供担保。合同第 1 条约定被保证的主债权最高额：（1）保证人自愿为债务人自 2001 年 5 月 30 日起至 2002 年 10 月 30 日止，在债权人处办理约定的各类业务，实际形成债务的最高余额折合人民币 340 元提供担保。上述期间仅指债务发生时间，不包括债务到期时间等。（2）在本合同约定的期限和最高余额内，债务人可申请循环使用上述信贷资金、银行信用。在本合同约定的期限内发生的业务，其到期日不得超过 2002 年 10 月 29 日。合同第 2 条约定保证担保的范围：保证人担保的范围包括债务人依主合同与债权人发生的全部债务本金、利息、逾期利息、复利、罚息、违约金、损害赔偿金以及诉讼费、律师费等债权人实现债权的费用。合同第 3 条约定保证方式：本合同保证方式为连带责任保证。合同第 4 条约定保证期间：保证人保证期间为主合同约定的债务人履行债务期限届满之日起二年等。

上述合同签订后，因育丰公司未能按时归还借款，农行大厂支行遂于 2004 年 9 月 23 日向大厂区利用厂邮寄了《担保人履行责任通知书》等催缴通知，要求大厂区利用厂履行担保责任归还欠款本金及利息。且自 2006 年 7 月 17 日至 2016 年 8 月 10 日，农行洪武支行分别于 2006 年 7 月 17 日、2007 年 12 月 29 日、2009 年 1 月 12 日、2010 年 4 月 13 日、2011 年 12 月 5 日、2013 年 11 月 6 日、2015 年 8 月 12 日、2016 年 8 月 10 日向大厂区利用厂邮寄《担保人履行责任通知书》，并于 2019 年 5 月 24 日向大厂区利用厂邮寄债务逾期催收通知书，要求大厂区利用厂履行担保责任归还欠款本金 1,521,492 元及利息。因大厂区利用厂未履行担保责任，南京市六合区国有资产经营（控股）有限公司（以下简称六合国资公司）遂诉至一审法院。

六合国资公司向一审法院提出诉讼请求：（1）判令李云强履行担保责任，向六合国资公司偿还借款人育丰公司所借的借款本金 1,521,492 元及利息（其中：①本金70万元的利息自2001年10月9日起至2002年9月25日止按年利率6.435%计算,自2002年9月26日起按日利率2.1‱的标准计算至实际给付之日止;②本金821,492元的利息从2006年4月4日起至实际偿还之日止按年利率6.435%计算)。(2)李云强承担本案诉讼费用。

一审法院查明,2004年8月21日,农行江苏分行营业部下发农银苏营办〔2004〕209号《关于营业部城郊支行不良资产分账经营集中清收划转情况的通报》,决定由农行洪武支行接收城郊8家支行(含农行大厂支行的案涉债权)的四级分类中的不良资产,实行不良资产分账经营、集中清收。农行江苏分行营业部与六合国资公司于2016年6月27日签订《委托资产批量转让协议》,约定将包含本案所涉金额在内的债权转让给六合国资公司。该协议所附《债权资产明细表》中第33项债务人为育丰公司,所欠债务为5,927,052.99元,担保人为大厂区利用厂和南京市大厂区物资总公司。六合国资公司在庭审中陈述,本案所涉债务欠款1,521,492元即包含在其中。

一审法院又查明,大厂区利用厂于1991年4月6日由葛塘中学申请开业登记注册,并于1991年4月19日经工商部门核准。1992年1月2日,为方便管理,经长芦小学申请并经大厂区校办工业公司于1992年1月20日同意,该厂转由长芦小学开办。

2001年12月12日,大厂区校办工业公司与李云强签订《南京市大厂区石化综合利用厂企业产权出售协议》,约定将大厂区利用厂的企业产权、固定资产等以160万元的价款出售给李云强,且约定大厂区利用厂的对外担保等由校办工业公司清理等。

2001年12月31日,南京市大厂区企业产权制度改革领导小组下发《关于区教委申报南京市大厂区石化综合利用厂产权制度改革方案的批复》[大企改(2001)50号],内容为:"区教委:你委《关于申报南京市大厂区石化综合利用厂产权制度改革方案的请示》收悉。根据《中共大厂区委、大厂区人民政府关于深化国有集体企业产权制度改革实施意见》[大委(2000)41号],现批复如下:一、经中介机构审计、评估,石化综合利用厂资产总额854.19万元,负债总额450.79万元,净资产总额403.4万元。二、同意采取协商定价的方式将石化综合利用厂的固定资产一次性出售给李云强,企业固定资产评估价为216.14万元,经双方协商,出售价格为160万元,付款期限按《企业产权出售协议》执行。土地、水电设施有偿使用,另行签订协议。三、企业未出售的资产,包括货币资金、债权、存货、对外投资等由区校办工业公司负责清理处置,变现的资产由区校办工业公司负责处理该企业的有关债务问题。四、石化综合利用厂固定资产出售后,原企业职工中属教师身份的由你委负责安置,不属于教师身份的职工,其劳动关系全部解除,给予一次性安置费用共计52,213元,由校办工业公司进行处理。五、改制企业应及时办理工商、税务登记，完备各种证照、债权债务过户等手续，签订土地、公用设施租赁协议，向主管部门移交有关行政、财会档案。改制企业须在改制验收时提供上述证明材料等。”

李云强在签订上述《南京市大厂区石化综合利用厂企业产权出售协议》后，已将160万元的价款交付给大石区校办工业公司。2002年3月12日，大厂区校办工业公司向工商部门提出注销大厂区利用厂的申请，并在《债权债务证明》确认：“兹有我单位下属的大厂区利用厂企业因产权已对外出售完毕等原因决定申请注销。经查，该企业无债权债务。如有，由我单位负责清理。”2002年3月26日，李云强申请设立个人独资企业大厂区利用厂。2009年5月22日，大厂区利用厂更名为大厂利用厂。2012年6月4日，李云强申请注销大厂利用厂，并于2012年6月6日被工商部门核准注销。〔4〕

■ 法院裁判

一审法院判决如下：(1)李云强于判决生效之日起10日内向六合国资公司偿还借款人育丰公司所借的借款本金70万元及利息(自2001年10月9日起至2002年9月25日止按年利率6.435%计算，自2002年9月26日起按日利率2.1‰的标准计算至实际给付之日止)。(2)第三人南京市江北新区管理委员会社会事业局(以下简称江北新区社会事业局)于判决生效之日起10日内给付李云强向六合国资公司履行的上述第一项义务中所确定的款项。(3)驳回六合国资公司的其他诉讼请求。

二审法院认为，因二审中当事人新的陈述导致一审判决依据的事实基础发生变更，一审判决结果部分依法应予纠正。据此判决如下：(1)维持一审判决第一、三项；(2)撤销一审判决第二项。

■ 裁判评析

本案的争议焦点有三个：一是保证人大厂区利用厂对《0007号借款合同》项下的本息应否承担保证责任？二是保证人大厂区利用厂对《19号借款合同》项下的本息应否承担保证责任？三是第三人江北新区社会事业局对本案借款本息有无清偿责任？

关于第一个焦点问题，《0007号借款合同》的借款期限为2001年6月4日至2002年6月2日，故保证人大厂区利用厂承担保证责任的两年保证期间应为2002年6月3日至2004年6月2日。审理中，六合国资公司无证据证明其在该保证期

---

〔4〕 案例来源：民事裁判文书，(2020)苏01民终7898号。

间内要求保证人大厂区利用厂承担保证责任。根据"在保证期间之内,债权人未要求保证人承担保证责任的,保证人免除保证责任"及"连带保证中,主债务诉讼时效中断,保证债务的诉讼时效不中断"等规则,虽然育丰公司于2004年9月30日、2006年4月10日向农行大厂支行归还了《0007号借款合同》的部分本金,但因本案中大厂区利用厂为育丰公司提供的是连带责任保证,育丰公司的还款行为并不引起保证债务诉讼时效的中断,故六合国资公司未在上述两年保证期间内要求保证人大厂区利用厂承担保证责任的行为,导致保证人免除保证责任。六合国资公司已经无权要求保证人大厂区利用厂为《0007号借款合同》项下本息承担保证责任。

关于第二个焦点问题,《19号借款合同》的借款期限为2001年10月9日至2002年9月25日,故保证人大厂区利用厂承担保证责任的两年保证期间应为2002年9月26日至2004年9月25日。因农行大厂支行于2004年9月23日向保证人大厂区利用厂邮寄《担保人履行责任通知书》等催缴通知,故根据"连带责任保证的债权人在保证期间届满前要求保证人承担保证责任的,从债权人要求保证人承担保证责任之日起,开始计算保证合同的诉讼时效"等规则,农行大厂支行及农行洪武支行自2004年9月24日起均在诉讼时效期间内要求保证人大厂区利用厂承担保证责任,故对案涉六合国资公司要求保证人大厂区利用厂为育丰公司《19号借款合同》项下本息向六合国资公司承担保证责任的请求,一审法院、二审法院均予以支持。

关于第三个焦点问题,一审法院适用了《最高人民法院关于审理与企业改制相关的民事纠纷案件若干问题的规定》第26条之规定。一审法院认为,虽然校办工业公司在原大厂区利用厂的注销申请中言明由其负责清理该厂的债权债务,但因该《债权债务证明》未经债权人的认可,故对本案六合国资公司不发生效力。李云强作为改制中大厂区利用厂的买受人,在大厂区利用厂注销后,作为个人独资企业的投资人,李云强仍需对大厂区利用厂出售前的债务承担责任。但是,李云强对大厂区利用厂出售前的债务承担责任后,其可依据大厂区利用厂企业产权出售协议、大厂区企业产权制度改革领导小组批复中有关企业改制前有关债务问题由大厂区校办工业公司负责处理的约定,以及该校办工业公司属于原大厂区教育局(教委)内设机构、大厂区教育局(教委)因区划调整又更名为江北新区社会事业局这一客观事实,要求江北新区社会事业局承担相应的民事责任。因而,为减少讼累,一审法院支持了李云强要求第三人江北新区社会事业局承担李云强向六合国资公司所承担的案涉民事责任的请求。但二审法院认为,江北新区社会事业局在本案中的地位是无独立请求权的第三人;至于大厂区校办工业公司与原大厂区教育局是否存在隶属关系以及李云强向六合国资公司承担责任后是否可以主张江北新区社会事业局承担责任,李云强应另行处理,一审法院支持李云强主张无独立请求权的第三人江北新区社会事业局承担责任于法无据。

值得注意的是，根据《最高人民法院关于审理与企业改制相关的民事纠纷案件若干问题的规定》第26条“企业出售后，买受人将所购企业重新注册为新的企业法人，所购企业法人被注销的，所购企业出售前的债务，应当由新注册的企业法人承担。但买卖双方另有约定，并经债权人认可的除外”之规定，其适用的前提条件之一是“买受人将所购企业重新注册为新的企业法人”。但在本案中，李云强申请设立的大厂区利用厂系“个人独资企业”，而非“企业法人”。故本案中能否适用上述第26条之规定，尚且存疑。另外，第26条前段体现为“债务跟着资产走”原则，后段为“债务跟着资产走”原则的但书。但在理论上，“债务跟着资产走”原则是否科学、合理，尚有诸多争议。其中有的观点认为，所购企业出售前的债务，原本即应由原债务人承担，而若改由新注册的企业法人承担，方须经债权人的认可。故而，对于本案中的债务，其终极的债务人，是李云强，抑或江北新区社会事业局，尚应进一步准确认定。

另外，《最高人民法院关于审理与企业改制相关的民事纠纷案件若干问题的规定》第24条规定：“企业售出后，买受人将所购企业资产纳入本企业或者将所购企业变更为所属分支机构的，所购企业的债务，由买受人承担。但买卖双方另有约定，并经债权人认可的除外。”第25条规定：“企业售出后，买受人将所购企业资产作价入股与他人重新组建新公司，所购企业法人予以注销的，对所购企业出售前的债务，买受人应当以其所有财产，包括在新组建公司中的股权承担民事责任。”上述两个条文亦体现为“债务跟着资产走”原则，但在理论上同样存在批评和反思的观点。

■ 法条链接

《最高人民法院关于审理与企业改制相关的民事纠纷案件若干问题的规定》第24条

企业售出后，买受人将所购企业资产纳入本企业或者将所购企业变更为所属分支机构的，所购企业的债务，由买受人承担。但买卖双方另有约定，并经债权人认可的除外。

《最高人民法院关于审理与企业改制相关的民事纠纷案件若干问题的规定》第25条

企业售出后，买受人将所购企业资产作价入股与他人重新组建新公司，所购企业法人予以注销的，对所购企业出售前的债务，买受人应当以其所有财产，包括在新组建公司中的股权承担民事责任。

《最高人民法院关于审理与企业改制相关的民事纠纷案件若干问题的规定》第26条

企业售出后，买受人将所购企业重新注册为新的企业法人，所购企业法人被注销的，所购企业出售前的债务，应当由新注册的企业法人承担。但买卖双方另有约定，并经债权人认可的除外。

7.5 公司破产原因的认定

■ 基本案情

刘木辉、龚秀英诉江西亚细亚气门芯制造有限公司（以下简称亚细亚公司）、杨周民间借贷纠纷一案，一审法院于2015年6月9日作出民事判决，判令亚细亚公司归还刘木辉、龚秀英欠款本金1152万元，杨周对上述债务承担连带保证责任。亚细亚公司不服提起上诉，二审法院于2015年11月24日作出民事判决，判决驳回上诉，维持原判。判决生效后，刘木辉、龚秀英向一审法院申请执行。该院受理后，于2015年12月9日向某县法院发出参与分配函，载明“本院民事判决书已发生法律效力，刘木辉、龚秀英与江西亚细亚气门芯制造有限公司、杨周民间借贷纠纷一案现已进入执行程序。本院在诉讼程序中查封了被执行人江西亚细亚气门芯制造有限公司名下位于南昌小兰工业园玉湖路以南（156号）土地，证号：南国用（2008）第00382号土地使用权、四处车间；在执行程序中查封了被执行人杨周名下房产证号为莲塘镇字第××号、洪房权证字第××号房产。由于上述房地产已由你院处置完毕，而被执行人江西亚细亚气门芯制造有限公司、杨周无其他财产可供执行。现申请执行人刘木辉、龚秀英请求到你院参与分配，特请你院按《最高人民法院关于适用〈中华人民共和国民事诉讼法〉的解释》第508条的规定处理。”该县法院于2016年3月20日作出《关于刘欣春等申请执行人与被执行人江西亚细亚气门芯制造有限公司、杨周执行一案的分配方案（草案）》。该分配方案载明，亚细亚公司的土地及房产经拍卖变现为1000万元，扣除评估费、案件受理费、保全费、执行费后可用于债权人分配的金额为9,648,250.37元，包括刘木辉、龚秀英案涉债权在内的生效法律文书确认的债权本金总额为2485.5672万元。该分配方案明确对普通债权按照查封先后顺序进行分配。

2016年7月25日，刘木辉、龚秀英起诉至一审法院，申请对亚细亚公司进行破产清算。事实与理由为：二审判决认定亚细亚公司欠刘木辉、龚秀英款项1152万元，刘木辉、龚秀英已申请一审法院执行，一审法院参与分配函认定亚细亚公司无力偿还刘木辉、龚秀英的到期债务。

在法院再审期间，刘木辉、龚秀英提交了以下新证据：（1）某县法院于2016年3月20日作出的《关于刘欣春等申请执行人与被执行人江西亚细亚气门芯制造有限公司、杨周执行一案的分配方案（草案）》以及《江西亚细亚气门芯制造有限公司拍卖款支出明细表》，证明该县法院拍卖亚细亚公司案涉土地、厂房之后至二审法院作出本案裁定时，刘木辉、龚秀英对亚细亚公司所享有的债权未获任何清偿。（2）亚细亚公司2011～2014年工商年检报告书、资产负债表等财务报表以及亚细亚公司企业信用报告，证明亚细亚公司从2015年开始就经营异常，在刘木辉、龚秀英向一审法院提出破产申请时，已经处于严重资不抵债的状态，该公司已经具备《企业破产法》第2条规定的破产原因。（3）刑事案件公诉书，证明亚细亚公司的实际控制人杨周目前处于羁押状态，且无其他人负责管理公司财产。（4）亚细亚公司于2017年6月30日给法院出具的说明，证明亚细亚公司的资产全部被查封并拍卖，拍卖所得1000万元不足以偿还全部债务，同意破产申请。（5）某县法院作出的民事裁定等刘木辉与亚细亚公司执行分配方案异议之诉一案的相关案件材料，证明该案尚在审理之中。亚细亚公司及一审第三人杨伯友、周亚男、张书莲等对上述证据的真实性均予以确认。〔5〕

■ 法院裁判

一审法院认为，债权人申请债务人破产的，应当提交债务人不能清偿到期债务的有关证据，本案刘木辉、龚秀英提交的证据不足以证明亚细亚公司不能清偿到期债务并且资产不足以清偿全部债务或者明显缺乏清偿能力。依照《企业破产法》第12条第1款、《最高人民法院关于适用〈中华人民共和国企业破产法〉若干问题的规定（一）》（以下简称《企业破产法解释（一）》）第6条第1款之规定，裁定不予受理刘木辉、龚秀英的破产申请。

二审法院认为，刘木辉、龚秀英仅凭执行分配方案中关于无其他财产可供执行的事实主张债务人亚细亚公司不能清偿到期债务并且资产不足以清偿全部债务或者明显缺乏清偿能力的证据尚不充分，二审期间亦未补充提供相关证据，一审法院认定债权人提交的证据不足以证明达到了破产条件并无不当。依照《民事诉讼法》第170条第1款第1项的规定，裁定驳回上诉，维持原裁定。

再审法院认为，刘木辉、龚秀英已经举证证明亚细亚公司存在不能清偿到期债务的情形，且亚细亚公司同意破产申请。因此，亚细亚公司已经具备破产原因，一审、二审裁定以刘木辉、龚秀英提交的证据不足以证明亚细亚公司不能清偿到期债务并且资产不足以清偿全部债务或者明显缺乏清偿能力为由裁定不予受理破产申

〔5〕 案例来源：民事裁判文书，（2017）最高法民再284号。

请,不仅举证责任分配不当,亦缺乏事实和法律依据,应予撤销。故裁定撤销二审及一审民事裁定;本案由一审法院重新立案受理。

■ 裁判评析

本案争议的焦点问题是亚细亚公司是否具备破产原因。根据《企业破产法》第7条第2款关于"债务人不能清偿到期债务,债权人可以向人民法院提出对债务人进行重整或者破产清算的申请"之规定,债权人向人民法院提出破产申请时,只需证明债务人不能清偿到期债务即可。另外,根据《企业破产法》第10条第1款以及《企业破产法解释(一)》第6条关于"债务人对债权人的申请未在法定期限内向人民法院提出异议,或者异议不能成立的,人民法院应当依法裁定受理破产申请"之规定,应由债务人在法定期限内举证证明其既不属于资产不足以清偿全部债务,也非明显缺乏清偿能力的;如果债务人举证不能的,人民法院应当受理对债务人的破产申请。换言之,在债权人申请债务人破产的情形下,不能清偿到期债务既是债权人提出破产申请的条件,也是债务人存在破产原因的认定依据。就本案而言,刘木辉、龚秀英申请亚细亚公司破产时,首先应由刘木辉、龚秀英负举证责任,由其二人举证证明亚细亚公司存在不能清偿到期债务的情形;然后,举证责任转移至亚细亚公司,由亚细亚公司举证证明其不存在资产不足以清偿全部债务或者明显缺乏清偿能力的情形;再进一步,如若亚细亚公司举证不能,即应认定亚细亚公司具备破产原因,由一审法院依法受理刘木辉、龚秀英提出的破产申请。

首先,关于亚细亚公司是否存在不能清偿到期债务的情形。对于何为不能清偿到期债务,《企业破产法解释(一)》第2条规定:"下列情形同时存在的,人民法院应当认定债务人不能清偿到期债务:(一)债权债务关系依法成立;(二)债务履行期限已经届满;(三)债务人未完全清偿债务。"刘木辉、龚秀英对亚细亚公司的债务已经为二审判决所确认,且已进入执行程序。根据一审法院参与分配函可知,一审法院作为执行法院认可二审判决项下的债务未获清偿。同时,根据法院判决以及某县法院《关于刘欣春等申请执行人与被执行人江西亚细亚气门芯制造有限公司、杨周一案的分配方案(草案)》等证据,亚细亚公司的土地和房产经拍卖变现为1000万元,扣除评估费、案件受理费、保全费、执行费后可用于债权人分配的金额为9,648,250.37元,而包括刘木辉、龚秀英案涉债权在内的生效法律文书确认的债权本金总额为2485.5672万元。且根据上述分配方案,普通债权系按照查封先后顺序进行分配,刘木辉、龚秀英债权处于第四顺位,不能获得任何清偿。故现有证据已足以证明刘木辉、龚秀英案涉到期债权未获清偿,并且此种未获清偿的状态并非因一时的资金周转困难等问题暂时中止支付,而是在较长期间内持续不能清偿,也即《企业破产法解释(一)》第2条第3项"债务人未完全清偿债务”规定的条件已经成就。故而，本案应认定亚细亚公司存在不能清偿到期债务的情形。

其次，关于亚细亚公司是否举证证明其不存在资产不足以清偿全部债务或者明显缺乏清偿能力的情形。根据《企业破产法》第10条第1款的规定，债务人须就债权人提出的破产申请在接到人民法院的通知之日起7日内提出异议，即举证证明其不存在资产不足以清偿全部债务或者明显缺乏清偿能力的情形。而从一审法院对于亚细亚公司股东兼法定代表人杨伯友以及实际控制人杨周的询问笔录内容看，杨伯友对亚细亚公司的破产没有异议，杨周表示亚细亚公司从2015年年初就已经停止经营，公司资产只有案涉土地、厂房，目前处于资不抵债状态。同时，亚细亚公司在其于2017年6月30日出具给法院的说明中，亦承认公司已经处于严重资不抵债状态，同意刘木辉、龚秀英提出的破产申请。也即本案债务人亚细亚公司不仅未对破产申请提出异议，反而明确认可其已处于资不抵债状态并同意破产申请。

综上，再审法院认定刘木辉、龚秀英已经举证证明亚细亚公司存在不能清偿到期债务的情形，且亚细亚公司同意破产申请，故亚细亚公司已经完全具备破产原因。再审法院在本案中关于破产原因的相关见解，值得赞同。

破产是公司终止的原因之一，与全体债权人与债务人利益攸关，而且对于公司员工、社会经济亦有重要影响。关于破产原因，亦即破产界限，我国《企业破产法》采取概括主义的立法模式。正是因为其规定得较为抽象，司法实践中不少法院对债务人是否具备破产原因的认定标准宽严不一，导致当前破产案件的受理较为艰难。其一，《企业破产法》第2条规定：“企业法人不能清偿到期债务，并且资产不足以清偿全部债务或者明显缺乏清偿能力的，依照本法规定清理债务。”据此，企业法人破产原因有二：(1)企业法人不能清偿到期债务，并且资产不足以清偿全部债务的；(2)企业法人不能清偿到期债务，并且明显缺乏清偿能力的。不宜将企业法人破产原因理解为如下两个标准：(1)企业法人不能清偿到期债务，并且资产不足以清偿全部债务的；(2)企业法人明显缺乏清偿能力的。可见，《企业破产法解释(一)》的相关解释是准确的。其二，《企业破产法》第7条分别针对债务人、债权人提出破产申请的条件予以细化。债权人提出破产申请的，只需举证证明债务人存在不能清偿到期债务即可；之后的举证责任，转而由债务人举证证明其不存在资产不足以清偿全部债务或者明显缺乏清偿能力，否则须由债务人承担举证不能的法律后果，即应认定债务人具备破产原因。尤其债务人已在生效判决的执行过程中被执行法院认定其财产不足以清偿全部债务，其亦自认处于严重资不抵债状态，并且同意债权人提出的破产申请的，应认定该债务人具备破产原因。

■ 法条链接

《企业破产法》第2条

企业法人不能清偿到期债务，并且资产不足以清偿全部债务或者明显缺乏清偿能力的，依照本法规定清理债务。

企业法人有前款规定情形，或者有明显丧失清偿能力可能的，可以依照本法规定进行重整。

《企业破产法》第7条

债务人有本法第二条规定的情形，可以向人民法院提出重整、和解或者破产清算申请。

债务人不能清偿到期债务，债权人可以向人民法院提出对债务人进行重整或者破产清算的申请。

企业法人已解散但未清算或者未清算完毕，资产不足以清偿债务的，依法负有清算责任的人应当向人民法院申请破产清算。

《企业破产法》第10条第1款

债权人提出破产申请的，人民法院应当自收到申请之日起五日内通知债务人。债务人对申请有异议的，应当自收到人民法院的通知之日起七日内向人民法院提出。人民法院应当自异议期满之日起十日内裁定是否受理。

《最高人民法院关于适用〈中华人民共和国企业破产法〉若干问题的规定（一）》第2条

下列情形同时存在的，人民法院应当认定债务人不能清偿到期债务：

（一）债权债务关系依法成立；

（二）债务履行期限已经届满；

（三）债务人未完全清偿债务。

《最高人民法院关于适用〈中华人民共和国企业破产法〉若干问题的规定（一）》第6条

债权人申请债务人破产的，应当提交债务人不能清偿到期债务的有关证据。债务人对债权人的申请未在法定期限内向人民法院提出异议，或者异议不成立的，人民法院应当依法裁定受理破产申请。

受理破产申请后，人民法院应当责令债务人依法提交其财产状况说明、债务清册、债权清册、财务会计报告等有关材料，债务人拒不提交的，人民法院可以对债务人的直接责任人员采取罚款等强制措施。

7.6　公司司法解散的适用要件

■ 基本案情

贵阳市白云恒茂生物复合肥厂于1992年成立，2005年更名为贵州恒茂绿色产业发展有限公司（以下简称恒茂公司）。公司章程及工商局档案显示，恒茂公司共有两名股东，大股东吴祯德投资70万元，占70%的股权；小股东喻全伟投资30万元，占30%的股权，吴祯德为公司法定代表人。2006年因接到贵阳市白云区人民政府拆迁办通知，恒茂公司"停止生产待拆迁"，并自2007年开始拆迁。但至今恒茂公司无经营场所，一直未经营。喻全伟因股东资格确认纠纷曾于2016年诉至法院，一审法院及二审法院均判决确认喻全伟持有恒茂公司30%的股份且上述判决已经生效。本案起诉前，恒茂公司连续2年未召开过股东会。吴祯德已于2017年死亡，由吴祯德的妻子韦贤书和儿子吴翥共同继承吴祯德的股权。查询白云区工商档案企业的信息显示，该公司状态：拟吊销，公司营业期限为：1992年11月10日至2012年11月10日。本案中，股东喻全伟向人民法院提起诉讼，请求依法判决解散恒茂公司。对此，一审判决解散恒茂公司，二审判决予以维持。

恒茂公司依据《民事诉讼法》第200条第2项、第6项申请再审，主要事实和理由：第一，二审判决认定的基本事实缺乏证据证明。（1）原审判决认定喻全伟具有提起本案诉讼的主体资格，缺乏证据证明。2005年8月8日，喻全伟以借款名义将其出资全部转出，属于抽逃出资。且恒茂公司自成立以来，喻全伟未参与公司的任何经营管理。2019年5月8日，恒茂公司书面催告喻全伟于2019年5月24日之前返还抽逃的出资及资金占用费，喻全伟未按期足额返还。因恒茂公司的股东吴祯德死亡，其继承人吴翥、韦贤书依法继承了股东资格。2019年5月8日，吴翥、韦贤书书面通知喻全伟将于2019年5月25日召开临时股东会。2019年5月25日，恒茂公司召开临时股东会，形成股东会决议，解除喻全伟的股东资格，并免去喻全伟的监事职务。股东会决议已送达喻全伟，其未提出异议，亦未采取任何救济措施。因此，喻全伟不具备提起公司解散诉讼的主体资格。（2）二审判决认定恒茂公司在设立后未召开过股东会，缺乏证据证明。如前所述，恒茂公司按照公司章程规定的程序依法召开了股东会，有相应的通知资料、邮寄单、签到表及股东会决议佐证，相关的资料已经向喻全伟在人民法院确认的送达地址邮寄送达。（3）二审判决认定恒茂公司无法有效形成决议，不能正常运转，公司经营管理陷入僵局，缺乏证据证明。韦贤书、吴翥依法继承吴祯德持有的恒茂公司股权，依法行使股东权利，本案证据足以证明恒茂公司可以正常召开股东会，恒茂公司的组织机构运行正常。(4)本案不符合公司解散诉讼的法定受理条件。二审法院在未查明征收补偿对应的财产是否全部是恒茂公司财产的情况下,即判决认定恒茂公司被征收后,相应的补偿款项分配事项未通过股东会或董事会决议,直接由吴祯德将款项转入其子吴翥的银行账号,还以此作为恒茂公司机制失灵的理由,无任何依据。且与征收相关的事项,涉及恒茂公司的经营事项,不是本案的审理范围。喻全伟起诉针对的是恒茂公司所涉补偿款,其明确表示认为其他股东的行为损害其合法权益,根据《公司法解释二》)第1条第2款的规定,本案不具备法定受理条件。(5)恒茂公司不具备法定解散的事由。恒茂公司不具有《公司法》第182条规定的公司解散的情形,亦不符合《公司法解释二》第1条第1款的规定。喻全伟未明确其请求解散公司的具体情形,亦未提供相关证据。(6)工商档案显示,恒茂公司的设立有《公司设立登记申请书》《验资报告》《资产评估报告书》《章程》等材料,一审、二审判决认定恒茂公司系由贵阳市白云恒茂生物复合肥厂更名而来,与客观事实不符,属认定错误。第二,原审判决适用法律确错误。(1)喻全伟的股东资格已被解除,其对此未提出异议,亦未寻求救济,喻全伟已不具有恒茂公司的股东身份,一审判决适用《公司法》第182条的规定,显属适用法律错误。(2)一审判决适用《公司法》第180条、《公司法解释二》第1条第1款的规定,但在二审法院认为中所列的无经营场所、未开展经营、股东之间长期发生矛盾等均不是公司解散的法定理由。综上,喻全伟不具备提起本案诉讼的主体资格,本案不符合公司解散诉讼的法定受理条件,恒茂公司不具备法定解散的事由。原审判决认定事实和适用法律错误,判决结果错误。

2020年11月6日,喻全伟因病去世,贵州省贵阳市国信公证处出具《公证书》,证实被继承人喻全伟的第一顺位继承人共二人,即雷明燕(被继承人喻全伟的妻子)、喻立(被继承人喻全伟的儿子)。再审法院通知雷明燕、喻立作为被申请人参加诉讼。[6]

■ 法院裁判

一审判决解散恒茂公司,二审判决予以维持。

再审法院认为,恒茂公司的再审申请理由均不能成立,恒茂公司的再审申请不符合《民事诉讼法》第200条第2项、第6项规定的情形。依照《民事诉讼法》第204条第1款、《最高人民法院关于适用〈中华人民共和国民事诉讼法〉的解释》第395条第2款规定,裁定如下:驳回贵州恒茂绿色产业发展有限公司的再审申请。

---

〔6〕 案例来源:民事裁判文书,(2020)最高法民申3910号。

■ 裁判评析

本案所涉的焦点问题有三个，一为喻全伟是否具有提起公司解散诉讼主体资格的问题，二为恒茂公司是否符合法定解散条件的问题，三为是否能够通过其他途径解决恒茂公司现状的问题。对此，再审法院的具体分析如下。

关于第一个焦点问题，根据原审查明的事实，恒茂公司注册登记的信息显示：恒茂公司注册资本为100万元，其中吴祯德投资70万元、喻全伟投资30万元；2006年6月6日，恒茂公司向喻全伟出具《股东出资证明书》；另案已生效的二审判决确认喻全伟持有恒茂公司30%的股权；本案中，喻全伟向一审法院起诉时，其仍为持有恒茂公司30%的股权的股东。恒茂公司主张喻全伟以借款为由抽逃注册资金，但其提供的是2005年8月8日的《借款合同》，此借款发生在恒茂公司向喻全伟出具《股东出资证明书》之前，且生效判决已认定喻全伟系持有恒茂公司30%股权的股东，恒茂公司注册登记信息仍然显示喻全伟系公司股东。故二审判决认定喻全伟具有诉讼主体资格，并无不当。

关于第二个焦点问题，根据一审、二审查明的事实，恒茂公司的公司章程规定股东会每年召开一次，于年末举行，但恒茂公司未提供证据证明公司召开过股东会；恒茂公司成立至今从未召开过监事会；生效判决已确认喻全伟享有恒茂公司30%的股权；恒茂公司在2007年公司厂房被征收后，至喻全伟起诉时，公司一直没有经营场所，亦未生产经营。由此，二审判决认定恒茂公司的内部机构已不能正常运转，公司经营管理陷入僵局，公司继续存续会使恒茂公司资产不断消耗，股东的投资目的无法实现，将使股东利益受到重大损失，并无不当。

关于第三个焦点问题，根据一审、二审查明的事实，恒茂公司自2007年公司厂房被征收后一直没有经营场所，亦未生产经营。吴祯德作为股东和法定代表人，已于2017年11月10日死亡，但至今未办理变更手续。一审、二审法院在审理过程中，曾多次组织调解，但双方当事人一直未能就公司的存续问题协商一致。一审判决解散恒茂公司，二审判决予以维持，并无不当。故而，再审法院最终裁定驳回恒茂公司的再审申请。

公司解散是公司作为组织实体而归于消灭的一种重要原因。因解散的具体原因不同，公司解散可分为任意解散和强制解散，强制解散又可细分为行政解散和司法解散。但我国公司法上的司法解散仅指判决解散，而未规定法院命令解散制度。同时，我国公司法仅规定通过修改公司章程使公司存续，但未规定公司解散的撤销制度。《公司法》第180条规定："公司因下列原因解散：（一）公司章程规定的营业期限届满或者公司章程规定的其他解散事由出现；（二）股东会或者股东大会决议解散；（三）因公司合并或者分立需要解散；（四）依法被吊销营业执照、责令关闭或者被撤销；（五）人民法院依照本法第一百八十二条的规定予以解散。"第182条规定:“公司经营管理发生严重困难,继续存续会使股东利益受到重大损失,通过其他途径不能解决的,持有公司全部股东表决权百分之十以上的股东,可以请求人民法院解散公司。”据此,我国公司判决解散制度的法律适用要件如下。

1. 公司经营管理发生严重困难,继续存续会使股东利益受到重大损失。其中,公司经营管理的严重困难,体现为如下两种情形:一是公司运行发生严重困难,即出现所谓的“公司僵局”。二是公司的业务经营发生严重困难。就如何认定公司经营管理的严重问题,《公司法解释二》规定为:公司持续两年以上无法召开股东会或者股东大会,公司经营管理发生严重困难的;股东表决时无法达到法定或者公司章程规定的比例,持续两年以上不能做出有效的股东会或者股东大会决议,公司经营管理发生严重困难的;公司董事长期冲突,且无法通过股东会或者股东大会解决,公司经营管理发生严重困难的;经营管理发生其他严重困难,公司继续存续会使股东利益受到重大损失的情形。

2. 公司经营管理的严重困难,通过其他途径不能解决。公司司法解散是最终的救济方式,而于此之前必须穷尽其他的有效途径。对此,《公司法解释二》第 5 条规定:“人民法院审理解散公司诉讼案件,应当注重调解。当事人协商同意由公司或者股东收购股份,或者以减资等方式使公司存续,且不违反法律、行政法规强制性规定的,人民法院应予支持。当事人不能协商一致使公司存续的,人民法院应当及时判决。”《公司法解释五》第 5 条规定:“人民法院审理涉及有限责任公司股东重大分歧案件时,应当注重调解。当事人协商一致以下列方式解决分歧,且不违反法律、行政法规的强制性规定的,人民法院应予支持:(一)公司回购部分股东股份;(二)其他股东受让部分股东股份;(三)他人受让部分股东股份;(四)公司减资;(五)公司分立;(六)其他能够解决分歧,恢复公司正常经营,避免公司解散的方式。”

3. 须持有公司全部表决权 10% 以上的股东请求。因公司司法解散所涉利益攸关,故并非任何股东均当然享有此项请求权。

4. 公司司法解散仅得由人民法院依法判决作出。公司解散之诉中,应以公司为被告,其他股东或者有关利害关系人为共同原告或者第三人。

■ 法条链接

《公司法》第 180 条

公司因下列原因解散:

(一)公司章程规定的营业期限届满或者公司章程规定的其他解散事由出现;

(二)股东会或者股东大会决议解散;

(三)因公司合并或者分立需要解散;

（四）依法被吊销营业执照、责令关闭或者被撤销；

（五）人民法院依照本法第一百八十二条的规定予以解散。

《公司法》第 182 条

公司经营管理发生严重困难，继续存续会使股东利益受到重大损失，通过其他途径不能解决的，持有公司全部股东表决权百分之十以上的股东，可以请求人民法院解散公司。

《最高人民法院关于适用〈中华人民共和国公司法〉若干问题的规定（二）》（2020 年修正）第 1 条

单独或者合计持有公司全部股东表决权百分之十以上的股东，以下列事由之一提起解散公司诉讼，并符合公司法第一百八十二条规定的，人民法院应予受理：

（一）公司持续两年以上无法召开股东会或者股东大会，公司经营管理发生严重困难的；

（二）股东表决时无法达到法定或者公司章程规定的比例，持续两年以上不能做出有效的股东会或者股东大会决议，公司经营管理发生严重困难的；

（三）公司董事长期冲突，且无法通过股东会或者股东大会解决，公司经营管理发生严重困难的；

（四）经营管理发生其他严重困难，公司继续存续会使股东利益受到重大损失的情形。

股东以知情权、利润分配请求权等权益受到损害，或者公司亏损、财产不足以偿还全部债务，以及公司被吊销企业法人营业执照未进行清算等为由，提起解散公司诉讼的，人民法院不予受理。

《最高人民法院关于适用〈中华人民共和国公司法〉若干问题的规定（二）》（2020 年修正）第 5 条

人民法院审理解散公司诉讼案件，应当注重调解。当事人协商同意由公司或者股东收购股份，或者以减资等方式使公司存续，且不违反法律、行政法规强制性规定的，人民法院应予支持。当事人不能协商一致使公司存续的，人民法院应当及时判决。

经人民法院调解公司收购原告股份的，公司应当自调解书生效之日起六个月内将股份转让或者注销。股份转让或者注销之前，原告不得以公司收购其股份为由对抗公司债权人。

《最高人民法院关于适用〈中华人民共和国公司法〉若干问题的规定（五）》（2020 年修正）第 5 条

人民法院审理涉及有限责任公司股东重大分歧案件时，应当注重调解。当事人协商一致以下列方式解决分歧，且不违反法律、行政法规的强制性规定的，人民法院应予支持：

（一）公司回购部分股东股份；
（二）其他股东受让部分股东股份；
（三）他人受让部分股东股份；
（四）公司减资；
（五）公司分立；
（六）其他能够解决分歧，恢复公司正常经营，避免公司解散的方式。

7.7　公司破产管理人的撤销权

■ 基本案情

中国农业银行股份有限公司辽源分行（以下简称农行辽源分行）与吉林麦达斯铝业有限公司（以下简称麦达斯公司）于2016年12月20日签订一份编号为22010120××0000743的《流动资金借款合同》（以下简称743号《借款合同》），约定：麦达斯公司向农行辽源分行借款9700万元，借期一年，用于购原辅材料、借新还旧，担保方式为单人担保；若采取最高额担保方式担保的，担保合同编号为22100620××0001405。当日，双方签订尾号为1405的《最高额抵押合同》（以下简称1405号《最高额抵押合同》），约定：麦达斯公司以机器设备为双方之间发生于2016年12月20日至2018年12月20日的借款提供抵押担保，担保限额为15，036万元；在该合同约定的期间和最高余额内，抵押权人发放该合同约定的贷款或者提供其他银行信用时无须逐笔办理担保手续。同日，双方办理了《动产抵押登记书》。2017年12月21日，双方置换了部分抵押物，办理了变更登记。

2016年12月29日，农行辽源分行与麦达斯公司签订编号为22010120××0000780的《流动资金借款合同》（以下简称780号《借款合同》），约定：借款金额为5300万元，借期一年，借新还旧；担保方式为单人担保及通用设备抵押，若采用最高额担保方式担保的，担保合同尾号为1405。当日，农行辽源分行与麦达斯公司签订编号为22010120××0000782的《流动资金借款合同》（以下简称782号《借款合同》），约定：借款金额5500万元，借期一年，借新还旧，担保方式为单人担保。

2017年10月11日，农行辽源分行与麦达斯公司签订1011号《最高额抵押合同》，约定：麦达斯公司以机器设备（清单编号20171010）为与农行辽源分行之间发生于2017年10月11日至2019年10月10日的贷款业务提供抵押担保，担保限额5936万元；在该合同约定的期间和最高余额内，抵押权人发放该合同约定的贷款或者提供其他银行信用时无须逐笔办理担保手续。双方在该《最高额抵押合同》第17条中约定，为麦达斯公司在农行辽源分行处合同编号尾号为782的5500万元的借款合同提供补充抵押担保。2017 年 10 月 26 日，双方办理了 6046 号《动产抵押登记书》。

2018 年 3 月 15 日，农行辽源分行与麦达斯公司签订编号为 22010120 × × 0000123 的《流动资金借款合同》（以下简称 123 号《借款合同》），约定：借款金额 1.99 亿元，借期三年，借新还旧；担保方式为单人担保及通用设备抵押，若采取最高额担保方式担保的，担保合同编号尾号为 1405 号及 1011 号。

借款到期后，除借款本金 5300 万元（780 号《借款合同》项下借款）被偿还过 600 万元本金外，743 号和 782 号《借款合同》项下借款均未偿还本金。为此，麦达斯公司与农行辽源分行就以上三笔借款的尚欠本金为本金，采取借新还旧的方式签订 123 号《借款合同》，并以 1405 号和 1011 号《最高额抵押合同》共同提供抵押担保。

一审法院于 2018 年 4 月 2 日作出民事裁定，受理麦达斯公司的破产重整申请，并指定吉林省启明破产清算有限公司为管理人。该公司破产管理人向法院诉请撤销债务人在 1011 号《最高额抵押合同》项下设立的动产抵押行为。[7]

■ 法院裁判

一审法院依照《企业破产法》第 31 条第 3 项的规定，于 2018 年 12 月 24 日作出一审判决：撤销麦达斯公司与农行辽源分行就 2017 年 10 月 11 日签订的 1011 号《最高额抵押合同》项下抵押物设立动产抵押的行为，即 6046 号《动产抵押登记书》。一审法院认为，农行辽源分行对 2018 年 3 月 15 日签订新的 123 号《借款合同》系对旧贷（743 号、780 号、782 号《借款合同》项下贷款）的展期予以否定，但 123 号《借款合同》中的括号内标有“借新还旧”的字样，农行辽源分行申辩系其行内的内部标识，但麦达斯公司破产管理人手中持有的借款合同原件中依然标有“借新还旧”的字样。经核实，农行辽源分行在向麦达斯公司发放贷款的当天即 2018 年 3 月 15 日就将向麦达斯公司发放的 4700 万元、5500 万元和 9700 万元转出，说明该贷款用途确实是借新还旧。借新还旧系贷款到期不能按时收回，农行辽源分行又向麦达斯公司发放贷款用于归还原贷款的行为，借新还旧与贷款人用自有资金归还贷款，从而消灭原债权债务的行为有着本质的区别。虽然新贷代替了旧贷，但贷款人与借款人之间的债权债务关系并未消除，客观上只是以新贷的形式延长了旧贷的还款期限，故该借新还旧的贷款行为本质上是旧贷的一种特殊形式的展期。故农行辽源分行的抗辩不能成立，麦达斯公司破产管理人基于法律规定的职责行使破产撤销权并无不当。根据《企业破产法》第 31 条第 3 项的规定，人民

---

〔7〕 案例来源：民事裁判文书，(2020)最高法民再 296 号。

法院受理破产申请前一年内,对债务人没有财产担保的债务提供财产担保的,管理人有权请求人民法院予以撤销。麦达斯公司与农行辽源分行签订782号《借款合同》时对5500万元借款并没有进行财产抵押担保,双方于2017年10月11日签订1011号《最高额抵押合同》时,才为该5500万元的借款提供补充抵押担保,并在2017年10月26日办理了6046号《动产抵押登记书》,这种对已经存在而没有财产担保的债权,债务人在人民法院裁定受理债务人破产重整前一年内提供担保,使不能优先受偿的普通债权转变为可以就该担保财产优先受偿的担保债权,从而造成实际用于清偿普通债权的财产减少,无疑会损害其他债权人的合法权益,故麦达斯公司破产管理人请求撤销该动产抵押行为的诉讼请求符合《企业破产法》关于债务人行为可撤销的规定,应予支持。

二审法院依照《民事诉讼法》第170条第1款第1项的规定,于2019年7月14日作出二审判决:驳回上诉,维持原判。二审法院认为:破产撤销权系债务人或破产企业的权利,行使该权利所产生的法律后果由债务人或破产企业承受,管理人仅是该权利的行使主体,故一审法院将管理人列为诉讼主体错误,二审法院予以更正。相同主体之间的"借新还旧"行为,从形式上看,确实涉及两个借款关系——发生新的借款关系和结束旧的借款关系。虽然新贷代替了旧贷,但实际上贷款人与借款人之间的权利义务除延长还款时间外,并无变化。故一审法院将本案中"借新还旧"行为视为旧贷的一种特殊形式的展期并无不当。双方于2017年10月11日签订的1011号《最高额抵押合同》为5500万元无抵押借款提供补充抵押担保,并在2017年10月26日办理了6046号《动产抵押登记书》,且该行为发生在人民法院裁定受理债务人破产重整前一年内。又因为之后双方签订的123号《借款合同》应视为对之前贷款的一种特殊形式的展期,故该抵押合同应视为对展期的借款又进行了补充抵押担保。一审法院判决撤销就1011号《最高额抵押合同》项下抵押物设立动产抵押的行为正确。农行辽源分行的"贷新还旧"行为没有使麦达斯公司的财产增加,反而减少了麦达斯公司的无抵押债务并增加了有抵押债务。该行为损害了全体债权人的利益,一审判决并不违反《企业破产法》的立法精神。

再审法院判决如下:第一,撤销一审判决、二审判决;第二,驳回麦达斯公司破产管理人的诉讼请求。再审法院认为,一审、二审判决认定的事实中关于麦达斯公司与农行辽源分行签订123号《借款合同》"将三笔借款进行展期"的认定与该合同约定不符,该合同中并无"将三笔借款进行展期"的约定,再审法院予以纠正。除此之外,再审法院对一审、二审判决认定的其他事实予以确认;一审、二审判决适用法律错误,再审法院予以纠正;农行辽源分行的再审请求成立,再审法院予以支持。

■ 裁判评析

本案为破产撤销权纠纷，其争议焦点问题是：(1)麦达斯公司破产管理人的诉讼主体资格；(2)案涉贷款“借新还旧”的性质；(3)1011号《最高额抵押合同》项下抵押物设立动产抵押行为的可撤销性。对此三个问题，再审法院能够坚持客观事实真相，准确理解和适用法律，进而依法重新判决。

关于第一个焦点问题。根据《企业破产法》第31条的规定，人民法院受理破产申请前一年内，涉及债务人财产的无偿转让等行为，破产管理人有权请求人民法院予以撤销。上述法律规定的破产撤销权的行使主体是破产管理人，一审法院将麦达斯公司的破产管理人列为原告，适用法律正确。二审法院认定麦达斯公司的破产管理人不具备诉讼主体资格，适用法律错误，故再审法院予以纠正。

关于第二个焦点问题。本案中，原所涉借款债务有三笔共1.99亿元，包括743号《借款合同》项下借款9700万元、780号《借款合同》项下余款4700万元、782号《借款合同》项下借款5500万元。农行辽源分行与麦达斯公司于2018年3月15日签订的123号《借款合同》，约定借款1.99亿元，对上述三笔借款债务1.99亿元进行“借新还旧”处理，即消灭上述三笔旧债，重新设立新的借款债务1.99亿元。123号《借款合同》并无对上述三笔共1.99亿元旧的借款债务进行展期的约定，并非对上述三笔旧的借款所涉借款合同的补充变更，明确约定借款用途是“借新还旧”，一审、二审法院认定123号《借款合同》是对旧的借款的展期与合同约定不符，没有事实和法律依据，再审法院予以纠正。贷款到期后，借款人与贷款人订立新的借款合同，将新贷用于归还旧贷。旧贷因清偿而消灭，为旧贷设立的担保物权也随之消灭。

关于第三个焦点问题。1011号《最高额抵押合同》包括两部分内容，一是对2017年10月11日之后两年内发生的新债务在5936万元的范围内提供最高额抵押担保，二是该合同第17条约定抵押人同意提供98台机器设备，为782号《借款合同》约定的5500万元债务提供抵押担保。破产管理人请求法院撤销的1011号《最高额抵押合同》项下6046号《动产抵押登记书》系为782号《借款合同》所作担保。因782号《借款合同》中的5500万元旧债权因借新还旧已经消灭，故前述第17条约定的为该5500万元提供的抵押担保也相应消灭，无须撤销。123号《借款合同》项下1.99亿元为新的借款，农行辽源分行与麦达斯公司约定该1.99亿元借款的同时还约定以1405号和1011号《最高额抵押合同》共同提供抵押担保，该新的借款1.99亿元在该两份《最高额抵押合同》约定的担保债权额度和期限之内。鉴于1011号《最高额抵押合同》约定的抵押是为1.99亿元新的债务提供担保，而不是为破产申请受理前一年内原本存在的无担保的债务提供担保，1011号《最高额抵押合同》不应撤销。故麦达斯公司破产管理人请求撤销就6046号《动产抵押登记书》项下抵押物设立动产抵押的行为，没有事实和法律依据，应予以驳回。

依《企业破产法》第31条第3项之规定，破产管理人有权申请撤销的行为是在人民法院受理破产申请前一年内"对没有财产担保的债务提供财产担保的"行为，其实质系对原没有财产担保的债务提供财产担保的一种偏颇清偿行为。通常而言，破产申请受理后，债务人的无财产担保债权只能作为破产债权受偿；如债务人在可撤销期间内（在人民法院受理破产申请前一年内）为原无担保的债权人提供财产担保，将使该债权人在破产程序中对特定财产享有优先受偿权，得到个别优惠性清偿，故应予撤销。但是，在可撤销期间内，债务人与债权人于签订主合同之时一并签订抵押等财产担保从合同的，不属于可撤销行为之列。因为，其不是对原无财产担保的债权提供担保，不具有改善某一债权人原有清偿地位的不公平性质，而且抵押等担保合同的签订往往是债权人决定签订主合同的对价利益和必要保障（若无此种担保，债权人或将不签订主合同）。本案再审判决关于《企业破产法》第31条第3项的上述见解，颇为精准。

■ 法条链接

《企业破产法》第31条

人民法院受理破产申请前一年内，涉及债务人财产的下列行为，管理人有权请求人民法院予以撤销：

（一）无偿转让财产的；

（二）以明显不合理的价格进行交易的；

（三）对没有财产担保的债务提供财产担保的；

（四）对未到期的债务提前清偿的；

（五）放弃债权的。

7.8　公司清算组成员的损失赔偿责任

■ 基本案情

2012年9月27日，张家口市田丰种业有限责任公司（以下简称田丰公司）、张家口市天富服饰有限公司（以下简称天富公司）与张家口市蓝鲸大厦餐饮娱乐有限公司（以下简称蓝鲸大厦）签订《保证担保借款合同》。合同主要约定，田丰公司向蓝鲸大厦借款415万元，借款期限自2012年9月27日至2012年10月26日，天富公司对上述借款提供连带保证责任，保证期间两年；保证人发生足以影响贷款安全的重大不利事件的，应立即书面通知贷款人；保证人变更名称、住所、法定代表人等事项的，应于事项发生后5日内书面通知贷款人。借款到期后，田丰公司仅偿还200万元，剩余款项未能按约定偿还，蓝鲸大厦将田丰公司及天富公司诉至法院。法院于2015年4月17日作出民事判决，判令田丰公司于该判决生效后10日内一次性给付蓝鲸大厦借款本金215万元，天富公司承担连带责任。判决生效后，田丰公司和天富公司未能履行还款义务。蓝鲸大厦向法院申请强制执行。2017年8月8日，法院作出执行裁定书，由于天富公司已于2013年5月24日注销，裁定对该公司终结执行；田丰公司无可供执行财产，裁定终结本次执行。

本案中，蓝鲸大厦向一审法院起诉请求：判令董富、易波静对天富公司承担的连带保证责任承担赔偿责任，赔偿损失215万元。

一审法院查明，2013年2月24日，天富公司股东会决议：同意公司解散，停止公司营业，进行清算；由董富、易波静组成清算组，同时指定董富为清算组负责人；清算组自成立之日起10日内通知债权人，债权人向清算组申报其债权；清算组负责60日内在报纸上公告。天富公司于2013年3月1日在《张家口晚报》上刊登注销公告，请债权人45日内到公司清理债务手续。但未书面通知被申请人。2013年3月12日，天富公司召开股东会，于当日正式成立清算组。天富公司于2013年3月23日作出的清算报告记载的公司资产及负债清理情况为：截至2013年3月12日，公司共有总资产22.72万元，负债0元，净资产22.72万元。2013年5月24日，工商行政管理局同意天富公司注销。

再审法院另查明，董富与易波静为夫妻关系，二人对蓝鲸大厦在一审庭审中提供的天富公司的公司章程的真实性没有异议。该章程第38条规定，清算组在成立之日起10日内通知债权人，并于60日内在报纸上至少公告3次。[8]

■ 法院裁判

一审法院依照《公司法》第183条、第185条，《公司法解释二》第11条，《民事诉讼法》第142条的规定，判决：董富、易波静于判决生效之日起15日内在22.72万元的范围内向蓝鲸大厦承担赔偿责任。

一审判决认为，公司因股东会决议而解散的，应当在解散事由出现之日起15日内成立清算组，开始清算。有限责任公司的清算组由股东组成，清算组应当自成立之日起10日内通知债权人，并于60日内在报纸上公告。清算组应当按照《公司法》第185条的规定，将公司解散清算事宜书面通知全体已知债权人，并根据公司规模和营业地域范围在全国或者公司注册登记地省级有影响的报纸上进行公告。清算组未能履行通知和公告义务，导致债权人未及时申报债权而未获清偿，债权人

---

〔8〕 案例来源：民事裁判文书，(2021)冀民再52号。

主张清算组成员对因此造成的损失承担赔偿责任的，人民法院应予支持。本案中，天富公司于2013年2月24日召开股东会，决议解散公司，并成立清算组，注销公司登记。董富、易波静在对天富公司进行清算时，仅在《张家口晚报》刊登清算公告，督促债权人申报债权。天富公司为田丰公司的借款提供的连带责任保证，在天富公司清算时仍在保证期间内，可以认定蓝鲸大厦为天富公司的已知债权人。由于天富公司在清算时未按照法律规定书面通知蓝鲸大厦，导致蓝鲸大厦未能及时申报债权，故天富公司清算组成员董富、易波静对因此造成的损失应当承担赔偿责任。又因为董富、易波静未书面通知债权人申报债权，属于不适当履行清算义务，并非恶意处置公司财产或者以虚假的清算报告骗取公司登记机关办理法人注销登记，其主观恶性不足以使其承担有限责任以外的其他责任。此外，董富、易波静在设立天富公司时已经履行了出资义务。故董富、易波静应当在公司清算后的剩余财产范围内对被申请人蓝鲸大厦承担赔偿责任。因董富、易波静在对天富公司进行清算时，未书面通知蓝鲸大厦，直到2017年8月8日，法院作出执行裁定对天富公司终结执行时，蓝鲸大厦才得知天富公司已经注销。因此本案的诉讼时效应当自2017年8月8日开始计算，本案不超过诉讼时效。关于董富、易波静提出的天富公司为田丰公司的借款提供的担保已经超过保证期间问题，由于法院另案作出的民事判决已生效，判令天富公司对田丰公司的债务承担连带责任，董富、易波静的抗辩理由不能成立。

二审法院依照《民事诉讼法》第170条第1款第2项，《公司法解释二》第11条，《最高人民法院关于适用〈中华人民共和国民事诉讼法〉的解释》第247条的规定，判决：撤销一审判决；董富、易波静于判决生效之日起15日内赔偿蓝鲸大厦215万元。

二审法院认为，依照《公司法解释二》第11条的规定，公司清算时，清算组应当按照《公司法》第185条的规定，将公司解散清算事宜书面通知全体已知债权人，并根据公司规模和营业地域范围在全国或者公司注册登记地省级有影响的报纸上进行公告。清算组未按照前款规定履行通知和公告义务，导致债权人未及时申报债权而未获清偿，债权人主张清算组成员对因此造成的损失承担赔偿责任的，人民法院应依法予以支持。本案中天富公司于2013年2月24日解散清算时，其作为蓝鲸大厦与田丰公司借款合同的保证人，在保证期间内，应书面通知已知债权人蓝鲸大厦。天富公司未履行书面通知义务，导致蓝鲸大厦未及时申报债权而未获清偿。天富公司清算组成员董富、易波静应在蓝鲸大厦215万元的损失范围内承担赔偿责任，一审判决董富、易波静在清算剩余资产范围内承担赔偿责任，属于适用法律错误，应予纠正。关于诉讼时效和保证期间问题，二审法院维持一审法院关于诉讼时效和保证期间的判决。本案不构成法律规定的重复起诉的情形，不属于重复起诉。

再审法院认为,二审判决认定事实清楚,适用法律正确,再审申请人董富、易波静的再审请求不能成立。故再审法院依照《民事诉讼法》第 207 条第 1 款、第 170 条第 1 款第 1 项之规定,判决维持本案二审判决。

■ 裁判评析

本案争议焦点为:(1)天富公司的清算注销程序是否合法,董富、易波静作为天富公司的股东及清算组成员是否应承担赔偿责任及承担责任的范围,亦即本案的相关法律适用问题;(2)本案是否超过诉讼时效。

关于本案法律适用问题。(1)《公司法解释二》自 2008 年 5 月 19 日起施行,天富公司解散清算发生在 2013 年,在上述司法解释的施行日期之后。董富、易波静主张原审法院以在后的司法解释衡量在前的行为没有依据。该解释第 11 条明确规定了清算义务人在公司解散清算时应书面通知全体已知债权人,并根据公司规模和营业地域范围在全国或公司注册登记地省级有影响的报纸上进行公告。蓝鲸大厦是天富公司已知债权人,董富、易波静是明知的,但二人既未按照合同约定,也未按照法律规定履行书面通知义务。另外,天富公司的公司章程第 38 条也明确规定,董富、易波静在公司清算时应通知债权人蓝鲸大厦并在报纸上至少公告 3 次。董富、易波静未向蓝鲸大厦进行书面通知,仅在《张家口晚报》上公告 1 次,其行为亦违反了公司章程的规定。(2)《公司法》规定:“清算组在清理公司资产、编制资产负债表和财产清单后,发现公司财产不足以清偿债务的,应当依法向人民法院申请宣告破产。”再审申请人董富、易波静夫妻作为天富公司仅有的两名股东、公司解散清算义务人,在自行清算过程中,明知公司的资产不足以清偿案涉蓝鲸大厦债权的情况下,既未通知蓝鲸大厦申报债权,也未依法向人民法院申报破产清算,而是以自行清算的结果向公司登记机关办理了公司注销登记。其清算报告说明公司债务为零与事实不符,清算程序违反法律规定。故而,董富、易波静的行为具有明显主观过错或重大过失。(3)《公司法》规定:“清算组成员因故意或者重大过失给公司或者债权人造成损失的,应当承担赔偿责任。”董富、易波静的行为损害了债权人蓝鲸大厦的利益,导致蓝鲸大厦因债务清偿主体消灭而无法向天富公司主张债权。董富、易波静关于其清算无任何瑕疵的理由不能成立,董富、易波静的清算报告对蓝鲸大厦没有约束力,蓝鲸大厦有权要求清算人承担全部责任。

关于本案的诉讼时效问题。由于董富、易波静在天富公司清算时未书面通知蓝鲸大厦,蓝鲸大厦起诉天富公司时并不了解该公司已由股东进行清算注销的事实。董富、易波静要求从 2013 年 5 月 24 日天富公司注销时起算本案的诉讼时效没有依据,二审判决认定自 2017 年 8 月 8 日法院裁定对天富公司终结执行时开始计算诉讼时效并无不当,再审法院予以维持。蓝鲸大厦要求天富公司承担保证责任,已有生效判决确定。本案为侵权责任纠纷,不存在保证期间问题。如果董富、易波静认为蓝鲸大厦对天富公司的诉讼请求超过保证期间,侵犯其合法权益,应通过其他途径解决。

本案中,二审法院、再审法院基于清算组成员的主观过错,判处其承担相应的损失赔偿责任,此点应予肯定。不过,值得注意的是,再审法院另行根据《公司法》第20条第3款"公司股东滥用公司法人独立地位和股东有限责任,逃避债务,严重损害公司债权人利益的,应当对公司债务承担连带责任"之规定,认定本案中再审申请人自行实行的违法清算行为,系对法人独立地位和股东有限责任的滥用,申请人也应对蓝鲸大厦的全部债务承担赔偿责任,试图补强其法律结论之论证。其实,《公司法》第20条第3款规定的是公司法人人格否认制度,主要适用于处理公司法人人格混同的情形。而本案所涉案情,则为公司解散时清算组成员违法清算问题,与公司法人人格混同无直接关联,故应不属于《公司法》第20条第3款的调整范围。

■ 法条链接

《公司法》第20条第3款

公司股东滥用公司法人独立地位和股东有限责任,逃避债务,严重损害公司债权人利益的,应当对公司债务承担连带责任。

《公司法》第183条

公司因本法第一百八十条第(一)项、第(二)项、第(四)项、第(五)项规定而解散的,应当在解散事由出现之日起十五日内成立清算组,开始清算。有限责任公司的清算组由股东组成,股份有限公司的清算组由董事或者股东大会确定的人员组成。逾期不成立清算组进行清算的,债权人可以申请人民法院指定有关人员组成清算组进行清算。人民法院应当受理该申请,并及时组织清算组进行清算。

《公司法》第185条

清算组应当自成立之日起十日内通知债权人,并于六十日内在报纸上公告。债权人应当自接到通知书之日起三十日内,未接到通知书的自公告之日起四十五日内,向清算组申报其债权。

债权人申报债权,应当说明债权的有关事项,并提供证明材料。清算组应当对债权进行登记。

在申报债权期间,清算组不得对债权人进行清偿。

《最高人民法院关于适用〈中华人民共和国公司法〉若干问题的规定(二)》第11条

公司清算时,清算组应当按照公司法第一百八十五条的规定,将公司解散清算事宜书面通知全体已知债权人，并根据公司规模和营业地域范围在全国或者公司注册登记地省级有影响的报纸上进行公告。

清算组未按照前款规定履行通知和公告义务，导致债权人未及时申报债权而未获清偿，债权人主张清算组成员对因此造成的损失承担赔偿责任的，人民法院应依法予以支持。

7.9　吊销公司营业执照的法律后果

■ 基本案情

2010 年 12 月 7 日，冠世公司（乙方）与徐州市住房公积金管理中心（甲方）签订房屋租赁合同，约定甲方将坐落于铜山新区徐师大公寓商品房（大超市）房屋出租给乙方，该房屋建筑面积 8086.85 平方米，租赁期限 6 年，自 2011 年 2 月 20 日起至 2017 年 2 月 19 日止。年租金为 15 万元，租金按半年预付，由乙方分别于每年的 1 月 20 日前、7 月 20 日前交付给甲方。合同签订后，第一次租金（半年的）应在 2010 年 12 月 31 日之前支付，第一次租金付清后，此合同生效。后徐州市住房公积金管理中心向冠世公司交付了房屋。

2011 年 11 月 7 日，冠世公司（甲方）与徐州市中山堂娱乐中心、徐州市隆源职业培训学校（乙方）签订《房屋租赁合同》，合同约定甲方出租给乙方的房屋位于徐州市铜山区，出租房屋面积共 1150 平方米，该房屋租赁期共 9 年，自 2012 年 5 月 6 日起至 2021 年 5 月 6 日止。该房屋每平方米租金为 15 元，月租金为 17,250 元，年租金总额为 207,000 元。该房屋租金每三年递增 12%。房屋租金每一年进行一次支付。甲方收款同时应给乙方开具发票（税金由甲方承担）。第 9 条第 1 款约定双方可以协商变更或终止本合同。该合同还对其他事项进行了约定。合同签订后，冠世公司将涉案房屋交付乙方。

2012 年 4 月 9 日，徐州市中山堂娱乐中心、徐州市隆源职业培训学校注册成立被告徐州市铜山区中山堂影城有限责任公司（以下简称中山堂影城），经营范围为电影放映。2012 年 5 月 15 日，冠世公司（甲方）与中山堂影城签订《房屋租赁合同》，该合同除第 9 条第 1 款中在“双方可以协商变更或终止本合同”后，增加“乙方需要按时交纳房租，双方不得无故违约，如有违约，违约方赔偿房屋租金千分之五给对方”内容外，与 2011 年 11 月 7 日冠世公司（甲方）与徐州市中山堂娱乐中心、徐州市隆源职业培训学校（乙方）签订的《房屋租赁合同》相同，合同签约日期也倒签为 2011 年 11 月 17 日。该合同下方手写“注：因原合同丢失，声明作废，以此合同为准。2012 年 5 月 15 日”。

中山堂影城在涉案房屋经营电影放映。中山堂影城先后多次向冠世公司支付租金,双方认可冠世公司租金缴纳至2020年2月5日。

2013年5月10日,徐州市国大拍卖有限公司出具拍卖成交确认书,载明徐州市潍派信商贸有限公司(以下简称潍派信公司)经公开竞价成交铜山区同昌街某房地产,该标的由徐州市住房公积金管理中心委托拍卖。

2015年3月1日,潍派信公司(甲方)与房静(乙方)签订房屋租赁合同,合同约定甲方房屋坐落于徐州市师大公寓(铜山区,建筑面积约1000平方米)。现经营名称铜山区中山堂影城。租赁期共7年:自2015年3月1日起至2022年3月1日止。租金及支付方式为:该房屋前两年即2015年3月1日到2017年3月1日租金为每年2万元,后5年即2017年3月1日到2022年2月28日年租金15万元,租金按年支付。乙方有权转租、转借承租房屋,但需提前告知甲方。乙方处有房静签名,并加盖了冠世公司公章。

后潍派信公司因与他人的借款纠纷被起诉至法院,该院判决潍派信承担还款责任,潍派信公司被申请强制执行。2018年7月19日,法院作出执行裁定书,查封登记在被执行人潍派信公司名下的涉案房产,并于2020年5月向房静下发协助执行通知书,协助事项为:提取潍派信公司在房静处的租金收入30万元,扣留潍派信公司在房静处的租金收入60万元直至扣满为止。

2020年12月9日,冠世公司(甲方,债权转让方)与房静(乙方,债权受让方)签订《债权转让协议》,协议载明:"经甲、乙双方协商,就甲方因与徐州市铜山区中山堂影城有限责任公司房屋租赁合同享有的租金债权转让事宜达成如下协议:甲方与徐州市铜山区中山堂影城有限责任公司于2011年11月7日签订房《屋租赁合同》,租赁期限为九年,自2012年5月6日起至2021年5月6日止。年租金207,000元,每三年递增12%。截至2020年5月6日,徐州市铜山区中山堂影城有限责任公司共欠甲方租金324,575元。现甲方将上述债权324,575元全部转让给乙方,由乙方向徐州市铜山区中山堂影城有限责任公司催收;如果徐州市铜山区中山堂影城有限责任公司拒不支付,乙方有权通过诉讼方式要求徐州市铜山区中山堂影城有限责任公司履行义务。甲方自本协议签订之日起三日内,将债权转让协议书面通知徐州市铜山区中山堂影城有限责任公司。"同日,冠世公司向中山堂影城邮寄债权转让通知一份,被告中山堂影城于12月20日接收该通知。

后房静向被告中山堂影城索要租金未果,产生本案纠纷。房静向一审法院起诉请求:(1)判令被告支付租金324,575元(自2020年2月6日至2020年5月5日,每月租金21,638元,3个月租金64,915元;2020年5月6日至2021年5月5日的房租,在2020年5月6日前应支付,每月租金21,638元,12个月的租金共计259,660元)及逾期利息(以324,575元为基数,按照年利率3.85%,自2020年5月7日起计算至实际付款之日止);(2)本案诉讼费、保全费、保全保险费由被告承担。

另查明，冠世公司 2008 年 12 月 19 日进行工商登记，2018 年 6 月 19 日被徐州市云龙区市场监督管理局吊销营业执照。登记法定代表人为房静，股东为房静、陈光。房静、陈光系夫妻关系，陈光已去世。诉讼中陈光的继承人均同意冠世公司将债权转让给房静。〔9〕

■ 法院裁判

一审法院认为，冠世公司与原告房静之间的债权转让合法有效；被告中山堂影城应支付 2020 年 2 月 6 日至 2021 年 5 月 5 日的租金，在减免疫情期间三个月的租金后，被告应支付租金 259,656 元；被告在 2020 年 12 月 20 日后接收债权转让通知书后未及时向原告支付，应承担此后的逾期利息。遂判决：(1) 被告中山堂影城于本判决生效后 10 日内支付原告房静 259,656 元及逾期利息［以 259,656 元为基数，自 2020 年 12 月 21 日起按照同期全国银行间同业拆借中心公布的贷款市场报价利率(LPR)(但不超过年利率 3.85%)计算至实际付清之日止］；(2) 驳回原告房静的其他诉讼请求。

二审法院认为，上诉人中山堂影城的上诉请求均不能成立，一审判决认定事实清楚，适用法律正确，依法应予维持。依照《民事诉讼法》的相关规定，二审判决如下：驳回上诉，维持原判。

■ 裁判评析

本案为债权转让合同纠纷，但其疑难之处在于：该债权转让行为发生在公司吊销营业执照之后。本案中的争议焦点问题有三个：一是关于债权转让合同的效力问题；二是关于冠世公司是否对被告享有债权问题；三是关于债权数额如何确定问题。

(一) 关于债权转让合同的效力

1. 依据《公司法》的规定，公司依法被吊销营业执照而解散的，应当在解散事由出现之日起 15 日内成立清算组，开始清算；清算期间，公司存续，但不得开展与清算无关的经营活动。二审法院认为，营业执照只是企业法人营业资格的一种表征，吊销营业执照只是取消了企业法人的营业资格，其法人资格还继续存在，可以以自己名义或清算组名义从事清算范围内的活动，包括清理债权债务、起诉、应诉等，程序上具有民事诉讼主体资格，但必须终止一切经营和与经营业务有关的活动。本案中，冠世公司于 2018 年被吊销营业执照，既未成立清算组，也未进行注销

〔9〕 案例来源：民事裁判文书，(2021) 苏 03 民终 4691 号。

登记。其虽然丧失了经营主体资格,但并未丧失法律人格,仍可以以自己的名义处分权利并承担义务。冠世公司转让债权不属于营业行为,是其作为民事主体依法处分自身权利的一种形式,该转让行为并未违反法律、行政法规的强制性规定,也未有证据证明违反了公序良俗,故该转让合同应为有效。

2. 依据合同法规定,债权人转让权利的,应当通知债务人;未经通知,该转让对债务人不发生效力。债权人转让权利的通知不得撤销,但经受让人同意的除外。冠世公司将其享有的租金债权转让给房静,且通知了中山堂影城,完成了债权转让所需的程序要求。

综上,冠世公司将对中山堂影城的债权转让给房静,该转让行为合法有效。

(二)关于冠世公司是否对被告享有债权

1. 被告辩称原告提供的冠世公司与中山堂影城签订的合同与备案合同不一致,原告陈述"原合同实际上不是冠世公司和被告签订的,是与被告的两个股东(徐州市中山堂娱乐中心、徐州市隆源职业培训学校)签订的,在工商局备案时因为注册公司需要租赁合同,原来合同要作废,以此合同为准。这个合同的签订日期是 2012 年 5 月 15 日,当时也是高勇即法定代表人签的字。因为原合同签订日期是 2011 年 11 月 7 日,所以这份合同上签约日期就没有更改,就是套的原来的日期"。该陈述具有合理性,且原告提供的合同内容与 2011 年 11 月 7 日冠世公司与徐州市中山堂娱乐中心、徐州市隆源职业培训学校签订的合同内容基本一致,该合同上亦有被告公章,故法院确认以此合同作为确认双方权利义务的依据,冠世公司有权依据该合同向被告主张租金。

2. 被告辩称在涉案房屋所有权人变更为潍派信公司后,冠世公司无权向被告收取租金。但在房屋产权变更后,2015 年 3 月 1 日冠世公司又与潍派信公司签订房屋租赁合同,约定继续租赁涉案房屋,租赁期自 2015 年 3 月 1 日起至 2022 年 3 月 1 日止。故冠世公司仍有权向被告主张租金。另外,被告辩称冠世公司与潍派信公司约定的租金低于冠世公司与被告约定的租金,认为两公司恶意串通损害其利益没有依据,法院不予采信。

故而,冠世公司对被告中山堂影城享有合法有效债权。

(三)关于债权数额如何确定

1. 庭审中原被告共同确认被告已支付租金至 2020 年 2 月 5 日,且对 2020 年 5 月 6 日至 2021 年 5 月 5 日的月租金按照 21,638 元计算均无异议。被告中山堂影城辩称合同约定"房屋租金每一年进行一次支付"属约定不明,应当在届满一年后支付租金,即先用后付。庭审中法院询问前期租金是按先用后付还是先付后用的方式缴纳时,被告称"存在交叉支付的情况……冠世公司有时因为经济原因也要求我们预付一部分房租,虽然我们很不情愿但是鉴于这种关系存在,无奈之下也就支付了"。法院认为,结合被告的该陈述及租赁市场的行业惯例,先支付租金后使用房屋符合本案租金支付事实，故对被告该辩称法院不予采纳。

2. 关于疫情期间的租金应否免除问题。合同法规定，因不可抗力导致合同不能履行，根据不可抗力的影响可以部分或者全部免除责任。《最高人民法院关于依法妥善审理涉新冠肺炎疫情民事案件若干问题的指导意见（二）》第 6 条第 2 款规定："承租非国有房屋用于经营，疫情或者疫情防控措施导致承租人没有营业收入或者营业收入明显减少，继续按照原租赁合同支付租金对其明显不公平，承租人请求减免租金、延长租期或者延期支付租金的，人民法院可以引导当事人参照有关租金减免的政策进行调解；调解不成的，应当结合案件的实际情况，根据公平原则变更合同。"2020 年 1 月底新冠疫情暴发，导致部分企业无法正常经营，电影行业便身列其中，直至 7 月 21 日部分低风险地区电影院才相继开放。被告中山堂影城在疫情期间不能开业经营系属于政府强制性要求，法院根据公平原则，对疫情所涉期间即 2020 年 2 月 6 日至 7 月 20 日共计 5.5 个月的租金酌情减免三个月。扣除三个月的租金，被告应支付租金 259,656 元（21,638 元/月 ×12 个月）。对涉疫情期间冠世公司或房静与潍派信公司之间关于减免租金事宜，可由双方进行协商。

3. 关于保全保险费、逾期利息的债权应否支持。原告与冠世公司签订的债权转让协议中，约定的转让债权限于租金 324,575 元，并不涉及其他合法债权，对原告因本案进行保全而支付的保全保险费法院不予支持。冠世公司在债权转让通知书中写明"请接通知后，把拖欠的房屋租金 324,575 元直接支付给房静"，2020 年 12 月 20 日被告中山堂影城接收该通知书后，应及时向房静支付租金。故法院支持逾期利息以 259,656 元为基数，自 2020 年 12 月 21 日起按照同期全国银行间同业拆借中心公布的贷款市场报价利率（LPR）（结合原告诉请，不超过年利率 3.85%）计算至实际付清之日止。

吊销营业执照是公司登记管理过程中一种重要的行政处罚措施。吊销公司营业执照的法律后果如何，是取消公司的营业资格，还是将其法人资格一并同时取消？对此问题，理论和实务中一直存在争议。本案二审法院认为冠世公司虽被吊销营业执照，但未注销登记，法人主体资格仍然存续，此种判决见解值得肯定。同时需注意的是，一方面，被吊销营业执照的公司仍能从事非营业行为，此类非营业行为并非当然无效或可撤销；另一方面，只有在公司正式注销之后，其法人资格始得消灭。

■ 法条链接

《公司法》第 186 条第 3 款

清算期间，公司存续，但不得开展与清算无关的经营活动。公司财产在未依照前款规定清偿前，不得分配给股东。

《最高人民法院关于依法妥善审理涉新冠肺炎疫情民事案件若干问题的指导意见(二)》[10] 第 6 条第 2 款

承租非国有房屋用于经营,疫情或者疫情防控措施导致承租人没有营业收入或者营业收入明显减少,继续按照原租赁合同支付租金对其明显不公平,承租人请求减免租金、延长租期或者延期支付租金的,人民法院可以引导当事人参照有关租金减免的政策进行调解;调解不成的,应当结合案件的实际情况,根据公平原则变更合同。

---

〔10〕《最高人民法院印发〈关于依法妥善审理涉新冠肺炎疫情民事案件若干问题的指导意见(二)〉的通知》(法发〔2020〕17 号,2020 年 5 月 15 日发布)。